Dave Hunt

GLOBALER FRIEDE UND AUFSTIEG DES ANTICHRISTEN

Dave Hunt

GLOBALER FRIEDE
UND
AUFSTIEG DES ANTICHRISTEN

Verlag C. M. Fliß
Lütt Kollau 17, 22453 Hamburg

4. Auflage 2000

Originaltitel: GLOBAL PEACE AND THE RISE OF ANTICHRIST
Übersetzung: I. Rothkirch
Umschlag: image design
Satz: Convertex, Aachen
Druck: Printed in Germany

© 1990 by Dave Hunt,
published by Harvest House Publishers

© der deutschen Ausgabe
by Verlag C. M. Fliß, Lütt Kollau 17, 22453 Hamburg

Wenn nicht anders angegeben, sind die Bibelzitate
der Elberfelder Bibel entnommen worden.

ISBN 3-922 349-81-1

Wir informieren Sie gerne über unser Gesamtprogramm.
Postkarte genügt!

Inhalt

1 | *Der falsche Christus*

GENAU IN DIESEM AUGENBLICK lebt der Antichrist
mit großer Sicherheit schon auf dieser Welt und wartet,
daß das Stichwort für seinen Auftritt fällt. Sind solche Behauptungen nur Sensationsmache? Beileibe nicht! Was wir vermuten,
basiert auf einer nüchternen Bewertung gegenwärtiger Ereignisse vor dem Hintergrund biblischer Prophetie. Als reifer Mann
ist er wahrscheinlich schon aktiv im politischen Geschäft, vielleicht sogar ein bewunderter Weltführer, dessen Name täglich in
aller Munde ist. Er könnte aber genausogut der Kopf eines
multinationalen Konzerns sein, irgendein Bankier mit großem
Vermögen, der hinter den Kulissen international agiert, oder ein
Idol im Sport. Es ist aber auch möglich, daß er plötzlich als völlig
Unbekannter ins Rampenlicht tritt. Auf jeden Fall wird er derzeit
mit aller Sorgfalt auf seine Aufgabe vorbereitet. Dabei hat er
möglicherweise selbst gar keine Vorstellung von der entscheidenden Rolle, die Satan ihm eines Tages unerwartet und plötzlich aufzwingen wird.

Wer immer er ist, und wo immer er sich auch derzeit aufhalten mag – eine Leidenschaft beherrscht schon jetzt diesen bemerkenswerten Menschen: die Gier nach Macht. Aber das hat
keinen Einfluß darauf, daß sein öffentliches Auftreten von
Freundlichkeit, Besonnenheit, Integrität und Prinzipientreue gekennzeichnet ist. Er wird kaum von der heute in unserer Gesellschaft gängigen Moral abweichen und durch besondere Bosheit
auffallen. Möglicherweise ist er noch bis zu diesem Augenblick
davon überzeugt, daß seine Motive insgesamt rein und uneigennützig sind.

Dieser bemerkenswerte Mann ist geradezu besessen von dem
Drang, das Außergewöhnliche zu vollbringen; und so werden all
seine besten Eigenschaften allmählich verdrängt, und es wird

statt dessen sein besonderes Charisma entzündet, das ihn zu Satans erwähltem Messias für die Weltherrschaft macht. So wie die Geldgier Judas angreifbar für Satan machte, so macht diesen Mann die Gier nach Macht anfällig. In ihm hat Satan den gefunden, mit dessen Hilfe er einen noch perfideren Verrat an Christus begehen kann. Der Antichrist wird so sehr von der Vision, die Welt zu beherrschen und zu retten, getrieben sein, daß ihm kein Preis zu hoch sein wird – nicht einmal satanische Besessenheit –, um sich einen Namen zu machen und in die Geschichte einzugehen. So ist es vorausgesagt worden, und so wird es geschehen.

Antichrist! Es wird von ihm viel geschrieben, und unsere Vorstellung wird meist nur dahingehend beeinflußt, daß wir bei dem Wort sofort an eine finstere Gestalt denken, die die Bosheit in Person ist. Aber solche Hollywood-Karikaturen kommen dem wahren Antichristen nur zupaß, denn der Verdacht wird so nicht auf den fallen, dessen bewunderte Eigenschaften so vollständig seine finsteren Absichten verbergen. Wenn die Zeit seiner Machtergreifung gekommen ist – es wird mitten in einer unvorhergesehenen Weltkrise sein – wird er als Welterlöser euphorisch begrüßt werden.

Der Apostel Paulus räumt mit allen falschen Vorstellungen auf, die weit verbreitet sind, und nennt uns die erschreckenden Tatsachen:»Und kein Wunder, denn der Satan selbst nimmt die Gestalt eines Engels des Lichts an. Es ist deshalb nichts Großes, wenn auch seine Diener die Gestalt von Dienern der Gerechtigkeit annehmen« (2. Kor. 11,14-15). Da der Antichrist aber auch kein gewöhnlicher Diener Satans ist, können wir sicher sein, daß er als ein leuchtender»Engel des Lichts« auftreten wird.

Die griechische Vorsilbe»Anti-« bedeutet zwar im allgemeinen»gegen« oder»im Gegensatz zu«, doch sie kann ebenso auch»an Stelle von« oder»als Ersatz für« bedeuten. Der Antichrist wird beides verkörpern. Er wird sich Christus entgegenstellen und gleichzeitig vorgeben, Christus selbst zu sein. Diese Maskerade ist um so leichter in unserer heutigen Gesellschaft anzulegen, als sich der Unterschied zwischen Gut und Böse bis zur Unkenntlichkeit verwischt hat und selbst die erlauchtesten Universitäten die Vorstellungen einer absoluten Moral aus ihrem Denken verbannt haben.

Die Gesellschaft ist einer sehr behutsamen Vorbereitung auf die Ankunft des satanischen Messias unterzogen worden, und im gegenwärtigen Stadium der Weltgeschichte ist eine Generation herangewachsen, die so pervertiert ist, daß sie ohne weiteres den Antichristen für Christus halten wird. Im Namen der persönlichen Freiheit und des Rechts auf freie Entfaltung hat unser Land, das zu den gesegneten zählt, seine Ungeborenen zu grausamstem Tod verurteilt; es hat die Heiligkeit der Ehe zum Gespött gemacht; es unterhält sich mit Darbietungen, die Sadismus, Satanismus und Perversionen zum Thema haben; es hat Millionen seiner Jugendlichen durch Drogen zerstört, die Städte mit Mord und Totschlag überzogen und den Planeten Erde vergiftet. Die Bosheit wird nun bald reif zur Ernte sein.

Aber auch wenn man solche moralischen und ökologischen Zerfallserscheinungen in einer gefallenen Welt erwarten kann, so fragt man sich doch, ob es in der Gemeinde nicht anders aussehen müßte. Jene, die sich Christen nennen, und selbst wiedergeborene Evangelikale hören wie alle anderen dieselbe Musik, schauen sich dieselben Filme und Fernsehprogramme an und schwärmen für dieselben Idole, die heute noch da sind und morgen schon vergessen werden. Es gibt kaum einen Unterschied im Lebensstil. Verglichen mit der Generation vor 50 Jahren, sind sie biblische Analphabeten. Das gilt besonders für die Prophetie der Schrift.

Antichrist? Viele nehmen ihn so ernst wie den Weihnachtsmann oder die Knusperhexe. Alles, was man von ihm weiß, hat man aus Horrorfilmen mit ihren reißerischen Darstellungen ohne Realitätsbezug. Aber die Wahrheit ist noch viel erschreckender, auch wenn die Welt anfangs meinen wird, unter der schillernden Persönlichkeit eines wohlmeinenden Weltführers in ein goldenes Zeitalter von Frieden und Wohlstand eingetreten zu sein.

Jesus hat uns vor den vielen gewarnt, die kommen und von sich behaupten würden, sie seien der Christus. Diese zahlreichen untergeordneten Antichristen, die, wie der Apostel in 1. Johannes 2,18 erklärt, bereits auf der Welt waren und sind, werden dem wahren Antichristen, der in den »letzten Tagen« auftreten wird, den Weg bereiten. Und das ist dann der letzte große Betrug: Satan gibt sich für Gott aus, und der Antichrist maskiert sich als der wahre Christus. Dabei wird nicht nur die Welt, sondern auch die abtrünnige Gemeinde hinters Licht geführt werden. Der Böse wird nicht den Frontalangriff gegen das Christentum führen, sondern die Gemeinde von innen verderben, indem er sich als ihr Gründer ausgibt. Listig wird er alles hintertreiben, wofür Christus steht, während er gleichzeitig vorgibt, selbst Christus zu sein.

Das ist ein Szenario, das sich sehr von den Erwartungen der meisten Menschen unterscheidet. Wenn sie überhaupt an einen wirklich existierenden Antichristen glauben, dann erwarten sie ein für jedermann erkennbares Monster. Tatsache ist aber, daß er das ähnlichste Abbild Christi sein wird, das Satan zustande bringt. Die Welt wird von seiner dreisten Maskerade so eingenommen sein, daß sie ihm als ihrem Erlöser zujubeln wird.

Das bringt uns auf einen interessanten Gedanken: Wenn der Antichrist tatsächlich vorgibt, Christus zu sein, dann müssen auch alle seine Anhänger »Christen« sein! Die Kirche jener Tage wird ihn ausnahmslos als ihren Führer umjubeln.

Dieser Betrug übersteigt unsere Vorstellungskraft. So etwas zu glauben sind die wenigsten von uns angehalten worden, und in den Medien ist schon gar nicht davon die Rede. Doch es ist das Bild, das die Bibel zeichnet und auf das die aktuellen Ereignisse immer deutlicher hinweisen. Es ist das Thema, das wir auf den folgenden Seiten weiter entfalten wollen.

Es leuchtet natürlich ein, daß erst bestimmte Bedingungen erfüllt sein müssen, bevor solch ein schwer vorstellbares Szenario Wahrheit werden kann. Zunächst einmal muß die abgefallene Gemeinde der letzten Tage derart korrupt geworden sein, daß sie der Lehre Christi einerseits deutlich zuwiderhandelt, aber gleichzeitig so tut, als sei sie ihr vollkommen treu. Satans Lüge muß als Gottes Wahrheit geehrt werden, ohne daß die Gemeindeleiter, ob korrupt oder betrogen, überhaupt mitbekommen, daß dieser grundlegende Wandel schon stattgefunden hat. Und außerdem muß diese Verkehrung der Werte aus den Reihen der Endzeitgemeinde selbt hervorgegangen sein, noch bevor der Antichrist selbst auf den Plan tritt.

Genau das muß Paulus gemeint haben, als er warnte: »Laßt euch von niemand auf irgendeine Weise verführen, denn dieser Tag kommt nicht, es sei denn, daß zuerst der Abfall [vom

Glauben] gekommen und der Mensch der Gesetzlosigkeit [der Antichrist] geoffenbart worden ist, der Sohn des Verderbens« (2. Thess. 2,3). Auch wenn bei dem Wort »Abfall« an den allgemeinen moralischen Verfall zu denken ist, der alle Lebensbereiche umfassen wird, so ist damit doch in erster Linie die Abkehr von der Wahrheit des Gotteswortes gemeint. Die gesunde Lehre wird verachtet werden« (2. Tim. 4,1-4). Bei vielen Menschen wird die objektive Wahrheit durch Gefühle und Erfahrungen ersetzt werden. Und für andere werden Intellektualismus und Skepsis einen neuen Vernunftsglauben rechtfertigen.

Jesus selbst, der die Frage aufwarf, ob er überhaupt Glauben auf der Erde finden werde, wenn er wiederkehre (Lk. 18,8), bediente sich einer ähnlichen Sprache wie Paulus. Als seine Jünger ihn fragten, was typisch sei für die letzten Tage vor seiner Wiederkehr, erklärte er, daß es eine Zeit des größten religiösen Betrugs sein werde, den die Welt bis dahin noch nicht gesehen habe und niemals wieder sehen werde. Diesen Bemerkungen stellte er die ernste Warnung voran: »Seht zu, daß euch niemand verführe« (Matth. 24,4; vergl. 24,5.11.24).

Jeder, der diese Warnung ernst nimmt, wird nicht dem Geist der letzten Tage erliegen. Wie Gott, der über die rebellische Welt weint und sein Gericht hinauszögert, um den Menschen Zeit zur Buße zu geben, so werden auch diese Menschen leidenschaftlich bemüht sein, der Welt seine Wahrheit zu bringen. Jeder, der Gott mehr liebt als diese Welt und dem Gottes Bewertung des eigenen Lebens mehr bedeutet als die ständig wechselnde Meinung anderer Menschen, wird vor der großen Irreführung verschont bleiben, die die Welt heimsuchen wird. Wer Gott fürchtet und sein Wort hält, fürchtet nicht, was andere über ihn sagen oder ihm antun.

Die Welt muß sowohl religiös als auch politisch zugerüstet werden, damit sie den Antichristen, wenn er plötzlich die Macht ergreift, empfangen kann. Wenn das »Christentum« die offizielle Weltreligion sein muß – und das ist Vorbedingung, wenn der Antichrist sich als Christus ausgibt –, dann muß es einen weitgesteckten Rahmen haben, um allen anderen Religionen halbwegs gerecht zu werden. Was das politische Klima angeht, so muß die Welt sich bei der Ankunft dieses Mannes einig sein in ihrem doppelten Anliegen für Weltfrieden und ökologisches Überleben.

Durch die vielen erstaunlichen Ereignisse der jüngsten Vergangenheit wurden die politisch Verantwortlichen von heute auf morgen in eine ganz neue Welt versetzt, die eine günstige Entwicklung zu versprechen scheint. Viel ist der Initiative des ehemaligen sowjetischen Präsidenten Michail Gorbatschow zu verdanken. Seine von niemandem erwarteten Einsichten und sein Mut haben das östliche Europa in einem bisher nicht gekannten Maß für Kontakte mit der restlichen Welt geöffnet, haben den Kalten Krieg beendet und eine neue Ära gegenseitigen Vertrauens und wachsender Partnerschaft zwischen den Supermächten eingeleitet.

In den vergangenen 70 Jahren haben wir immer in der Angst gelebt, der totalitäre Kommunismus könnte den Marsch gen Westen antreten und die freie Welt verschlingen. Aber ganz plötzlich taucht vor unseren Augen ein überraschend verändertes Bild auf, das selbst die klügsten Strategen nicht erwartet haben: Die Demokratie ist auf dem Vormarsch nach Osten! In der ehemaligen UdSSR werden nun freie Wahlen abgehalten. Warum aber gerade diese neue Freiheit dem Antichristen so zupaß kommt, werden wir später ausführlich erörtern.

China hat zwar immer noch diejenigen zurückdrängen können, die ähnliche Reformen wollten, aber irgendwann wird auch dieses Land sich der Weltmeinung unterordnen müssen, wenn es nicht eine immer teurer werdende Isolation innerhalb der sich entwickelnden Weltgemeinschaft in Kauf nehmen will. Auch die islamische Welt hält noch an ihren Traditionen fest und ist immer noch empfänglich für den Aufruf zum Heiligen Krieg gegen den Rest der Welt. Aber wie in allen anderen Ländern formiert sich auch in den arabischen Ländern die Opposition gegen die autokratischen Herrscher – religiöse wie weltliche –, und eine Sehnsucht nach Volksherrschaft ist nicht mehr zu leugnen. Der Iran nach dem Ajatollah Khomeini ist hierfür ein gutes Beispiel. Die Bürgerbewegungen werden international immer einflußreicher, so daß auch sie zu einer weltweiten Verbreitung der Demokratie beitragen und sie schneller vorantreiben, als wir es uns träumen lassen.

Trotz der überall aufflackernden Feindseligkeiten und trotz ernstzunehmender politischer Konflikte war die Hoffnung auf den großen Frieden niemals so realistisch wie gegenwärtig. Schon in wenigen Jahren wird man erleben, daß die Menschheit sich zusammentut, um die Bedrohung großer Kriege von diesem Planeten zu verbannen. Den Weltfrieden wird man erreicht haben. Doch gerade das – so sonderbar es auch klingen mag – ist das schlimmste, was uns passieren kann – wie wir noch sehen werden.

Auf den folgenden Seiten werden wir den Ereignissen nachgehen, die den Weg bereiten für den Auftritt des Antichristen auf der weltgeschichtlichen Bühne. Schon bald wird sich der Vorhang für den letzten Akt der Menschheitsgeschichte heben. Gott hat zwar bewußt vieles vor unseren Augen verborgen, aber er hat uns doch mitgeteilt, was wir über die große persönliche Konfrontation zwischen Christus und dem Antichristen wissen sollen und welche Rolle jeder einzelne von uns dabei spielen soll. Es sind dies Ereignisse, auf die wir mit großer Geschwindigkeit zusteuern.

Prophetie ist immer ein heikles Thema, und viele Menschen sind durch falsche Aussagen und Fehleinschätzungen inzwischen sehr ernüchtert. Andere meinen, dieses Gebiet sei notwendigerweise so schwarzseherisch und niederschmetternd, daß man ihm lieber aus dem Weg geht. Aber wahre Prophetie verbreitet keineswegs nur Weltuntergangsstimmung, sondern bietet gerade denen, die die »Zeichen der Zeit« zu deuten vermögen und bereit sind, zu glauben und danach zu handeln, eine einmalige Gelegenheit zu vertieften Einsichten.

2 | *Wenn sie sagen: Friede und Sicherheit!*

ES HERRSCHE EIN GERECHTER UND DAUERHAF-TER FRIEDE! Das ist die große Sehnsucht der Menschheit seit den Anfängen der Geschichte. Friede weltweit und das Ende aller Kriege für immer! Man wünscht sich nichts sehnlicher als das, und doch scheint es so unerreichbar. Wenn man bedenkt, welche spektakulären Fortschritte der Mensch auf fast allen anderen Gebieten gemacht hat, dann fragt man sich schon, warum er noch kein Rezept für den Weltfrieden gefunden hat. Wie kam es, daß wir atomare Riesen wurden, aber moralische Zwerge geblieben sind?

Was für eine großartige Welt könnten Wissenschaft und Technologie hervorbringen, wenn das schändliche Vernichten von Menschenleben und Gütern endlich aufhören würde und man die Milliardenbeträge für Rüstungsgüter sinnvolleren Zwecken zuführen könnte! Doch nun zu guter Letzt hat die Aussicht auf einen Frieden, wie ihn die Welt noch nicht gekannt hat, doch noch den Traum der Wirklichkeit nähergerückt. Die Nationen dieser Welt werden möglicherweise schon bald einen noch nie dagewesenen globalen Frieden herstellen können. Wir sind uns da ganz sicher, denn die Bibel hat schon vor Tausenden von Jahren vorausgesagt, daß es so in den »letzten Tagen« geschehen werde.

Aber nicht mit Freude, sondern mit Sorge sehen wir dieser Friedenszeit entgegen, denn die Propheten verkündeten, daß sie der Vorbote eines Infernos ist, das das Überleben der Menschheit auf diesem Planeten in höchste Gefahr bringt. Warum das? Die Antwort auf diese Frage zieht sich wie ein roter Faden durch die

ganze Bibel. Sie sagt zwei weltweite Friedensperioden voraus:
Die erste wird sich unter dem Antichristen einstellen, und die
zweite bei der Wiederkunft Jesu Christi in Macht und Herrlichkeit, wenn er auf den Planeten zurückkehrt, auf dem er so
grausam verworfen und gekreuzigt wurde.

Die kriegsmüden Einwohner der Erde werden diese erste
Friedensperiode euphorisch begrüßen und überzeugt sein, daß
das tausendjährige Friedensreich Christi angebrochen ist. Und
für eine Zeit wird es auch so aussehen, als seien die ökonomischen, sozialen und ökologischen Probleme der Welt gelöst.
Doch das wird sich als große Täuschung herausstellen. Die
biblischen Propheten mahnen, daß dieser falsche Friede direkt
in die große Trübsal führen wird, nachdem Christus seine Gemeinde in der »Entrückung« zu sich genommen hat. Und sieben
Jahre später wird alles im zerstörerischsten Krieg der Weltgeschichte gipfeln. Es wird Harmagedon sein! In düsterer Vorah-
nung schreibt Paulus:

> Wenn sie [die Welt – nicht die wahren Christen] sagen:
> Friede und Sicherheit! dann kommt ein plötzliches Verderben
> über sie, wie die Geburtswehen über die Schwangere; und sie
> werden nicht entfliehen (1. Thess. 5,3).

Einerseits will man es gar nicht recht begreifen, daß der
schließlich erreichte Weltfrieden nur das Vorspiel zum Verderben sein sollte. Aber es kann gar nicht anders kommen, denn die
Obersten der Welt führen ihre Verhandlungen untereinander,
ohne die entscheidende Rolle zu berücksichtigen, die dem Friedefürst Jesus Christus zufällt. Wenn es der Welt gelänge, durch
eigene Anstrengungen einen gerechten und dauerhaften Frieden
zu errichten, dann würde das die Bibel widerlegen, die verkündet, wahrer Friede könne nur durch den auf Erden regierenden
Christus hergestellt werden. Deshalb sind alle menschlichen
Versuche letztlich zum Scheitern verurteilt.

Wollen wir damit aber sagen, daß die führenden Politiker der
Welt gar nicht erst versuchen sollten, den Weltfrieden zu erreichen? Sie müssen es natürlich versuchen! Aber alle, die keine
Christen sind, erkennen nicht die Vergeblichkeit ihrer Anstrengungen, und so sind sie geradezu gezwungen, alles daranzuset-

zen, diesen Frieden zu erreichen. Auch die Christen sind aufgerufen, sich für den Weltfrieden einzusetzen. Gleichzeitig ist es aber ihre Aufgabe, dem Rest der Welt klar und mit allem Ernst zu verkündigen, daß die einzige Hoffnung auf den Weltfrieden die Buße ist und das Eingeständnis, die Gesetze Gottes übertreten zu haben. Dazu muß Jesus Christus als der Erlöser angenommen werden, der für die Sünden der Welt gestorben ist. Und schließlich will er gebeten sein, auf diese Erde zurückzukehren, um zu herrschen.

Man mag einwenden, ein christlicher Präsident der Vereinigten Staaten würde sich lächerlich machen, wenn er allen Ernstes solch eine Botschaft an die Vereinten Nationen richten würde. Die Frage ist allerdings nicht, wie solch eine Proklamation aufgenommern werden würde, sondern ob das Wort Gottes fordert, sie zu verkünden. Und wir sind ja tatsächlich berufen, von der Wahrheit in Liebe zu zeugen, ganz gleich, wie die Zuhörer darauf reagieren!

Die Bibel äußert sich unmißverständlich:»Kein Friede den Gottlosen! spricht mein Gott« (Jes. 57,21). Solange der Mensch nicht Buße tut für seine Sünden und sich mit Gott versöhnt, so lange kann es auch keinen echten Frieden auf der Erde geben. Die Engel kündigten die Geburt Jesu mit folgenden Worten an: »Herrlichkeit Gott in der Höhe, und Friede auf Erden in den Menschen seines Wohlgefallens« (Lk. 2,14). Der Friedefürst ist der, durch den Gottes Friedensreich errichtet wird (Jes. 9,6-7). Einen anderen Weg gibt es nicht.

Wie sonst könnte Frieden werden? Manche wollen uns weismachen, er komme dadurch zustande, daß wir die Massen dazu erziehen, sich auf ihr inneres Potential zum Guten zu verlassen. Andere meinen, wir müßten jeden einzelnen überzeugen, zum eigenen Nutzen und zum Überleben der Menschheit dem vollkommenen Vorbild Jesu zu folgen. Wieder andere behaupten, wir müßten nur die Weltführer von der Sinnlosigkeit jeder Aggression überzeugen. Aber da sind auch jene, die davon überzeugt sind, daß allein schon die Botschaft von der»universellen Vaterschaft Gottes und der Bruderschaft aller Menschen« die gegenseitige Respektierung von Rechten herbeiführen und ein Leben in Frieden ermöglichen werde. Aber das hat man alles schon so oft versucht, und man ist doch immer kläglich gescheitert.

Auch hier spricht die Bibel wieder eine klare Sprache: Petrus erklärte den ersten bekehrten Heiden nach der Auferstehung, es sei durch Jesus Christus der Friede zu predigen (Apg. 10,36). Für die meisten Christen von heute ist das ein radikaler Gedanke. Welcher Pastor oder Evangelist in Radio und Fernsehen predigt noch den Weltfrieden durch Jesus Christus? Paulus schreibt, daß dieser Friede »den Fernen« [den Heiden] und »den Nahen« [den Juden] zu verkündigen sei (Eph. 2,17) und daß dieser Friede nur deshalb überhaupt möglich sei, weil Christus für die Sünden der Welt gestorben ist:

> Alles aber von Gott, der uns mit sich selbst versöhnt hat durch Christus ..., nämlich daß Gott [am Kreuz] in Christus war und die Welt mit sich selbst versöhnt hat, ihnen ihre Übertretungen nicht zurechnete und in uns das Wort von der Versöhnung gelegt hat (2. Kor. 5,18-19).
>
> [Denn es gefiel Gott] durch ihn alles mit sich zu versöhnen – indem er Friede gemacht hat durch das Blut seines Kreuzes ... (Kol. 1,20).

Die hebräischen Propheten verheißen den vollkommenen Frieden unter der Herrschaft des Messias. Durch ihn würden Verderbtheit und die Zerstörung der Erde ein Ende haben, Krankheit und Tod seien selten und die Erde ein Paradies. Von dieser tausendjährigen Herrschaft sagt die Bibel: »Gnade und Wahrheit sind sich begegnet, Gerechtigkeit und Frieden haben sich geküßt« (Ps. 85,11). Es kann keinen wirklichen Frieden geben, ohne daß Barmherzigkeit, Wahrheit und Gerechtigkeit triumphiert haben. Wollen wir glauben, was die Bibel sagt? Dann müssen die Christen diese Tatsachen in die Verkündigung der Frohen Botschaft von Jesus Christus mit hineinnehmen.

Es gibt viele in der Kirche von heute, die den Mangel an sozialem Engagement bei einer großen Zahl von Christen beklagen. Sie setzen sich für soziale Gerechtigkeit ein, für die Rettung der Umwelt auf unserem verschmutzten Planeten und für Frieden und Harmonie unter den Nationen dieser Erde. Das sind legitime Anliegen, aber die Ziele werden nicht ohne die Unterordnung unter Gottes Plan für diese Welt erreicht.

Bibeltreue Christen neigen eher dazu, das Evangelium ausschließlich als ein Heilmittel gegen die persönliche Sünde und als Weg zu einer ewigen Heimstatt im Himmel anzusehen. Sie versäumen es aber häufig, es als Gottes Botschaft zu verkünden, die auch schon diesem geplagten Planeten den Frieden bringen soll, so wie es der Engel bei der Geburt Christi und die frühe Kirche tat. Es ist die Pflicht jedes christlichen Politikers, sei er Präsident, Botschafter oder sonst ein Vertreter des öffentlichen Lebens, der Welt klar vor Augen zu halten, daß alle menschlichen Anstregungen, den Frieden herzustellen, umsonst sind, wenn Jesus Christus nicht auf diese Erde zurückgebeten wird, um in den Herzen der Menschen und über alle Nationen zu herrschen.

Der Schöpfer des Universums und des Menschen, der fünfmal im Neuen Testament »Gott des Friedens« genannt wird[1], hat einen Friedensplan für den Planeten Erde – einen Plan, der genau dadurch geringschätzig abgetan wird, daß man einen humanistischen Frieden zu etablieren versucht. Und gerade das kommt dem Antichristen sehr gelegen, denn an ihm führt kein Weg mehr vorbei, wenn der wahre Friedefürst vom Menschen nicht mehr eingeplant ist. Als Christus die Führer Israels wegen ihrer Herzenshärte anklagte, sprach er von den Konsequenzen, wenn sie ihn als Israels Messias ablehnen würden. Es sei eine Ablehnung, der sich die ganze restliche Welt eines Tages anschließen werde: »Ich bin in dem Namen meines Vaters gekommen, und ihr nehmt mich nicht auf; wenn ein anderer in seinem eigenen Namen kommt, den werdet ihr aufnehmen« (Joh. 5,43). Vor diesem Scharlatan, dem Antichrist, warnte schon der Prophet Daniel: »Im Frieden wird er viele vernichten« (Dan. 8,25 – s. Anmerkung 64).

Man erregt Anstoß, wenn man es heutzutage wagt, den allenthalben herrschenden Optimismus auch nur in Frage zu stellen. Es ist der Optimismus, der Ende 1989 so urplötzlich entfacht wurde und seitdem trotz mancherlei Rückschläge immer mehr an Boden gewonnen hat. Man wird sich dieser Periode noch lange als der erstaunlichsten Epoche der Moderne, wenn nicht sogar der ganzen Menschheitsgeschichte erinnern. Gleichzeitig wird diese Zeit aller Voraussicht nach den gewaltigen Schritt vorwärts auf die erste Periode eines Scheinfriedens hin mit sich bringen, an die schon die Propheten gedacht haben. Die vielen Gründe, die dafür sprechen, werden wir auf den nun folgenden Seiten näher erläutern.

Sprachlos bestaunt die ganze Welt Tag für Tag durch das Wunderwerk Fernsehen, wie sich sensationelle Dinge ereignen, die man noch vor kurzem für unmöglich gehalten hat. Es ist kaum zu glauben, aber zwischen Ungarn und Österreich fing man tatsächlich eines Tages an, den Eisernen Vorhang ein Stück weit fortzuziehen, so daß Tausende von Ostdeutschen in den Westen fliehen konnten. Auf dieses unfaßbare Ereignis folgte der Abriß der Berliner Mauer, und eine Menschenmenge im Freudentaumel strömte hinüber und herüber zu einer glücklichen Vereinigung.

Als ob ein übernatürlicher Befehl ergangen wäre, fielen Osteuropas scheinbar unangreifbare Diktaturen in rascher Folge wie aneinandergereiht aufgestellte Dominosteine. Sie wurden nicht von außen niedergerungen, sondern von innen, nicht durch einmarschierende Heere, sondern durch unbewaffnete Bürger, die zu Hunderten und Tausenden durch die Straßen marschierten und ihre Unterdrücker allein durch ihre Zahl überwanden. Die einzige Ausnahme war Rumänien, wo die Armee und viel Blutvergießen nötig waren, um das üble Regime aus dem Sattel zu heben. Und all das geschah, ohne daß sich die Sowjetunion einmischte – ja im Grunde mit deren Unterstützung! Das ist ein weiteres untrügliches Zeichen dafür, daß ein neues Zeitalter angebrochen war. Was niemand für möglich gehalten hatte, war Wirklichkeit geworden! Aus dem Vatikan verkündete Papst Johannes Paul, die Welt erlebe »einen ganz besonderen Augenblick ... als sei sie von einem Alptraum erwacht und nun weit geöffnet für eine neue Hoffnung.« [2]

Diese unglaublich schnelle Abfolge von Ereignissen schien nichts Geringeres einzuläuten als das schnelle Ende des Kommunismus in Osteuropa, begleitet von zuvor undenkbaren öffentlichen Bekenntnissen kommunistischer Herrscher zu vergangenen Sünden und Versäumnissen. Es war nicht länger zu leugnen: der Marxismus, jene Ideologie, die sie als Welterlösung gepredigt hatten, hatte erbärmlich versagt. Scheinbar von nir-

gendwoher und ohne rationale Erklärung waren Freiheit und
Demokratie wie ein Orkan über Osteuropa hinweggefegt und
hatten alles Dagewesene mitgenommen. Rußland und seine
Satelliten wurden einem schnellen und radikalen Wandel unterzogen, der selbst die informiertesten Kremlbeobachter über-
raschte. Präsident George Bush merkte damals in seiner Regie-
rungserklärung vom 31. Januar 1990 folgendes an:

> Die Ereignisse des gerade zu Ende gegangenen Jahres – die
> Revolution von 89 – waren eine Kettenreaktion, ein Wandel
> von so großer Tragweite, daß er den Beginn eines neuen Zeit-
> alters in der Weltpolitik darstellt ...
> Heute, wo der Kommunismus zusammenbricht, muß es
> unser Ziel sein, ... die Vorreiterrolle zu übernehmen und der
> Freiheit wieder eine Hoffnung zu geben, indem wir eine große
> und wachsende Gemeinschaft freier Nationen zusammen-
> schmieden ... Es ist Zeit, auf unser neues Verhältnis zur So-
> wjetunion zu bauen, den friedlichen Prozeß des inneren Wan-
> dels zu mehr Demokratie und freier Marktwirtschaft zu unter-
> stützen und mit voranzutreiben.[3]

Und während sich noch all diese bemerkenswerten Ereignisse vor unseren Augen entfalteten, erhielt ich zahllose Telefon-
anrufe und Briefe, die mich an ein Buch erinnerten, das ich vor
sieben Jahren geschrieben hatte: *Peace, Prosperity and the
Coming Holocaust* (Friede, Wohlstand und der kommende Holocaust). Viele sagten zu mir: »Wir konnten genau alle Ereignisse verfolgen, die Sie in Ihrem Buch beschrieben haben. Und nun
noch diese unglaubliche Entwicklung in Osteuropa, das ist der
Clou.« Ja, so schien es wirklich. Überall sprach man über-
schwenglich vom Weltfrieden, und es schien auch gerechtfertigt
zu sein. Für die aber, die glauben, was die Apostel und Propheten
in der Bibel verkündet haben, sah es nun zunehmend so aus, als
hebe sich der Vorhang für das letzte große Drama dieser Erde!
Der Antichrist wartet hinter den Kulissen auf sein Stichwort, um
schließlich die tragende Rolle auf der Weltbühne zu übernehmen
– und dann kommt das Inferno!
Als ich 1982 jenes Buch schrieb, hatte die Arbeitslosigkeit
ihren Höchststand seit dem Ende des Krieges erreicht und stieg
noch immer. Weltuntergangsstimmung verbreitete sich in der

Wall Street. Nach Wochen der Schwäche und des Pessimismus hatte sich der Dow-Jones-Index für die Aktienkurse bei 700 Punkten eingependelt, und die Experten sagten einen steilen Kursverfall voraus, der dem des Börsenkrachs von 1929 nahekommen oder ihn noch überschreiten würde. Es waren die Bücher jener christlichen Autoren Bestseller, die den Verfall des Dollars voraussagten, einen internationalen Bankenzusammenbruch und den bevorstehenden sowjetischen Angriff auf Israel als Auslöser für den Dritten Weltkrieg. Man zweifelte kaum daran, daß der Nahe Osten jeden Augenblick explodieren würde, und auch die weltlichen Kommentatoren stimmten darin überein, daß die politischen und wirtschaftlichen Aussichten niemals so düster waren, seit eine völlig zerstörte Welt anfing, sich aus den Trümmern des Zweiten Weltkriegs zu regenerieren.

In diesem Zusammenhang entwarf ich aufgrund einer nüchternen Bestandsaufnahme biblischer Prophetie ein »alternatives Szenario«. Ich ging im Gegensatz zu weitverbreiteten Erwartungen eher davon aus, daß es insgesamt zu einer stetigen Verbesserung der Weltlage kommen würde. Der Aktienmarkt würde einen neuen Höchststand erreichen, die »Reaganomics« – die speziell von Ronald Reagan konzipierte Wirtschaftspolitik – würde Früchte tragen, der Dollar gestärkt und ein zwar nicht solide gegründeter, aber doch ansehnlicher Wohlstand würde sich vor unseren Augen mehren. Die Spitzenpolitiker der Welt würden ihre Differenzen bereinigen, Spannungen abbauen und Verträge schließen, die eine neue Hoffnung und einen scheinbaren Frieden für unseren so geschundenen Planeten bedeuten würden.

Damals sprach ich vom »kommenden Zeitalter eines nie gekannten Friedens und Wohlstands, am Horizont«[4], und die Erfüllung läßt offensichtlich, trotz aller Rückschläge hier und da, nicht lange auf sich warten. Die letzten acht Jahre, die die bei weitem längste Periode der Nachkriegsgeschichte ohne eine Rezession darstellen, haben sich erstaunlich präzise so entwikkelt, wie ich es in meinem oben genannten Buch vorausgesagt habe. Der Aktienindex hat unbeschreibliche Höhen erreicht, während die Arbeitslosigkeit immer wieder auf einen neuen Tiefstand zusteuerte. Präsident Gorbatschows Glasnost und Perestroika sind inzwischen zu einem Begriff für die westliche

Welt geworden, die zwar erst skeptisch war, dann aber doch
erleichtert reagiert hat. Die zunehmend freundschaftlich verlau-
fenden russisch-amerikanischen Gipfeltreffen und Abrüstungs-
verhandlungen haben neue Hoffnungen auf weniger Waffen und
einen dauerhaften internationalen Frieden geweckt. Das konservative Wochenmagazin *The Spectator* aus London gibt eine
Einschätzung dieser ungewöhnlichen Lage:

> Europa erlebt zur Zeit die glücklichste Epoche seiner Ge-
> schichte. Es hat bereits, seit es in grauer Vorzeit aus der Taufe
> gehoben wurde, die längste Periode ohne einen Krieg – 45 Jahre
> zwischen 1945 und 1990 – hinter sich gebracht.
> Westlich des Eisernen Vorhangs ist inzwischen jedes Land
> eine parlamentarische Demokratie. Und Europa diesseits des
> Eisernen Vorhangs ist dabei, in immer größerem Umfang ge-
> meinsame Institutionen in der Wirtschaft zu schaffen. [Dabei]
> ... erfreuen sich alle freien Staaten Europas des höchsten
> Lebensstandards in ihrer Geschichte. Das läßt für die neunziger
> Jahre hoffen.[5]

Das »alternative Szenario«, das ich vor acht Jahren vorgestellt habe, braucht noch geraume Zeit, bis der Boden für das
letzte große Inferno bereitet ist. Der völlig unerwartete Zusammenbruch der kommunistischen Regime in Osteuropa ist jedoch
mit solch einer Windeseile vonstatten gegangen, daß sich die
Aussicht auf Weltfrieden – damit aber auch auf die Entrückung
der Gemeinde und die darauffolgende Offenbarung des Antichristen – erheblich verbessert hat. Vielleicht kommt nun alles
doch viel schneller als erwartet.

Angesichts der biblischen Prophetien ist allerdings Besonnenheit angebracht. Wir dürfen es nicht versäumen, die Schrift
bei der Bewertung all dieser Ereignisse als Leitfaden zu benutzen. Und wenn wir Gottes Wort ernst nehmen, wird uns klar
werden, daß das, was wir in letzter Zeit miterleben durften, nicht
mit der Lösung aller Menschheitsprobleme enden wird, sondern
in der größten Katastrophe unserer Geschichte.

Ist es nicht zu riskant, aktuelle Ereignisse mit biblischer
Prophetie verquicken zu wollen? Das ist es natürlich. Trotzdem,
wenn biblische Prophetie über die »letzten Tagen« wirklich von
Gott inspiriert ist, dann muß irgendwann einmal die Zeit kom-

men, daß das, was vorausgesagt und niedergeschrieben ist, auch die Entwicklungen der Gegenwart beschreibt. Auf den folgenden Seiten werden wir uns klarmachen, daß in den Schlagzeilen der Zeitungen und in den Nachrichtensendungen von heute genau das wiederzufinden ist, was die Propheten vor langer Zeit über den Wendepunkt der Menschheitsgeschichte vorausgesagt haben.

Wir hatten das Vorrecht, über den Bildschirm mitzuerleben, wie sich auf den Gesichtern der von kommunistischer Unterdrückung Befreiten gleichzeitig Ungläubigkeit und überschäumende Freude zeigte. Und, soweit es uns aus der Entfernung möglich war, haben wir teilgehabt an der Freude, die Osteuropa ergriffen hatte. Wer wagt es da, etwas vorzubringen, was unseren Optimismus dämpfen könnte? Doch gerade das müssen wir tun, weil die biblische Prophetie es verlangt. Und auch die Geschichte selbst lehrt uns etwas, wenn wir nur hinhören.

Wir sind gut beraten, uns immer wieder daran zu erinnern, daß noch kurz bevor Europa im Zweiten Weltkrieg in Schutt und Asche fiel Optimismus und Hoffnung auf einen abgesicherten Frieden herrschten. William Manchesters packende Biographie Sir Winston Churchills ruft in uns unerfreuliche und quälende Erinnerungen an einen Mann wach, der fast der Antichrist hätte werden können, weil er die Welt mit seinen Friedensversprechungen hinters Licht führte. Es war Adolf Hitler:

> Thomas Jones, der fast ein viertel Jahrhundert in Whitehall ein- und ausging, schrieb in sein Tagebuch: »... alle möglichen Leute, die Hitler begegnet sind, sind davon überzeugt, daß er ein Friedensfaktor ist ... [Er] sucht nicht den Krieg ... [sondern] Freundschaft.«
> Lloyd George, der eine Stunde lang hinter verschlossenen Türen mit Hitler geredet hatte, trat vor die Presse und verkündete, er sehe in ihm den »größten lebenden Deutschen ...« Und ein Jahr später schrieb er: »Ich wünschte, wir hätten einen Mann seines Formats als politischen Kopf in unserem Land heute.«
> Die Ziele der Nazis fanden selbst bei anglikanischen Geistlichen Beifall. Einige davon bekundeten »ihre grenzenlose Bewunderung für die moralischen und ethischen Aspekte des nationalsozialistischen Programms, für die klare Stellung zu

Religion und Christentum und für die ethischen Prinzipien der Bewegung.«
 Sir John Simon, Seiner Majestät Außenminister von 1931 bis 1935, ... [sah] in Hitler ... nicht Arroganz, sondern »einen eher zurückhaltenden und schüchternen Mann ... , der sich wenig an westeuropäischen Angelegenheiten interessiert zeigte.« King George gegenüber beschrieb er ihn später als »eine österreichische Johanna von Orlean mit einem Schnurrbart.«
 Arnold Toynbee ... , der genauso vom Reichskanzler gebannt war, erklärte, daß er von Hitlers ernsthaftem Streben nach Frieden in Europa und nach enger Freundschaft mit England überzeugt sei.[6]

Winston Churchill ließ sich von Hitler nicht täuschen, doch er stand mit seiner Warnung an die Welt fast gänzlich allein, die wahren Absichten des Führers würden Europa mit Krieg überziehen. Bei dem ungehinderten Blick, den wir jetzt zurücktun können, scheint es unglaublich, daß die Spitzenpolitiker jener Tage fast einhellig diesen irrationalen Halbgott priesen, der Deutschlands Führer geworden war, und gemeinsam zuversichtlich waren, daß der Frieden gesichert sei. Das Betrugsmanöver gelang nahezu perfekt. Doch der Held, den jedermann pries, war ein vom Größenwahn Besessener, der eines Tages als das unmenschlichste Ungeheuer in die Geschichte eingehen würde. Das Schlimme daran ist vor allem, daß dieser Mann von Anfang an seine üblen Absichten nicht verborgen hatte; und trotzdem erkannte niemand die harte Wahrheit.

Wie damals können auch heute Politiker auf der internationalen Bühne falsch eingeschätzt und mißverstanden werden. Schlüsselereignisse werden einfach falsch gedeutet. Und das Gefühl der Sicherheit ist manchmal gerade dann am stärksten, wenn die Welt in Wirklichkeit am Rande des Abgrunds marschiert. Doch der Optimismus von heute scheint in vielerlei Hinsicht aufgrund der jüngsten Ereignisse wohlbegründet zu sein. Sogar die Invasion Kuwaits durch den Irak im August 1990 wurde noch zu einem Meilenstein auf dem Weg zum Weltfrieden.

Zum ersten Mal in der Geschichte taten sich die Nationen der Welt fast ohne Widerspruch gegen einen Aggressor zusammen und unternahmen schnelle und konkrete Schritte, um die Sou-

veränität eines Landes wiederherzustellen, das von fremden
Truppen überrannt worden war. Die Sowjetunion und selbst
China standen fest an der Seite der Vereinigten Staaten. Was
sonst zum nächsten Weltkrieg geführt hätte, wurde zu einem
Lehrstück der Geschichte. Nun wissen wir, daß trotz der Ereignisse im ehemaligen Jugoslawien die Tage gezählt sind, da eine
Aggressornation straflos gegen eine andere vorgehen kann. Ein
neuer Tag ist offensichtlich angebrochen. In einer Rede an die
amerikanische Nation erklärte Präsident Bush:

> Wir stehen am Anfang eines neuen Zeitalters. Und dieses
> Zeitalter kann voller Hoffnung sein, eine Epoche der Freiheit,
> eine Zeit des Friedens für alle Völker. Aber wenn uns die
> Geschichte eins lehrt, dann ist es dies: Wir müssen jeder Ag-
> gression entgegentreten, oder sie wird uns unsere Freiheiten
> rauben. Beschwichtigungspolitik ist nicht das, was uns weiter-
> hilft.[7]

Schon Monate zuvor hatte Michail Gorbatschow optimistisch verkündet:»Wir erleben, wie eine Weltordnung entsteht,
in der bei gutem Willen friedliche Koexistenz und Kooperation
zum gegenseitigen Nutzen die allgemeingültige Norm wird.«
Andere Weltführer drücken dieselbe Zuversicht aus. Haben sie
recht? Wir möchten es zwar alle gern glauben, aber wie sieht es
in Wahrheit aus?
    Leider ist es fast unmöglich, in der Politik die Wahrheit
auszumachen. Um so wichtiger ist es aber, herauszubekommen,
was die Bibel sagt. Es war wohl niemals so wichtig wie heute,
Gott um Weisheit zu bitten und um Einsicht zu ringen, daß wir
verstehen, was sein Wort für unsere Zeit vorausgesagt hat. Auf
den folgenden Seiten werden wir auch ohne allzu tiefschürfende
theologische Argumente zu beweisen suchen, daß es wahrscheinlich gar nicht mehr lange dauert, bis der Antichrist offenbar wird und Christus zum zweiten Mal kommt.

3 | *Erfüllung in unserer Zeit?*

ICH ERINNERE MICH NOCH SEHR GUT DARAN, wie wir als junge Leute in den späten dreißigern mit wachsender Begeisterung den vielen Reisepredigern zuhörten, die unsere kleine Schar von Gläubigen besuchten, um uns an Hand bekannter Bibelstellen all die »Zeichen der Zeit« verständlich zu machen, die das nahe zweite Kommen Christi ankündigen würden. Schon damals gab es Skepsis unter den Christen, was die Endzeitprophetie angeht, allerdings war sie längst nicht so weitverbreitet wie heute. War das nicht ein zu kontroverses Thema, zu dem man sehr unterschiedlicher Meinung sein konnte? Welchen Wert sollte es haben, über zukünftige Ereignisse zu spekulieren? Sollte man nicht lieber in der Gegenwart im Glauben leben und die Zukunft Gott überlassen? Schließlich wird alles, was geschehen soll, auch zur rechten Zeit und auf vorgesehene Weise eintreten. Warum sollen wir uns also um Dinge kümmern, die noch für den Augenblick ohne Bedeutung sind?

Es gab aber auch jene, die fest an biblische Prophetie glaubten und überzeugt waren, daß sie dazu da ist, erkennbare »Zeichen der Zeit« zu liefern, um das Denken und Handeln der zukünftigen Generation zu lenken, die einmal bei der Ankunft Christi aus dem Leben in den Himmel aufgenommen werden würden. Das war die Ansicht auch meiner Eltern und der Christen in unserem Bekanntenkreis. Für sie alle spielte die Prophetie eine gewichtige Rolle. Ich erinnere mich noch an die heftig geführten Debatten darüber, wie bestimmte Tendenzen und Entwicklungen von damals in das prophetische Schema einzuordnen seien. Welche Rolle spielte der Börsenkrach von 1929 und die darauffolgende Depression in den dreißiger Jahren? Wo war Präsident Roosevelts Aufschwungprogramm für Wirtschaft und Finanzen, der New Deal, einzuordnen? Was war mit Hitler, der

zunehmend die Macht in Deutschland an sich riß und dessen
Einfluß auch im Ausland wuchs? Konnte er der angekündigte
Antichrist sein? Man war sich zumindest einig, daß der Führer
der Kandidat par excellence war. Nur die Zeit würde es weisen.

Die evangelikalen Christen jener Tage erachteten einige
Grundvoraussetzungen als unabdingbar für eine ordentliche
Auslegung der Endzeitprophetien, die heutzutage weitgehend in
Vergessenheit geraten zu sein scheinen. Zunächst einmal hat
man zwischen der Gemeinde und Israel zu unterscheiden, die
beide eine jeweils andere Beziehung zu Gott und Christus haben.
Wenn man hier nicht genau unterscheidet, welchen dieser zwei
Bereiche eine Prophetie meint, wird man bei der Beurteilung
endzeitlicher Ereignisse in große Verwirrung geraten. Bei rich-
tigem Verständnis jedoch wird die Prophetie Gegenwart und
Zukunft erleuchten, während bereits erfüllte Prophetien, wenn
sie als solche erkannt worden sind, unwiderlegbare Beweise
dafür liefern, daß die Bibel wirklich Gottes Wort ist.

Zweitens muß man zwischen Entrückung und dem zweiten
Kommen unterscheiden. Das waren für die Menschen damals
zwei getrennte Ereignisse. Die Entrückung deutete man als ein
Ereignis für die Gemeinde. Christus würde sie aufnehmen in die
Luft, um sich mit ihr zu vereinen und sie als seine Braut in das
Haus des Vaters zu führen. Hier würde es, wie von Jesus angekündigt, die vielen Wohnungen geben, und es würde das große
Hochzeitsfest gefeiert werden. Das zweite Kommen geschähe
dann sieben Jahre später allein für Israel, wenn Christus sich
aufmacht, um sichtbar und in Macht und Herrlichkeit in Beglei-
tung seiner Gemeinde auf die Erde zu kommen und so sein
auserwähltes Volk vor den Heeren des Antichristen zu retten.
Dies wäre der Anfang seiner tausendjährigen Herrschaft vom
wiederhergestellten Thron Davids in Jerusalem aus.

Vor dem Kreuz Christi war die Menschheit in zwei Gruppen
geteilt – in Juden und Heiden. Altes und Neues Testament
machen ganz klar, wie es dazu kam. Ursache war der ewige Bund
Gottes mit Abraham, Isaak und Jakob und mit ihren Nachkommen. Diese Bündnisse wurden allein mit Israel geschlossen und
trennten damit dieses Volk von allen anderen Nationen auf dem
Erdboden (3. Mo. 20,24-26). So wurde Gottes »auserwähltes
Volk« eine einmalige Erscheinung. Israel wurde durch das Mo-

saische Gesetz von den anderen Völkern abgesondert, aber
ebenso durch seine Sonderbeziehung zu dem, dem es eine
Freude ist, sich selbst als »Gott Abrahams ... Isaaks und ...
Jakobs« zu bezeichnen (2. Mo. 3,6). Auch Jesus Christus und
Petrus in seiner inspirierten Pfingstpredigt nannten Gott noch
bei diesem Namen (Lk. 20,37; Apg. 3,13).

Diese deutliche Unterscheidung zwischen Juden und Heiden
wird konsequent in der Bibel durchgehalten, und Israels Sonderbeziehung zu Gott wird als ewig bezeichnet: »... wir, ich und
dein Volk, [werden] vor jedem Volk auf dem Erdboden ausgezeichnet werden« (2. Mo. 33,16). »Und wer ist wie dein Volk
Israel, die einzige Nation auf Erden, für die Gott hingegangen
ist, sie sich zum Volk zu erlösen?« (1. Chron. 17,21-22). [Ihr
Heiden, die ihr] »zu jener Zeit ohne Christus wart, ausgeschlossen vom Bürgerrecht Israels und Fremdlinge hinsichtlich der
Bündnisse der Verheißung, ... hattet keine Hoffnung und wart
ohne Gott in der Welt« (Eph. 2,12).

Nach dem Kreuz war ein neues Phänomen entstanden – die
Gemeinde, die Jesus versprach zu bauen (Matth. 16,18). Die
Folge ist, daß die Menschheit fortan dreigeteilt ist – in Juden,
Heiden und Gemeindeglieder. So sagt Paulus: »Seid unanstößig,
sowohl für Juden als auch für Griechen [Heiden] als auch für die
Gemeinde Gottes« (1. Kor. 10,32). Es ist wichtig, daß wir eins
verstehen: Diese drei zu unterscheidenden Gruppen leben heute
in der einen Welt Seite an Seite; und so wird es bleiben bis zum
Ende unseres Zeitalters. Wir müssen immer klar unterscheiden
und begreifen, daß Gott mit jeder Gruppe individuell handelt.
Das ist grundlegend, wenn es darum geht, Prophetie auszulegen.

Die Gründung der Gemeinde bedeutete, daß sowohl den
Juden als auch den Heiden eine neue Bundesbeziehung zu Gott
angeboten wurde. Das brachte die Heiden aber nicht unter das
jüdische Gesetz des Mose, wie manche irrtümlich lehrten, sondern befreite diejenigen davon, die der Gemeinde beitraten,
sowohl Juden als auch Heiden, und stellte sie unter ein höheres
Gesetz – »das Gesetz Christi« (Gal. 6,2). Paulus erklärt, daß
Heiden, »ausgeschlossen vom Bürgerrecht Israels und Fremdlinge hinsichtlich der Bündnisse der Verheißung, nun durch das
Blut des Christus nahe [zu Gott] geworden sind.« Gott hat »die
Zwischenwand der Umzäunung [zwichen den Juden und Hei-

den] abgebrochen. In seinem Fleisch hat er die Feindschaft, das [Mosaische] Gesetz der Gebote in Satzungen, beseitigt, um die zwei [Juden und Heiden] – Frieden stiftend – in sich selbst zu einem neuen Menschen [dem Christen] zu schaffen (Eph. 2,12-15).

Diese Schriftstellen – und viele andere – machen deutlich, daß die Gemeinde nicht an die Stelle von Israel trat, sondern als dritte Einheit entstand und sowohl Juden als auch Heiden mit einschloß, aber von beiden zu unterscheiden ist. So wie es auch weiterhin Heiden außerhalb der Gemeinde gibt, so existiert auch noch immer Israel mit all den Verheißungen Gottes zum Weiterbestehen und Gedeihen. Die meisten Endzeitprophetien betreffen Israel. Es wird hier auf der Erde bleiben und sich in »der Zeit der Bedrängnis für Jakob« (Jer. 30,7) mit dem Antichristen auseinandersetzen müssen, nachdem die Gemeinde in den Himmel entrückt worden ist. Was die Gemeinde angeht, so hat Gott mit ihr ganz eigene Pläne, die sich von denen für Israel und die Heidennationen unterscheiden.

Wir fassen zusammen: Prophetie wird verworren, wenn wir nicht berücksichtigen, daß Zeitpunkt, Art und Weise und Zweck des Kommens Christi für Juden, Heiden und Gemeinde unterschiedlich sind. So vage Aussagen wie »Jesus kommt wieder«, »die Wiederkunft Christi« oder »Christus kommt« können zu Mißverständnissen führen. Zu wem kommt er? Zu wem kehrt er zurück? Zur Gemeinde? Nach Israel? Oder zu den Nationen? Das ist jeweils ein großer Unterschied.

Nehmen wir z. B. Matthäus 24,29-30: »Aber gleich nach der Drangsal ... wird das Zeichen des Sohnes des Menschen am Himmel erscheinen, ... und sie werden den Sohn des Menschen kommen sehen auf den Wolken des Himmels mit großer Macht und Herrlichkeit.« Diese Schriftstelle wird allgemein als schlagender Beweis für eine Entrückung nach der großen Trübsal präsentiert. Das stimmt natürlich nur, wenn hier Christi Kommen zur Aufnahme der Gemeinde gemeint ist. Wenn allerdings an dieser Stelle Christi zweites Kommen zur Rettung Israels beschrieben wird, und das ist der Fall, dann lehrt die Bibel keineswegs die Entrückung nach der Trübsal.

Wenn wir Prophetie richtig deuten, können wir ganz darauf bauen, daß wir die Reihenfolge endzeitlicher Ereignisse auch richtig einordnen, denn Gottes Wort ist ohne Einschränkung zuverlässig. Wer die Unfehlbarkeit der Bibel leugnet, ist entweder durch Vorurteile blind oder hat auf falsche Belege vertraut. In der religiösen Welt ist sie ein Buch, das seinesgleichen sucht. Keine andere Schrift enthält nachprüfbare Prophetien, die schon in Erfüllung gegangen sind, und erst recht keine konkrete, präzise Prophetie für Gegenwart und Zukunft.

Die alten heiligen Schriften der Hindus und Buddhisten existieren in vielen unterschiedlichen Versionen. Sie enthalten sich widersprechende Philosophien und wenig übereinstimmende Berichte vergangener Ereignisse, die sich tatsächlich niemals zugetragen haben. Die handelnden Personen und ihre Abenteuer in der klassichen Literatur der Hindus – in der Baghavad Gita und dem Ramayana z. B. – sind reine Dichtung. Die Bibel dagegen handelt von Menschen, Orten, Nationen und Ereignissen, nach denen man forschen kann und die man auch findet.

Im Gegensatz zum Buch Mormon, dessen Wahrheitsgehalt mit keinem einzigen weiteren Fund belegt werden kann, wird die historische Genauigkeit der Bibel durch Berge von Beweisstücken untermauert, die in den Museen der Welt ausgestellt sind. Die Kinder in Israel lernen heute Geschichte aus dem Alten Testament, während biblische Ortsbeschreibungen die Archäologen zu den Standorten antiker Städte, tief vergrabener Brunnen und alter Handelsstraßen führen. Und jedesmal, wenn die Kritiker die Bibel in Frage stellten und die Archäologen nach Belegen gruben, erwies sich die Bibel immer als verläßlich, und die Skeptiker hatten sich geirrt.

Dies soll zwar nicht eine Abhandlung über die Verläßlichkeit der Bibel sein, aber wir müssen uns doch mit der Tatsache auseinandersetzen, daß man die Autorität und Zuverläßlichkeit des Wortes Gottes zunehmend in Frage stellt. Petrus legt Zeugnis dafür ab, daß die Apostel Fakten vortrugen und nicht »ausgeklügelten Fabeln folgten« (2. Petr. 1,16). Es bringt also nichts, sich mit biblischer Prophetie zu befassen, wenn gleichzeitig der Zweifel an der Vollkommenheit dieses Buches nagt. Es ist deshalb sicher ganz wichtig, daß wir uns Zeit nehmen, um folgenden Gedanken zu vertiefen: Biblische Prophetie hat nichts mit Wahrsagerei zu tun, mit Büchern also wie den obskuren

Werken eines Nostradamus oder der Effekthascherei der heute so populären Zukunftsdeuter.

Die Tatsache, daß sich die bereits erfüllten Prophetien der Bibel als akkurat erwiesen haben, ist Grund genug, auch die Zuverlässigkeit ihrer Prophetien für die Zukunft anzunehmen. Mit einigen dieser Prophetien werden wir uns später noch beschäftigen. Neben der Prophetie gibt uns die Bibel alle möglichen Daten an die Hand, die als Beleg für ihre Verläßlichkeit in jeder Beziehung bestätigt werden konnten. Höchst interessant sind die Untersuchungen von Prof. Robert D. Wilson, der zu Lebzeiten an der Princeton Universität lehrte. Er kannte sich in mehr als vierzig semitischen Sprachen aus, und sein Buch *Scientific Investigation of the Old Testament* (Wissenschaftliche Untersuchung des Alten Testaments) ist ein Klassiker geworden. Darin schrieb er:»Ganze 45 Jahre hintereinander habe ich mich, seit ich die Universität verließ, dem Studium des Alten Testaments gewidmet und dabei alle vorkommenden Sprachen, den archäologischen Hintergrund, alle Übersetzungen und alles, was Text und Geschichte beeinflußt hat, berücksichtigt ... Ich möchte den sehen, der das Alte Testament aufgrund von Belegen in Frage stellt, denen ich nicht doch etwas entgegenhalten könnte ... Ich kann bestätigen, daß es nicht eine Seite im Alten Testament gibt, die irgend etwas Zweifelhaftes enthielte.[1]

Durch die langjährige Forschung von Prof. Wilson sind Unmengen von Beweismaterial zutage gefördert worden. Darunter war auch Material, dem folgender Abschnitt entnommen ist. Er belegt höchst aufschlußreich, wie präzise die Bibel ist. Wilson schreibt:

> Es gibt 29 Könige des Altertums, deren Namen nicht nur in der Bibel, sondern auch auf Monumenten ihrer Zeit verzeichnet sind ... Diese 29 Eigennamen enthalten 195 Konsonanten ... Im hebräischen Alten Testament gibt es nur zwei oder drei von den insgesamt 195 Konsonanten, bei denen eine Unsicherheit bezüglich ihrer Übereinstimmung mit den jeweiligen Monumenten besteht. Einige dieser [Monumente] sind schon 2000 bis 4000 Jahre alt ...

Vergleichen wir diese große Übereinstimmung mit den Befunden bei anderen Schriften ... Nehmen wir dazu die Aufstellung, die der wohl größte Gelehrte seiner Zeit, der Bibliothekar von Alexandria, 200 v. Chr. angefertigt hat. Es war die Liste der ägyptischen Könige, die 38 Namen umfaßte. Von allen lassen sich nur drei oder vier identifizieren. Er fertigte daneben eine Liste der assyrischen Könige an. Nur in einem Fall können wir sagen, wen er gemeint hat. Und dieser eine König ist auch noch falsch geschrieben. Oder nehmen wir Ptolemäus, der 18 Könige von Babylon registrierte. Nicht einer von ihnen ist korrekt geschrieben. Man könnte keinen einzigen identifizieren, wenn man nicht aus anderen Quellen schließen könnte, wer gemeint ist.

Wenn jemand etwas gegen die Bibel vorbringt, so verweise man auf die darin erwähnten Könige. Es werden 29 Könige von Ägypten, Israel, Moab, Damaskus, Tyrus, Babylon, Assyrien und Persien erwähnt und zehn verschiedene Länder, die mit diesen in Beziehung standen. Sie alle werden in der Bibel erwähnt und auf jenen Monumenten [die von den Archäologen ausgegraben wurden].

Jeder von ihnen hat in der Bibel seinen richtigen Namen, wird mit dem richtigen Land genannt und erscheint in der richtigen chronologischen Reihenfolge. Muß man noch mehr sagen?

Welcher Prüfung wir die Bibel auch unterziehen – selbst noch wenn wir frühgeschichtliche Könige identifizieren und die korrekte Schreibweise ihrer Namen belegen können –, sie erweist sich doch immer als vollkommen zuverlässig. Wir haben also gute Gründe, ihr auch dort zu glauben, wo wir sie noch nicht prüfen können. Eins dieser Gebiete ist natürlich die Voraussage zukünftiger Ereignisse.

Auch wenn das ein Thema war, das ich einige Jahre lang gemieden habe, weil so viele moderne »Experten« ziemlich widersprüchliche Aussagen machten, so habe ich Prophetie im Grunde doch mit der Muttermilch aufgesogen. Die Erinnerungen sind noch ganz lebendig: Ich sehe uns, wie wir in der Bibelstunde saßen und biblische Prophetie ganz systematisch erklärt bekamen, oft an Hand großer bunter Diagramme, die die Reiseprediger mit sich führten. Ich kam schon in jungen Jahren zu der Überzeugung, daß eine ganze Reihe von Ereignissen biblisch so klar vorausgesagt sind, daß man ihr Eintreten mit großer Sicherheit erwarten konnte. Zuallererst zu nennen ist da natürlich die Entrückung der Gemeinde, ein Ereignis, das jeden Augenblick eintreten konnte. Damals sah ich dem Ganzen mit einigem Unbehagen entgegen, weil ich noch nicht den Herrn Jesus Christus als meinen persönlichen Erlöser angenommen hatte. Ich war sicher, daß ich zurückbleiben würde. Dann wäre ich Anhänger des Antichristen geworden und hätte die große Drangsal bei Gottes Gericht über die Erde erlebt.

Ich erinnere mich noch gut daran, wie überzeugt die Prediger damals vor fünfzig Jahren waren, daß zwei sehr entscheidende Ereignisse, die etwas mit der Entrückung zu tun haben, jeden Augenblick zu erwarten waren: 1. Israels Rückkehr ins eigene Land im Unglauben und 2. das Wiedererstehen des Römischen Reiches durch die Vereinigung Westeuropas als Machtbasis für den Antichristen. Zu damaliger Zeit war weltweit nichts auszumachen, was Anlaß zu der Hoffnung gab, diese Ereignisse könnten bald eintreffen. Doch schon 1948 wurde die erste Prophetie Wirklichkeit und bereitete den Boden für die weitere Entwicklung, wie sie prophezeit ist. Inzwischen sieht es nun nach den jüngsten, historisch zu nennenden Ereignissen in Osteuropa so aus, als ob die zweite dieser Prophetien kurz vor der Erfüllung steht.

Die wundersame Wiedergeburt Israels überstieg unsere kühnsten Träume. Während der mehr als vierzig Jahre, die seither vergangen sind, haben wir miterleben können, wie dieses Land auf wunderbare Weise angesichts einer überwältigenden Gegnerschaft bewahrt worden ist. Noch immer steht die Resolution der Vereinten Nationen vom November 1975 im Raum, die den Zionismus, die Heimkehrerbewegung der Juden, als Rassismus bezeichnet. Mit dieser Resolution wird faktisch die Existenz Israels verdammt. Aber man wird dieses Land nicht einschüchtern oder beseitigen können. Es stellt immer noch ein phänomenales Wunder der Weltgeschichte dar.

Der Haß und die ständige Bedrohung, unter der die Juden zu leiden hatten, ist ohne Parallele bei anderen Völkern. Dafür gibt es sicher keine natürliche Erklärung. Hier haben wir es mit einem weiteren Beleg für die Inspiration der Schrift zu tun. Schon ein flüchtiges Studium aller in den vergangenen Jahrhunderten angestellten Versuche, die Juden auszulöschen, offenbart eine diabolische Dimension, die nicht zu leugnen ist. Die Gründe dafür liegen auf der Hand.

Israel ist das Zentralthema biblischer Prophetie, und die sieht in der überwiegenden Zahl ihrer Aussagen dieses Volk in den »letzten Tagen« zurückgeführt ins eigene Land und den Messias in Gerechtigkeit darüber herrschen. Nach Israel kehrt Christus wieder, um den Antichristen zu besiegen, sein eigenes Reich aufzurichten und die Welt von Jerusalem aus zu regieren. Wenn auf der Erde keine Juden übriggeblieben wären, in deren Land der Messias hätte zurückkehren können – oder wenn sie nach seiner Ankunft vernichtet werden würden –, dann würde Gott als Lügner dastehen und Satan hätte ein Patt beim Kampf um die Vorherrschaft im Universum erreicht.

Daß die Nachfahren Jakobs für 2500 Jahre (seit ihrer Gefangenschaft in Babylon) in der Welt zerstreut leben und dabei eine erkennbare ethnische Gruppe bleiben würden, ist schon verwunderlich genug. Aber daß dieses von allen gehetzte Volk, nachdem es die vielen Anschläge auf seine Existenz überlebt hat, nach 25 Jahrhunderten ins eigene Land zurückkehren würde, um dort wieder als Nation zu erstehen, das ist mehr, als es sich die kühnste Phantasie hätte ausmalen können! Und es sollte eigentlich den hartgesottensten Atheisten nachdenklich stimmen, wenn dieses winzige Stück einst unfruchtbaren Wüsten- und Sumpflandes nun – wie die Propheten vorausgesagt haben – zu einer blühenden Landschaft mit modernen Städten und saftigem Ackerland geworden ist. Werden nicht inzwischen sogar Nahrungsmittel nach Europa, Technologie nach Japan und Blumen nach Holland exportiert? Das ist unfaßbar, aber längst noch nicht alles.

Wer hätte es sich vor fünfzig oder hundert Jahren träumen lassen, daß dieses unbedeutende Stück Land nach der Rückkehr der Juden Woche für Woche, Jahr für Jahr und ein Jahrzehnt nach dem andern im Brennpunkt der Weltöffentlichkeit stehen würde? Und es ist kein gelegentliches Interesse am Rande, sondern Furcht treibt die Menschen um, wie man diesem Land mit seiner arabischen Nachbarschaft begegnen soll. Wie kann verhindert werden, daß der Krieg in diesem Gebiet zu einem Weltbrand wird? Doch was da geschehen ist, entspricht genau der biblischen Prophetie:

> Siehe, ich mache Jerusalem zu einer Taumelschale für alle Völker ringsum ... Und es wird geschehen an jenem Tag, da mache ich Jerusalem zu einem Stemmstein für alle Völker: alle, die ihn hochstemmen wollen, werden sich wund reißen. Und alle Nationen der Erde werden sich gegen es versammeln (Sach. 12,2-3).

Wer wäre töricht genug gewesen, sich vorzustellen, daß nach Israels Wiedergeburt die bewaffneten Verbände dieses Zwergstaates den Heeren der USA und der UdSSR an Schlagkraft und Effektivität in nichts nachstehen würden? Das winzige Israel, das gerade ein sechstel Prozent des arabischen Territoriums einnimmt, hat sich mehr als ebenbürtig erwiesen, obwohl das Kräfteverhältnis zu den arabischen Nationen ringsum 1:40 ausfiel. Auch haben die arabischen Länder jede erdenkliche Hilfe von den Sowjets erhalten – modernste Waffen und technische und strategische Berater zu Tausenden. Nachdem der Irak im August 1990 Kuwait überfallen hatte und alle Feinde mit Giftgas bedrohte, zollte der für mehrere Zeitungen tätige Kolumnist George Will Israel Respekt für soviel Mut und militärisches Können:

> ... der Westen sollte sich dankbar jenes in der Geschichte wohl einmaligen und dabei so effektiven und segensreichen Aktes für die Abrüstung erinnern, als Israel 1981 das noch in den Kinderschuhen steckende Atomwaffenprogramm des Irak durch Bomben zerstörte.[3]

Bis jetzt sind die periodisch ausbrechenden Kämpfe um Israel immer auf den Nahen Osten beschränkt geblieben. Aber wie jedermann weiß, wird früher oder später um dieses Land eine Schlacht toben, und das wird Harmagedon sein! Aber auch das hat die Bibel schon vor 2500 Jahren vorausgesagt:

> Und ich versammle die Nationen nach Jerusalem zum Krieg ... Dann wird der HERR ausziehen und gegen jene Nationen kämpfen ... Und seine Füße werden an jenem Tag auf dem

Ölberg stehen ... Und der HERR wird König sein über die ganze Erde (Sach. 14,2-4.9).

Das moderne Israel hat viele Fehler, die wir nicht schönfärben wollen. Dieses Volk wird Gottes Gericht dafür noch spüren. Es ist nicht aufgrund eigenen Verdienstes wieder in seinem Land, sondern deswegen, weil Gott seine Verheißung an Abraham, Isaak und Jakob einlöst, so wie er es geschworen hat, in den letzten Tagen zu tun. Wir können sicher sein: Gott, der Israel als Erfüllung seiner Versprechen zurück ins Land geführt hat, wird es nicht mehr zulassen, daß es noch einmal entwurzelt wird. Wehe dem, der es dennoch versucht! Jeremia 30-32 sollte ausreichen, jeden Zweifel diesbezüglich zu zerstreuen. Die folgenden Aussagen kann man an verschiedenen Stellen lesen:

Denn ich bin mit dir, spricht der HERR, um dich zu retten. Denn ich werde ein Ende machen mit allen Nationen, unter die ich dich zerstreut habe. Nur mit dir werde ich kein Ende machen, sondern dich mit rechtem Maß züchtigen und dich keineswegs ungestraft lassen.

Darum sollen alle, die dich fressen, gefressen werden ... Hört das Wort des HERRN, ihr Nationen ... : Der Israel zerstreut hat, wird es wieder sammeln und wird es hüten wie ein Hirte seine Herde! ... Und sie werden nicht mehr länger verschmachten.

So spricht der HERR, der die Sonne gesetzt hat zum Licht für den Tag, die Ordnungen des Mondes und der Sterne zum Licht für die Nacht ... Wenn diese Ordnungen vor meinem Angesicht weichen ..., dann soll auch die Nachkommenschaft Israels aufhören, eine Nation zu sein ... Siehe, Tage kommen, spricht der HERR, da diese Stadt wieder gebaut werden wird ... Die Stadt soll nicht mehr niedergerissen noch zerstört werden in Ewigkeit.

Die entscheidende Rolle, die Israel in der Endzeit spielen wird, kann gar nicht hoch genug eingeschätzt werden. Die Prophetien, die dieses Volk betreffen, sind denn auch von größter Wichtigkeit. Auch wenn Christus Satan am Kreuz besiegt hat und seinen Sieg durch die Auferstehung von den Toten unter Beweis stellte, so wäre die Schlacht dennoch nicht vollgültig zum Ende gekommen, wenn es Satan gelänge, durch Vernichtung der Juden die Erfüllung der feierlichen Gelöbnisse Gottes an Israel zu hintertreiben. Bis jetzt sind alle Versuche in dieser Richtung fehlgeschlagen. Und doch wird der Antichrist eine letzte große Anstrengung unternehmen, die Endlösung für das herbeizuführen, was Hitler das »Judenproblem« genannt hat. Christus selbst wird zu dieser Zeit zur Erde zurückkehren, um jene zu retten, die »ausgeharrt haben bis ans Ende« (Matth. 24,13).

Es gibt kein Ereignis in der Geschichte, das dem Wunder des modernen Israel gleichkommt. Niemals hat ein so kleines Land einen so gewaltigen Einfluß auf das Weltgeschehen genommen, und das alles als Erfüllung konkreter Prophetien. Braucht es noch mehr, um den größten Skeptiker von der Übernatürlichkeit und Verläßlichkeit der Bibel zu überzeugen? Doch es glauben so wenige selbst angesichts so schlagender Beweise! Die Wiedergeburt Israels ist eine weitere Lektion für die Welt: Der Glaube ist nicht die Frucht intellektuellen Zugestehens bei eindeutiger Beweislage, sondern die Frucht des Herzens, das die Wahrheit liebt und danach trachtet, Gott zu kennen und seinen Willen zu tun.

In den letzten Jahren sind wir nun auch noch Zeugen einer Entwicklung geworden, die die Vorstufe zur Erfüllung jener anderen Prophetie mit großer Tragweite ist, über die ich so viel in meiner Jugend gehört habe – das Wiedererstehen des Römischen Weltreiches in der Endzeit. Es war faszinierend, zu beobachten, wie aus dem Konzept einer lockeren Union von sechs westeuropäischen Ländern durch die »Römischen Verträge« allmählich ein zwölf Staaten umfassendes Gebilde wurde, das 1993 die »Vereinigten Staaten von Europa« werden soll. Viele, die sich eingehend mit biblischer Prophetie beschäftigt haben, haben die Europäische Gemeinschaft (EG) mit dem wiedererstandenen Römischen Reich identifiziert. Doch die Cäsaren kontrollierten ein weit größeres Reich – fast die ganze damals bekannte Welt.

Das Entstehen der EG war nur der erste Schritt. Wie sollte es aber zur Ausdehnung auf die ganze heute bekannte Welt kommen? Das war die große Frage, die heute eine Teilantwort erhalten hat. Der Zusammenbruch des Kommunismus in Osteuropa hat seit Herbst 1989 einen Prozeß in Gang gesetzt, der am Ende alle Nationen der Erde zu vereinigen verspricht. Und dadurch kommt es zur Bildung einer Weltregierung, über die der Antichrist herrschen wird. Die Tür steht schon offen im Vereinten Europa für die Länder der ehemaligen Sowjetunion und ihrer Satelliten von früher. Das ist eine Vorstellung, die noch vor kurzer Zeit undenkbar war. Wenn es wirklich dazu kommt, werden allein die geographische Ausdehnung vom Atlantik bis nach Wladiwostok und die ökonomische und militärische Stärke der neuen Europäischen Gemeinschaft dafür sorgen, daß der übrigen Welt gar nichts anderes übrigbleibt, als sich anzuschließen. Ein bekannter politischer Beobachter hat dazu folgendes geschrieben:

> Die Mitgliedschaft [in der EG] steht bereits jenen europäischen Völkern offen, die die Demokratie angenommen haben und die auch bereit sind, etwas für ihren Beitritt zu tun. Bei dieser Ausgangslage, während das Europa hinter dem Eisernen Vorhang immer liberaler wird, scheint es nur recht und unabwendbar zu sein, daß sich die Europäische Gemeinschaft nach Osten ausdehnt.
>
> Auf lange Sicht wird die europäische Struktur als Prototyp für etwas viel Ehrgeizigeres angesehen werden. Die Idee einer Weltregierung ist nun schon fast ein Jahrhundert alt, aber sie hat bisher keinen Weg eröffnet. Die sich immer weiter ausdehnende Gemeinschaft aber, die auf gemeinsamen kulturellen Werten gründet, ist eine verheißungsvollere Idee.
>
> Das europäische Kulturkonzept ist keine Idee, die europäisch bleiben muß. Es ist eine Idee von globaler Dimension. Wir tun den ersten Schritt auf eine im weitesten Sinne ökumenische Völkergemeinschaft hin, die am Ende auch den letzten Winkel unseres Planeten erreicht haben wird.[4]

Dieser weltliche Autor beschrieb, ohne es zu wissen, die Erfüllung einer der wichtigsten und atemberaubendsten Prophetien in der Bibel. Die »globale ... ökumenische Völkergemeinschaft« ist nichts anderes als das wiedererstandene Römische Reich, über das der Antichrist herrschen wird. Aus der Perspektive biblischer Prophetie ist die gegenwärtige Euphorie kaum die richtige Reaktion auf die vor kurzem erfolgte Einführung neuer

Freiheiten in kommunistischen Ländern und die verbesserten Beziehungen zum Westen, die den Boden für diese historische Entwicklung bereitet haben.

Die nun in Gang gekommene Wiedergeburt des Römischen Reiches ist die letzte in der langen Reihe wichtiger Prophetien, die sich durch die Jahrhunderte hindurch erfüllt haben und die vor Augen führen, daß die Bibel das ist, was sie von sich behauptet – das Gotteswort. Diese Wiederkehr ist darüber hinaus das entscheidende Zeichen für das unmittelbar bevorstehende Offenbarwerden des Antichristen und für das zweite Kommen des Herrn. Aber die Entrückung kommt davor!

Durch Gottes Gnade habe ich lange genug gelebt, um mit eigenen Augen zu sehen, wie vieles, was ich in meiner Jugend als Prophetie gelehrt bekam, inzwischen Geschichte geworden ist. Man erschauert, wenn vor einem Ereignisse ablaufen, die den Vollzug jahrtausendealter Prophetien der Bibel darstellen. Die unglaublichsten Dinge stehen uns noch bevor, aber die Bibel hat den Zeitplan schon vor uns ausgebreitet.

4 | *Die letzten der »letzten Tage«*

IST ES VORSTELLBAR, DASS WIR BEREITS in den letzten Tagen leben? Und wenn dies tatsächlich so ist, was können wir dann noch tun? Wenn wir solche Fragen zur Sprache bringen, bewirkt dies in weltlichen Kreisen allenfalls ein höfliches Stirnrunzeln, ein selbstgefälliges Grinsen, ein Kichern hier und da oder gar offenen Spott. Man hat das alles ja schon so oft in Katastrophenfilmen gesehen. Aber auch viele Christen haben das Thema bereits abgeschrieben. Für sie gehört es zur Strategie der Sensationsevangelisten, die es zur Sprache bringen, wenn alles andere versagt hat, die Sünder »wachzurütteln«. Und es gibt noch jene – sowohl Christen als auch Nichtchristen –, die verärgert jedes Gespräch über die Endzeit als negativen Weltuntergangsfatalismus weit von sich weisen, weil es nur Pessimismus verbreite und eine positive Weiterentwicklung verhindere.

Solche Reaktionen sind durchaus verständlich. Das Thema ist auch irgendwie unsympathisch. Schon der Ausdruck »letzte Tage« deutet auf ein katastrophales Ende der uns bekannten Menschheitsgeschichte, wenn nicht gar auf das Weltende hin. Aber auch wenn wir uns noch so sehr dagegen sperren, so werden wir doch das Gefühl nicht los, daß solch ein Ende tatsächlich bevorsteht. Und so wollen wir wenigstens nicht darüber nachdenken.

Wie immer man auch zu diesem Thema steht, es führt doch kein Weg an der Tatsache vorbei, daß von der Genesis bis zur Offenbarung immer wieder von »den letzten Tagen«, von »späteren Zeiten«, von der »Endzeit« oder von anderen ähnlichen Begriffen die Rede ist und so das Ganze als Hauptthema der Bibel ausgewiesen wird. Allein Daniel greift dieses Thema an vielen Stellen auf, so daß uns gerade dieses Buch tiefere Einsichten vermittelt, auf die wir noch zurückkommen, wenn wir die Ereignisse der Endzeit näher erläutern.

Der Begriff »die Zeit des Endes« taucht fünfmal im Danielbuch auf, und dem Propheten wird darin erklärt, daß Gott eine bestimmte Zeit ausersehen hat, zu der das Ende kommt. Die Menschheitsgeschichte, wie wir sie kennen, wird dadurch beendet, daß der Mensch sich noch einmal auflehnt und Gott in das Geschehen auf dem Planeten Erde unmittelbar eingreift. Gott hat schon in der Vergangenheit eingegriffen – bei der Sintflut und in Babel – und er wird es wieder tun, wenn die Bosheit des Menschen ein Maß erreicht hat, das seiner Geduld ein Ende setzt. Gott weiß, wann das sein wird und was dazu führen wird, daß die Geschichte auf den Scheitelpunkt zueilt.

Wie nahe ist uns heute dieser Zeitpunkt? Kann man das überhaupt sagen? Leider hat es immer allzu eilfertige Leute gegeben, die fest glaubten, den Zeitpunkt des Endes ganz genau zu kennen, und die Scharen von Anhängern davon überzeugen konnten, all ihren Besitz fortzugeben, auf Bäumen oder auf Berggipfeln zu hocken, um auf das zweite Kommen des Herrn zu warten. Gerade bei den Übergängen von einem Jahrhundert zum andern kursierten apokalpytische Theorien, besonders aber bei einem Jahrtausendwechsel. So steht nichts anderes zu erwarten, als daß, je näher das Jahr 2000 rückt, zunehmend vom Weltende, vom zweiten Kommen und von der Morgendämmerung eines neuen Zeitalters des Friedens und des Überflusses die Rede sein wird. (Nicht jeder erwartet schließlich das Gericht Gottes.)

Die Skeptiker führen ins Feld, daß bereits die ersten Christen und selbst die Apostel mit all den zahllosen Christen in allen Jahrhunderten dachten, sie würden in der Endzeit leben. Dieser Begriff sei deshalb ziemlich belanglos. Es trifft auch zu, daß Petrus in seiner Pfingstpredigt (Apg. 2,17) die alttestamentliche Prophetie über die letzten Tage (Joel 2,28-32) scheinbar auf die eben stattgefundene Ausgießung des Geistes bezog. Wenn man allerdings etwas genauer den Zusammenhang bei Joel ergründet und gleichzeitig die Worte von Petrus näher beleuchtet, dann wird einem klar: Petrus verkündete keineswegs, daß die Ereignisse jenes Tages die Erfüllung der Joelschen Prophetie seien. Es sei, so meinte Petrus, lediglich jedermann vor Augen geführt worden, was sich ereignet haben könnte, wenn Israel wegen seiner Ablehnung Christi Buße getan hätte: Dieses Volk hätte die tausendjährige Herrschaft seines Messias erlebt, so wie Joel sie beschrieben hat. Es war ein Angebot, das Israel – wie vorausgesagt – ausgeschlagen hat, aber eines zukünftigen Tages dann doch annehmen wird, nachdem Gott sein Gericht gehalten hat.

Der Apostel Johannes verkündete um das Jahr 95 n. Chr.: »Kinder, es ist die letzte Stunde, und wie ihr gehört habt, daß der Antichrist kommt, so sind auch jetzt viele Antichristen aufgetreten; daher wissen wir, daß es die letzte Stunde ist« (1. Joh. 2,18). Damit hat Johannes keineswegs behauptet, es seien damals schon die letzten Tage voll angebrochen, wie viele meinen. Er verkündete klar und deutlich, daß zwar schon einige untergeordnete Antichristen aufgetreten seien, doch der eigentliche Antichrist werde erst noch kommen.

Auch Petrus beschäftigt sich mit dem Thema. Er schreibt, es würden in den letzten Tagen die Spötter kommen (2. Petr. 3,3-4) und jede Vorstellung von einem zweiten Kommen Christi ins Lächerliche ziehen. Und dann deutet er an, daß viele Jahre vergehen würden, bevor die Endzeitprophetien ganz erfüllt sein würden. Erklärend fügt er hinzu, »daß beim Herrn ein Tag ist wie tausend Jahre und tausend Jahre wie ein Tag« sind (Vers 8). Doch Gottes Gericht komme ganz bestimmt, und es bedeute die Zerstörung des ganzen Universums zu einer konkreten Zeit. »Die jetzigen Himmel und die jetzige Erde sind ... aufbewahrt und für das Feuer aufgehoben zum Tag des Gerichts und des Verderbens der gottlosen Menschen« (Vers 7). Die Ausdrucksweise von Petrus läßt keinen Zweifel daran, daß er die »letzten Tage« nicht zu seinen Lebzeiten erwartete.

Genauso Paulus: Auch er spricht von den Ereignissen der Endzeit unmißverständlich als von Zukünftigem, wobei er konkrete Dinge nennt, die sich erst nach seinem Tod ereignen würden. So schrieb er an Timotheus: » ... die Zeit meines Abscheidens steht bevor. Ich habe den guten Kampf gekämpft, ich habe den Lauf vollendet« (2. Tim. 4.6-7). Und den Ältesten in Ephesus schrieb er: »Ich weiß, daß nach meinem Abschied grausame Wölfe zu euch hereinkommen werden, die die Herde nicht verschonen« (Apg. 20,29). Es steht jedenfalls fest, daß weder Johannes noch Petrus, noch Paulus die von ihnen prophezeiten Endzeitereignisse zu ihren Lebzeiten erwarteten.

Wir wollen noch einmal festhalten: Die Entrückung hätte jederzeit eintreten können. So wartet denn auch – damals wie heute – die Gemeinde mit gespannter Aufmerksamkeit darauf, bei diesem so herrlichen Ereignis in den Himmel aufgenommen zu werden. Es gibt keine eindeutigen Vorzeichen, die die Entrückung ankündigen. Die Zeichen der Endzeit gelten nicht der Gemeinde, sondern dem ungläubigen Israel. Nichts steht zwischen der Gemeinde und jener »gesegneten Hoffnung«, aufgenommen zu werden, um dem Bräutigam in der Luft zu begegnen.

Die Ereignisse, die Christus voraussagte, als er nach den Vorzeichen seines Kommens gefragt wurde, sollten Israel vor dem Auftreten des Antichristen warnen, daß er nach seiner vorläufigen Friedensgarantie alles daransetzen würde, das Volk zu vernichten. Diese Zeichen künden aber auch vom Kommen des Messias für Israel, damit er das Land vor den anrückenden Heeren des Antichristen rettet. Wenn Christen dieses Ereignis meinen, dann sprechen sie vom »zweiten Kommen Christi in Macht und Herrlichkeit«. Da aber die Entrückung davor kommt, werfen bestimmte Zeichen, die das bevorstehende zweite Kommen ankündigen, ihre Schatten so weit voraus, daß die Gemeinde es ahnen kann: Die Entrückung ist nahe! Trotzdem sollen wir, ungeachtet aller Zeichen, die Entrückung jederzeit erwarten und in dieser Erwartungshaltung unser Leben führen.

Was das zweite Kommen betrifft, so wäre es voreilig von Israel gewesen, wenn man es schon nach einigen wenigen Vorzeichen erwartet hätte. Jesus verkündete nämlich: »So sollt auch ihr, wenn ihr dies alles seht, erkennen, daß es [das zweite Kommen] nahe an der Tür ist« (Matth. 24,33). Israel ist vorgewarnt, damit es genau weiß, wann der Augenblick gekommen ist, da der Messias eingreift, um es zu retten. Wie viele dieser Vorzeichen zum Zeitpunkt der Entrückung schon ihre Schatten vorauswerfen, ist schwer zu sagen. Wir gehören jedenfalls zur ersten Generation, die eins dieser Zeichen bereits erlebt hat.

Die Schreiber des Neuen Testaments scheinen »die letzten Tage« als jene Zeit begriffen zu haben, die mit der Himmelfahrt Christi ihren Anfang nahm und mit dem zweiten Kommen vollendet sein würde. Diesem großen Ereignis würden konkrete

Zeichen vorausgehen, die anzeigen, daß die gerade lebende Generation die letzten der »letzten Tage« erlebt. Es ist schon eine ziemlich aufregende Sache, wenn wir bedenken, daß keine Generation vor uns soviel Grund zu der Annahme hatte, die letzten der »letzten Tage« zu erleben, die dem zweiten Kommen unmittelbar vorausgehen. Keine andere Generation außer unserer!

Warum sollte ausgerechnet unsere Generation die letzten der »letzten Tage« erleben? Weil so viele wichtige Zeichen, die die Bibel als Ankündigung des bevorstehenden zweiten Kommens Christi nennt, auf vergangene Ereignisse nicht zutreffen. Heute sieht das anders aus. Zum ersten Mal in der Geschichte sind alle Zeichen für das nahe zweite Kommen jeden Augenblick denkbar. Und so hat denn auch gerade unsere Generation ausreichend Grund zu der Annahme, daß das zweite Kommen unmittelbar bevorsteht.

Welche Zeichen sind das, die nun zum ersten Mal in der Geschichte überhaupt in Erscheinung treten konnten? Jesus nannte eine Anzahl von ihnen. Als er von den Ereignissen sprach, die seinem zweiten Kommen vorausgehen würden, kündete er eine Zeit unbeschreiblicher Zerstörungen an, die so folgenschwer sein würde, daß, »wenn jene Tage nicht verkürzt würden, so würde kein Fleisch gerettet werden« (Matth. 24,22). Solch eine Aussage war für vergangene Generationen gar nicht recht nachvollziehbar. Wie konnte alles Leben auf der Erde durch Pfeil und Bogen, durch Schwert und Speer oder noch durch die konventionellen Waffen des Zweiten Weltkriegs so durch Zerstörung bedroht werden? Aber unsere Generation hat früher unbekannte Waffen entwickelt und gehortet, die in der Lage sind, alles Leben auf diesem Planeten auszulöschen. Wir sind also die erste Generation in der Geschichte, für die gerade diese Prophetie keiner zukünftigen Entwicklung bedarf, um erfüllt zu werden. Sie könnte vielmehr jeden Augenblick wahr werden.

In der ihm durch Christus vermittelten Zukunftsvision sah Johannes einen Weltherrscher, der die Erde nicht nur politisch und militärisch, sondern auch ökonomisch beherrscht. Niemand wird dann mehr in der Lage sein, ohne die 666, das geheimnisvolle Loyalitätssiegel des Antichristen, auf Hand oder Stirn etwas zu kaufen oder zu verkaufen (Offb. 13,16-18). Auch wenn vergangene Generationen diese Drohung ernst nahmen, so gab es doch keine Möglichkeit, Weltwirtschaft und Welthandel so zentral zu steuern. Heute gibt es diese Möglichkeit. Wir haben Computer, Kommunikationssatelliten und ein weltweites Buchungsnetz der Banken, wodurch eine solche Kontrolle möglich wird. Und es ist ein offenes Geheimnis, daß uns ein solches System über kurz oder lang aufgezwungen wird. Damit haben wir eine weitere Prophetie über die Endzeit, mit der keine Generation vor uns so recht etwas anfangen konnte, geschweige denn, sich ihre Verwirklichung zur jeweiligen Zeit konkret vorstellen konnte.

Johannes sah, daß die ganze Welt neben dem Antichristen auch Satan anbetet: »Und sie beteten den Drachen an [die alte Schlange, der Teufel oder Satan (12,9)], weil er dem Tier [dem Antichristen] die Macht gab, und sie beteten das Tier an ... « (Offb. 13,4). Solch eine Prophetie muß für frühere Generationen schwer vorstellbar gewesen sein; für uns ist sie es keineswegs. Offener Satanismus ist als »die am schnellsten wachsende Subkultur unter amerikanischen Teens«[1] bezeichnet worden. In einer anderen Analyse heißt es: »Die alarmierende Zunahme von Satanismus und Hexerei stellt die dunkle Seite der Erweckung des Okkulten durch New Age dar. Die Rockmusik bedient sich zum Teil ungeniert satanischer Symbolik, und viele Teenager, die in Schwierigkeiten stecken, werden in Amerika und in Europa von satanischen Sekten angezogen.«[2] In der US-Armee haben die Satanisten ihre eigenen Geistlichen, und sie werden auch noch durch das gesetzlich verbriefte Recht auf freie Religionsausübung geschützt. Das explosionsartige Wachstum des Satanismus weltweit ist ein besonderes Phänomen unserer Zeit, so daß die Vorstellung einer den Satan anbetenden Welt heute viel plausibler ist als für vergangene Generationen.

Vom ungeschminkten Satanismus kann man vielleicht noch erwarten, daß er nur eine fanatische Randgruppe beeinflussen wird. Für die etablierten Kreise der Gesellschaft ist Satan unter anderen Namen attraktiv. Hier ist er Luzifer, der Lichtträger. Der Film 2010 ist ein Beispiel für die heute gängige Gehirnwäsche. Zum Ende des Films stehen die Vereinigten Staaten und die Sowjetunion kurz davor, einen nuklearen Schlagabtausch auszulösen, der die Erde verwüsten würde. Doch plötzlich taucht eine neue Sonne am Himmel auf. Das Ereignis ist derart bestürzend, daß es zu einem weltweiten Sinneswandel führt. Die Feindseligkeiten werden eingestellt, und es wird Frieden geschlossen. In seinem Roman 2010 läßt uns der Autor, Arthur C. Clarke, wissen, daß der Name dieser neuen Sonne Luzifer ist! In der Zeitschrift *Life* wurden führende Amerikaner über den Sinn des Lebens befragt. Gleich die erste Person äußerte sich wie folgt: »Unser Lebenszweck ist es … nach Eden zurückzukehren, mit der Schlange [Satan] Frieden zu schließen und unsere Computer unter den wilden Apfelbäumen zu betreiben.«[3] Solch eine Aussage in einer so bekannten Zeitschrift wäre noch vor ein paar Jahren undenkbar gewesen. Das Logo einer Friedensorganisation – Peace on Earth – zeigt die Welt mit einem riesigen, darauf hockenden Drachen (eine der biblischen Erscheinungsformen Satans), der die Erde schützend birgt. Eine ihrer Broschüre verkündet, was frühere Generationen noch schockiert hätte, doch was inzwischen annehmbar geworden ist:

> … wenn wir eintreten in das, was man das Zeitalter des Wassermanns genannt hat, gehen wir hinüber in eine Zeit des Zusammenwirkens zwischen den Reichen des Geistes und der Materie. Es ist also Zeit für uns, mit dem Drachen Frieden zu schließen und in Partnerschaft mit der Weisheit und der Macht der Erde, die der Drache repräsentiert, in Gleichklang zu kommen.[4]

Gleichzeitig mit der Welt wird auch die bekennende Gemeinde darauf vorbereitet, den Antichristen anzubeten. Paulus warnt uns an vielen Stellen vor dem großen Abfall, vor der Abkehr vom Glauben in der Endzeit. Man mag es nicht glauben, was er da an einer Stelle konkret nennt: »Der Geist aber sagt ausdrücklich, daß in späteren Zeiten manche vom Glauben abfallen werden, indem sie auf betrügerische Geister und Lehren von Dämonen achten« (1. Tim. 4,1). Solch eine Prophetie schockiert: Da soll es typisch für die letzten Tage sein, daß ausgerechnet jene, die sich einmal Christen genannt haben, mit bösen Geistern Umgang pflegen? Doch unsere Generation erlebt dies in einem Maß, wie es die Geschichte noch nicht gekannt hat.

Es hat schon immer Versuche gegeben, durch Séancen, durch Tischrücken und andere Wahrsagepraktiken mit der Geisterwelt in Kontakt zu treten. Doch es gab immer nur wenige Teilnehmer, und man gab solche Praktiken, zu denen man sich im Dämmerlicht traf, selten zu, und der Durchschnittsbürger rümpfte die Nase darüber. Heute aber wird Spiritismus rund um die Welt von Abermillionen Menschen praktiziert, wenn auch in neuen Varianten und unter Namen, die für jedermann akzeptabel klingen. Vom Kindergarten bis zur Oberschule, in der Geschäftswelt als Erfolgstraining, in Psychotherapie und Medizin werden die »inneren Motivkräfte« gesucht und gefunden, die nichts weiter sind als betrügerische Geister. Sie haben nur eine Botschaft, und die kann man mit Fug und Recht »Lehren von Dämonen« nennen.

Ausführlich dokumentiert haben wir all das in dem Buch *America: The Sorcerer's New Apprentice* (Amerika – der neue Zauberlehrling). Hier mag es genügen, daß wir eins feststellen: Dieses Phänomen ist neu aufgekommen in dieser Generation, und es entwickelt sich explosionsartig.

Auch in der Gemeinde selbst hat man sich vom Glauben getrennt, und das auch noch im Namen dieses Glaubens. Man nimmt Kontakt auf zu betrügerischen Geistern, auch wenn man hier nicht von »tieferen Ebenen der Psyche« oder von »aufgefahrenen Herren« spricht, sondern von Christus selbst! Die Praxis, Jesus zu »visualisieren« (bei den Katholiken kann es auch Maria sein), wird zur »inneren Heilung« und zum Intensivieren des Gebetslebens benutzt oder um vertiefte Einsichten in Jesu Verkündigung zu gewinnen. Daß der Jesus, der dann erscheint und ein Eigenleben zu führen beginnt, nicht der Herr Jesus Christus ist, sondern ein »betrügerischer Geist«, der die »Lehren von Dämonen« verbreitet, ist schon ausführlich in Büchern dokumentiert worden (Die Verführung der Christenheit und Rückkehr zum biblischen Christentum). Das Thema soll hier auch nicht weiter vertieft werden. Daß dieses Phänomen sich so explosionsartig entwickelt und nun auch zu einer Bedrohung der Gemeinde wird, ist ein Merkmal allein unserer Generation und damit ein weiterer Beleg dafür, daß wir in den letzten der »letzten Tage« leben könnten.

Paulus kam zu so bemerkenswerten Einsichten über unsere moderne Welt, daß sie durch nichts anderes zu ihm gelangt sein können als durch göttliche Inspiration. Er warnte:»Dies aber wisse, daß in den letzten Tagen schwere Zeiten eintreten werden; denn die Menschen werden selbstsüchtig sein ... « (2. Tim. 3,1-2). Die Menschheit ist schon immer selbstsüchtig, egoistisch und narzistisch gewesen. Unsere Generation ist aber die erste in der Geschichte, der man es bewußt beibringt, sich selbst vor allem anderen zu lieben. In weiten Kreisen wird akzeptiert, daß wir uns selbst aus eigenem Antrieb nicht mögen und daß wir es deshalb erst lernen müssen, uns selbst zu lieben, bevor wir überhaupt Gott und andere Menschen lieben können. Das erste Gebot lautet nun:»Du sollst dich selbst lieben.« Während das Gebot»Du sollst den Herrn, deinen Gott, lieben« auf den zweiten Platz verdrängt worden ist.

Christus hätte niemals gepredigt:»Tu anderen das, was sie dir tun sollen«, wenn wir uns alle gar nicht selber mögen würden. Sein Gebot, den Nächsten wie sich selbst zu lieben, setzt offensichtlich voraus, daß wir uns schon von allein lieben, so daß unsere Eigenliebe nicht noch angestachelt, sondern eher korrigiert werden sollte. Es wird uns dringend ans Herz gelegt, doch etwas von der Liebe, die wir normalerweise nur für uns selbst übrig haben, unserem Nächsten abzugeben. Eine bekannte Gospelsängerin, die ihre Karriere mit einem Lied wie»Führ' uns den Weg, o großer Gott« begann, säuselt nun:»Sich selbst zu lieben – welch größere Liebe gibt es noch?« Selbst evangelikale Gemeinden veranstalten Seminare, damit ihre Mitglieder es lernen, sich selbst zu lieben. Das ist, als würde man Benzin auf ein schon außer Kontrolle geratenes Feuer gießen. Es sei noch einmal gesagt: Dies ist eine Erscheinung, die zum ersten Mal in unserer Generation zu beobachten ist.

Johannes sah in seiner Vision, daß nicht nur der Drache (Satan) angebetet wurde, sondern auch der Antichrist selbst. Noch für unsere Großväter wäre es eine lächerliche Vorstellung gewesen, daß einzelne Gruppen, geschweige denn die ganze Welt, einen Menschen als Gott anbetet. Doch in den letzten dreißig Jahren sind die Gottmenschen aus dem Osten wie Bhagwan, Baba Mukrananda, Maharaji und viele andere in den Westen gekommen und von Tausenden von Anhängern als Götter angebetet worden. Es ist zwar noch eine Minderheit, die den Gurus folgt, aber immerhin ist es in unserer westlichen Welt inzwischen nichts Außergewöhnliches mehr, daß Menschen als Gott angebetet werden. Schauspieler, Spitzensportler und Spitzenpolitiker gehören zu denen, die den Gurus nachlaufen.

Die Welt von heute wird zweifellos auf den vorbereitet, der »sich in den Tempel Gottes setzt und sich ausweist, daß er Gott sei« (2. Thess. 2,4). Zunächst erfüllt sich diese Prophetie, wenn der Antichrist im jüdischen Tempel sitzt, der in Jerusalem noch zu bauen sein wird. Es gibt aber noch eine weitere Deutung: Der Leib des Gläubigen wird ja durch den ihm innewohnenden Heiligen Geist zum »Tempel« Gottes: »Wißt ihr nicht, daß ihr Gottes Tempel seid und der Geist Gottes in euch wohnt? (1. Kor. 3,16; vergl. 6,19). Und das sollte schließlich für die ganze Menschheit gelten. Statt dessen erhebt die Religion des Antichristen das Ego zum Gott im menschlichen Tempel.

Zum ersten Mal in der Geschichte versenken sich heute nicht nur ein paar Yogis und Gurus, sondern Millionen ganz normaler Menschen mystisch ins eigene Ich. Dort, wo der Tempel des wahren Gottes sein sollte, versuchen sie ihr angeblich »höheres Ich« als ihren Gott auszumachen. Die Praktiken der Transzendentalen Meditation (TM), der östlichen Meditation und des Yoga sind weit verbreitet. Das Ziel ist Selbsterkenntnis. Man soll den Gott in sich selbst entdecken. Es ist immer noch dieselbe Lüge, mit der die Schlange schon Eva verführte. Offensichtlich spielt die Vergöttlichung des eigenen Ich eine wichtige Rolle bei der Vorbereitung der Welt auf die Anbetung des Antichristen. Und auch das ist wieder ein Zeichen dafür, daß unsere Generation die letzten der »letzten Tage« erleben könnte.

Man muß nicht östlichem Mystizismus anhängen, um das eigene Ich zu vergöttlichen. Diese Grundhaltung ist nämlich genauso die Basis der humanistischen Psychologie geworden, die in den letzten zwanzig Jahren einen hohen Bekanntheitsgrad erreicht hat. Einer ihrer Vordenker war Carl Rogers, der auf dem Priesterseminar vom Christentum abfiel und sich dem Studium der Psychologie zuwandte. Rogers bot seinen Studenten ein weltliches Ersatzerlebnis für die Wiedergeburt an, indem er von der Taufe »in den bewegten Wassern des eigenen Ich« sprach. Rogers erklärt: »Das Ich in seinem unbegrenzten Potential ist im

Grunde ein Gott.« Und dann fragt er: »Wer braucht denn einen
Gott in der Höhe, wenn man einen in sich trägt?«

Trotz seiner bewußt antichristlichen Grundhaltung wurde
Rogers 1976 mit einem Preis der American Pastoral Counselors
Association ausgezeichnet. Im Widerspruch zu Christi Gebot,
sich selbst zu verleugnen (Matth. 16,24; Mk. 8,34 usw.), und zur
Paulinischen Ermahnung:
»Ein jeder sehe nicht auf das Seine, sondern ein jeder auch
auf das der anderen« (Phil. 2,4), schreibt ein führender »christ-
licher Psychologe«, ohne sich zu schämen:

> Unter dem Einfluß humanistischer Psychologen wie Carl
> Rogers und Abraham Maslow haben viele von uns Christen
> begriffen, wie nötig wir Selbstliebe und Selbstwertschätzung
> haben. Sich hierauf zu konzentrieren, ist gut und notwendig.[5]

Jesus warnte, daß das wichtigste Zeichen, das seine nahe
Wiederkunft ankündigen würde, die religiöse Verführung sei:
»Seht zu, daß euch niemand verführe!« Und dann zählt er auf,
worin diese Endzeitverführung besteht: »Viele falsche Propheten werden aufstehen und werden viele verführen ... Denn es
werden falsche Christi und falsche Propheten aufstehen und
werden große Zeichen und Wunder tun, um so, wenn möglich,
auch die Auserwählten zu verführen« (Matth. 24,4.11.24).

Ein weltlicher Beobachter, der vielleicht vor fünfzig Jahren
schrieb, hätte sicherlich nicht das weltweite religiöse Wiedererwachen, das Christus prophezeite, so ohne weiteres vorausgesehen. Statt dessen wäre er davon ausgegangen, daß sich unsere
Zeit gerade durch besonderen Skeptizismus und Atheismus aus-
zeichnet. Die Wissenschaft würde so weit fortgeschritten sein,
daß nur noch wenig Platz für die Religion in der Welt bleiben
würde. Kein gebildeter Mensch würde an »spirituelle Werte«
glauben, und der Materialismus hätte mit Sicherheit die Oberhand gewonnen.

Wie sehr sich solch ein Beobachter geirrt hätte! Wie recht
hatte Christus dagegen, als er davon sprach, daß viele falsche
Propheten und Christi aufstehen würden, um viele zu verführen.
Es ist klar, was er damit sagen wollte: Eine Konkurrenzreligion
wird die Welt in der Endzeit überrennen. Aber sie wird nicht für

die Wahrheit einstehen, und viele werden statt dessen durch falsche Propheten und Christi verführt und betrogen. Die Präzision dieser bemerkenswerten Prophetie, die vor 2000 Jahren ausgesprochen wurde, ist unbestreitbar.

Wir sind Zeuge einer völlig überraschenden Entwicklung: Das Interesse an spiritueller Erfahrung ist wiedererweckt worden. Was aber die falschen Christi angeht, so gibt es Hunderte, wenn nicht Tausende. Einer der vielen ist Koreas Sun Myung Moon. Bis vor kurzem hatte er immer nur in Andeutungen davon gesprochen, der Messias zu sein, doch nun – Mitte August 1990 – hat er seinen Anspruch klar und deutlich auf der Eröffnungssitzung eines Kongresses für Weltreligionen in San Francisco kundgetan. Der *San Francisco Chronicle* berichtete:»Umgeben von Yogis, Gelehrten, Lamas und Imamen, erklärte sich Rev. Sun Myung Moon am Donnerstag zum neuen Messias dieser Welt.«[6]

Und die falschen Propheten? Sie gehören zu den populärsten Gestalten, die man heute in den christlichen Medien sieht und hört. Im Dezember 1989 verschickten Oral und Richard Roberts Päckchen an potentielle Spender, die zwei kleine Kerzen enthielten – eine rote und eine grüne. Die Empfänger wurden angewiesen, die rote Kerze zusammen mit ihren Gebetsanliegen zurückzuschicken, das obligate»Saatopfer« natürlich inbegriffen, denn das würde den Glauben erst freisetzen. Am Heiligabend sollte dann jeder seine grüne Kerze entzünden, während Oral und Richard alle zurückerhaltenen roten anstecken würden. Das gleichzeitige Entzünden der Kerzen sollte angeblich die zu der Zeit gesprochenen Gebete duchschlagskräftiger machen und die»Wunder« bewirken. Das ist eine alte Zaubertechnik, die einfach fürs christliche Spendensammeln abgewandelt wurde!

Ungefähr zur gleichen Zeit schickte Robert Tilton allen, die er in seiner Adressdatei hatte, ein Päckchen mit Utensilien zum Geldeintreiben und Heilen, die ähnlichen Zauberzwecken dienten. Auch hier war es wieder entscheidend, Tilton erst einmal ein Opfer zu schicken. Dann sollte man in den mitgelieferten magischen Kreis treten und genau dort stehen, wo Tiltons Fußumrisse in Rot eingezeichnet waren.»Damit ein göttlicher Kontakt entsteht, berühren Sie mit Ihren Füßen die meinen jeden Morgen 21 Tage lang«, hieß es in der Beschreibung. Vorn auf dem Umschlag wurde in großen Lettern angekündigt: »DIESER MENSCH EMPFÄNGT INNERHALB VON 14 TAGEN, NACHDEM ER IN DEN KREIS GETRETEN IST, 5000 DOLLAR! Die Rückseite hatte folgenden Aufdruck: »Die Frau WIRD VON KREBS GEHEILT, nachdem sie in den Kreis getreten ist!«

Daß Tilton sehr reich durch solche Praktiken geworden ist, ist nicht so verwunderlich wie die Tatsache, daß so viele bekennende Christen von ihm und seinesgleichen hereingelegt werden können. Noch vor ein paar Jahren hätte man solche offensichtliche Zauberei in den Reihen der Gemeinde bestimmt nicht gebilligt. Doch heute wird so etwas vom christlichen Fernsehen gesendet und von angeblichen Gläubigen mitgetragen. Wir haben es hier offensichtlich mit einem weiteren typischen Zeichen unserer Zeit zu tun.

Die Situation in der Gemeinde heute erinnert stark an die letzten Tage des Königreichs Israel. Statt Gottes Wort zu bewahren, befragte Israel spiritistische Medien (Jes. 8,19). Das Gottesvolk war hinabgesunken in einen Morast von Okkultismus, Astrologie und Götzendienst (Jer. 19,4-5.13; 32,29). Unzucht war selbst unter den Priestern nichts Außergewöhnliches mehr (Hes. 16,15-59; Hos. 6,9). Nicht mehr lange, und Gottes gerechtes Urteil sollte fallen, so wie es heute Gemeinde und Welt zu erwarten haben. Nebukadnezars Heer war damals das Instrument, und die lange babylonische Gefangenschaft des auserwählten Gottesvolkes sollte beginnen.

Israel hätte so dringend Schutz vor dem gnadenlosen, unbesiegbaren Invasionsheer gebraucht, aber Entsatz hätte nur nach Buße und Unterordnung unter den Herrn kommen können. Geduldig hatte Gott einen Propheten nach dem andern geschickt, um Israel wegen seiner Rebellion, Götzendienerei, Boshaftigkeit und okkulter Praktiken anzuklagen und Buße zu erflehen. Aber Israel kehrte nicht um. Es hätte den Tatsachen ins Auge sehen müssen, aber statt dessen wandte es sich den zahllosen falschen Propheten zu, die das Volk mit ihren besänftigenden Lügen einschläferten. Ihre »positiven« Botschaften waren so viel angenehmer als die »negative« Verkündigung derjenigen, die für Gott sprachen. Angesichts der Tatsache, daß man sich in

Sicherheit wiegte, verkündete Jesaja:»Kein Friede den Gottlosen! spricht mein Gott.« Und er meinte es bitterernst. Genauso ernst meinte es Jeremia, als er mit Gottes bevorstehendem Gericht über die falschen Propheten drohte, die alles beschönigten und immer nur sagen:»Friede, Friede! – und da ist doch kein Friede« (6,14: 8,11). Hesekiel spricht von»nichtigen Gesichten« und»schmeichlerischen Wahrsagungen«, und dann fährt er fort:

> Darum, so spricht der Herr, HERR: Weil ihr Nichtiges redet und Lügen schaut, darum, siehe, will ich an euch ... Und ich werde meine Hand gegen die Propheten ausstrecken, die Nichtiges schauen und Lüge wahrsagen ... weil sie mein Volk irreführen und sagen: Friede! obwohl kein Friede da ist (13,8-10).

Und heute wiederholt sich die Geschichte: Es ist Abenddämmerung. Doch diesmal steht uns etwas bevor, was die ganze Welt betrifft. Wieder werden diejenigen, die vor Gottes bevorstehendem Gericht warnen, als»Miesmacher« beschuldigt. Das magische Allheilmittel des positiven Denkens wird überall in der Geschäftswelt, in Psychologie, Erziehung und Medizin verbreitet, aber auch schon in der Gemeinde. Eine deutsche Automarke warb neulich in der Zeitschrift TIME:»Der Gedanke ist die größte Kraft im Universum ... Wir schaffen es mit der Kraft des Geistes, jeden Gedanken zu realisieren.«[7]
So glauben denn schon viele Christen, daß unsere Gedanken und Worte – und nicht mehr Gott – unser Schicksal bestimmen, daß wir unter ihm kleine Götter sind und imstande, uns unsere eigene Welt zu schaffen.[8] Ein bekannter christlicher Erfolgs- und Motivationsprediger nennt eins seiner Seminare verheißungsvoll:»Wie du bekommst, was du willst.«[9] Ein vielgelesenes Büchlein von Kenneth Hagin ist *How to Write Your Own Ticket with God* (Wie man mit Gott seinen eigenen Lebensplan entwirft).[10] Solch eine Grundeinstellung hat nur noch wenig zu tun mit Christi Gebet im Garten Gethsemane:

> Abba, Vater, alles ist dir möglich. Nimm diesen Kelch von mir weg! Doch nicht, was ich will, sondern was du willst (Mk. 14,36).

Wenn Christus die »Prinzipien zum Erfolg«, die heute in der Gemeinde gelehrt werden, erkannt und praktiziert hätte, dann hätte das Neue Testament wahrscheinlich eine ganz andere Geschichte zu erzählen. Hätte er doch nur Dale Carnegies Lehrgang »Wie man Freunde gewinnt und Menschen lenkt« besucht. Ihm wäre es gelungen, die Rabbis und Römer auf seine Seite zu ziehen, und die Kreuzigung wäre ihm erspart geblieben. Statt sich durch seine negativen Aussprüche Feinde zu machen, hätte doch alles durch das Prinzip des »positiven Denkens« auf friedlichem Wege beigelegt werden können.

Von den heutigen »Propheten« wird uns zwar ständig versichert, wir würden gerade »die größte Erweckung aller Zeiten« erleben, doch in Wahrheit sinkt die Gemeinde immer tiefer in den von Christus und seinen Aposteln vorhergesagten Abfall der letzten Tage. Der Okkultismus in allen möglichen Spielarten entwickelt sich explosionsartig nicht nur in der Welt, sondern auch in der Gemeinde zur weltweit größten Erweckung des Heidentums. Die Zeichen der Endzeit, die Gottes nahendes Gericht ankündigen, sind nicht mehr zu übersehen.

Ungezügelte Homosexualität, Pornographie, Abtreibung und andere Formen übelster Unmoral werden zur Norm für die Gemeinde wie für die Welt. Die Scheidungsrate und die Häufigkeit von Unzucht ist inzwischen unter evangelikalen Christen schon ähnlich hoch wie in der weltlichen Gesellschaft. Der Lebensstil der Studenten christlicher Hochschulen und Universitäten unterscheidet sich kaum noch von dem ihrer humanistischen Kommilitonen. Vor mehr als dreißig Jahren predigte A. W. Tozer, daß die Gemeinde nicht so sehr die »Erweckung« als vielmehr die »Reformation« bitter nötig habe. Inzwischen hat sich vieles verschlimmert, so daß seine prophetische Warnung noch aktueller ist als damals:

> Ich bin fest davon überzeugt, daß wir uns unter den gegenwärtigen Bedingungen gar keine Erweckung wünschen sollten. Eine umfassende Erweckung jenes Christentums, wie wir es heute in Amerika vorfinden, könnte sich nämlich als moralische Tragödie herausstellen, von der wir uns nicht einmal in hundert Jahren erholen würden.[11]

Doch die Aussichten auf einen humanistischen Weltfrieden scheinen im großen und ganzen immer noch rosig zu sein. Es sieht für einen Augenblick so aus, als stehe der Mensch an der Schwelle zur Lösung seiner Probleme ohne Gott. »Friede und Sicherheit« tönt es immer lauter von überallher. Aber der Irrglaube kann nicht größer sein, denn es ist nur die trügerische Stille vor dem Sturm, denn schon mehren sich auch wieder die Anzeichen, daß die Menschheit kurz davorsteht, den ganzen Zorn Gottes zu ernten, weil sie seinen Sohn verworfen hat, der darauf wartet, wiederzukehren, um zu vergelten. Eins ist ganz sicher: Die Zeichen, die sein zweites Kommen ankündigen, werfen schon ihre Schatten voraus, um anzuzeigen, daß unsere Generation gerade die letzten der »letzten Tage« erlebt.

Jedes der von uns angesprochenen Ereignisse für sich genommen, ist als Zeichen der Endzeit nicht sonderlich beeindruckend. Aber wenn wir das Zusammenspiel dieser Ereignisse innerhalb eines engen Zeitrahmens erleben und dabei die Geschwindigkeit bedenken, mit der sich die Dinge in Osteuropa und international entwickelt haben, dann erkennt man schon, wie sich die Teile eines Puzzles zusammenzufügen beginnen. Es kann nicht nachdrücklich genug darauf hingewiesen werden, wie bedeutungsvoll dieses Zusammenwirken der Ereignisse ist.

Die Spitzenpolitiker dieser Welt beginnen bei dieser Aussicht auf Frieden zu schwärmen. Man spricht viel darüber, am Anfang eines neuen Zeitalters zu stehen. Nun könne man eine »neue Weltordnung« schaffen. Nur für diejenigen, die sich ernsthaft mit Prophetie beschäftigen, sieht alles viel düsterer aus. Und auch wenn jene, die zu Christus gehören, angesichts der großen Täuschung und der von ihnen vorausgesehenen Katastrophe einerseits trauern, so herrscht unter ihnen doch auch Freude und gespannte Aufmerksamkeit, weil es nicht mehr lange dauern kann, bis sie den Ruf Christi hören, mit dem sie aufgefordert werden, ihm in den Lüften zu begegnen.

Motiviert diese Erkenntnis nicht zu einem geheiligten Leben? Spüren wir dadurch nicht auch das brennende Verlangen, mit großer Klarheit die Botschaft Gottes allen Menschen zu bringen? Wie soll diese Botschaft aber aussehen?

Lange Zeit war es üblich, zu evangelisieren, indem man denjenigen, die zu Christus kommen, Heilung, Freude und Segnungen versprach. Aber die Welt, die gerade im Begriff ist, Frieden und Wohlstand zu erlangen, ist kaum dazu zu bewegen, solch einem Evangelium Beachtung zu schenken.

Die Botschaft, die jetzt gefragt ist, spricht von Sündenerkenntnis und Gottesfurcht. Solange Männer und Frauen nicht begreifen, daß sie Gottes Gesetze gebrochen haben und daß diese Welt kurz davorsteht, die Früchte seines Zorns zu ernten, so lange werden sie auch nicht einsehen, wie nötig sie die Vergebung haben, die Christus durch sein Blut erwirkt hat. Es wird immer schwerer werden, diese Botschaft in der vor uns liegenden Zeit zu verkünden, aber nur sie allein wird verhindern können, daß »Bekehrte« aus falschen Motiven zu Christus kommen und dadurch schon programmiert sind, dem Antichristen zu folgen, wenn er eines Tages an die Öffentlichkeit tritt. Es ist furchteinflößend und erregend zugleich, sich darüber klar zu werden, daß es unsere Verantwortung und unser Vorrecht ist, so viele Menschen wie möglich vor dem sich ankündigenden Zorn Gottes zu retten.

5 | Ein vereintes Europa – der erste Schritt zum Weltfrieden?

W IR SIND NUN EINGETRETEN ins letzte Jahrzehnt des zweiten Jahrtausends seit Christi Geburt. Schon jetzt werden die neunziger Jahre als aufregendste und vielversprechendste Periode der Menschheitsgeschichte gepriesen. Noch nie war die Aussicht auf Weltfrieden und allgemeinen Wohlstand so verheißungsvoll, und niemals zuvor hat es einen so abrupten Umschwung in der Weltmeinung von allgemeiner Zukunftsangst zu freudiger Zuversicht gegeben, wie zu Anfang dieses neuen Jahrzehnts. Ein Ereignis jagte das andere in den wenigen Monaten vor Ende 1989; und aufsehenerregend war jedes einzelne. Selbst die weitsichtigsten politischen Beobachter und Kommentatoren in den Medien wurden von den Ereignissen völlig überrascht.

Verblüfft schaute die Welt zu, als ein unvorstellbarer Wandel ganz Osteuropa erfaßte. Worte konnten nicht ausdrücken, was da vor sich ging. Solch eine Möglichkeit auch nur in Erwägung zu ziehen, wäre noch ein paar Monate zuvor eine groteske Vorstellung gewesen. Wie urplötzlich sich alles veränderte! Die durch den Eisernen Vorhang scheinbar auf Dauer geprägte Mentalität der Menschen wandelte sich im Nu und machte der Bereitschaft zu Offenheit und Kooperation zwischen Ost und West Platz. Winston Churchill hatte diesen Begriff in seiner berühmt gewordenen Erklärung von 1946 geprägt: »Von Stettin an der Ostsee bis Triest an der Adria ist ein eiserner Vorhang über den Kontinent gefallen.« Er war zu einer festen Größe geworden, zu einem Teil der harten Lebenswirklichkeit, von der niemand glaubte, daß sie irgendwann einmal nicht mehr dasein würde. Doch dann – nach 43 Jahren, nach vielen Toten und so manchem verzweifelten Fluchtversuch – war dieses üble Gebilde ganz plötzlich verschwunden. Und alles ging so überraschend einfach.

Das absolut Unmögliche spielte sich Tag für Tag in immer schnellerer Abfolge vor unseren Augen ab. Ein Fernsehkommentator, der von der historischen Begegnung zwischen Gorbatschow und Papst Paul und dem gleich darauffolgenden Gipfeltreffen Gorbatschow-Bush berichtete, äußerte sich voll innerer Bewegung wie folgt:»Unglaubliche Veränderungen gestalten die Welt mit so großer Geschwindigkeit um, daß wir kaum noch mithalten können.« Und Francis Fukuyama vom amerikanischen Außenministerium meinte, das sei»nicht nur das Ende des Kalten Krieges ... sondern das Ende der Geschichte an sich«. Das Titelbild der Zeitschrift TIME vom 11. Dezember 1989 zum Gipfel Bush-Gorbatschow trug die vielversprechende Überschrift:»SIE BAUEN EINE NEUE WELT.«

Gorbatschows Glasnost und Perestroika waren sowohl im Westen als auch im Osten mit einigem Mißtrauen aufgenommen worden, und monatelang war die Weltpolitik von einer inneren Unruhe erfaßt. Doch nach dem historischen Gipfeltreffen mit Präsident George Bush erfaßte die Perestroika die ganze Sowjetunion und alle Länder Osteuropas mit solcher Durchschlagskraft, daß ihr nichts mehr entgegengestellt werden konnte. Das Undenkbare war tatsächlich eingetreten! Bis dahin unterdrückte Menschen tanzten, außer sich vor Freude, auf der Mauer und wagten es, sie einzureißen, während die Grenzwachen sich zurückzogen und alles mit freundlicher Miene beobachteten. Unglaublich! Aber es ging über den Bildschirm, und eine ungläubig zuschauende Welt wurde Augenzeuge! Gorbatschow erklärte damals:

> Die Dinge verändern sich wahrhaftig, und das auch noch so radikal. Die Menschen haben Einfluß auf die Politik ... und wer glaubt, sie wollen die Veränderungen nur in einer bestimmten Region, der irrt sich gewaltig.[1]

In schneller Folge brachen die totalitären marxistischen Regime, die so unangreifbar schienen, in der Konfrontation mit friedlichen Demonstrationen in sich zusammen. Hunderttausende Studenten und Bürger aus allen Schichten, denen bis dahin schon der Gedanke, so etwas zu tun, Angst gemacht hätte, übernahmen die Straße, hielten Spruchbänder hoch und forderten Freiheit. Man konnte sie ihnen nicht mehr verweigern, und die Folgen waren so dramatisch, daß sie jede Vorstellungskraft überstiegen.

Man führe sich noch einmal vor Augen, welche unvorstellbaren Dinge damals Aufsehen erregten – Ereignisse, die es so noch nie gegeben hatte: Spitzenpolitiker der Kommmunistischen Parteien in ganz Osteuropa, die jahrzehntelang den Kapitalismus verdammt und vorgegeben hatten, die Gleichheit aller zu repräsentieren, wurden nun wegen schlimmster Korruption bloßgestellt. Totalitäre Tyrannen, die mit Terror und Einschüchterung geherrscht hatten, wurden von heute auf morgen von Nichtkommunisten inhaftiert, die nun ihrerseits in den vormals kommunistischen Ländern die Herrschaft übernahmen! Immer neue Beweise für die latent vorhandene Selbstsucht und Heuchelei des menschlichen Herzens tauchten auf und wurden von der Presse um die Welt getragen:

> WANDLITZ, Ostdeutschland – Massive Eisentore sperren jenes Luxusviertel ab, in dem die alten Herren der ostdeutschen Regierung und der Kommunistischen Partei jahrelang wohnten ...
>
> Leidenschaftlich verurteilte man im ganzen Land diese altgewordenen Politiker dafür, ... daß sie öffentliche Kassen geplündert und ihr unrechtmäßig erworbenes Vermögen auf ausländische Bankkonten verschoben haben, ... [und daß sie sich] ihre feudalen Altersruhesitze mit öffentlichen Geldern bauten.
>
> Seit im Oktober der Einfluß der Partei auf Ostdeutschland zu schwinden begann, ist bis dahin unvorstellbarer Luxus zutage gefördert worden. Fast täglich tauchen Berichte über skandalöse Aktivitäten auf, und das macht Eindruck beim Mann auf der Straße in Ostdeutschland. Denn unter dem Staatssozialismus war man noch davon ausgegangen, daß alle halbwegs unter ähnlichen Bedingungen leben.

Man reagierte natürlich wütend darauf... Die Tageszeitung der Nationaldemokratischen Partei schrieb, daß »millionen Menschen in diesem Land das Gefühl haben, betrogen und zu Opfern gemacht worden zu sein... « Ein Student bedauerte: »Dieses Korruptionsthema bedeutet die Auflösung der Kommunistischen Partei... wir sehen die Realität wie sie ist.« Und ein Arbeiter aus Ostberlin äußerte sich so: »Es ist widerlich, wie diese [Parteibonzen] gelebt haben, und dabei haben sie uns immer gepredigt, noch härter für den Sozialismus zu arbeiten.«

Im Dorf Rottelbrode im Harz wurde die ehemalige Bürgermeisterin Edeltraut Tielo vor Gericht gestellt, aller ihrer Ämter enthoben und der persönlichen Bereicherung auf Kosten der Öffentlichkeit angeklagt. Nun wird sie auf der Straße verspottet und bedroht. Man sagt, daß so etwas derzeit kein ungewöhnlicher Vorgang in diesem Lande ist.[2]

Haben Sie noch das Bild von der Warschauer-Pakt-Konferenz vor Augen, als Repräsentanten der Mitgliedsländer sich nach dem Bush-Gorbatschow-Gipfel Mitte Dezember 89 zusammensetzten und vom Sowjetpräsidenten zu hören bekamen, daß nun nichts mehr beim alten bliebe? Sie hatten nun die Freiheit, getrennte Wege zu gehen. Die meisten der »alten Garde«, die sich für Jahrzehnte an ihre Führungspositionen geklammert hatten, fehlten bei dieser historischen Zusammenkunft. Die wenigen, die tatsächlich anwesend waren, wußten, daß ihre Tage im Amt gezählt waren.

Nur Nicolae Ceausescu, Rumäniens despotischer Herrscher für 24 tragische Jahre, saß erhobenen Hauptes bei jener Konferenz in Moskau und blickte jeden Neuankömmling mißmutig an. Er verbarg sein Entsetzen und seine Angst hinter einer Gleichmut zur Schau stellenden Maske. Ein paar Tage später würde er skrupellos seinen Truppen befehlen, friedlich um Demokratie bittende Bürger mit Maschinengewehren zu erschießen und in dem verzweifelten Versuch, seine tyrannische Herrschaft zu erhalten, Tausende töten. Doch innerhalb von 36 Stunden entkam der von der eigenen Armee gestürzte Ceausescu mit dem Hubschrauber aus seinem brennenden Palast, wurde gefangengenommen und am 1. Weihnachtsfeiertag 1989 mit seiner Frau Elene von einem Erschießungskommando hingerichtet. Er war der letzte Diktator des Warschauer Paktes, der fiel.

In ganz Osteuropa war Wirklichkeit geworden, was die Millionen gefangener Menschen hinter dem nun zerrissenen Eisernen Vorhang nicht einmal zu träumen gewagt hatten, und das alles mit so atemberaubender Geschwindigkeit. Die Demokratie drang vor in eine kommunistische Welt! Ende 1989 führte Paul Weyrich auf Bitten der sich nun etablierenden neuen Machthaber ein Expertenteam nach Osteuropa, um dort »die Feinheiten des politischen Geschäfts nach westlicher Art« zu vermitteln. Dieser Paul Weyrich, den man oft »den wohl fähigsten politischen Vorarbeiter und Mann für alle Fälle der konservativen Bewegung« genannt hat, erlebte mit seinem Team in Moskau, was er als »unglaublichste Erfahrung seines Lebens« bezeichnete. Er äußerte sich so:

> Diese Abgeordneten machten kein Hehl daraus, daß sie privatem Eigentum, freien Märkten und der Wiederherstellung der Religionsfreiheit den Vorzug gaben ... Sie stellten interessierte Fragen zur Technik des politischen Handelns in den Vereinigten Staaten.[3]

Das Schicksal der über 5 Milliarden Erdenbewohner machte einen dramatisch weiten Sprung vorwärts in eine ungewisse Zukunft. Wie auf ein unerklärliches Geheiß hin war die Zeit für einen solchen Wandel gekommen. Oder gibt es eine andere, finstere Erklärung?

So mancher politische Beobachter war damals überzeugt, daß Glasnost und Perestroika zu einem bewußten Täuschungsmanöver gehörten, um den Westen für die Zerstörung bereitzumachen. Der *McAlvany Intelligence Advisor* vom Dezember 1989 warnte: »Gorbatschow, seine cleveren ›Drehbuchautoren‹ im KGB und seine Militärstrategen haben sich entschlossen, die ›nominelle‹ Kontrolle der Ostblocksatelliten gegen die Neutralisierung Westeuropas und die Auflösung der Nato einzutauschen ... Das Drehbuch sieht weiterhin vor, daß Amerika und Westeuropa die finanziellen Lasten Osteuropas übernehmen dürfen.« Donald S. McAlvany schlug Alarm, und sogar Alexander Solschenizyn pflichtete ihm mit anderen bei. McAlvany argumentierte wie folgt:

Von Lenin bis Gorbatschow haben die kommunistischen Führer von der Notwendigkeit gesprochen, die wohlhabenden Finanzkapitalisten (wie Armand Hammers und David Rockefeller) dazu zu benutzen, ihre Weltrevolution finanzieren zu helfen.

McAlvany spricht des weiteren davon, daß die Wiedervereinigung Deutschlands und die Neutralisierung Westeuropas durch eine großangelegte Friedensoffensive schon viele Jahre als Konzept in den Schubladen des Kreml liege. Die scheinbare Demokratisierung Osteuropas sei ein meisterlicher Schachzug der Sowjets, um den Westen zur Abrüstung zu bewegen und schließlich den letzten Schritt zur Weltherrschaft zu tun. Diese Theorie wird immerhin von John Lenczowski gestützt, der zwischen 1983 und 1987 Direktor für europäisch-sowjetische Angelegenheiten beim Nationalen Sicherheitsrat der USA war und somit mit einiger Sachkenntnis spricht. Er macht uns auf einige beunruhigende Tatsachen aufmerksam:

Auch wenn der Westen mit Verwunderung und Erstaunen zusieht, wie in Osteuropa offenbar ein kommunistisches Regime nach dem andern zusammenbricht, so muß ich als Beobachter eingestehen, daß mich ein gewisses Unbehagen befällt ...

Schon 1984 sagte Anatoly Golitsyn, wohl einer der prominentesten Überläufer des KGB, eine unechte Liberalisierung in Osteuropa einschließlich der Sowjetunion voraus. Deren Reformen würden derart verblenden, daß es dem Westen unmöglich sein würde, die allgemeine Zustimmung für eine starke Verteidigung auch weiterhin zu bekommen.

Zu den Ereignissen, die Golitsyn voraussah (Gorbatschow war damals noch ein unbekannter Apparatschik im Politbüro), gehörten: der Fall der Berliner Mauer, eine Koalitionsregierung in Polen, die die Solidarität und die Kirche mit einschließt, die Rückkehr Alexander Dubceks in der CSFR, einen sowjetischen Dubcek, der nach Leonid Breschnew kommen würde, Amnestie für Dissidenten, die Rückkehr im Exil lebender Sowjetbürger und ein Regierungsamt für Alexander Solschenizyn.

Ein Betrugsmanöver von der Größenordnung, wie es Golitsyn entwarf, übersteigt jede Vorstellungskraft im Westen. Aber so wurde der Westen schon einmal durch die »vertrauensbil-

denden Maßnahmen« Moskaus in den zwanziger Jahren hinters
Licht geführt, als man unter anderem eine falsche Opposition
ins Leben rief und es so gelang, für mehrere Jahre elf westliche
Geheimdienste zu täuschen.[5]

Auch wenn wir vermuten können, Golitsyn habe recht gehabt
und die Demokratisierung Osteuropas habe als ein unglaubliches Betrugsmanöver begonnen, so sieht es doch heute so aus,
als seien die Ereignisse längst über den Punkt hinaus, wo irgendeine menschliche Macht die Dinge noch unter Kontrolle hat. Da
ist inzwischen soviel Porzellan zerschlagen worden, daß nicht
einmal der früher so berühmt berüchtigte KGB in der Lage wäre,
die vielen Scherben wieder zusammenzufügen.

Eins ist jedoch sicher: Lenins übles Reich ist in Flammen
aufgegangen, und der Brandstifter, den keiner erwartet hatte,
war niemand anders als der, der eigentlich der Führer des Weltkommunismus sein sollte – der Sowjetpräsident selbst. Es ist gar
nicht so abwegig, zu vermuten, daß Gorbatschow den langge-
hegten Plan des Kreml für eine »irreführende Befreiung Osteuropas« als Vorwand für seine eigenen Pläne benutzte. Sonst ist
es nämlich kaum vorstellbar, daß er sich so lange halten konnte,
ohne von den anderen Mitgliedern des Politbüros gestürzt zu
werden.

Der mit eiserner Faust herrschende Sowjetkommunismus,
der seine Untertanen mit Gewalt fest im Griff hielt, hat sich zu
einer freien Gesellschaft gewandelt. Die Welt braucht nicht mehr
aus Angst vor einem gen Westen marschierenden totalitären
Marxismus zu zittern. Ganz plötzlich und im Gegensatz zu allen
Voraussagen der Experten geschah etwas sehr Mysteriöses: Die
Demokratie war auf dem Weg nach Osten! Da ist nicht nur ein
repressives System nach dem andern gefallen, diese Länder
haben sich auch noch so schnell wie möglich auf den Weg
gemacht und die Demokratie westlicher Ausprägung gesucht.

Vielleicht wichtiger noch als ihre öffentlichen Bekenntnisse
zur Zusammenarbeit war die persönliche Zuneigung, die Bush
und Gorbatschow auf der gemeinsamen Pressekonferenz nach
ihrer historischen Begegnung im Dezember 1989 auf Malta
spüren ließen. Die Tageszeitungen rund um die Welt hatten fast
nur eine Überschrift: »Neue Vertrauensbasis im Verhältnis

USA-UdSSR – Hoffnung statt Mißtrauen«. Andreij V. Nikiforow, Herausgeber des damals noch einflußreichen sowjetischen Journals USA faßte zusammen, was gedacht wurde:

> ... die ideologische Konfrontation ist vorbei. Schon das, für sich genommen, ist eine historische Verschiebung von immenser Bedeutung für unsere beiden Länder ... Wir handeln nun in der Tat von der gemeinsamen Überzeugung aus, daß wir auf vielen Gebieten gleiche Interessen wie die Vereinigten Staaten haben ... Sicher gibt es noch Probleme aus der Zeit der Konfrontation, ... aber sie sind längst nicht mehr die Hürden, die sie früher einmal waren.[6]

Dieses Vertrauen ist mit jeder Begegnung zwischen Bush und Gorbatschow und später mit Jelzin immer nur gewachsen. Viele »kalte Krieger« von früher auf beiden Seiten verstehen die Welt nicht mehr. Ein Offizieller des Kremls bemerkte:»So manch einer von der alten Garde, der noch im Außenministerium tätig ist, wandert die langen Flure auf und ab, schüttelt nur noch den Kopf und murmelt etwas über all die Veränderungen, die er nicht versteht. Was sich da verändert, ist nicht nur unser Verhältnis zu den USA und zum Westen, sondern unsere Sicht von der Welt, vom Platz, den wir darin einnehmen, von unserer Heimat und uns selbst.«

Die Bedeutung dieser bemerkenswerten historischen Ereignisse für die Erfüllung biblischer Prophetie sollte jedem klar sein. Mit dem Vordringen der Demokratie nach Osteuropa ist die Tür für etwas geöffnet worden, was niemand zu träumen gewagt hatte: die Möglichkeit, daß ehemals kommunistische Länder sich mit den früheren Feinden aus dem Westen zusammentun und ein viel größeres vereintes Europa schaffen könnten, als man es je gedacht hätte. Daß aber gerade diese Entwicklung ein gewaltiger Schritt hin zum trügerischen Frieden unter dem Antichristen sein könnte, ist gar nicht so unwahrscheinlich.

Die Ausdehnung der EG auf das östliche Europa macht es aber auch nötig, die wohl am weitesten akzeptierte Prophetieauslegung zum Wiedererstehen des Römischen Weltreiches zu überdenken. Im nächsten Kapitel wollen wir eine der bemerkenswertesten Prophetien der Schrift näher anschauen – Daniels

Deutung von Nebukadnezars Traum vom großen Standbild. Die zehn Zehen am Fuß des Standbildes – teils aus Eisen und teils aus Ton (Dan. 2,33) – wurden bisher immer so gedeutet, daß das wiedererstandene Römische Reich aus zehn westeuropäischen Nationen bestehen würde.

Man ist jetzt schon in Schwierigkeiten, weil die EG bereits zwölf Staaten umfaßt und die Möglichkeit besteht, daß noch aus dem Westen weitere Länder hinzukommen. Doch der Beitritt weiterer Länder aus Osteuropa würde endgültig die Theorie von den »Zehn Nationen in Westeuropa« zu Fall bringen. Doch tatsächlich hat es eigentlich noch nie einen Sinn ergeben, das wiedererstandene Römische Reich mit Westeuropa zu identifizieren, denn es war immer nur ein Bruchteil des antiken Roms. Nun scheint sich aber die Tür zu einer weltweiten Vereinigung aller Nationen und damit zum Weltfrieden zu öffnen. Wenn einmal die ganze Welt vereint sein wird, dann können wir ganz sicher davon ausgehen, daß der Antichrist nicht nur über einen kleinen Teil der Welt herrschen wird. Jetzt verstehen wir noch besser, daß das, was Johannes über den Antichristen sagt, sinnvollerweise nur wörtlich ausgelegt werden kann:

> Und es wurde ihm gegeben, mit den Heiligen Krieg zu führen und sie zu überwinden, und es wurde ihm Macht gegeben über jeden Stamm und jedes Volk und jede Sprache und jede Nation. Und alle, die auf der Erde wohnen, werden ihn anbeten, jeder, dessen Name nicht geschrieben ist im Buch des Lebens des geschlachteten Lammes von Grundlegung der Welt an (Offb. 13,7-8).

Ohne dogmatisch sein zu wollen, müssen wir doch wohl davon ausgehen, daß das prophezeite wiedererstandene Römische Reich ein Weltreich im wahrsten Sinne des Wortes sein wird, das der Antichrist beherrscht. Diese Annahme werden wir später noch ausführlicher begründen. Der Bibel zufolge wird der Antichrist seine Macht rücksichtslos ausüben und dabei drei Nationen fressen und zermalmen (Dan. 7,8). Das wird bestimmt kein weltweites Fest der Liebe mehr sein, auch wenn sein Reich anfangs durchaus das Prinzip der Freiwilligkeit und der Demokratie berücksichtigen wird. Schließlich wird er angebetet, und das spricht für ein gewisses Maß an Zuneigung und Vertrauen. Das Bild als Ganzes ist und bleibt aber ein Geheimnis. So gibt es natürlich Fragen über Fragen. Man möchte wissen, warum überhaupt ein antikes Reich wiedererstehen muß. Warum ausgerechnet das Römische Reich? Welche Merkmale des alten Roms waren so bedeutungsvoll, daß sie auch wieder in der Welt der letzten Tage von Bedeutung sein müssen?

Die Antworten auf diese und andere Fragen werden wir nur bekommen, wenn wir uns näher mit den einschlägigen Bibelprophetien beschäftigen und gleichzeitig das Umfeld in Geschichte und Gegenwart kurz beleuchten. Dabei werden wir entdecken, daß das Wiedererstehen des Römischen Reiches der Cäsaren und Päpste eines der wichtigsten Ereignisse ist, die für die Endzeit prophezeit worden sind. Es ist nicht weniger bedeutsam als die Rückführung Israels und die Entrückung der Gemeinde. Tatsache ist, daß ohne ein zweites Rom das zweite Kommen Christi überhaupt nicht stattfinden kann.

6 | *Daniels denkwürdige Prophetie*

IN 1. MOSE 11,6 FINDEN WIR wohl eine der erstaunlichsten Aussagen der Bibel überhaupt:»Siehe, ein Volk sind sie, und eine Sprache haben sie alle . . . Jetzt wird ihnen nichts unmöglich sein, was sie zu tun ersinnen.« Das war, als Gott den Turm zu Babel anschauen kam, und so lautete seine Erklärung dafür, daß er dessen Erbauer mit Vielsprachigkeit schlug, damit sie, nun nicht mehr fähig, einander zu verstehen, gezwungen sein würden, von ihrem diabolischen Vorhaben abzulassen. Warum war es diabolisch? Weil es so offenkundig Satans Ambitionen widerspiegelte:»Zum Himmel will ich hinaufsteigen, hoch über den Sternen Gottes meinen Thron aufrichten« (Jes. 14,13).

Es war noch gar nicht so lange her, daß Gott die Einwohner der Erde durch eine Flut vernichtet hatte, weil das Sinnen und Trachten der Menschen »nur böse den ganzen Tag« war (1. Mo. 6,5). Und nun, schon so bald nach dem großen Gericht, bei dem er Noah verschont hatte, um der Menschheit auf der Erde einen Neuanfang zu gewähren, richteten die Menschen ihre ganze Vorstellungskraft darauf, eine Rebellion in die Tat umzusetzen, wie sie perfider nicht sein konnte: Sie beabsichtigten, einen Turm zu bauen, der ihnen den unmittelbaren Zugang zum Thron Gottes schaffen würde, und so wären sie Gott gleich gewesen.

Die Geschichte hat immer wieder unter Beweis gestellt, daß Gott schon damals die Macht der Phantasie beim Menschen richtig eingeschätzt hat, und so war sein Gericht auch gerecht. Auch wenn der Mensch nicht wie Gott aus dem Nichts etwas erschaffen kann (sich z. B. eine neue Grundfarbe für den Regenbogen ausdenken), so kann er seiner Phantasie doch freien Lauf lassen und die kühnsten Pläne schmieden, wie er die Kräfte des Universums, die Gott geschaffen und zur Verfügung gestellt hat, einsetzen und manipulieren könnte. Und für alles, was er sich ausdenkt, wird er eines Tages einen Weg zur Verwirklichung finden! Daß der Mensch am Ende ausführt, was Wissenschaft, Technologie oder seine schlechte Phantasie hervorbringen, hat man immer wieder beobachten können. Die Utopie von gestern ist heute schon zur Realität geworden. Und wer könnte leugnen, daß die Phantasie des Menschen ihn oft genug immer tiefer verstrickt hat, so daß die Bosheit gedeihen konnte und schließlich das Überleben der Erde nur noch am seidenen Faden hing.

Von Gottes Gericht verworfen und in Schutt und Asche gelegt, wurde Babel ein paar Jahrhunderte später wiederaufgebaut. Und noch einmal wurden von der Spitze des Turmes die Sterne und heidnische Gottheiten angebetet. Um den Turm herum erbaute man die Stadt Babylon, die Hauptstadt des ersten Weltreiches. Sie wurde zum Zentrum von Astrologie und Zauberei, zum Inbegriff aller falschen Religionen, und sie hielt an der alten Leidenschaft Babels fest, den Himmel durch menschliche Genialität im Zusammenwirken mit okkulten Wesen und Mächten zu stürmen. Unter der brillanten Herrschaft Nebukadnezars II. wurden nicht nur die sagenhaften »hängenden Gärten«, sondern gleich die ganze Stadt zu einem der sieben Weltwunder der Antike, die immerhin eine Fläche von über 200 qkm umfaßte. Umgeben war sie von einer Mauer, über 30 m hoch und gut 25 m breit, auf der vier Streitwagen nebeneinander im Wettstreit diese außergewöhnliche Stadt umrunden konnten.

Gott gebrauchte die überwältigende Macht dieses Reiches, um sein Volk Israel für seinen Götzendienst zu bestrafen. Nebukadnezar nennt er sogar »seinen Diener«, und er spricht davon, ihm Israel in die Hände gegeben zu haben (Jer. 25,9; 27,6). Jerusalem wurde zerstört, seine einst unbesiegbaren Krieger getötet oder zerstreut, sein stolzes Volk zu Vagabunden degradiert und seine Adligen gefangengeführt. Und so kam es, daß um 605 v. Chr. bei der ersten Deportation von Juden Daniel und seine drei Begleiter Schadrach, Meschach und Abed-Nego nach Babylon gebracht wurden.

Diese vier Männer fielen sogleich wegen ihrer unbeugsamen Loyalität zum Gott Israels auf. Sie weigerten sich standhaft, sich von Babylons Verlockungen verführen zu lassen, und das selbst noch bei der Nahrung, die sie zu sich nahmen. Gott segnete sie wegen ihrer Entschlossenheit. Mit ihren Fertigkeiten, ihrem Wissen und ihrer Weisheit fand man sie »allen Wahrsagepriestern und Beschwörern, die in seinem ganzen Königreich waren, zehnfach überlegen« (Dan. 1,20).

Doch dieser Dienst am Herrn brachte sie in Lebensgefahr. Ohne daß sie es wußten, hatte Nebukadnezar vom engsten Kreis seiner Berater verlangt, einen Traum, den er gehabt hatte, zu nennen und dann auch zu deuten. Die Zauberer und Astrologen ließen ihn wissen, daß ein solches Ansinnen noch niemals von irgendeinem Herrscher geäußert worden sei. Würde er ihnen den Traum nennen, so würden sie ihn auch deuten. Der König hatte den Traum aber vergessen, und so durchschaute er zum ersten Mal die Scharlatanerie seiner Ratgeber. Wenn sie ihm noch nicht einmal den Traum nennen konnten, warum sollte er dann ihren Deutungen glauben oder irgend etwas von dem, was sie als das ihnen allein zugängliche Geheimwissen weitergegeben hatten? Im Zorn ließ Nebukadnezar nun den Befehl ergehen, alle weisen Männer Babylons hinzurichten.

Als Daniel von diesem Dekret und seiner Vorgeschichte erfuhr, versprach er dem König, daß er ihm den Traum zeigen und deuten würde, wenn der König ihm nur Zeit ließe, zu seinem Gott zu beten. In jener Nacht zeigte Gott Daniel alles, und am nächsten Tag berichtete er dem König:

> Aber es gibt einen Gott im Himmel, der Geheimnisse offenbart; und er läßt den König Nebukadnezar wissen, was am Ende der Tage geschehen wird.
>
> Du, o König, schautest ... ein großes Bild! Dieses Bild war gewaltig und sein Glanz außergewöhnlich; es stand vor dir, und sein Aussehen war furchtbar. Dieses Bild, sein Haupt war aus feinem Gold, seine Brust und seine Arme aus Silber, sein Bauch und seine Lenden aus Bronze, seine Schenkel aus Eisen, seine Füße teils aus Eisen und teils aus Ton. Du schautest, bis ein Stein losbrach, und zwar nicht durch Hände, und das Bild an seinen Füßen aus Eisen und Ton traf und sie zermalmte. Da wurden zugleich das Eisen, der Ton, die Bronze, das Silber und das Gold zermalmt, und sie wurden wie Spreu auf den Sommertennen; und der Wind führte sie fort, und es war keinerlei

Spur mehr von ihnen zu finden. Und der Stein, der das Bild zerschlagen hatte, wurde zu einem großen Berg und erfüllte die ganze Erde.

Dann gab Daniel die Deutung, die Gott ihm gezeigt hatte. Er erklärte, daß Nebukadnezar, dargestellt durch das Haupt aus Gold, der Herrscher des ersten Weltreiches sei. Die anderen drei Teile des Bildes aus Silber, Bronze und Eisen würden drei weitere Weltreiche ankündigen, die dem babylonischen folgen würden. In einer späteren Vision wurde Daniel dann auch noch der Name des zweiten Reiches genannt – Medo-Persien – und weitere Einzelheiten zum dritten Reich gegeben, die es eindeutig als das griechische Reich Alexanders identifizierten. Das vierte Weltreich sollte dann natürlich Rom sein. All das ist Geschichte.

Daniel war so genau, daß Skeptiker, die die Bibel als von Gott inspiriert ablehnen, zu beweisen suchten, daß Daniel gar nicht der Autor dieses Buches ist, sondern daß es in Wirklichkeit Jahrhunderte später verfaßt wurde. Es muß – so meint man – natürlich nach dem Auftauchen dieser Reiche geschrieben worden sein, denn niemand könne derart präzise zukünftige Weltereignisse dieser Größenordnung voraussagen – es sei denn, er wäre von Gott inspiriert, so wie Daniel es von sich behauptete und die Befunde es belegen.

Man hat inzwischen nachweisen können, daß das Buch Daniel in der babylonischen Gefangenschaft verfaßt wurde, noch bevor die letzten beiden Reiche entstanden. Doch ist es nicht die Vorausschau dieser beiden Reiche, die Daniels Traumdeutung den besonderen Wert verleiht. Wichtiger noch ist die Voraussage, daß das vierte Reich – das Römische Reich – in den »letzten Tagen« wiedererstehen wird. Wenn das eines Tages geschieht, wird man erkennen, daß das wohl eine der bedeutendsten biblischen Prophetien ist. Ihr Stellenwert wird noch klarer werden, wenn wir mit unserer Betrachtung weiter vorangekommen sind.

Dieses Bild gewährt auch Einsichten, die man nicht so ohne weiteres wegdiskutieren kann. So wird das Römische Reich z. B. von den zwei Beinen dargestellt. Heißt das nicht, daß es zweigeteilt sein würde? Und das war es dann ja auch Mitte des vierten Jahrhunderts – politisch und religiös – zwischen dem Osten (Byzanz und die Ostkirche) und dem Westen (Rom und die Westkirche). Anfang des fünften Jahrhunderts begann sich das Reich dann unter dem Ansturm der Barbaren aufzulösen. Nur im Westen blieb die religiöse Einheit unter den römisch-katholischen Päpsten bestehen, die bis zum heutigen Tage von Rom aus herrschen und die auch im wiedererstandenen Reich eine Schlüsselrolle spielen werden.

Woher wissen wir, daß Rom überhaupt wiedererstehen muß? Warum können denn die zehn Zehen nicht etwas darstellen, was zum ursprünglichen Römischen Reich gehört? Es gibt eine Reihe von Gründen, die dagegen sprechen. Als er von den zehn Zehen spricht, gibt Daniel eine sehr bemerkenswerte und wichtige Erklärung:

> Und in den Tagen dieser Könige wird der Gott des Himmels ein Königreich aufrichten, das ewig nicht zerstört werden wird. Und das Königreich wird ... alle jene Königreiche zermalmen und vernichten, selbst aber wird es ewig bestehen (Dan. 2,44).

Offenbar ist das, wofür die Zehen stehen, noch nicht eingetreten. Gottes Reich wurde nicht »in den Tagen dieser [zehn] Königreiche« aufgerichtet. Und es gab auch nicht diese zehn Könige im Römischen Reich, auch nicht später im Mittelalter. Wohl gab es Perioden der Spaltung zwischen rivalisierenden Kaisern, aber es gab doch niemals zehn auf einmal. Als es zur endgültigen Spaltung kam, da entstanden nur zwei Teile, wie wir gerade festgestellt haben, und nicht zehn.

Darüber hinaus hat ganz offensichtlich der Antichrist niemals die Herrschaft im alten Rom übernommen. Damit er dies im Römischen Reich tun kann, muß es erst wiedererstehen. In einer späteren Vision verkündet der Engel Gabriel Daniel, daß, nachdem der Messias gekommen und ausgerottet sein würde, »das Volk eines kommenden Führers [des Antichristen] ... die Stadt [Jerusalem] und das Heiligtum [den Tempel] zerstören« wird (Dan. 9,26).

In Erfüllung dieser bemerkenswerten Prophetie und über 600 Jahre, nachdem Daniel sie aufgeschrieben hat, zerstörten die römischen Heere unter Titus im Jahr 70 n.Chr. Jerusalem und den Tempel. Dadurch wurde klar, welches das »Volk« des Antichristen ist.

Daniel hat niemals wörtlich vom Wiedererstehen des Reiches gesprochen. Er sah aber die Füße und Zehen als Fortführung des durch die Beine dargestellten Reiches, das wiederum selbst Nachfolger der drei vorausgegangenen Reiche war. Das Volk des vierten Reiches sollte Jerusalem zerstören, und von ihm heißt es auch, es sei das Volk des Antichristen, des »kommenden Führers«. Da dieser ganz offensichtlich nicht über das antike Rom geherrscht hat, muß das Reich wiedererstehen. Er wird dann der Kaiser eines Weltreiches sein, das – wie wir noch sehen werden – seine Wurzeln im Römischen Reich der Kaiser und Päpste hat und diesem in vielem auch ähneln wird.

So manch ein Autor hat versucht, nachzuweisen, daß Nero der Antichrist war. Doch der herrschte schon, bevor Jerusalem zerstört wurde, wogegen das Auftreten des Antichristen nach diesem Ereignis kommen soll. Er war bei der Zerstörung Jerusalems der noch »kommende Führer«. Auch hat Gott während der Regierungszeit Neros Rom nicht zerstört, noch zu irgendeiner anderen Zeit nach der Art, wie es beschrieben ist: »...bis ein Stein losbrach ... und das Bild an seinen Füßen aus Eisen und Ton traf und sie zermalmte.« Das wäre nämlich ein plötzlicher Schlag, von dem sich das Reich nicht mehr erholt. Außerdem hat Gott ganz bestimmt nicht sein eigenes ewiges Reich zur Zeit Neros oder zu irgendeiner anderen Zeit errichtet, solange es das antike Römische Reich gab. Das läßt nur einen einzigen Schluß zu: Das Römische Reich muß wiedererstehen, damit die noch verbleibenden Elemente der Danielischen Prophetie erfüllt werden können, einschließlich des zweiten Kommens Christi, wenn er »all jene Königreiche [dargestellt durch die zehn Zehen] zermalmen und vernichten« und an ihrer Stelle sein eigenes tausendjähriges Reich errichten wird (2,44).

Was die zehn Zehen angeht, haben wir ja schon die Auffassung vertreten, daß sie nicht für zehn westeuropäische Nationen stehen können. Es ist viel wahrscheinlicher, daß die Zehen des Standbildes zehn Weltregionen repräsentieren, in die die Welt unter dem Antichristen aufgeteilt werden wird. Diese Regionen wird man wahrscheinlich aus verwaltungstechnischen Gründen schaffen, weil man so das Bank- und Handelswesen unter dem neuen Wirtschaftssystem, von welchem wir in Offenbarung 13,16-18 lesen, besser mit dem Computer erfassen kann.

Es würde den Rahmen dieses Buches sprengen, wenn wir uns eingehender mit den Danielischen Prophetien beschäftigen würden. Eins ist aber wichtig: Nach seiner Aussage soll Christi triumphaler Einzug in Jerusalem 69 ›heptads‹ (Jahrwochen = 483 Jahre) nach dem Aufruf zum Wiederaufbau Jerusalems erfolgen (9,25). Die Archäologen haben den Brief des Königs Artahasastra an Nehemia gefunden und datiert, mit dem er Nehemia die Vollmacht erteilte, Jerusalem wiederaufzubauen (Neh. 2,4-8). Und wie es der »Zufall« will, ist dieser Brief auf den Tag genau 483 Jahre vor jenem Ereignis geschrieben worden, das wir noch heute am Palmsonntag feiern! Diesem Zusammenhang nachgegangen ist Sir Robert Anderson, der viele Jahre Abteilungsleiter bei Scotland Yard war. Seine Ergebnisse stellt er in dem Buch *The Coming Prince* (Der kommende Fürst) vor.[1]

Bei all diesen Details müssen wir aufpassen, daß wir nicht das Ganze aus den Augen verlieren. Es wird nämlich nicht nur ein Königreich oder ein Weltreich wiedererstehen, sondern alles, wofür der Name Babel steht. Alle Reiche, die durch Nebukadnezars Standbild symbolisiert worden sind, haben ihre gemeinsamen Wurzeln in Babel. Nicht nur Rom, sondern auch Babylon – die erste Wiedergeburt Babels – wird wiedererstehen. So wird denn auch Rom in der dem Apostel Johannes gewährten Vision über die letzten Tage wie folgt genannt: »EIN GEHEIMNIS – BABYLON, DIE GROSSE – DIE MUTTER DER HUREN UND DER GREUEL DER ERDE«. Eine vertiefte Behandlung dieses »Geheimnisses« müssen wir uns aber für das 10. Kapitel aufsparen.

Wie wir gesehen haben, wurde aus Babel Babylon, das Zentrum der okkulten Religionen, der Sinnlichkeit, der Opulenz und weltlicher Machtentfaltung. Über Jahrhunderte hinweg war Babylon ein Sinnbild der Rebellion des Menschen gegen Gott, indem man dort versuchte, durch eigene Genialität, durch Seelenkräfte und in Partnerschaft mit Satan die Rolle Gottes einzunehmen. Die Bibel zeigt auf, daß das ganze religiöse und politische System Babylons seinen Zenith in den letzten Tagen unter dem Antichristen erreichen wird, worauf Gott es richten und zerstören wird. Dieses Gericht wurde zum ersten Mal durch Jesaja mit folgenden Worte ausgesprochen:

So wird es Babylon, der Zierde der Königreiche, der stolzen Pracht der Chaldäer, ergehen wie nach der Umkehrung von Sodom und Gomorra durch Gott. Nie mehr wird es bewohnt sein, und es bleibt unbesiedelt von Generation zu Generation. Und der Araber wird dort nicht zelten, und Hirten werden ihre Herden dort nicht lagern lassen (Jes. 13,19-20).

Viele Jahre lang ist diese Bibelstelle in den Gemeinden rund um die Welt vorgelesen worden, und man hat an Hand von Dias belegt, daß Babylon, wie Jesaja vorausgesehen hatte, nicht wieder aufgebaut wurde und es auch niemals wird. Doch eine Tatsache stellt inzwischen diese Auslegung in Frage: Babylon befindet sich im Wiederaufbau durch niemand anders als den berüchtigten Saddam Hussein, dessen Größenwahn auch noch dafür gesorgt hat, daß jeder der Millionen Ziegel, die für die Rekonstruktion verwendet werden, seinen Namenszug tragen. Hussein sieht sich selbst als der neue Nebukadnezar, der eines Tages eine vereinte arabische Konföderation – das wiedererstandene Babylonische Reich – anführen wird, um Israel ein zweites Mal zu zerstören. Das Zeichen für die zwei in Babylon abgehalten Festivals von 1987 und 1988 zeigte zwei Gesichter im Profil: Nebukadnezars links und Husseins rechts. Das Motto lautete jedesmal: »Von Nebukadnezar bis Saddam Hussein – Babylon erlebt seine Renaissance.«

Hat sich die Bibel nun doch noch als fehlerhaft erwiesen? Nein, denn die Schriftstelle oben ist einfach nur falsch ausgelegt worden. Jesaja kündigt die große Zerstörung für den »Tag des HERRN« an, wenn Gott »den Erdkreis heimsuchen« wird. Und Jesajas Beschreibung (13,9-11) ähnelt der von der großen Trübsal in Matthäus 24. Er sagt die Verwüstung eines endzeitlichen Babylons voraus, jene zukünftige Zerstörung, die Johannes in Offenbarung 18 beschreibt. Daß die Bibel nicht die wiederaufgebaute Stadt Babylon im Irak meint, die sich Hussein törichterweise so wünscht, dürfte wohl klar sein. Es geht um viel größere Dinge.

Gott sagt sein letztes Gericht über das große Übel voraus, das am Turm von Babel seinen Anfang nahm und mit der Höherentwicklung von Politik, Religion und Wissenschaft immer nur gewachsen ist und weiter wachsen wird, bis am Ende die ganze

Welt sich am Vollzug der alten Lüge Satans vereint beteiligen
wird. Das ist das Babylon, wiedererstanden und von Rom aus
beherrscht, das zerstört werden wird, damit es nie wieder bewohnt werden kann. Dieses Weltsystem, das, um die Welt zu
beherrschen, den Platz Jerusalems unrechtmäßig an sich geris-
sen hat, muß vernichtet werden. Dann wird Jerusalem wieder
seine rechtmäßige Position einnehmen, und Christus wird von
dort aus sein Tausendjähriges Reich regieren.

Gottes Lösung beim ursprünglichen Babel bestand darin, die
Sprachen zu verwirren und die Menscheit zu zerstreuen, um
genau die Katastrophe zu verhindern, auf die sich die Welt
derzeit mit großer Geschwindigkeit zubewegt. Paulus erklärte,
daß einer der Gründe für Gottes Gericht an Babel der war, den
Nationen Grenzen zu setzen und sie getrennt voneinander zu
halten. Vielleicht würden sie ihn ja so eher suchen (Apg. 17,26-
27). Statt dessen hat sich der moderne Mensch, der immer noch
rebellisch ist und begierig, im Universum Gott zu spielen, vorgenommen, das rückgängig zu machen, was Gott in Babel tat.
Durch Simultandolmetschen und Kommunikationssatelliten
entwirrt er die Sprachen und vereint die Nationen der Welt zu
einer.

Nicht nur, daß Babel wiedererweckt wird, man rühmt sich
auch noch dessen in zunehmendem Maß, so als wolle man
Gottes Opposition geradezu herausfordern. Es ist schon bemerkenswert, wie oft gerade Babel im Zusammenhang mit Anstrengungen zur Vereinigung der Welt genannt wird. Ein Paradebei-
spiel hierfür ist das offizielle Emblem der Europäische Rates,
der ein Verwaltungsorgan der EG ist. Es stellt die EG als den im
Bau befindlichen Turm von Babel dar mit zwölf Sternen darüber,
die die zwölf Nationen des vereinten Europa darstellen. Darüber
ist zu lesen: EUROPA – VIELE SPRACHEN, EINE STIMME.

Andere nehmen dasselbe Motiv auf. Auf einer besonderen
Beilage in der Europaausgabe des *Wall Street Journal* im zwei-
ten Quartal 1990 ließ IBM das neue vereinte Europa durch einen
Turm von Babel darstellen, der nach oben hin immer mehr die
Form eines Wolkenkratzers moderner Städte annimmt. Auch der
Flugzeugbauer Lockheed bedient sich eben dieser Aussage. Die
Firma stellt ihre Kapazitäten in Wissenschaftszeitschriften wie
Scientific American groß heraus und erklärt, seine Computersy-

steme seien so ausgelegt, daß sie dem »Babel-Effekt« den Kampf angesagt hätten und jedem wieder zu globaler Verständigung verhelfen würden.

Ist es bloßer Zufall, daß der Wiederaufbau Babels plötzlich so ins Zentrum des Interesses rückt? Ob es ein Zufall ist oder nicht, Tatsache ist, daß alle Projekte sich unter diesem Motto biblische Prophetie erfüllen, wie es nie zuvor geschehen ist.

7 | *Die zwei großen Geheimnisse*

UNTER ALL DEN BERICHTEN über die verschiedensten Verbrechen, die wir Tag für Tag in den Nachrichten hören und sehen, tauchen allzu häufig auch jene schockierenden Geschichten auf, die so brutal sind, daß wir sie eigentlich gar nicht recht glauben möchten. Doch die daran beteiligten, scheinbar so entmenschten Ungeheuer – denken wir nur an Charles Manson oder Jack the Ripper – sind im Grunde menschlicher, als wir es wahrhaben wollen. Sie sind Angehörige der Spezies, zu der auch wir gehören. Man kann es sich kaum vorstellen, daß Verbrecher – auch die brutalsten – in den meisten Fällen früher einmal ganz normale Kinder waren, die bei der Geburt von ihren Eltern freudig willkommen geheißen wurden und deren Kindheit verheißungsvolle Ansätze für das spätere Leben zeigte.

Was ist da verkehrt gelaufen? Wie kommt es zu solch einem Ausbruch hemmungsloser Gewalt? Wie konnte alles hinter der Fassade scheinbarer Gutbürgerlichkeit so verborgen bleiben? Wie konnten solche Abscheulichkeiten überhaupt begangen werden, während Angehörige und Freunde nichts davon mitbekamen? Einige der schockierendsten Verbrechen mit Verstümmelungen und Kannibalismus wurden von Menschen begangen, die Freunden und Nachbarn bis dahin als die edelsten Gemüter erschienen waren. Es ist deshalb kein Wunder, daß die Bibel Gut und Böse als zwei große Geheimnisse behandelt und mit einigem Aufwand versucht, die Hintergründe zu beleuchten.

Als Richter Michael Tynan aus Los Angeles am 7. November 1989 die Todesstrafe für Richard Ramirez verkündete, sprach er davon, daß man keine »mildernden Umstände« gefunden habe. Er erinnerte das Gericht daran, daß Ramirez, der einem seiner Opfer zu guter Letzt auch noch ein Auge ausgestochen hatte, nicht die Spur von Reue gezeigt habe und daß seine Verbrechen von »Grausamkeit, Gefühllosigkeit und einer Boshaftigkeit jenseits aller menschlichen Vorstellungskraft« gekennzeichnet waren. Ramirez reagierte eiskalt, und entsprechend war sein letztes Wort vor Gericht:

> Ich glaube nicht an das heuchlerische, moralistische Dogma dieser sogenannten zivilisierten Gesellschaft ... Ihr fetten Maden macht mich krank. Einer wie der andere: Heuchler! ... Ihr versteht mich ja gar nicht. Was kann man anderes von euch erwarten? Ihr seid dazu überhaupt nicht in der Lage. Ich bin jenseits eurer Erfahrungen. Ich bin jenseits von Gut und Böse. Ich werde gerächt werden. Luzifer wohnt in uns allen ... Legionen der Nacht. Geschöpfe der Nacht ... zeigt keine Gnade![1]

Es gibt keine psychologische Erklärung für einen Richard Ramirez noch für irgendeinen von uns. Menschliches Verhalten kann einfach nicht auf eine griffige Formel reduziert werden. Das »Profil eines Kriminellen«, von Psychologen entworfen, mag in vielen Fällen weitgehend zutreffen, aber die Entscheidungsfreiheit und die menschliche Phantasie sorgen dafür, daß wir den nächsten Schritt des einzelnen kaum voraussagen können. Gott läßt uns wissen: »Trügerisch ist das Herz, mehr als alles, und unheilbar ist es« (Jer. 17,9). Alle Schandtaten der menschlichen Verderbtheit, die aufgeschrieben und berichtet worden sind, legen als Meilensteine unserer Menschheitsgeschichte Zeugnis davon ab, daß diese Feststellung im Buch Jeremia zutrifft.

Es ist eine Ironie des Schicksals dieser Welt, daß die Schlagzeilen unserer Presse ein Nebeneinander von zwei Tendenzen zum Ausdruck bringen. Neben den sensationellen Berichten über die sich entfaltende Freiheit in Osteuropa sind immer öfter Artikel zu lesen, die in allen Einzelheiten jene Schrecken ausmalen, welche ausgerechnet die von allen ersehnte Freiheit erst hervorgebracht hat: die um sich greifende Epidemie, zu morden, zu vergewaltigen und zu rauben. Wir hören von Pornographie, Kindesmißbrauch und Satanismus. Organisiertes Verbrechen ist das große Geschäft. Die Drogenkartelle lassen Flugzeuge abstürzen, legen Bomben in Banken und öffentlichen Gebäuden und töten damit Unbeteiligte, nur um ihr »Recht« zu schützen, auf Kosten millionenfach ruinierten Menschenlebens ein Vermögen zusammenzuraffen. Jugendbanden terrorisieren die Nachbarschaft oder ganze Städte, und es werden willkürlich Fahrzeuge auf den Autobahnen beschossen. Wir haben es mit einer AIDS-Epidemie zu tun, die die Bevölkerung des Westens dezimieren und die Wirtschaft in den Bankrott führen kann. Und diese Aufzählung des Schreckens ist längst noch nicht vollständig.

Auch wenn das Leben unter den Diktaturen in Osteuropa viele Nachteile mit sich brachte, so gab es dort doch zumindest viel weniger Kriminalität unter der Bevölkerung als im Westen. Zwar waren Alkoholismus, Kindesmißbrauch und Scheidungen weitverbreitet, dafür wurden aber Heroin und Crack nicht an den Straßenecken gehandelt, und in den Schulen kam es nicht zu Messerstechereien und Schüleraufruhr. Der Kommunismus war zwar ein Feind der Freiheit, aber der Kriminalität unter der Bevölkerung trat er hart entgegen. Wenn man nicht gerade politisch Verfolgter war, konnte man sich in Moskau, Leningrad oder in anderen kleineren Städten zu jeder Tages- und Nachtzeit unbesorgt auf der Straße aufhalten. Man mußte nicht fürchten, von einer Bande junger Rowdys überfallen, vergewaltigt oder zusammengeschlagen oder Opfer von Killern zu werden, die sich willkürlich und aus Spaß ihre Opfer suchen. Werden diese Vorteile des Drucks von oben verschwunden sein, wenn erst einmal die »freie Entfaltung der Persönlichkeit« auch den Osten erreicht haben wird? Schon jetzt eskaliert die kriminelle Gewalt in den Ländern der ehemaligen Sowjetunion.

Ja, das Böse nimmt überhand in unserer Welt, nicht nur in Form von Verbrechen, die uns schockieren, sondern auch als »legale« Vergnügungen, die der westliche Wohlstand erst hervorbringt. Ganze Stadtbezirke von Stockholm, Kopenhagen, Amsterdam, Frankfurt, Paris, London, New York, Los Angeles und San Francisco sind zu schändlichen Sammelbecken der Sünde geworden. In Sodom und Gomorra wäre man angesichts all dieser Missetaten neidvoll erblaßt, die auch noch durch »Rede- und Gewissensfreiheit« überall in der westlichen Welt geschützt werden. Man hätte gestaunt über die modernen Techniken, mit denen das Böse betrieben und zum Genuß gemacht wird. Gibt es irgendeinen Zweifel daran, daß dieser moralische Verfall nun in Windeseile mit dem freien Fluß von Menschen, Gütern und Informationen die ehemals geschlossenen Grenzen überschreiten wird? In einem Interview bei seiner Ankunft auf dem Budapester Flughafen begrüßte Billy Graham im Juli 1989 den Wegfall der Handelsschranken und die Freiheiten, die nun nach Osteuropa vordringen würden. Aber er äußerte auch mahnende Worte:

> Die Fragen, mit denen sich die Welt auseinanderzusetzen hat, sind grundsätzlich moralischer und spiritueller Natur. Sie können nicht allein durch ökonomische oder politische Lösungen beantwortet werden.
>
> Es wäre eine Tragödie, wenn die Ungarn, wie viele meiner Landsleute, in dieselbe Falle tappen würden und die Welt gewinnen, dabei aber ihre Seele verlieren würden ... Allzuoft ist mit wirtschaftlichem Fortschritt und mit erweiterten Freiheiten auch ein moralischer und geistlicher Verfall einhergegangen.[2]

Ist es möglich, daß sich der Westen so lange seiner Menschenrechte und Freiheiten rühmen konnte, daß er nun nicht mehr bereit und in der Lage ist, die Schrecken seiner eigenen Korruptheit wahrzunehmen? Westliche Technologie hat ein Schlaraffenland geschaffen, das zum Neidobjekt des Ostens geworden war. Sie hat aber auch zur explosionsartigen Ausbreitung von Drogen, Pornographie, Abtreibung, Kindesmißbrauch, organisiertem Verbrechen und Kleinkriminalität beigetragen. Und all das wird sich mit der Demokratie nach Osten ausbreiten. Robert Benne vom Zentrum für Kirche und Gesellschaft in Salem, Virginia, weist auf folgendes hin:

> Der »Sieg« demokratisch kapitalistischer Ideen [in Osteuropa] ist für uns wahrlich kein Grund zu überschwenglicher Freude, denn das moralische Fundament des Westens, das sowohl die Demokratie als auch den Kapitalismus erst lebensfähig macht, wird immer stärker ausgehöhlt.[3]

Ende 1988 wurde eine Fersehsendung von Bill Moyers zum Thema »Das Böse« ausgestrahlt. Sie war ein typisches Beispiel dafür, wie man aus humanistischer Sicht an das Thema herangeht. Und so mußte es ein völlig unzulänglicher Versuch bleiben, die Urgründe menschlicher Existenz zu erfassen. Namhafte Gesprächsteilnehmer diskutierten zwar wortgewandt und überzeugend, doch keiner von ihnen hatte irgendeinen Impuls weiterzugeben, außer vielleicht der wenig fundierten Behauptung, daß die Menschheit am Ende dieses Problem vielleicht durch entsprechende Erziehung lösen werde. Auch wenn die Diskussion streckenweise intellektuell durchaus anregend war, so gelang es doch nicht, die wirklich entscheidenden Fragen zu beantworten. Am Ende hatte man zwar das Gefühl, daß man nun ganz stolz auf sich sein könne, weil man sich ernsthaft mit diesem unerfreulichen Thema beschäftigt und immerhin eingestanden habe, daß »in jedem von uns Gutes und Böses steckt«. Aber es war doch nicht gelungen, Gut und Böse zu definieren und zu erklären. Das, was Ramirez verkündet hatte, nämlich daß Luzifer in uns allen wohne, trifft da schon viel eher den Kern.

Luzifer! Mit ihm fing alles an. Gott inspirierte Jesaja, den Vorhang ein wenig beiseite zu ziehen und uns einen kurzen Blick auf den Ursprung des Bösen werfen zu lassen:

> Wie bist du vom Himmel gefallen, du Glanzstern, Sohn der Morgenröte! ...
> Und du, du sagtest in deinem Herzen: »Zum Himmel will ich hinaufsteigen, hoch über den Sternen Gottes meinen Thron aufrichten und mich niedersetzen auf den Versammlungsberg im äußersten Norden.
> Ich will ... dem Höchsten mich gleichmachen.«
> Doch in den Scheol wirst du hinabgestürzt, in die tiefste Grube (Jes. 14,12-15).

Ein böser und nicht zu erklärender Ehrgeiz verwandelte Gottes höchsten Engel, den »schirmenden Cherub« (Hes. 28.14) in »die alte Schlange, die Teufel und Satan genannt wird« (Offb. 12,9). Luzifers brennender Ehrgeiz, der in dem fordernden »Ich will ... « seinen Ausdruck findet, ist Inbegriff jenes Behauptungswillens, der in unserer modernen Welt als Erfolgsgeheimnis gepriesen wird. Kann es so wie oben beschrieben gewesen sein? Ja, der Fall des weisesten und schönsten Wesens, das Gott geschaffen hat, ist durch eine Einstellung in Gang gebracht worden, die in unserer heutigen Gesellschaft geradezu erwartet und mit allem Nachdruck gefördert wird und die die Grundlage für Erfolgsseminare und viele Bestseller ist! Kann man da noch in Zweifel ziehen, daß Luzifer der »Gott dieser Welt« ist, der »den Sinn verblendet hat, damit sie den Lichtglanz des Evangeliums von der Herrlichkeit des Christus, der Gottes Bild ist, nicht sehen« (2. Kor. 4,4)?

Man beachte, daß Satans Rebellion nicht durch ungünstige Lebensumstände, durch eine schlimme Kindheit oder negative gesellschaftliche Einflüsse ausgelöst wurde, denn Luzifer befand sich in der unmittelbaren Gegenwart Gottes. Es ist also auch nicht möglich, irgendwelchen traumatischen Kindheitserlebnissen im Unterbewußtsein Luzifers die Schuld für sein boshaftes Verhalten zu geben. Er ist nicht in den Slums aufgewachsen, noch ist er als Kind mißhandelt worden. Sein Problem waren nicht die zu strengen Eltern oder die zwangsweise Überfütterung mit religiösen Dingen.

Keine der Theorien von Soziologen und Psychologen kann für den plötzlichen Bruch mit der göttlichen Ordnung und die Machtbesessenheit Satans herangezogen werden. Und auch noch soviel Psychotherapie hätte das Problem nicht dadurch gelöst, daß man Luzifer geholfen hätte, sich selbst zu verstehen und sich seiner Gefühle bewußt zu werden. Die völlig unfundierten Theorien von heute zum menschlichen Verhalten, die sowohl die weltliche Gesellschaft als auch die Gemeinde beeinflussen, versagen, wenn es darum geht, wirkliche Heilung herbeizuführen, denn sie rechnen nicht mehr mit dem Bösen, das den Verstand des Menschen und seine Gefühle versklavt hat. Einmal abgesehen von medizinischen Gründen, kann keine Theorie, die Satan nicht mehr in Betracht zieht, abnormes menschliches Verhalten erklären, denn er ist der moralische »Vater« der Menschheit. Jesus sagte einmal so treffend: »Ihr seid aus dem Vater, dem Teufel, und die Begierden eures Vaters wollt ihr tun« (Joh. 8,44). Nimmt es da noch wunder, daß wir durch den Geist Gottes in die Familie Gottes erst wieder hineingeboren werden müssen? Leider ist der Begriff der Wiedergeburt heute oft schon zu einer reinen Floskel geworden.

Wir müssen uns im klaren darüber sein, daß Luzifers Fall nicht auf mangelndes Selbstbewußtsein zurückzuführen ist, das, wie heute behauptet wird, für fast alles verantwortlich zu machen ist – ob Drogensucht, Pornographie oder Homosexualität. Luzifer hat sich ja nicht etwa zu gering eingeschätzt. Ganz im Gegenteil! Stolz und das eigene Ich (Ich will!) waren die Wurzeln dieser Rebellion, dieser kosmischen Anarchie, in die tragischerweise die ganze Menschheit mit eingetreten ist. Der Teufel wollte sein wie Gott, um seine eigenen Verhaltensmaßstäbe zu setzen und zu tun, was ihm beliebt. Ist das nicht die Welt von heute?

Luzifer wurde zwar vom Himmel hinabgestürzt, aber er hat doch immer noch begrenzten Zugang. Ein kosmischer Krieg ist zwischen Gott und Satan ausgebrochen, und er ist noch immer im Gang, dem Höhepunkt zustrebend. Wenn es um einen reinen Machtkampf ginge, hätte Gott Satan in einem Augenblick vernichtet. Aber es ist ein Kampf der Wahrheit gegen die Lüge, ein tödlicher Konflikt anfangs um die Gesinnung und Loyalität der Engel und nun auch um die Herzen der Menschen, denn Satan lockte Eva auf seine Seite. Der Kampf im Leben jedes einzelnen ist nichts anderes als das verkleinerte Abbild jenes großen Konflikts zwischen Gott und Satan. Jeder der beiden Meisterstrategen hat seinen Plan, und unser ewiges Schicksal hängt davon ab, wem wir folgen.

Gott liebt uns und möchte uns zurückgewinnen, aber er wird sich uns nicht aufdrängen. Jeder muß frei sein, seine Sünden gegen Gott zu bekennen und an Christus, den Erlöser, zu glauben oder ihn abzulehnen und Satan zu folgen. Selbst Gottes Gegenspieler muß noch die uneingeschränkte Freiheit haben, seine Lügen zu verbreiten, ein falsches Evangelium anzubieten und diese Erde nach Möglichkeit zu einem Paradies seines Herrschaftsbereiches zu machen.

Wie viele Engel sich Satan anschlossen, wird uns nicht mitgeteilt. Wir wissen allerdings, daß Gott sie wie Satan selbst »zum Gericht des großen Tages mit ewigen Fesseln in Finsternis verwahrt« (Judas 1,6). Das heißt nicht, daß sie an einem bestimmten Ort festgesetzt worden sind, sondern daß ihre Sinne verfinstert wurden und sie nun ohne Hoffnung sind, jemals vor der auf sie wartenden endgültigen Vernichtung gerettet zu werden. Satan, dessen Listigkeit zwar all unsere Vorstellungen übersteigt, ist ein der Selbsttäuschung erlegener Größenwahnsinniger, der zumindest noch im Augenblick glaubt, daß er seine Rebellion gegen Gott siegreich überstehen wird. Seine Anhänger sowohl aus dem Reich der Engel als auch jene unsere Spezies werden schließlich derselben Täuschung erlegen sein.

Karl Marx ist ein sehr gutes Beispiel für die versklavende Macht des Bösen und für die Hoffnungslosigkeit eines Menschen, der ein Jünger Satans geworden ist und weiß, daß er dem Gericht Gottes nicht entkommt, und der dennoch nicht umkehren kann. Daß Marx ein bewußter Satansjünger war, wird kaum noch angezweifelt. Richard Wurmbrand, der 14 Jahre lang in kommunistischen Gefängnissen Rumäniens zubrachte, hat diese Tatsache in seinem Büchlein *War Karl Marx ein Satanist?* näher untersucht.[4] Andere Autoren sind zu demselben Ergebnis gelangt.

Marx gab an, in seiner Jugend ein frommer Christ gewesen zu sein. Und er hat auch niemals seinen Glauben an Gott widerrufen. Er wurde ein erbitterter Gegner Gottes dafür. Es ist wichtig, daß wir eins begreifen: Marx war wie sein Herr und Meister, der Satan, kein Atheist. Wie die Dämonen, die »glauben und zittern« (Jak. 2,19), so zitterte auch Marx. Doch trotzdem haßte er den Gott, dessen Existenz er anerkannte, und er opponierte gegen ihn. In einem seiner Gedichte schrieb er: »Ich wünscht', ich könnt' mich rächen an dem, der oben herrscht ... es bleibt mir nichts als Rache!«[5] Und in einem weiteren beklagt er:

> So hab' ich den Himmel verspielt, das weiß ich nur zu gut.
> Meine Seele, die Gott einst gehörte, ist erwählt für die Hölle auf immer.[6]

Der unbändige Haß auf Gott und speziell auf das Christentum, der so kennzeichnend für Marx war, ist schon ziemlich von Anfang an auch ein Merkmal des von ihm gegründeten sozialistischen Systems geworden. Der Kommunismus ist immer offen gegen Gott und gegen Christus aufgetreten. Doch dieser plumpe Versuch ist fehlgeschlagen. Die Menschheit bleibt unheilbar religiös. Die letzte große Verführung unserer gegenwärtigen

Welt kann deshalb auch nur durch eine falsche Religion erfolgreich sein, aber nicht durch offenen Atheismus. Satan ist sich dessen vollkommen bewußt. Deshalb wird der Antichrist nicht nur Oberhaupt einer neuen Weltregierung sein, sondern auch einer neuen Weltreligion. Die neue Religionsfreiheit im Osten ist also ein notwendiger Schritt vor dem Auftreten des Antichristen.

Wie lange es Satan und seinen dämonischen Jüngern erlaubt war, mit ihrer Revolte Gott herauszufordern, und welche gewaltigen Schlachten in der Vergangenheit zwischen den Sternnebeln ausgefochten wurden, wissen wir nicht. Klar ist jedoch durch das, was Gott bereit war, uns in seinem Wort zu offenbaren, daß Satans Rebellion kein geringeres Ziel hat, als die vollständige Unterwerfung Gottes. Als entscheidendes Element seiner Strategie plant Satan, sein eigenes Reich hier auf der Erde zu errichten mit dem Weltherrscher Antichrist als Oberhaupt. Eines Tages wird es dann tatsächlich Gottes eigenen Plänen passen, dem Antichisten die Weltherrschaft zu gestatten. Und dieser Tag könnte früher kommen, als wir glauben.

Das, was wir bisher gesagt haben, ist noch immer keine letzte Erklärung für das Böse. Man kann es genauso nicht erklären wie so manch andere Facette menschlichen Verhaltens. Und jede Theorie, die vorgibt zu erklären, warum sich Menschen so und nicht anders verhalten – indem sie z. B. frühkindliches Leid als Ursache anführt –, leugnet letztlich das Böse als Ursache und liefert statt einer Lösung nur bequeme Ausreden.

Die Bibel spricht vom Bösen als einem Geheimnis, weil es viele Fragen aufwirft, für die es keine vom Verstand erfaßbaren Antworten gibt. Wie konnte Luzifer, das großartigste Wesen, das Gott je geschaffen hatte, zum Satan werden, dem personifizierten Bösen? Wie konnte Gott das überhaupt zulassen? Warum erträgt er diese fortgesetzte Rebellion, mit der ihm Tag für Tag auf dem Planeten Erde Widerstand geleistet wird? Gott möchte uns mit seiner Liebe gewinnen, und Liebe kann nicht erzwungen werden. Sie muß die Freiheit haben, aus eigenem Antrieb zu antworten. Wir müssen also die freie Wahl haben, ob wir sie zurückweisen oder annehmen, ob wir hassen oder lieben. Aber das wirft nur weitere Fragen auf: Warum glauben die einen, und die andern zweifeln? Die einen nehmen die Vergebung Gottes an, die andern nicht – warum? Und wie kommt es, daß Liebe so schnell in Haß umschlagen kann?

So schmerzvoll die Erkenntnis auch sein mag, wir müssen doch eingestehen, daß sich in unseren Herzen das Böse eingenistet hat. Paulus sprach vom »Geheimnis der Gesetzlosigkeit«, das wie Hefe in einem Klumpen Teig wirkt. Noch hält Gott die Gesetzlosigkeit im Zaum, aber der Tag wird kommen, da die Zügel losgelassen werden, so daß die Frucht des Bösen voll aufgehen kann. Die Maske wird fortgerissen werden, und das Böse wird sein wahres Gesicht zeigen müssen. Mit Luzifer hat es in die Welt Einzug gehalten, aber voll entfalten und offenbaren wird es sich durch einen Menschen, den Antichristen, den man »Mensch der Sünde«, »Sohn des Verderbens« und »den Bösen« nennt. Die Beschreibung, die Paulus von diesem zukünftigen Wüten zügelloser Verderbtheit gibt, ist erschreckend und bestürzend:

> Laßt euch von niemand auf irgendeine Weise verführen, denn dieser Tag kommt nicht, es sei denn, daß zuerst der Abfall gekommen und der Mensch der Gesetzlosigkeit geoffenbart worden ist, der Sohn des Verderbens; der sich widersetzt und sich überhebt über alles, was Gott heißt oder ein Gegenstand der Verehrung ist, so daß er sich in den Tempel Gottes setzt und sich ausweist, daß er Gott sei ...
> Und jetzt wißt ihr, was zurückhält, damit er zu seiner Zeit geoffenbart wird. Denn schon ist das Geheimnis der Gesetzlosigkeit wirksam; nur offenbart es sich nicht, bis der, welcher jetzt zurückhält, aus dem Weg ist; und dann wird der Gesetzlose geoffenbart werden, den der Herr Jesus beseitigen wird durch den Hauch seines Mundes und vernichten durch die Erscheinung seiner Ankunft; ihn, dessen Ankunft gemäß der Wirksamkeit des Satans erfolgt, mit jeder Machttat und mit Zeichen und Wundern der Lüge und mit jedem Betrug der Ungerechtigkeit für die, welche verloren gehen, dafür, daß sie die Liebe der Wahrheit zu ihrer Errettung nicht angenommen haben (2. Thess. 2,3-10).

Das Geheimnis der Gesetzlosigkeit, das in unserer Welt noch unter der Oberfläche gärt, wird unweigerlich unter dem Antichristen ganz plötzlich gelüftet werden. Doch zunächst wird es niemanden erschrecken oder als böse erscheinen. Viele, die irgendwann den Perversitäten eines ungeschminkten Satanismus verfallen sind, berichten, daß sie am Anfang von der eher attraktiven »Weißen Magie« mit dem Versprechen angelockt worden waren, danach übersinnliche Kräfte gebrauchen zu können. Sie wollten die »lichte« Seite dieser Kraft für sich nutzbar machen und natürlich auch alle ihre Wünsche und Sehnsüchte damit erfüllen. Das war der erste Schritt, dem viele weitere in eine Richtung folgten, mit deren Ziel man gar nicht vertraut war. Ganz allmählich beschleunigte sich dann der Abstieg, bis die Opfer eines Tages unhaltbar in den Strudel des Bösen gerieten, der trotz der von ihm ausgehenden Faszination abgeschreckt hätte, wenn er nur rechtzeitig wahrgenommen worden wäre.

Kaum ein Wort Christi an seine Jünger ist so erschreckend wie dies: »Einer von euch ist ein Teufel!« Er meinte Judas, der ihn verraten hatte. Doch Judas beging damit auch Verrat an sich selbst. Einige sehr erschreckende Abschnitte der Bibel deuten an, daß all jene, die von ihrer Rebellion nicht umkehren, unweigerlich von ihren Lüsten fortgerissen werden, bis das Geheimnis der Gesetzlosigkeit bei ihnen voll seine Macht entfaltet und sie auf die Hölle vorbereitet. So verkörpern sie – wie Judas – schließlich jedes Übel, von dem sie bezwungen und dann besessen wurden. Das ist das schreckliche Gericht, das Gott über jene ausspricht, für die es keine Hoffnung mehr gibt.

> Wer unrecht tut, tue noch unrecht, und der Unreine verunreinige sich noch [d.h. auf ewig!] (Offb. 22,11).

Neben dem Bösen ist aber noch ein weiteres Geheimnis in unserer heutigen Welt am Werk: Das »Geheimnis der Gottseligkeit«. So wie das am Menschen sichtbare Böse geheimnisvoll und unerklärlich ist, so ist auch die in der Welt sichtbar werdende Güte ein Geheimnis. »Was nennst du mich gut?« fragte Jesus einen Mann, der ihn mit »Guter Meister« angesprochen hatte. »Niemand ist gut als Gott allein«, hielt er ihm vor (Mk. 10,17-18). Christus wollte hier alles andere, als seine Gottheit in Frage stellen. Er bekräftigte sie sogar: Seine Göttlichkeit war bewiesen, weil er wesensmäßig, aus seiner Person heraus, gut war, was ihn von jedem anderen unterschied. Über Jesus verkündete Paulus:

Und anerkannt groß ist das Geheimnis der Gottseligkeit:
Der geoffenbart worden ist im Fleisch,
gerechtfertigt im Geist,
gesehen von den Engeln,
gepredigt unter den Nationen,
geglaubt in der Welt,
aufgenommen in Herrlichkeit.

Warum hatte Gott Adam und Eva verboten, vom Baum der Erkenntnis des Guten und Bösen zu nehmen? Warum konnte dieser zum Baum des Todes für sie werden? Weil der Mensch aus sich selbst heraus unfähig ist, das Gute wirklich zu kennen und es zu tun. Das Verlangen, Gut und Böse aus eigenem Vermögen zu erkennen, und der Wunsch, aus eigener Kraft Gutes zu tun und Böses zu lassen, ist das Streben nach Unabhängigkeit von Gott und nach Gottgleichheit. Das war Rebellion, wie sie schlimmer nicht sein konnte. Indem der Mensch meinte, Gott nicht mehr nötig zu haben, um gut zu sein, schnitt er sich selbst ab von der einzigen Quelle des Guten und wurde zum Sklaven des Bösen.

Nachdem die Menschheit sich auf die falsche Seite geschlagen hatte, gab es kein Entkommen mehr für sie. Selbst die, die einen Sinneswandel durchmachten und sich lösen wollten, wurden von Satan wie Geiseln gehalten. Es gab nur eine Lösung: Gott selbst mußte ein Mensch werden, um die Sühne, die seine Gerechtigkeit für die Sünde des Menschen forderte, zu bezahlen und somit der Menschheit die Gelegenheit zu geben, für ihre Rebellion Buße zu tun und Christus als Herrn und Heiland anzunehmen. Gottes Güte konnte so noch einmal mit der Menschheit eine Verbindung eingehen, diesmal aber mit einem Band, das nicht mehr zu durchtrennen ist. Das ist die Funktion Jesu Christi, die zu erfüllen er gekommen ist. Den Christen ruft Paulus im Triumph zu, daß das große Geheimnis der Gottseligkeit einer ist: »Christus in euch, die Hoffnung der Herrlichkeit!« (Kol. 1,27).

Auch Satan läßt sich in diesem Kampf auf der Erde durch einen Menschen vertreten – durch den Antichristen. So wie der Mensch Jesus Christus der »im Fleisch geoffenbarte Gott« ist, so wird der Antichrist der im Fleisch geoffenbarte Satan sein. Wenn er offenbar wird, wird Satans Mann auf Erden als der Mann Gottes auftreten. Der Antichrist wird vorgeben, Christus zu sein, und die meisten Menschen werden ihm glauben und folgen. Er bietet einen alternativen Heilsplan an – nicht die Rettung von der Sünde, denn das Konzept wird ja verworfen, sondern die Rettung vor dem ökologischen Kollaps und vor Krieg. Dabei verspricht er Frieden und Wohlstand, ein gutes Leben hier und jetzt statt himmlischer Freuden.

Zum Geheimnis der Gottseligkeit gehört es ganz zentral, daß Christus die Menschen von sich selbst wegführt zu Gott hin und in Vorbereitung auf den Himmel in ihnen wohnt. Und zum Geheimnis der Gesetzlosigkeit gehört es, daß Satan Menschen von Gott wegführt zum eigenen Ich hin und in Vorbereitung auf die Hölle in ihnen wohnt. Satan bringt das Evangelium vom Ich und vom Ehrgeiz, das dem menschlichen Stolz sehr gelegen kommt. Es verheißt, daß wir in uns die Schlüssel zur Selbsterlösung tragen. Daß mit der Menschheit etwas verkehrt gelaufen ist, wird gar nicht geleugnet, aber Satans Diagnose spricht den Menschen von jeglicher moralischer Schuld frei. Die Sünde trennt uns nicht von Gott; wir sind vielmehr uns selbst und unserer Umwelt entfremdet worden, weil wir nicht mehr wissen, wer wir eigentlich sind. Wir halten uns für schwache Sterbliche, wo wir doch in Wirklichkeit Götter sind. Wir brauchen keinen »Erlöser«, der von außen kommt, sondern müssen nur lernen, das unbegrenzte Potential, das in uns schlummert, zu wecken. Das ist jene verführerische Lüge, die auch schon Eva hinters Licht geführt hat.

Jedes Ereignis der Menschheitsgeschichte bringt die Figuren im großen Schachspiel einen Zug näher an den entscheidenden Zweikampf zwischen Christus und Antichrist und die unweigerliche Niederlage Satans heran. Die Menschheitsgeschichte, wie wir sie kennen, wird ihren Höhepunkt erreichen, wenn sich der Mann Gottes und der Mann Satans Auge in Auge gegenüberstehen. Wann wird das sein? Das kann niemand sagen, aber wir wissen doch, daß bestimmte Ereignisse zuvor eintreten müssen.

Zu den entscheidendsten Ereignissen, die den Boden für das zweite Kommen bereiten, gehört das Wiedererstehen des Römischen Reiches. Wir haben es schon kurz angesprochen. Das antike Rom war am ersten Kommen Christi stark beteiligt, und so muß es, wiedererstanden, auch am zweiten Kommen und am Auftreten des Antichristen beteiligt sein. Das ist eine faszinierende Tatsache und ein Schlüssel zum Verständnis für das Auftreten des Antichristen.

8 | *Das wiedererstandene Römische Reich*

Ich wünschte mir so sehr, daß einige der Prediger aus meiner Jugend noch heute leben würden. Sie wären begeistert, wenn sie miterleben würden, wie sich das Wiedererstehen des Römischen Reiches heute abzeichnet, von dem sie schon vor fünfzig Jahren mit soviel Zuversicht gesprochen haben. Sie würden aber wohl auch ihren Fehler einsehen, der ihnen bei der Auslegung der zehn Zehen von Nebukadnezars Standbild als Staaten Westeuropas unterlaufen ist (Dan. 2,31-45). Wir haben bereits angemerkt, daß sowohl die aktuellen Ereignisse als auch die geschichtlichen Tatsachen es verlangen, die zehn Zehen in einem viel größeren Rahmen zu sehen.

Auf dem Gipfel seiner Macht beherrschte Rom Gebiete weit über das westliche Europa hinaus. Dazu gehörten Griechenland, die Türkei, Teile von Ostdeutschland und große Teile Ungarns, Rumäniens, der jugoslawischen Staaten, Albaniens, Bulgariens, Armeniens und Teile der Gemeinschaft unabhängiger Staaten ums Schwarze Meer. Das antike Reich der Cäsaren umfaßte aber auch Syrien, den Libanon, Palästina, Jordanien, Ägypten und die Mittelmeerregionen Nordafrikas bis hinüber zum Atlantik.

Es war einfach ein Fehler, das wiedererstandene Rom mit einer gedachten Zehnergemeinschaft westeuropäischer Staaten gleichzusetzen. Wie rechtfertigt man es aber, das Reich des Antichristen weit über das von den Cäsaren beherrschte Gebiet auszudehnen? Dafür gibt es verschiedene Gründe.

Die Cäsaren regierten die damals bekannte Welt, so daß es einen Sinn ergibt, wenn der Antichrist als Oberhaupt eines wiedererstandenen Cäsarenreiches die Welt seiner Tage beherrscht, die heute alle Nationen umfaßt. Aber ist es nicht ziemlich anmaßend, den größten geographischen Teil der Erde mit so alten Zivilisationen wie Indien und China einfach unter den Tisch fallen zu lassen, wenn man sagt, Rom sei die Welt von damals gewesen? Aber auch hierfür gibt es wieder gute Gründe. Die Bibel selbst sagt von den vier Königreichen, die durch Nebukadnezars Standbild dargestellt werden, daß sie »über die ganze Erde herrschen« werden (Dan. 2,39). Aus dieser biblischen Perspektive ist das alte Rom also ein Weltreich gewesen. Folglich wird auch das wiedererstandene Römische Reich ein Weltreich sein. Was das unter den Umständen der Endzeit bedeuten wird, erfahren wir ganz eindeutig: »Und es wurde ihm Macht gegeben über jeden Stamm und jedes Volk und jede Sprache und jede Nation« (Offb. 13,7-8). Wir haben bereits an anderer Stelle darauf hingewiesen, daß diese Verse eins ganz deutlich machen: Der Antichrist wird über die ganze Welt herrschen und von der ganzen Welt angebetet werden.

Es ist kaum zu bezweifeln – aus Gründen, wie wir schon genannt haben –, daß sich am Ende alle Nationen der Welt vereinigen werden. Wie wir auch schon angemerkt haben, ergäbe es keinen rechten Sinn, besonders im Licht der eindeutigen Aussagen der Schrift, wenn der Antichrist nur über einen begrenzten Teil der Welt herrschen würde. Václav Havel, der ehemalige Präsident der CSFR, hat sich über die weltweite Ausbreitung der europäischen Kultur 1990 in einem Leitartikel des *U.S. News & World Report* wie folgt geäußert:

> Europa ist die Wiege jener Zivilisation, die die Weltgeschichte in den letzten 2000 Jahren bestimmt und geformt hat. Die geistigen Impulse der Antike, des Judentums und der Christenheit haben sich zu einer Kraft vereinigt, die die Welt, wie wir sie heute kennen, geformt hat.
>
> Die europäische Zivilisation hat andere Kontinente entdeckt, erforscht, erobert und beherrscht. Sie hat das europäische Denken, den europäischen Geschäftssinn und Erfindergeist in die entlegensten Winkel dieser Erde getragen.[1]

Die Kolonialmächte haben nicht nur die europäische Kultur mit ihrem Gedankengut um den Globus verbreitet, sondern gleichzeitig auch ihre Kolonien »christianisiert«. Damit wurde das Fundament für die weltweite »christliche« Kirche des Abfalls gelegt, die eines Tages dem Antichristen in dem Glauben folgen wird, er sei der Christus. Es ist dieser von Havel angesprochene »geistige Impuls«, der mehr als alles andere die ganze Welt mit dem antiken Rom verbindet. Das ist, wie wir noch sehen werden, das entscheidende Bindeglied.

Das Wiedererstehen des Römischen Reiches beginnt mit der Vereinigung Europas und wird von dort immer weitere Kreise ziehen, dem Vorbild Roms mit seinen Eroberungen und des späteren Kolonialismus folgend. Wir können miterleben, wie genau diese Tendenz sich als Erfüllung endzeitlicher Prophetie abzeichnet. Die »Demokratisierung« Osteuropas, von Gorbatschow in Gang gesetzt, hat für Ost und West die Tür aufgestoßen und den Weg frei gemacht, sich zu einem viel größeren Europa zu vereinigen, von dem zuvor niemand zu träumen gewagt hätte. Mit der Perestroika hat der Kremlchef etwas auf den Weg gebracht, was damals noch als Hirngespinst oder reine Propaganda erschien – ein Europa, das »vom Atlantik bis zum Ural« vereint sein würde![2]

Die zweite Führungsfigur, die schon damals Gorbatschows unglaubliche Vision teilte, war niemand anders als Papst Johannes Paul II. Während er 1987 vor 55000 Menschen im 900 Jahre alten Dom zu Speyer die Messe las, sprach auch er sich für ein vereintes Europa »vom Atlantik bis zum Ural« aus. Nachdem die Berliner Mauer gefallen und der Kommunismus zusammengebrochen war, nahmen auch andere denselben Gedanken auf. Anfang 1990, ungefähr zwei Wochen nach Wiederaufnahme der diplomatischen Beziehungen zum Vatikan und nach vierzigjähriger Unterbrechung aller Verbindungen, schlug Ungarns Außenminister Gyula Horn vor, die osteuropäischen Länder sollten den politischen Gremien der NATO beitreten – eine Vorstellung, die in der Vergangenheit undenkbar gewesen wäre. Er fuhr fort:

> Ich möchte hervorheben, daß unser Ziel ein vereintes, demokratisches Europa ist. Darauf müssen wir hinarbeiten. Zu diesem Zweck muß so vieles neu gedacht werden.[3]

In dem schon oben zitierten Artikel äußert sich Václav Havel
außerdem wie folgt:

> Für mehr als vierzig Jahre hat es nicht nur ein einziges
> Europa gegeben, sondern mindestens zwei. Das eine war das
> Europa des Westens, das Gebiet der Demokratien und des
> relativen Wohlstands. Das andere war das Europa des Ostens
> und des bis vor kurzem unangefochtenen Totalitarismus, das
> Europa, das nun endlich erwacht ist ...
> Dann wendete sich das Blatt, und der Weg wurde frei für
> die enormen Veränderungen in Osteuropa, deren Zeugen wir
> alle vor kurzem geworden sind ...
> Die Europäer im Westen haben ihre klare Absicht bekundet,
> nationale, politische und geographische Barrieren zu überwin-
> den, um als eine große Gemeinschaft ins nächste Jahrtausend
> zu gehen. Die Europäer im Osten haben aber gleichermaßen
> eindeutig ihr Interesse bekundet, dieser Gemeinschaft freier
> Nationen beizutreten.[4]

Diese »enormen Veränderungen in Osteuropa« haben wir
hauptsächlich Gorbatschow zu verdanken. Die schändliche Berliner Mauer steht nicht mehr; es gibt zwischen Ost- und West-
deutschland keine Sperrzone mehr. Beide Staaten sind wieder
eins geworden; und das ist etwas, was wohl alle politischen
Beobachter für noch mindestens hundert Jahre nicht für möglich
gehalten haben. Aber das ist nur der Anfang. Es verändert sich
nicht nur Europa, sondern als Folge auch die ganze Welt. All das
und so manches, was die Zukunft für uns bereithält, ist nur
möglich, weil ein Mann eine Vision gehabt und den unglaublichen Mut besessen hat, gegen die erbitterte Opposition innerhalb
der sowjetischen Hierarchie aufzustehen und seiner wegweisen-
den Perestroika zum Durchbruch zu verhelfen. Die Folge war
das Ende des schon so lange währenden Kalten Krieges und die
Hoffnung auf Frieden, von dem die führenden Politiker heute
immer wieder reden.

Aber auch Präsident Reagan haben wir viel zu verdanken,
weil er die militärische Präsenz der Vereinigten Staaten trotz
beträchtlicher Opposition von innen nicht geschwächt und
standhaft an einer ausgewogenen Abrüstung festgehalten hat.
Dank gebührt auch George Bush, nicht nur deswegen, weil er

die Verhandlungen mit den Sowjets auch weiterhin aus einer Position der Stärke heraus fortgeführt hat, sondern auch, weil er sehr schnell erkannte, daß Gorbatschow den Wandel wollte, und weil er darauf spontan mit Freundschaft und Vertrauen reagierte. Ohne Gorbatschow am Ruder hätte der Kreml genausogut zu dem Schluß kommen können, daß bei der hoffnungslosen Wirtschaftslage im Wettstreit mit dem Westen der Krieg die einzige Option gewesen wäre. Doch statt dessen ist zwischen den Vereinigten Staaten und Rußland eine zuvor undenkbare Partnerschaft entstanden, eine Partnerschaft, die dem weltweiten Verlangen nach Frieden und Einheit entgegenkommt.

Es scheint wenig Zweifel darüber zu bestehen, daß die Teilung Europas in Ost und West nun endgültig vorüber ist und daß es nur noch eine Frage der Zeit ist, bis Europa tatsächlich »vom Atlantik bis zum Ural« vereint sein wird. Aber das ist noch längst nicht alles. Etwas viel Größeres ist im Gange. Wenn erst in den ehemaligen Ostblock Kapital, Geschäftsverbindungen und Know-how für die Landwirtschaft gelangen, wird die damit entstehende erweiterte Europäische Gemeinschaft die Macht haben, die Welt zu beherrschen. Es kommt die Zeit, da wird jeder aus wirtschaftlichen Erwägungen und aus Sicherheitsgründen beitreten wollen. Nachdem die Gemeinde in den Himmel aufgenommen und die Macht des Antichristen gefestigt sein wird, wird dieser alles daransetzen, sie auch zu behalten. Dann aber wird in seinem Reich der große Krieg zwischen einzelnen Fraktionen bei Harmagedon ausbrechen. Doch zuvor müssen erst die Grundlagen dazu gelegt werden, und die gegenwärtigen Ereignisse scheinen das Ihre dazu beizutragen.

Das wiedervereinigte Deutschland hat schon die Vereinigten Staaten und Kanada aufgerufen, eine »neue transatlantische Partnerschaft zu bilden, die sich auf ein Abkommen zur Überwindung der Ost-West-Teilung Europas stützt«. Japan und andere asiatische Länder bereiten sich darauf vor, ihr Verhältnis zum neuen Europa vertraglich abzusichern. Auch hier hat sich Gorbatschow wieder als ein Mann mit Weitsicht erwiesen, denn in einer Rede vor den Vereinten Nationen forderte er die Bildung eines neuen Wirtschaftssystems, das Schlüssel sein würde zu einer neuen und vereinten Welt des Friedens und Wohlstands.

Der erste Vertreter Moskaus, der in Amerika auf einer Feier zur Verleihung akademischer Grade im Mai 1990 sprechen durfte, war der scheidende Sowjetbotschafter Juri V. Dubinin. Er sagte den Absolventen der zur George Washington Universität gehörenden Elliot School for International Affairs, daß der Kalte Krieg nun ein Thema von gestern sei und daß die Sowjetunion und die Vereinigten Staaten »einander nicht mehr als Gegner, sondern als Partner sehen«. Er legte den Studenten ans Herz, daran mitzuwirken, »eine neue internationale Ordnung zu schaffen«.[5] Wir haben schon einmal den *Spectator* zitiert, Londons konservative Wochenzeitschrift. In bezug auf ein neues, größeres Europa, das Ost und West zu vereinigen verspricht, heißt es dort weiter: »Wir tun gerade die ersten Schritte auf eine Wirtschaftsgemeinschaft hin, die sich schließlich in alle vier Himmelsrichtungen unseres Planeten ausbreiten wird.«[6]

Weltpolitik in einer Weltordnung! Schon der Gedanke daran löste bei Christen die Schreckensvision vom Antichristen aus, der die Welt regiert. Heute sieht man darin – selbst in vielen christlichen Kreisen – das Überbleibsel einer ungesunden Antichrist-Phobie, die den Gang der Dinge nur behindert hat. Heute nimmt man es für selbstverständlich, daß die Welt unter einer für alle bindenden Körperschaft vereinigt werden muß, die nationale Interessen und Grenzen ablöst. Diese neue Einheit wird täglich dringender, nicht nur, um den dritten Weltkrieg mit der unweigerlichen Folge einer Weltzerstörung zu verhindern, sondern auch, um den ganzen Planeten vor dem Abgrund eines ökologischen Zusammenbruchs zu bewahren.

Es gibt auch wirtschaftliche und finanzpolitische Gründe für die Weltvereinigung, die nicht minder überzeugend sind. Wir werden also damit rechnen müssen, daß der Druck in Richtung eines Weltsystems nicht ab-, sondern eher zunehmen wird, und er wird von der höchsten Regierungsebene bis zu den Jüngsten im Klassenzimmer die ganze Gesellschaft erfassen. So ließ die National Education Association der USA verkünden:

> Nüchtern, aber bewußt gehen wir daran, den Kurs amerikanischer Erziehung und Ausbildung für das 21. Jahrhundert neu zu bestimmen, indem wir die Ideale einer weltumfassenden Gemeinschaft, der Gleichheit und Unabhängigkeit aller Natio-

nen und Völker als Mittel dazu einsetzen, den Frieden zu schaffen.[7]

Die sich vereinigende Welt hat, auch ohne daß der Antichrist schon wirkt, offensichtlich moralische Konsequenzen. Zu einer für die ganze Welt angelegten Erziehung gehört es unabdingbar, »die Lernenden dazu zu bewegen, auch fremde Denkweisen anzuerkennen... [um] eine Weltgemeinschaft zu begründen und seine Mitglieder so zu unterweisen, daß sie Menschen ohne Vorurteile werden.«[8] In der neuen Weltgemeinschaft gibt es also keine moralischen Absolutheitsansprüche mehr. »Vorurteil« ist dann alles, was den einen Standpunkt als richtig und den andern als falsch bezeichnet, besonders in bezug auf die Religion. Es darf absolut keine Absolutheitsansprüche mehr geben, denn solch ein Dogmatismus würde die Einheit der Welt zerstören. So argumentiert Lynda Falkenstein in einer Publikation des amerikanischen Erziehungsministeriums:

> Schwarz-Weiß-Antworten hatten wohl noch nie eine Existenzberechtigung... Wahre Weltbürger müssen in einer breiten Grauzone agieren, in der es das Absolute nicht gibt.[9]

Am gefährlichsten bei einem globalen Erziehungssystem ist die Religionslehre. Die Vordenker haben erkannt, daß gerade in diesem Bereich das »Vorurteil« beseitigt und Toleranz allen anderen Glaubensrichtungen gegenüber gefördert werden muß. So sieht der Lehrplan in unseren Schulen nicht mehr vor, daß Religion vermittelt wird, was in Amerika sogar verboten ist, sondern es wird nur noch »über« Religion gelehrt, und die Weltreligionen werden im Vergleich dargestellt. Auch in den russischen Schulen, in denen einst der Atheismus herrschte, ist geplant, solche Religionsstunden anzubieten. Evangelikale machen zum Teil schon gemeinsame Sache mit den Liberalen und Atheisten und unterstützen globale Erziehungsprogramme wie die Williamsburger Charta. Deren Lehrplan für die öffentlichen Schulen, der darauf abzielt, Weltbürger für eine neue Weltordnung heranzuziehen, wird den Schülern beibringen, daß alle religiösen Glaubensüberzeugungen zu tolerieren sind. Dabei ist es ein kleiner Schritt, besonders in der Vorstellungswelt eines Kindes, von der Toleranz zur persönlichen Annahme. Die Lehrer dürfen natürlich nicht mehr behaupten, daß die eine Religion verkehrt sei und die andere richtig, oder gar, daß nur eine einzige gilt. Der Schüler wird logischerweise zu dem Schluß kommen, daß alle gleichermaßen gültig sind. Es kommt also gar nicht so sehr darauf an, für welche der Religionen man sich entscheidet, da es in dieser Frage kein Richtig oder Falsch gibt. Das ist eine Vorstellung, die man schon einige Zeit im Fach Religion unter der Oberbegriff »Werte und Normen« vermittelt hat. Perfekter könnte die Vorbereitung auf die ökumenische Weltreligion des Antichristen nicht sein. Die Herausbildung einer Partnerschaft zwischen allen Religionen ist natürlich grundlegend für die Schaffung einer Weltbürgerschaft und die Weltregierung des Antichristen. Denn die politische Einheit läßt sich nicht so recht verwirklichen, wenn religiöse Schranken noch trennen.

In seinem Buch *Learning for Tomorrow* (Lernen für morgen) sagt Wendell Bell ganz deutlich, daß »das Ende von Aberglauben und kulturellen Absolutheitsansprüchen« notwendig ist, um für eine neue, zukünftige Welt »die Menschheit von ihren Fesseln zu befreien«.[10] Um den neuen Weltbürger zu schaffen, ist es notwendig, alle »Voreingenommenheit« gegen die Überzeugungen anderer zu beseitigen. Diese Tatsache wird von Christen in ihrer überschwenglichen Freude über die angebotene »Gewissensfreiheit« sehr leicht vergessen. In der Zeitschrift *Focus On The Family Citizen* wird voller Enthusiasmus berichtet, Gorbatschow habe Papst Johannes Paul gegenüber zugegeben, sein Land brauche jetzt die Werte der christlichen Moral.[11] Was bedeutet dies aber in Wirklichkeit?

Gorbatschows Förderung »spiritueller Werte« muß im Zusammenhang mit seiner Warnung vor »überholten Dogmen« gesehen werden. In offener Konfrontation gegen den, der das Alpha und das Omega ist (Offb. 1,8), sagte er bei einem seiner Treffen mit Ronald Reagan in San Fransisco (wo die Toleranz so tödliche Früchte wie AIDS hervorgebracht hat) folgenden Satz:

Alles muß sich wandeln. Die Toleranz aber ist das Alpha
und das Omega einer neuen Weltordnung.[12]

Die evangelikale Christenheit ist bereits als der Feind der
neuen »Gewissensfreiheit« ausgemacht worden. Sie muß sich
entweder ändern oder sie wird gebannt, weil sie zum Ausdruck
bringt, was als höchste Intoleranz angesehen wird – daß Jesus
Christus der einzige Retter der Welt ist und daß alle an ihn
glauben müssen, wenn sie nicht ewig verlorengehen wollen.
Aber die Kirchenführer – Protestanten und Katholiken – sind
schon auf den Zug zur neuen Welt gesprungen, der nur durch
Toleranz für alle Religionen in Fahrt gehalten werden kann.
Bereits 1970 nahm die Lutherische Kirche in Amerika ein offi-
zielles Positionspapier an, das unter dem Titel erschien:
»WELTGEMEINSCHAFT – Ethische Gebote im Zeitalter
wechselseitiger Abhängigkeiten«. Unter der Überschrift »Auf
dem Weg zu einer globalen Friedensordnung« wurde die Errichtung »globaler und regionaler Institutionen« zur Gründung einer
neuen Weltordnung befürwortet. Die katholische Bischofskon-
ferenz in den USA äußerte gleichfalls in einem kürzlich erschie-
nenen Hirtenbrief ihre Zustimmung zu einer Weltpolitik in einer
neuen Weltordnung:

> Wir treten nun ein in ein Zeitalter neuer globaler Abhängig-
> keiten, die ein weltumspannendes Kontroll- und Regierungs-
> system verlangen, um die entstehenden Konflikte zu bewälti-
> gen ... Diese zunehmenden Spannungen können nicht durch
> Alleingänge einzelner Staaten befriedet werden, sondern ver-
> langen die gemeinsamen Anstrengungen der gesamten Weltge-
> meinschaft.

Wenn schon die katholischen Bischöfe, der Papst und auch
viele protestantische Geistliche dafür sind, warum sollten sich
dann nicht wirklich alle Nationen zu einer weltweiten Bruderschaft zusammenschließen? Warum sollte eine Weltregierung
etwas Böses an sich sein? Warum muß überhaupt der Antichrist
darüber herrschen? Nachdem die Bedrohung, daß der Weltkommunismus die Macht ergreift, vorüber ist, sieht es so aus, als
komme die Weltvereinigung nicht, wie wir einst glaubten, durch
die zwangsweise Einführung einer Ideologie zustande, sondern

durch den freiwilligen Zusammenschluß derer, die ihre Unterschiede tolerieren.

Ist das nicht die Erfüllung der Prophetie Daniels, derzufolge sich das wiedererstandene Rom aus Ton und Eisen zusammensetzen würde? Der Ton der Demokratie, der nun deutlicher hervortritt als das Eisen kommunistischer Diktatur, gehört zur Überzeugungstaktik, die eine wichtige Rolle beim großen Betrug spielt. Damit das Römische Reich wiedererstehen kann, muß das Eisen des nun zurückweichenden Totalitarismus mit dem »lehmigen Ton« der Demokratie vermischt werden. Und das geschieht im Augenblick.

Welche Bedeutung hat nun das Wiedererstehen des antiken Römischen Reiches? Warum gerade dieses Reich, und warum nicht ein anderes? Welche Rolle wird Rom selbst spielen? Die Antworten auf diese Fragen bringen uns zum Kern des Ganzen; und hier wird die Sache interessant.

Ganz besonders interessant ist, daß das alte Rom gleich auf mehrfache Weise an der ersten Ankunft Christi beteiligt war. Es war z. B. die römische Hinrichtungsart, die Jesus auf die Weise zu Tode brachte, die David voraussah: »... alle meine Gebeine haben sich zertrennt [die Gelenke werden bei einer Kreuzigung in Mitleidenschaft gezogen] ... Sie haben meine Hände und Füße durchgraben ... Sie teilen meine Kleider unter sich, und über mein Gewand werfen sie das Los (Ps. 22,14-18). Wie beim Tod, so spielte auch bei seiner Geburt Rom eine entscheidende Rolle:

> Es geschah aber in jenen Tagen, daß eine Verordnung vom Kaiser Augustus ausging, den ganzen Erdkreis einzuschreiben ... Und alle gingen hin, um sich einschreiben zu lassen, ein jeder in seine Stadt. Es ging aber auch Joseph von Galiläa, aus der Stadt Nazareth, hinauf nach Judäa, in Davids Stadt, die Bethlehem heißt, weil er aus dem Haus und Geschlecht Davids war, um sich einschreiben zu lassen mit Maria, seiner Verlobten, die schwanger war. Und es geschah, als sie dort waren ... [daß sie] gebar ihren erstgeborenen Sohn ... (Lk. 2,1-7).

Das ist interessant! Es war ein Gebot des römischen Kaisers, das Maria und Joseph gerade zur rechten Zeit nach Bethlehem brachte, damit Jesus in Erfüllung der wohl von jedem Rabbi als messianisch angesehenen Prophetie dort geboren werden konnte: »Und du, Bethlehem Efrata, das du klein unter den Tausendschaften von Juda bist, aus dir wird mir der hervorgehen, der Herrscher über Israel sein soll; und seine Ursprünge sind von der Urzeit, von den Tagen der Ewigkeit her« (Micha 5,2).

Doch Jesus Christus hat nicht über Israel regiert, als er vor 2000 Jahren kam, obwohl er doch in Bethlehem geboren wurde und alle anderen Kriterien erfüllte, die die hebräischen Propheten über den kommenden Messias verkündet hatten. Sein Volk wollte ihn nicht als König dulden und kreuzigte ihn statt dessen. Auch das war ein Ereignis, das die hebräischen Propheten angekündigt hatten. Es ist also offensichtlich so, daß Jesus Christus zur Erde zurückkehren muß, um in Jerusalem auf Davids Thron zu sitzen und Israel und die Welt zu regieren, wenn die biblischen Prophetien erfüllt werden sollen.

Wann wird das sein? »In den Tagen dieser Könige«, sagt Daniel. Und diese »Könige«, die durch die zehn Zehen aus Eisen und Ton dargestellt werden, werden zusammen das wiedererstandene Römische Reich repräsentieren. Es paßt doch auch gut zusammen, wenn Christus gerade in dem Augenblick wiederkommt, da das Reich, das bei seinem ersten Kommen eine so entscheidende Rolle spielte, wiederersteht, um noch einmal ein Weltreich zu werden. Genauso macht diese Konstellation Sinn, weil Christus zurückkehren kann, um jenes Reich zu vernichten, das ihn gekreuzigt und Jerusalem zerstört hat und das in seiner wiedererstandenen Form alles daransetzen wird, Israel nun endgültig den Todesstoß zu versetzen.

Das Römische Reich muß aber auch wiedererstehen, damit der Antichrist darüber herrschen kann. Seine Untertanen, »das Volk des kommenden Führers«, würden Christus noch einmal kreuzigen, wenn sie nur könnten. Seine Armeen werden denn auch nicht nur Israel zu zerstören suchen, sondern ganz bewußt Christus bekämpfen (Offb. 19,19), wenn er wiederkehrt, um sich dem Zweikampf mit dem Antichristen zu stellen, das Scheinweltreich zu beseitigen und seine tausendjährige Herrschaft der Gerechtigkeit anzutreten.

Es gibt aber noch einen weiteren Aspekt, der nicht übersehen werden darf: Das Römische Reich war nicht nur ein politisch, ökonomisch und militärisch bedeutsames Gebilde, auch die Religion stellte einen wichtigen Faktor dar. Sowohl vor der Christianisierung als auch danach spielte die Religion in Rom eine gewichtige Rolle. Wenn also das antike Reich tatsächlich wiederbelebt wird, dann wird dies genauso auch mit seiner Religion geschehen, denn die wird entscheidend dazu beitragen, daß die Welt den Antichristen annimmt und letztlich auch anbetet.

Um die vorausgesagten Endzeitkriterien zu erfüllen, muß das wiedererstandene Reich zwei entscheidende religiöse Elemente aus der Vergangenheit aufweisen. Vor allem muß es von einem heidnischen »Kaiser« beherrscht werden, der als Gott angebetet wird. So war es jedenfalls zur Zeit der frühen Kirche. Bei den periodischen Wellen der Christenverfolgung wurden alle getötet, die sich weigerten, das Bild des Kaisers als Gott zu verehren. Die Bibel läßt keinen Zweifel daran aufkommen, daß auch dieser ziemlich extreme Aspekt der Religiosität des alten Roms wiederbelebt wird:

... und [das erste Tier] sagt denen, die auf der Erde wohnen, ... dem [zweiten] Tier [dem Antichristen] ... ein Bild zu machen ... und bewirkte, daß alle getötet wurden, die das Bild des Tieres nicht anbeteten (Offb. 13,14-15).

Auch die enge Verflechtung zwischen den Päpsten und den späten Kaisern muß, wie diese Stelle ziemlich klar zum Ausdruck bringt, wiederhergestellt werden. Es ist das wunderwirkende zweite Tier in Offenbarung 13, das denen, die auf der Erde wohnen, sagt, »daß sie das erste Tier [den Antichristen] anbeten« (Vers 12). Er, der auch der »falsche Prophet« genannt wird, ist es, der das Bild für das erste Tier macht und die zum Tod verurteilt, die sich weigern, es anzubeten.

Der falsche Prophet muß das Oberhaupt der Weltkirche sein, das in Offenbarung 17 als das »Geheimnis Babylon« identifiziert wird. Selbst der katholische Apologet Karl Keatin gesteht ein, daß Babylon Rom symbolisiert. Der derzeitige Papst, Johannes Paul II., arbeitet fieberhaft daran, alle Religionen zu integrieren. Man muß den Eindruck gewinnen, daß sich für ihn

nicht nur Protestanten und Katholiken, sondern die ganze
Menschheit zu einer Weltreligion zusammenfinden muß.

9 | *Kaiser und Päpste*

ERSTAUNLICHE DINGE EREIGNEN SICH. Nicht nur, daß der Kalte Krieg zu Ende gegangen ist und die Gegner von einst im gegenseitigen Vertrauen zusammenarbeiten. Nicht nur, daß der Kommunismus in Osteuropa zusammengebrochen ist und wir die von niemand erwartete Bildung einer europäischen Gemeinschaft vom Atlantik bis zu den fernen russischen Küsten am Pazifik miterleben. Und nicht nur, daß ein neues Zeitalter des Friedens eingeläutet worden ist, in dem Aggressoren sich immer öfter mit dem Rest der Welt konfrontiert sehen, der eingreift, um sie sogleich wieder zur Räson zu bringen. All diese Entwicklungen sind schon erstaunlich genug. Aber das ist doch noch nicht alles.

Hinzu kommt noch – und das ist nicht weniger erstaunlich –, daß das Interesse an Religion und Spiritualität weltweit explosionsartig zunimmt. Wir haben bereits darauf hingewiesen, daß Jesus und seine Apostel das Kommen einer Zeit scheinbaren Friedens prophezeiten, die aber auf Harmagedon zusteuern würde. Auch sagten sie eine religiöse Erweckung voraus, die mit einem großen Täuschungsmanöver einhergehen würde, um die Welt auf den Antichristen vorzubereiten. Ganz erstaunlich ist nun aber das Zusammentreffen all dieser Ereignisse zur gleichen Zeit. So wird der Boden bereitet, damit sich die Prophezeiung vom Wiedererstehen des Römischen Reiches erfüllen kann. Und wenn das tatsächlich im Augenblick der Fall ist, dann werden wir gerade Zeugen des entscheidensten Ereignisses aller Zeiten, das sowohl den Aufstieg des Antichristen als auch das zweite Kommen Christi beschleunigen wird.

Im vorigen Kapitel haben wir festgestellt: Weil das Römische Reich auch eine durch und durch religiöse Institution mit einer überall gültigen Weltreligion war, wird auch der Wiederaufbau dieses Reiches es nötig machen, daß eine Religion mit einem ähnlichen Status eingeführt wird. Ein solches Ereignis wäre von größerer Tragweite als alle politischen und militärischen Entwicklungen. Die Frage stellt sich nun, ob wir gerade Zeugen einer allgemeinen religiösen Erweckung sind oder ob wir uns auf die Wiedereinführung einer konkreten Religion nach dem Vorbild Roms zubewegen.

Der politische Gipfel von Malta zwischen den Präsidenten Bush und Gorbatschow Anfang Dezember 1989 war ein wichtiger Meilenstein auf dem Weg zu einer funktionierenden Partnerschaft des gegenseitigen Vertrauens zwischen diesen beiden Weltführern und den Supermächten, die sie damals noch repräsentierten. Richtig bewerten kann man dieses Ereignis allerdings erst im Zusammenhang mit dem religiösen Gipfel, der dem anderen vorausgegangen war. Die Begegnung zwischen Gorbatschow und dem Papst am 1. Dezember 1989 veränderte die Regeln im Spiel der Nationen.

1945 hatte Stalin noch auf den Einwand, der Vatikan könnte einige seiner politischen Entscheidungen nicht gutheißen, gespöttelt: »Wie viele Divisionen hatte der Papst noch?« Es war ein offensichtliches Zugeständnis an die Macht der fast 900 Millionen Katholiken weltweit, als 44 Jahre später Gorbatschow nach Rom reiste, um persönlich mit dem derzeitigen Papst Frieden zu schließen. Joseph Sobran, freier Journalist, Kolumnist und erster Herausgeber des *National Review* vertrat folgende Meinung dazu:

> Der wirkliche Gipfel, der es verdient, historisch genannt zu werden, fand nicht in Malta, sondern im Vatikan statt. Dort trafen sich Rom und Moskau. Und Moskau kam auf Knien ...
> Gorbatschow, ein getaufter Christ, sprach den Papst mit »Heiliger Vater« an ... lobte den Papst und den Einfluß aller Religionen ...
> ... Männer wie Johannes Paul, Lech Walesa und Michail Gorbatschow ... sind die Gründerväter einer neuen [Welt-] Ordnung.[1]

Warum trat der sowjetische Präsident seine so außergewöhnliche Pilgerfahrt nicht nach Genf an, zum Sitz des Weltkirchenrates, sondern zum Vatikan in Rom? Gorbatschow soll uns selbst die Antwort geben: Nach seiner Audienz beim Papst begrüßte er seine Frau Raisa, atheistische Professorin für »wissenschaftlichen Marxismus«, mit den Worten: »Wir haben die höchste religiöse Autorität der Welt besucht ... «[2] Autorität! – und die Macht, die sie besitzt – das war es, was Gorbatschow verstand und nutzen wollte.

Im Gegensatz zu früheren Kremlführern hatte Gorbatschow schon einige Zeit deutlich gemacht, welchen Stellenwert er der Religion beimißt. Und er tat gut daran, wenn man bedenkt, daß in der damaligen Sowjetunion 70 Millionen bekennende Christen lebten und 74 Millionen in den sechs Satellitenstaaten Osteuropas, ganz zu schweigen von der wachsenden Zahl der Moslems und Buddhisten. Die Religion wird bei der Herausbildung einer neuen Weltordnung sicher eine tragende Rolle spielen, und der Führer des Weltatheismus hatte geplant, sich diese Tatsache zunutze zu machen. Gorbatschow hatte den oberen Klerus der russisch-orthodoxen Kirche zu einem Gespräch eingeladen, das von den Medien stark beachtet wurde. Dabei versprach er »größere religiöse Toleranz und suchte die Unterstützung für sein Bemühen um den innenpolitischen Wandel [und] verurteilte die Unterdrückung religiöser Betätigung in der Vergangenheit.« Diese ungewöhnliche Begegnung, »von der die offizielle Nachrichtenagentur TASS berichtete, war auch das Hauptthema der Abendnachrichtensendung ›Wremja‹ und der ganzseitige Aufmacher der Prawda und anderer sowjetischer Tageszeitungen.«[3]

Gorbatschows Einstellung zur Religion – besonders zum Christentum – stellte eine erstaunliche Abkehr von der offiziellen Politik des Kremls dar. Als Führer eines Landes, dessen offizielle Religion der »wissenschaftliche Atheismus« war, wäre es eigentlich seine heilige Pflicht gewesen, alle anderen Religionen auszumerzen. Doch schon in seinem Buch Perestroika hatte Gorbatschow keinen Hehl aus seiner Sympathie für die Religion gemacht und ihre entscheidende Rolle bei der Festigung des Friedens in einer neuen Weltordnung anerkannt. Daß er als Kind in die russisch-othodoxe Kirche als Michail Sergejewitsch hineingetauft wurde, spielt keine große Rolle. Das Christentum ist für Gorbatschow nur wegen seiner Funktion als entscheidender

Einigungsfaktor für sein Land, für Europa und schließlich die ganze Welt wichtig.

Es überrascht schon, daß der sowjetische Präsident sich mehrfach auf die christlichen Wurzeln Rußlands als Rechtfertigung für seine Teilhabe am neuen vereinten Europa berief. Solche Aussagen haben damals westlichen Sowjetexperten die Sprache verschlagen. Gorbatschow war bereit, das Christentum in der UdSSR wiederzubeleben, weil er das als einen wichtigen Schritt auf dem Weg zur EG-Mitgliedschaft ansah. So schrieb er in Perestroika:

> So mancher im Westen versucht, die Sowjetunion aus Europa auszugrenzen ... Solche Winkelzüge können allerdings nicht die geographischen und historischen Gegebenheiten ändern ...
> Wir sind Europäer. Das alte Rußland war durch das Christentum mit Europa verbunden, und die tausend Jahre seines Bestehens seit seiner Ankunft im Land unserer Vorfahren wird nächstes Jahr entsprechend gewürdigt werden [1988].[4]

Da geschieht doch Unglaubliches! Der Führer des Weltkommunismus und -atheismus, der sich geschworen hatte, alle Religionen zu beseitigen, sprach nun davon, daß die Sowjetunion ein christliches Land sei, und er beabsichtigte, das Christentum sogar zu fördern! Kein halbwegs vernünftiger Mensch hätte sich so etwas vorher ausmalen können. Und doch geschieht es vor unseren Augen. Es mußte, damit die Bibelprophetie sich erfüllt. Durch diese Tatsache erst wird das, was da geschicht, für den Christen so bedeutungsvoll und spannend zugleich.

Papst Johannes Paul II. ließ schon lange vor seiner historischen Begegnung mit Gorbatschow eine bemerkenswerte Übereinstimmung mit diesem erkennen. Trotz der mehr als siebzig Jahre während Vorherrschaft des Atheismus in Osteuropa glaubte der Papst, wie der Sowjetführer später, an die entscheidende Rolle, die die Religion, namentlich das Christentum, bei der Schaffung einer neuen Weltordnung spielen würde. So schrieb Newsweek im September 1987:

> Das Juwel im Entwurf des Papstes für ein Zusammenleben der Nationen ist die utopische Vision von einem vereinten und

wieder christlich gewordenen Europa, das sich vom Atlantik
bis zum Ural erstreckt. Die erste Phase wäre ein Ende der Teilung zwischen Ost-
und Westeuropa und Phase zwei die Versöhnung zwischen
römisch-katholischen und orthodoxen Christen im sowjetischen Osten.[5]

Daß dieser »Traum« als erster Schritt zu einer neuen Weltordnung sowohl vom Papst als auch vom ehemaligen Präsidenten der Sowjetunion geteilt wird, ist wohl mehr als ein Zufall.
Was ist besprochen worden, als sie sich ohne anwesende Dol-
metscher auf Russisch unterhielten? Man kann es nur ahnen.
Was wir allerdings wissen, ist dies: Ihr gemeinsamer Traum
nahm kurz nach dieser Begegnung Gestalt an.

In einer »richtungweisenden Rede in Rom« zwei Tage vor
seiner Audienz beim Papst nannte Gorbatschow »die Religion
eine einflußreiche moralische Kraft, die der Perestroika dient«.
Er erklärte ganz offen, daß er die moralische Kraft der organi-
sierten Religion als einen Alliierten für seinen schwungvollen
Umbau der sich selbst fremd gewordenen sowjetischen Gesellschaft suche. Diese unglaubliche Aussage des Staatschefs der
Sowjetunion war das nüchterne Eingeständnis, daß der Atheismus, Rußlands Staatsreligion, vollkommen darin versagt hatte,
die Massen zu gewinnen, während der 70 Jahre lang grausam
unterdrückte und verhöhnte Glaube seine Anhänger vervielfacht
hatte. Die erstaunte Presse berichtet damals:

> Gorbatschow bekräftigte, daß es eine neue offizielle Ein-
> stellung zur Religion in einem Land gebe, das so lange Zeit
> aggressiv atheistisch gewesen sei, und teilte dem Papst mit, daß
> Gläubige vieler Religionen – Juden und Buddhisten, Christen
> und Moslems – in der heutigen Sowjetunion leben würden.
> »Sie alle haben ein Recht darauf, ihre spirituellen Bedürf-
> nisse zu befriedigen«, sagte er. »In Kürze wird ein Gesetz zur
> Gewissensfreiheit in unserem Land beschlossen werden.«[6]

Dafür gab der Papst seinen Segen »zum Wiederaufbau der
sowjetischen Gesellschaft, wie er unter Gorbatschows revolu-
tionärem Programm, der Perestroika, im Gange sei ... « Dieser
»Wiederaufbau« hatte bereits dafür gesorgt, daß es zu bisher

unbekannten Fernsehübertragungen von Gottesdiensten kam,
daß in den neun Monaten zuvor 3000 Kirchen geöffnet wurden
und die orthodoxe Eucharistie in der Verkündigungskathedrale
innerhalb des Kreml gefeiert werden konnte – zum ersten Mal
seit 1918.[7] Die *Religion Newswriters Association*, die Vereinigung christlicher Redakteure, ernannte Gorbatschow zum
»Mann des Jahres 1989«, der zu religiösen Fragen die meisten
Schlagzeilen gemacht hatte; und sie bezeichneten die Begegnung mit Papst Johannes Paul als das »wichtigste religiöse
Medienereignis des Jahres«.

Die zwei Oberhäupter, von denen es in Presseberichten hieß,
sie seien die beiden Figuren auf der Weltbühne heute, die die
Vorreiterrolle übernommen hätten, kamen darin überein, die
diplomatischen Beziehungen zwischen dem Kreml und dem
Heiligen Stuhl wiederherzustellen, die während der Revolution
von 1917 unterbrochen worden waren. Zweifellos hatten Johannes Paul und Gorbatschow ein Ziel im Auge: eine neue Welt, die
nicht nur politisch und ökonomisch, sondern auch religiös vereint sein sollte. Die Bedeutung eines solchen Vorhabens kann
man gar nicht hoch genug einschätzen.

Aber nicht nur der Papst und Gorbatschow erkennen in der
Religion und namentlich im Christentum den entscheidenden
Faktor für die Bildung einer neuen Weltordnung. Robert Muller,
der früher einmal stellvertretender Generalsekretär der Vereinten Nationen war, äußerte sich wie folgt: »Ich bin inzwischen zu
der festen Überzeugung gelangt, daß Friede, Gerechtigkeit, ein
erfülltes Leben, Glück und Harmonie auf diesem Planeten nicht
von einer bestimmten Weltregierung abhängen werden, sondern
von einer göttlichen, kosmischen Herrschaft ... Mein größter
persönlicher Traum ist es, eine glorreiche Allianz zwischen allen
Weltreligionen und der UN zustande zu bringen.« Bezugneh-
mend auf die tiefe ökonomische Krise, die die UdSSR trotz all
ihrer Fünfjahrespläne immer wieder durchlitten hat, äußerte sich
der sowjetische Volkswirtschaftler Stanislaw Schatalin dahingehend, daß für die Arbeiter eine geistliche und moralische Erneuerung notwendig sei, um ihr Verhältnis zur Arbeit neu zu
gestalten.[8] Im *World Press Review* lesen wir:

Wenn Rußland sich wirklich bereit machen will, der [Europäischen] Gemeinschaft beizutreten, wird es ... der christlichen Religion den Weg frei machen müssen, damit sie noch einmal die entscheidende Rolle im gesellschaftlichen Leben spielen kann. Rußland ist nämlich ein zutiefst christliches Land, und das ist auch seine eigentliche Besitzurkunde für den europäischen Status.[9]

Ganz plötzlich erklären weltliche Spitzenpolitiker, daß nicht nur die Religion allgemein, sondern besonders das »Christentum« der Schlüssel zum vereinten Europa sei! Wie kommt das? Weil der Antichrist so tun wird, als sei er Christus, müssen auch seine Anhänger »Christen« und seine Weltreligion ein pervertiertes Christentum sein. Nicht nur der Papst ruft zu einem »geistlich vereinten Europa« auf[10], sondern zahlreiche andere Männer und Frauen in verantwortlichen Positionen bringen inzwischen dieselbe Auffasung vor. Der ehemalige Dissident Alexander Ogorodnikow, ein orthodoxer Christ, sagt eine »zweite Christianisierung« Rußlands voraus. Dieser Prozeß scheint schon unter Gorbatschow mit seiner gewagten Politik in Gang gekommen zu sein. Alles deutet darauf hin. Doch es bedeutet nicht das, was die meisten Christen sich vorstellen.

Die evangelikalen Christen fühlen sich durch die neue Religionsfreiheit ermutigt. Und es sollte auch jede Anstrengung unternommen und die Freiheit, das Evangelium zu predigen, genutzt werden, solange sie da ist. Man weiß nie, welche Zeitspanne zur Verfügung steht. Viele evangelikale Christen sind aber auch vom Papst Johannes Paul angetan. In der Zeitschrift *Focus on the Familiy Citizen* heißt es vom Papst, er sei »das angesehenste religiöse Oberhaupt«.[11] Andere glauben, daß gerade seine evangelistische Botschaft dazu geeignet ist, die Welt zu Christus zu bekehren.

In Wirklichkeit hat aber der Papst nicht die geringste Sympathie für »wiedergeborene« evangelikale Christen, die er öffentlich verhöhnt und vor denen er seine Herde warnt. Während der Papst auf der einen Seite den Dialog mit Buddhisten, Moslems und Hindus fördert, warnt er andererseits seine Katholiken, »sich nicht von protestantisch-fundamentalistischen Sekten verführen zu lassen ... «[12] So haben denn sowohl Gorbatschow als auch der Papst unter »Christentum« immer nur den römischen Katholizismus verstanden. Und der war, wie es der Zufall will, die spätere Staatsreligion des Römischen Reiches. Es ist die Religion, die ihre Stellung zurückerhalten muß, um dem Antichristen den Weg zu bereiten.

Jetzt, da das Fundament für die politische Wiedererrichtung des Römischen Reiches gelegt wird, ereignet sich noch etwas anderes von nicht minderer Bedeutung: Die Kirche und das »Christentum« des alten Roms werden vor unseren Augen wiedererweckt. Ein kurzer Blick in die Geschichte wird unser Verständnis dafür wecken, daß sich das, was unter Kaiser Konstantin mit dem Christentum geschah, heute aufs neue ereignet.

Das antike Römische Reich war eine pluralistische Gesellschaft, so wie sie Gorbatschow, Jelzin und der Papst zu schaffen hoffen. Jede Religion wurde toleriert. Doch es gab eine Ausnahme – das Christentum, das aus seinem Selbstverständnis heraus alle anderen Religionen verurteilte. Die Christen wurden gehaßt, verfolgt und oft umgebracht, nicht weil sie an Christus glaubten, sondern weil sie an ihn allein glaubten. Das war der Glaube, von dem Petrus so kühn zu den Rabbis in Jerusalem sprach und der die religiösen Führer der Juden so aufbrachte, daß sie sich entschlossen, die Apostel zu töten:

> So sei euch allen und dem ganzen Volk Israel kund: Im Namen Jesu Christi, des Nazaräers, den ihr gekreuzigt habt, den Gott auferweckt hat aus den Toten – in diesem Namen steht dieser gesund vor euch.
> Und es ist in keinem anderen das Heil; denn auch kein anderer Name unter dem Himmel ist den Menschen gegeben, in dem wir errettet werden müssen (Apg. 4,10.12).

Derselbe Glaube erregte aber auch den Zorn der heidnischen Obrigkeit. Die Römer waren davon überzeugt, daß der christliche »Atheismus« (d.h. die Ablehnung der heidnischen Gottheiten) den Zorn der Götter für das Römische Reich heraufbeschwor. Die Christen, so hieß es, »haben die Religion ihrer Vorväter verworfen ... jüdische Mythen für wahr gehalten und einen Verbrecher [Jesus] zu einer Kultfigur gemacht.«[13]

So wie die römischen Kaiser damals irgendwann begriffen, daß Christenverfolgung ein vergebliches Unterfangen ist, so kam offensichtlich auch Gorbatschow zur selben Erkenntnis. Der Ausspruch von Tertullian »Das Blut der Märtyrer ist der Same der Kirche« hatte sich als wahr erwiesen. Um das Reich zu einen, entschloß sich Kaiser Konstantin, den Christen das Recht zur freien Religionsausübung zu gewähren. Und Gorbatschow war offensichtlich in bezug auf die UdSSR und die Welt zur selben Erkenntnis gelangt.

Konstantin, der ein brillanter Heerführer war, begriff, daß es ohne religiöse Einheit keine politische Stabilität geben würde. Doch um dieses Kunststück zu vollbringen, mußten Heidentum und Christentum vereint werden. Wie konnte man das erreichen? Das Reich brauchte eine ökumenische Religion, die jeden Bürger der damals schon multikulturellen Gesellschaft ansprechen würde. Dem Christentum einen offiziellen Status zu verleihen, würde nicht ausreichen, um dem Reich den inneren Frieden zu geben. Das Christentum mußte erst einem Wandel unterzogen werden, damit sich die Heiden »bekehren« konnten, ohne ihre alten Glaubensüberzeugungen und Rituale aufgeben zu müssen.

Konstantin selbst war ein lebendes Beispiel für seine Berechnung. Er nahm zwar Christus als neuen Gott an, der ihm, wie er glaubte, den Sieg in der Entscheidungsschlacht an der Milvischen Brücke im Jahr 312 n.Chr. geschenkt und ihn als Eroberer nach Rom gebracht hatte. Doch als Cäsar behielt er noch die Funktion eines Pontifex maximus, eines Oberhauptes der heidnischen Priesterschaft im Reich. Auch wenn er zahlreiche christliche Kirchen stiftete, so hielt Konstantin doch daran fest, den Bau heidnischer Tempel zu unterstützen. Als »christlicher« Kaiser war er automatisch auch gleich das zivile Oberhaupt der christlichen Kirche, und er verführte sie durch sein Angebot, an der Macht teilzuhaben. Auf diese Weise begann der Abstieg des Christentums bis zur Unkenntlichkeit und jener Prozeß, an dessen Ende der römische Katholizismus stand, wie wir ihn heute kennen.

Satan hatte Jesus angeboten, ihm alle Reiche dieser Welt zu übergeben, wenn er sich vor ihm niederwerfen und ihn anbeten würde. Das lehnte Jesus ab. Konstantin seinerseits bot nun an – aus reiner Berechnung natürlich –, das Reich mit der Gemeinde zu teilen, die von den Verfolgungen müde geworden war; und sie erlag der Versuchung. Der Historiker Will Durant beleuchtet die Hintergründe:

> Konstantin strebte die absolute Monarchie an. Und solch ein Herrschaftssystem würde von der Unterstützung durch die Religion profitieren ... Vielleicht konnte diese erhabene Versammlung von Bischöfen und Priestern wirklich ein Instrument zur Befriedung, Vereinigung und Herrschaftssicherung werden ...
> Solange er regierte, behandelte er die Bischöfe als seine politischen Hilfskräfte. Er ließ sie kommen, saß ihren Konzilien vor und hatte das letzte Wort, wenn es darum ging, ihre Mehrheitsbeschlüsse durchzusetzen. Ein wahrer Gläubiger wäre zuerst ein Christ gewesen und dann ein Staatsmann. Bei Konstantin war es umgekehrt: Das Christentum war für ihn nur Mittel zum Zweck.[14]

Fast jeder bediente sich nun auf irgendeine Weise des »Christentums«. Es war bald unerläßlich für jeden, der im Geschäftsleben, in der Politik oder gar beim Militär vorankommen wollte, ein »Christ« zu sein. Es wurden also viele deswegen »Christen«, weil damit Vorteile verbunden waren. Das ist ein Problem, das der Gemeinde erspart geblieben wäre, wenn Christsein immer noch Verfolgung und möglicherweise Märtyrertum bedeutet hätte. Geistliche Ämter, ob Priester, Bischof, Kardinal oder gar Papst, gingen an den, der am höchsten bieten konnte. Augustinus beklagte den lähmenden Effekt auf die christliche Kirche:

> Der Mann, der eintritt [in eine Kirche des 4. Jahrhunderts], wird unweigerlich all die Säufer, Geizkragen, Schwindler, Spieler, Ehebrecher und Unzüchtigen sehen, all die Leute, die Amulette tragen, die begierigen Kunden der Zauberer und Astrologen ...
> Er sei gewarnt, daß eben jene Menge, die an christlichen Feiertagen in die Kirche drängt, auch die Schauspielhäuser zu heidnischen Festen füllt.[15]

Das »Christentum« des Römischen Reiches, das man später als »römisch-katholisch« bezeichnete und dessen Oberhaupt heute der Papst ist, war längst nicht mehr das biblische Christen-

tum der frühen Kirche und der Märtyrer. Es war vielmehr das
alte Heidentum Roms, das unter der dünnen Decke christlicher
Terminologie und Förmlichkeit überlebt hatte. Wir lesen bei
Durant:

> Als das Christentum Rom eroberte, ging so vieles wie
> mütterliches Blut in die neue Religion über – die alten Struk-
> turen der heidnischen Geistlichkeit, die Titel und Roben des
> Pontifex maximus, die Anbetung der Großen Mutter und viele
> der Schutzpatrone und Götzen, das Gespür für das allgegen-
> wärtige Übersinnliche, die Ausgelassenheit oder Feierlichkeit
> der alten Feste und das Gepränge unvergeßlicher Zeremonien.
> So kam es, daß Rom, die Gefangene, sich ihres Eroberers
> bemächtigen konnte.
> Während das Christentum die Welt bekehrte, bekehrte die
> Welt das Christentum . . . [16]

Als Oberhaupt der Kirche beanspruchte Konstantin noch
zwei weitere Titel neben dem heidnischen Pontifex maximus:
Vicarius Christi und Bischof der Bischöfe. Der Titel Vicarius
Christi ist dabei besonders interessant. Das latainische vicarius
(Stellvertreter) ist abgeleitet von vice (an Stelle, für), und das
entspricht dem griechischen anti wie in Antichrist. Ins Griechi-
sche übertragen, wäre Konstantin als Vicarius Christi also ein
Antichrist; und das sind die Päpste alle, denn sie tragen densel-
ben Titel. Der Antichrist wird der neue Konstantin sein, das
Oberhaupt des wiedererstandenen, weltumspannenden Römi-
schen Reiches, und der Papst wird sein Helfer sein, das zweite
Tier aus Offenbarung 13.

Frühe protestantische Glaubensbekenntnisse bezeichneten
noch einmütig den Papst als Antichristen, nicht nur wegen Roms
Irrlehren, sondern auch, weil das Leben vieler Päpste das Böse
des Antichristen geradezu beispielhaft vor Augen führten. So
mancher Papst verschwand vom Thron Petri, weil er von einem
wütenden Ehemann ermordet wurde, der ihn in flagranti mit
seiner Ehefrau im Bett ertappt hatte. Selbst katholische Historiker geben zu, daß viele Päpste zu den unmenschlichsten Unge-
heuern zählten, die je auf dieser Erde gelebt haben. In seinem
Buch *Vicars of Christ* erinnert uns der Jesuit Peter de Rosa daran,
daß sehr viele Päpste im großen Stil Massenmord und Mord

begingen, plünderten, vergewaltigten, um Ämter schacherten und sich der Korruption schlimmster Art schuldig machten. Ihr übler Lebenswandel ist ein Schandfleck im Buch der Geschichte. So ist es schon ein Hohn, wenn solche schamlosen Wüstlinge auch noch mit »Eure Heiligkeit« angeredet und als »Stellvertreter Christi« bezeichnet wurden, wie es für alle Päpste nach katholischem Dogma üblich war.

Aber selbst wenn jeder Papst ein Muster an Tugendhaftigkeit gewesen wäre, wäre es immer noch ein Hohn, zu behaupten, sie alle repräsentierten eine von Petrus ausgehende ununterbrochene Linie »apostolischer Sukzession« (Nachfolge). Dies ist eine Vorstellung, die dem Neuen Testament vollkommen fremd ist. Doch selbst wenn wir sie dort wiederfänden, hätte jeder einzelne Papst als Träger der angeblich von Petrus weitergereichten Autorität diese persönlich an seinen Nachfolger weitergeben müssen. Aber die Päpste haben ihre Nachfolger nicht selbst gewählt (und tun es noch heute nicht), geschweige denn, daß sie ihnen die Hände aufgelegt und so ihre Bevollmächtigung weitergegeben hätten. Zeitweilig war es sogar Sitte, daß die Einwohner Roms den Papst wählten. Und diese Einwohner hatten immer ganz eigensüchtige Gründe, daß sie den einen Kandidaten vor dem andern bevorzugten. Solch eine Mehrheitswahl hatte nun bestimmt nichts mehr mit »apostolischer Sukzession« zu tun und wird auch von Rom heute nicht mehr akzeptiert. Einige Päpste wurden als Ausdruck des Protests gegen ihre unerträglichen Missetaten vom wütenden Mob ihres Amtes enthoben und andere von Königen und Kaisern bestimmt oder abgesetzt. Politische Berechnung zusammen mit Wohlstand und Einfluß des Kanditaten entschied oft genug darüber, wer schließlich Papst wurde. Das ist wahrlich »Apostolische Nachfolge«! (Siehe Anhang A.)

Als Lohn dafür, daß sie sich seinem Befehl unterstellten, verlieh Konstantin seine drei religiösen Titel den Päpsten, an ein Amt also, das er selbst geschaffen hatte, um so die Kirche noch besser zum Nutzen des Reiches gebrauchen zu können. Konstantin war es, der verfügte, daß der Bischof von Rom geistliches Oberhaupt der Kirche sein sollte, weil Rom schließlich auch die Hauptstadt des Reiches war. Davor hatte es noch keine »Päpste« gegeben, sondern nur Bischöfe mit gleicher Vollmacht, die in den Gebieten um Rom, Antiochien, Alexandria, Jerusalem und Byzanz ihr geistliches Amt ausübten. Die Päpste arbeiteten eng mit den Kaisern in der Verwaltung des Reiches zusammen. Diese drei von Konstantin verliehenen Titel werden bis auf den heutigen Tag von den Päpsten getragen.

Rom war zwar als ein heidnisches Reich gegründet worden, doch jetzt am Ende war das »Christentum« die Staatsreligion. Und dieses »Christentum« verlieh dem Reich Einheit und Kontinuität, so daß es kulturell und religiös zusammengehalten wurde. Als das Reich später unter dem Ansturm der Barbaren zwar politisch auseinanderfiel, wurde es immer noch durch die Religion zusammengehalten, weil es die allgegenwärtige römisch-katholische Kirche mit ihrer genialen ökumenischen Vermengung von Heidentum und Christentum gab.

Und so kam es denn auch, daß man im Mittelalter von den Päpsten, den Nachfolgern der heidnischen Kaiser, erwartete, daß sie bei der langersehnten Erneuerung des Römischen Reiches die Führung übernahmen. Doch niemand schien sich darüber im klaren zu sein – nicht einmal die Päpste und ihre Theologen –, daß die Wiederherstellung des Reiches in der Bibel als ein Übel prophezeit wird, das ein Ereignis der letzten Tage sein und Gottes Gericht erleiden würde. Noch heute kennt man sich unter Katholiken viel zu wenig in der biblischen Prophetie aus; und selbst bei den Protestanten nimmt die Zahl derer ab, die etwas von diesem Thema verstehen.

Die Parallelen zwischen Konstantin und Gorbatschow sind schon recht faszinierend. Gorbatschow wies seinen Genossen einen besseren Weg zur Zerstörung der Gemeinde: Man gebe ihr dieselben Freiheiten wie im Westen und ziehe sie als Partner bei der Bewältigung der drängendsten Probleme des Staates heran. Wie Konstantin sollte man das Reich dieser Welt mit der Kirche teilen. Statt bewußter atheistischer Gehirnwäsche ist die neue Taktik viel subtiler und wirkungsvoller. Wie Jelzin dieses Erbe verwaltet, bleibt abzuwarten.

Gorbatschow jedenfalls wollte sich wohl wie Konstantin auf dieselbe Weise und grundsätzlich aus denselben Motiven des »Christentums« bedienen. Er brauchte dazu noch nicht einmal ein neues »Christentum« zu schaffen, denn das existiert bereits, begründet von Konstantin vor 1600 Jahren. Und heute reicht der

Einfluß des Oberhauptes der »römischen Christenheit« weit über die Grenzen des antiken Reiches hinaus, so daß wieder der Papst der ideale Partner des Antichristen für die Herrschaft über ein zukünftiges Weltreich der Finsternis sein wird.

Wir wollen hier nicht behaupten, Gorbatschow sei schon der Antichrist gewesen und Johannes Paul der falsche Prophet. Auch Jelzin ist nicht klar einzuordnen. Aber wir haben es hier doch schon mit einer Konstellation zu tun gehabt, die dem Muster entspricht. Es bleibt abzuwarten, ob doch noch diese Männer oder zwei andere eines Tages den letzten Akt der Weltgeschichte einleiten werden. Nach und nach fügen sich die Teile des Puzzles zu dem Bild zusammen, das die biblische Prophetie vorgegeben hat.

Wie *U.S. News & World Report* berichtete, führte der Papst Woche für Woche mit Präsident Bush und Michail Gorbatschow zu weltpolitischen Fragen einen Gedankenaustausch.[17] Daß der Papst fast unwidersprochen als religiöser Weltherrscher gilt, spielt im Zusammenhang mit dem sich abzeichnenden Wiedererstehen des Römischen Reiches eine wichtige Rolle. Allenthalben haben sich führende Politiker dem Aufruf des ehemaligen stellvertretenden Generalsekretärs der UNO Robert Muller angeschlossen, der Papst möge doch zu den Vereinten Nationen kommen, um für alle Religionen und geistlich interessierten Menschen dieses Planeten zu sprechen.[18] Das Bild wird immer klarer, aber es läßt nichts Gutes ahnen.

10 | *Die Hure Babylon*

DER GEWALTIGE FELSENDOM ist vom Islam dort errichtet worden, wo Mohammed angeblich auf einem geflügelten Pferd in den siebten Himmel aufgenommen wurde. Das Zentrum des Tempelberges in Jerusalem einnehmend, beherrscht seine gewaltige goldene Kuppel das Bild der Altstadt vom Ölberg aus betrachtet. Und die Tatsache, daß er dort steht, verhindert wirkungsvoll, daß Israels Sehnsucht in Erfüllung geht – der Wiederaufbau des Salomonischen Tempels. Dem Besucher, der das Gebäude betritt, verschlägt es den Atem bei all der Schönheit der polierten Marmorsäulen und der verschwenderischen Fülle kunsthandwerklicher Einlegearbeiten mit der typisch arabischen Zartheit ihrer Muster. Man ist immer wieder überwältigt von den Ausmaßen und der Schönheit dieses an dritter Stelle rangierenden Heiligtums der Moslems.

Nachdem meine Frau und ich vor einiger Zeit Israel besucht hatten, flogen wir von dort aus direkt nach Rom. Als wir die Kolonnaden entlanggingen, die den großen Platz vor dem Petersdom säumen, begriff ich so recht, wie wenig die gewaltigen Dimensionen und die klassische Schönheit dieses Ortes meinen verblaßten Erinnerungen von einem früheren Besuch entsprachen. Jerusalems Tempelberg ist vom Neuen Jerusalem des Katholizismus weit in den Schatten gestellt worden. Hier war also das Machtzentrum jener Kirche, die von sich behauptet, die Nachkommenschaft Abrahams abgelöst zu haben und das neue Reich Gottes auf Erden zu sein, die sich aber weigert, dem Staat Israel die offizielle Anerkennung zu gewähren.

Als ich den Dom betrat, verglich ich ihn mit dem moslemischen Heiligtum, das wir zuvor besichtigt hatten. Erstaunt mußte ich allerdings feststellen, daß man beides im Grunde gar nicht vergleichen kann. Der Felsendom würde wenigstens sechsmal in die riesige Halle des Petersdoms passen! Und was die Schönheit angeht, so erschauert man vor Ehrfurcht beim Anblick der zahllosen Statuen, geschaffen von Künstlern wie Michelangelo, beim Anblick der Mosaiken, die biblische Geschichte darstellen, und der vom Sonnenlicht durchschienenen, vielfarbigen Kirchenfenster. Und während ich so umherschaute, sprachlos beim Anblick solch unvergleichlichen Reichtums, ging mir auf, was der Apostel gemeint haben muß, als er in seiner Vision die Machtentfaltung und den Wohlstand dieser Kirche erblickte und ausrief: »Und ich wunderte mich, als ich sie sah mit großer Verwunderung« (Offb. 17,6).

Aber nicht nur dieser Materialismus und das Gepränge versetzten Johannes in Erstaunen, sondern noch mehr die unglaubliche geistliche Korruption. Daß die Christen des ersten Jahrhunderts, die noch von der Welt gehaßt und verfolgt worden waren, unter dem Vorwand Christus zu repräsentieren, den Wandel zu einem zentral gesteuerten Reich religiöser Perversion mitmachen würden, war eine Vorstellung, die den Apostel umtrieb. Was er schaute, war erstaunlich präzise:

> Komm her, ich will dir das Gericht über die große Hure zeigen, die an vielen Wassern sitzt, mit der die Könige der Erde Unzucht getrieben haben . . .
> Und ich sah eine Frau auf einem scharlachroten Tier sitzen, das voll Lästernamen war und sieben Köpfe und zehn Hörner hatte . . .
> Und sie hatte an ihrer Stirn einen Namen geschrieben, ein Geheimnis: »Babylon«, die große . . .
> Und ich sah die Frau trunken vom Blut der Heiligen und vom Blut der Zeugen Jesu . . .
> Die sieben Köpfe sind sieben Berge, auf denen die Frau sitzt . . .
> Und die Frau, die du gesehen hast, ist die große Stadt, welche die Königsherrschaft über die Könige der Erde hat (Offb. 17,1-3.5-6.9.18).

Gott hat immer die Untreue seines Volkes als Ehebruch bezeichnet. Sich vor Götzen niederzuwerfen und einen anderen Gott neben dem einen wahren anzubeten, ist die schwerste aller Sünden. Jeremias Anklage, Juda habe »Ehebruch mit Stein und mit Holz [mit Götzen]« getrieben – eine Anklage, die auch andere Propheten immer wieder erhoben –, offenbart, wie Gott das Heidentum sieht. Das, was Gott will, wird von Johannes Paul II. mißachtet, wenn er Hinduismus, Buddhismus und andere Religionen gutheißt. Aber diese römisch-katholische Kirche, der er vorsteht, ist ja selbst eine Mischung aus Heidentum und Scheinchristentum.

Daß die Frau »Hure« genannt wird, identifiziert sie als die falsche Kirche, die den Gegensatz bildet zur »Braut«, zum »Weib des Lammes« (Offb. 21,9). Die wahre Gemeinde würde nämlich Ehebruch begehen, wenn sie sich auf ein verbotenes Verhältnis mit den gottlosen Königen einließe, so wie es die falsche Kirche schon getan hat. Daß diese durchaus edel gekleidete Frau Hure genannt wird, deutet darauf hin, daß sie nach außen so tut, als sei sie die wahre Gemeinde. Aber sie hat sich prostituiert und ihre geistliche Autorität und Beziehung zu Christus gegen einen Anteil am Reich dieser Welt eingetauscht.

Man kann diese »Hure« eindeutig identifizieren: Sie ist eine Stadt, die auf sieben Hügeln erbaut ist. Rom ist nicht die einzige Stadt mit solch einer Lage, aber es ist die Stadt, von der es seit frühster Zeit heißt, sie sei die auf den sieben Hügeln erbaute. Und es ist die einzige Stadt, die allen anderen Kriterien entspricht: »Mit der die Könige der Erde Unzucht getrieben haben ... [und] welche die Königsherrschaft über die Könige der Erde hat.« Es ist nicht das politische Rom, sondern der Vatikan, dessen weltumspannende Macht bis auf den heutigen Tag so manches »Königreich« ins Wanken bringt. Viele der unschätzbaren Kleinode im Vatikanischen Museum und in der Sixtinischen Kapelle erhielten die Päpste von den Staatsoberhäuptern jener Länder, mit denen das Papsttum in eine unheilige Allianz getreten war. Diese Unzucht wird eine entscheidende Rolle bei der Vorbereitung der Welt auf den Antichristen spielen.

Nur die römisch-katholische Kirche kommt für diese Rolle in Betracht. Es gibt keine andere Kirche, die auch nur annähernd einen solchen Einfluß auf weltliche Machthaber ausgeübt hat. Der Papst empfängt und segnet einen nicht enden wollenden Strom von Würdenträgern, die bei ihm um Audienz bitten. Darunter sind selbst Terroristen wie Jasir Arrafat von der PLO.

Der Papst ist offensichtlich der Weltführer mit den umfangreichsten Möglichkeiten, Macht auszuüben.

Schon am Vorabend seines Treffen mit Gorbatschow »regte der Papst die Einrichtung dauerhafter Verbindungen zum Kreml an.«[1] Das Oberhaupt der »einzig wahren Kirche« der Christenheit regte also »dauerhafte Verbindungen« zum Führer des Weltatheismus und Kommunismus an? Es muß wohl so sein: Der ökumenische Wahn kennt keine Grenzen mehr! Ein weiteres Mal hatte der Papst allen vor Augen geführt, daß die römisch-katholische Kirche die »große Hure« ist. Gibt es eine andere Bezeichnung für »Verbindungen« der katholischen Kirche zum Kreml als »Unzucht mit den Königen der Erde«? Wie weit das Täuschungsmanöver beider Seiten geht, macht die Aussage des ehemaligen Kremlsprechers Gennadi Gerasimow deutlich, als er die Genugtuung der Sowjets über die Partnerschaft mit dem Vatikan zum Ausdruck brachte:

> Christliche Werte sind menschliche Werte, und sie entsprechen den sozialistischen [kommunistischen] Werten.[2]

Warum suchen denn die Machthaber dieser Welt das Schäferstündchen mit dem Vatikan? Weil die Staatsoberhäupter dieser Welt alle erkennen, daß der Papst eine Macht ausübt, die in vielerlei Hinsicht größer ist als die eigene. Es sind nicht nur die 900 Millionen katholischer Untertanen und die unbeschreiblichen Reichtümer, die die einflußreichsten Regierungen dieser Welt veranlassen, mit der römisch-katholischen Kirche freundschaftliche Beziehungen zu unterhalten. Entscheidender noch ist die Tatsache, daß Bürger des Vatikans in großer Zahl fast in jedem Land zu finden sind. Sie bilden ein internationales Netzwerk, das bis in die innersten Kreise der Machtzentren dieser Welt reicht.

Sind aber die Millionen römischer Katholiken dieser Welt ihrer Kirche wirklich loyal? Auch wenn manche ihren Klerus kritisieren, so glaubt doch jeder Katholik im tiefsten Winkel seines Herzens, die Kirche halte die Schlüssel zum Himmel in ihren Händen und ohne ihr Wohlwollen stehe ihm nur noch die Hölle bevor. Die Macht, die Rom über seine Untertanen ausübt, ist größer als alle Macht der Regierungen über ihre Bürger. Wenn eines Tages die Entscheidung gefragt ist, wem die eigene Loyalität gilt, wird bei den Katholiken die Antwort ziemlich klar ausfallen, welcher Nationalität sie auch angehören mögen. Es überrascht deswegen auch nicht, daß fast alle großen Nationen der Welt Botschafter im Vatikan haben, wie es auch bei anderen Ländern üblich ist. Als Gorbatschow Frieden mit dem Westen schließen wollte, gehörte zu seinen ersten Schritten die Reise nach Rom zu einer Goodwilltour. Diese Tatsache spricht Bände. Will Durant kann seine Bewunderung nicht verhehlen, wenn er erläutert, wie die Kirche ihre Macht vom sich auflösenden Römischen Reich als Erbe übernahm, eine Macht, die noch viel größer sein wird, wenn erst einmal das Reich wiedererrichtet ist:

> Die Zügel der Regierungsgewalt und die gewonnene Erfahrung wurden von dem sterbenden Reich an das kraftstrotzende Papsttum weitergereicht ... An die Stelle der Armeen des Staates traten die Missionare der Kirche, die auf den Straßen des Reiches in alle vier Winde hinausstrebten. Und die sich erhebenden Provinzen, die nun das Christentum annahmen, erkannten aufs neue die Souveränität Roms an.
>
> Durch die langanhaltenden Kämpfe im Zeitalter des Glaubens blieb die Autorität der alten Metropole bestehen und wuchs nur noch, bis in der Renaissance die Kultur der Klassik aus ihrem Grabe zu erstehen schien, so daß die ewige Stadt noch einmal zum Zentrum und Inbegriff weltlichen Lebens, Wohlergehens und Kunsttreibens wurde.
>
> Als Rom im Jahr 1936 sein 2689. Gründungsjubiläum feierte, konnte die Stadt auf eine überaus beeindruckende, in der Menschheitsgeschichte sonst unbekannten Kontinuität von Regierungsgewalt und zivilisatorischer Entwicklung zurückblicken. Mag es doch noch einmal zum Leben erweckt werden.[3]

Durant hat nicht begriffen, daß nach der Bibel Rom noch einmal zum Leben erweckt werden wird, um vom Antichrist beherrscht zu werden. Denn nur so wird Gottes Gericht über die Menschheit kommen und in Harmagedon gipfeln. Eins ist klar: Dieses Geheimnis mit Namen Babylon wird genau die Ehe von babylonischem Heidentum und »Christentum« verkörpern, die schon damals im Rom Konstantins eingegangen worden war.

Die Gemeinde, die Christus gegründet hat, wurde im Griechisch des Neuen Testaments ›ekklesía‹ genannt, was »die Herausgerufene« heißt. Sie ist aus der Welt herausgerufen zur himmlischen Bürgerschaft. »Wenn ihr von der Welt wäret«, sagte Jesus zu seinen Jüngern, »würde die Welt das Ihre lieben; weil ihr aber nicht von der Welt seid, sondern ich euch aus der Welt erwählt habe, darum haßt euch die Welt ... Wenn sie mich verfolgt haben, werden sie auch euch verfolgen« (Joh. 15,19-20).

Christi Ankündigung der Verfolgung durch die Welt um des Glaubens willen erwies sich in den ersten zwei Jahrhunderten des Christentums als volkommen zutreffend. Doch trotz des Leides erstarkte die Gemeinde und hatte schließlich einen Anteil an der Gesamtbevölkerung von 10 %. Dann aber kam Konstantin und gab den Christen einen von der Welt anerkannten Status, der sie verdarb. Die Gemeinde, mit Christus als reine Jungfrau verlobt (2. Kor. 11,2), sollte auf seine Rückkehr warten, um von ihm in seines Vaters Haus zur himmlischen Hochzeit aufgenommen zu werden. Doch sie machte sich der Welt zur Hure und wurde nun bald selbst zu jenem Übel, dem sie sich hingegeben hatte: EIN GEHEIMNIS: »BABYLON, DIE GROSSE, DIE MUTTER DER HUREN«. Für viele Jahrhunderte sollte nun sie das in der Welt sichtbare »Christentum« sein!

Als Rom an die Barbaren fiel, trauerte die Kirche zwar, aber aus ganz eigensüchtigen Motiven. Die Päpste benötigten oft den Schutz größerer Armeen, als sie selbst aufstellen konnten. Die Hoffnung auf den zur Entrückung wiederkehrenden Christus war längst ganz irdischen Begehrlichkeiten gewichen, die nicht mehr durch das »Hinhalten der anderen Wange« zu bekommen waren. Vergessen waren Christi Worte: »Mein Reich ist nicht von dieser Welt; wenn mein Reich von dieser Welt wäre, so hätten meine Diener gekämpft« (Joh. 18,36). Das Reich der Päpste war von dieser Welt und brauchte deshalb den bewaffneten Konflikt. Sie vermißten ihre Partner, die Kaiser, und sehnten sich nach dem Wiedererstehen des Römischen Reiches, um »Gottes Reich« auf dieser Erde ausbreiten zu können. Papst

Innozent III. brachte zum Ausdruck, was diese Partnerschaft zuwege bringen sollte:

> Die Welt, die in Trümmer fällt, wird durch den Eifer und die Fürsorge unserer [Päpste und Kaiser] wiederhergestellt ... , denn die päpstliche Autorität und die monarchische Macht ... reichen für diese Aufgabe vollkommen aus.[4]

Papst Leo III., dem der aufgebrachte Pöbel wegen seiner unerträglichen Tyrannei und Boshaftigkeit die Augen ausgestochen hatte, tastete sich an Karl den Großen heran, setzte diesem eine Krone aufs Haupt und machte ihn zum Kaiser! Es war der erste Weihnachtsfeiertag des Jahres 800 n.Chr. Der König besuchte gerade die Messe im Petersdom. Der Papst kniete nieder vor Karl dem Großen und versicherte ihn untertänigst seiner Loyalität, denn er brauchte so dringend dessen Schutz.

Indem sich der Papst vor Karl dem Großen niederbeugte, bekräftigte er gleichzeitig seine eigene Autorität, die es ihm immerhin gestattete, einen Kaiser zu ernennen. Obwohl Karl der Große Leo verachtete, nahm er doch den neuen Titel an. Die nächsten vierzig Jahre würde er nun damit verbringen, mit seinen plündernden und brandschatzenden Heeren das »Reich Gottes« durch militärische Macht auszubreiten. In einem Brief an Leo definierte Karl die Aufgabenteilung zwischen Kaiser und Papst: »Unsere Aufgabe ist es ... durch Waffengewalt die heilige Kirche Christi überall vor den von außen einfallenden Heiden und den Verheerungen der Ungläubigen zu verteidigen ... Es ist eure Aufgabe, heiligster Vater, unseren Armeen mit zu Gott erhobenen Armen beizustehen, wie Mose es einst tat«.[5]

Niemand zweifelte damals an der Drohung, daß es außerhalb der katholischen Kirche keine Erlösung gebe. Ohne die durch ihre Priester vermittelten Sakramente glaubte niemand in den Himmel gelangen zu können. Die weltlichen Herrscher, wie mächtig sie auch sein mochten, zitterten, wenn die Exkommunikation drohte. So kam es, daß Roms Vatikan, wie Johannes es in seiner prophetischen Vision geschaut hatte, über die Könige der Erde herrschte und noch bis zum heutigen Tag herrscht, inzwischen aber viel subtiler, wie Gorbatschow anklingen ließ.

Wer hätte sich zum Ende des ersten Jahrhunderts, als Johannes seine Offenbarung schrieb, vorstellen können, daß die so gehaßte und zu Tode gehetzte Gemeinde eines Tages das ganze Reich beherrschen würde? Und doch geschah es so. Hier haben wir es wieder mit einer Prophetie zu tun, deren Erfüllung ein weiterer Beleg für die Verläßlichkeit der Bibel ist. Bis zur Reformation bemerkte anscheinend niemand, wie offenkundig die römisch-katholische Kirche jene Vision in die Tat umsetzte, die Christus den Apostel Johannes hatte schauen lassen.

Wir haben schon festgestellt, daß es zunehmend Hinweise für ein Wiedererstehen des Römischen Reiches gibt. Aber nicht minder offenkundig ist, daß die römisch-katholische Kirche ihre frühere Stellung wiedergewinnt und entscheidend in die Ereignisse der Endzeit eingreifen wird. Wenigstens viermal heißt es in der Offenbarung, daß eine Frau das Tier reitet, das den Antichristen und das neue Rom versinnbildlicht.

Nun gibt es Bibelkenner, die behaupten, die Frau sei das vom Irak wieder aufgebaute Babylon. Sie meinen, der Irak werde »das Tier reiten«, indem er den größten Teil der Erdölförderung kontrolliert und damit wirtschaftlichen Druck auf das von Europa aus regierte Reich des Antichristen ausübt. Dazu wird es aber sicher nicht kommen! Der Antichrist ist nämlich so stark, daß niemand mit ihm Krieg führen kann (Offb. 13,4-7). Wenn er das Öl der Araber haben will, dann hat er auch die Macht, es sich zu nehmen. Und außerdem wird er von jedem auf dieser Erde angebetet werden, einschließlich der Araber (Vers 8). Unglaublich? Wir werden noch sehen, wie es dazu kommen kann.

Das wieder aufgebaute Babylon im Irak, Husseins Disneyland in der Wüste, paßt einfach nicht zur Beschreibung der Frau. Sie ist »trunken vom Blut der Heiligen und vom Blut der Zeugen Jesu« (Offb. 17,6). Fast eine Million Märtyrer starb allein während der katholischen Inquisition in Spanien, Frankreich und Holland. Doch wenn von all denen die Rede ist, »die auf der Erde hingeschlachtet worden sind«, so deutet dies doch darauf hin, daß Johannes all die Bosheit geschaut hat, die von Babylon ausging und in der falschen Kirche der letzten Tage ihren Gipfel erreicht haben wird. Und alle Religionen unter der Führerschaft des Papstes in Rom werden beteiligt sein.

Daß dieses Babylon der letzten Tage als Frau beschrieben wird, identifiziert es als die römisch-katholische Kirche, deren alles beherrschende Gottheit eine Frau ist – die Jungfrau Maria. Auch wenn viele Katholiken es nicht wahrhaben wollen, Maria ist doch längst an die Stelle von Gott und Jesus getreten. Wenn es als übertrieben erscheinen mag, Maria als die Hauptgottheit des Katholizismus zu bezeichnen, so mache man sich einmal klar, was im folgenden Abschnitt aus dem seit langem vom Vatikan akzeptierten Klassiker steht, den Kardinal Alphonsus de Liguori verfaßt hat:

> Es fällt der und ist verloren, der nicht seine Zuflucht sucht bei Maria ... Wir werden viel schneller erhört, wenn wir bei Maria Zuflucht suchen und ihren heiligen Namen anrufen, als wenn wir den Namen Jesu, unseres Erlösers, anrufen ...
> Vieles ... erbitten wir von Gott, und es wird nicht gewährt. Es wird von Maria erbeten und schon erhalten, [denn] sie ist sogar der Hölle Königin ...
> Dir [Maria] ist alle Macht gegeben im Himmel und auf Erden, daß auf Geheiß Mariens alle gehorchen, selbst Gott. Gott hat also die ganze Kirche ... unter Marias Oberhoheit gestellt.[6]

Auf die Frage, warum sie zu Maria beten, werden die meisten Katholiken dies grundsätzlich bestreiten und behaupten, sie würden sie nur um Fürbitte anrufen, so wie ein Protestant einen Freund bittet, für ihn zu beten. Doch es werden Gebete aus nahezu jedem Anlaß an Maria gerichtet, sei es um Sicherheit, um Sündenvergebung oder für die ewige Erlösung. Gebete zu Maria für den allgemeinen Gebrauch findet man in offiziell anerkannten und freigegebenen Gebetsbüchern wie Andachten zur Ehre unserer Mutter der ewigen Hilfe. Auf der Rückseite ist zu lesen: »Nicht eines der Kinder Mariens wird je verlorengehen.« Wie wird man ein Kind der Maria? Ist das etwa noch wertvoller, als ein Kind Gottes zu sein? Hier nun ein paar ganz typische Ausschnitte aus diesem Gebets- und Lobpreisbuch für Maria:

> O Mutter der ewigen Hilfe, du bist der Spender all der guten
> Gaben, die Gott uns elenden Sündern gewährt ... Komm also
> mir zu Hilfe, geliebte Mutter ...
> In deine Hände lege ich meine ewige Erlösung, und dir
> vertraue ich meine Seele an ... Denn wenn du mich beschützt,
> geliebte Mutter, so fürchte ich nichts mehr – nichts von meinen
> Sünden, denn du wirst für mich die Vergebung dafür erwirken;
> noch vor den Teufeln, denn du bist stärker als alles, was in der
> Hölle ist; noch muß ich mich vor Jesus selbst fürchten, meinem
> Richter, denn schon durch ein einziges Gebet von dir wird er
> beschwichtigt sein.
> Doch eines fürchte ich, daß ich in der Stunde der Versu-
> chung versäume, dich anzurufen, und ich jämmerlich zugrunde
> gehe. Erwirke also du für mich die Vergebung meiner Sünden
> ... [7]

Das ist die falsche Maria des Katholizismus. Das ist Götzendienst und eine Schmähung Gottes und der biblischen Maria. An
die »Mutter Gottes« wendet man sich in Erwartung der Sündenvergebung und Erlösung, die Christus mit seinem eigenen Blut
erkauft hat und die er in seiner Gnade allen, die an ihn glauben,
schenkt. Er aber wird als übelwollender Richter dargestellt, der
uns verdammen würde, wäre da nicht Marias Fürbitte! Was für
eine Ungeheuerlichkeit! Doch trotzdem nimmt die Zahl der
Protestanten zu, die zusammen mit der katholischen Kirche die
Welt bis zum Jahr 2000 evangelisiert haben wollen.

Die katholischen Dogmen über Maria findet man nicht in der
Schrift, sondern sie entwickelten sich im Laufe der Jahrhunder-
te, in denen die Kirche alle ihre außerbiblischen Lehren aufstell-
te. Maria ist zunehmend erhoben worden, während Christus im
Verhältnis an Bedeutung verloren hat. Keine Zurückweisung
Christi durch die Welt ist listiger eingefädelt als die kalkulierte
Degradierung des Erlösers durch die katholische Kirche im
Namen des wahren Christentums. Eine katholische Zeitschrift
erinnerte die Gemeindeglieder Ende 1990:

> Maria ist, wie es in der Litanei heißt, die »Zuflucht der
> Sünder« und das »Tor zum Himmel«. Und sie ist dieses »Tor
> zum Himmel« auch für die armen Seelen im Fegefeuer; so
> sollten wir denn zu Maria ihretwegen beten ...

Der Heilige Bernhard schrieb:»Kein Sünder, wie groß auch immer, ist verloren, wenn Maria ihn beschützt.« Das sind Worte, die es wert sind, wochenlang bedacht zu werden ...
Die Kirche betet:»Durch die unbefleckte Mutter Gottes mag der Herr uns Erlösung und Frieden schenken ... Wir sollten täglich zur Königin des Friedens in unserer krisengeschüttelten Welt um Frieden beten.« ...
Wir brauchen ihre Hand, damit sie uns den dunklen Pfad des Lebens leitet.[8]

Im Verhältnis zur Maria des Katholizismus ist Jesus Christus eine untergeordnete Figur. Er wird fast nur entweder als hilfloser Säugling an der Brust seiner Mutter, als Kleinkind an ihrer Seite oder als lebloses Opfer des Kreuzes über ihren Knien liegend dargestellt – man denke an die berühmte Pieta von Michelangelo. Er war zwar einmal ein Säugling und ein Kleinkind, aber das ist Vergangenheit. Nur der Katholizismus stellt ihn noch heute so dar, als sei es Gegenwart.

Diese verfälschende Darstellung Jesu Christi findet sich nicht nur in der offiziellen katholischen Kunst und Literatur, sondern auch in den angeblichen»Erscheinungen«. Zu nennen wären da die Marienerscheinungen von Fatima in Portugal, der die Päpste und besonders Johannes Paul II. so große Bedeutung beimessen. An ihnen wird sehr deutlich, wie Christus an den Rand gedrängt und Maria an seine Stelle gesetzt wird. Mehrmals begleitete das»Jesuskind« seine Mutter»Maria«, als diese als »Unsere Liebe Frau von Fatima« erschien. Der offizielle Bericht zur Erscheinung lautet wie folgt:

Am 10. Dezember 1925 erschien der Lucia die allerheiligste Jungfrau Maria mit dem Jesuskind an ihrer Seite, erhöht auf einer Wolke aus Licht.
Unsere Liebe Frau legte die eine Hand auf Lucias Schulter, während sie in der anderen ein Herz in einem Kranz von spitzen Dornen hielt. Darauf sprach das Jesuskind:
Habt Mitleid mit dem Herzen eurer allerheiligsten Mutter. Es ist umgeben von Dornen, mit denen undankbare Menschen es immerzu stechen. Und es ist niemand da, der sie in einem Akt der Sühne fortnimmt.

Wie können Katholiken solchen so offenkundig falschen Lehren nur blindlings Glauben schenken? Die »Maria« und der »Jesus«, die dort in Fatima erschienen sind, haben sich durch die Irrlehre, die sie verbreiteten, als maskierte Dämonen erwiesen. Am 15. Februar 1925 drängte das »Jesuskind« noch einmal die Katholiken, »diesen Sühnedienst am unbefleckten Herzen seiner Heiligen Mutter« hinauszutragen und zu verbreiten. Und es verkündete:»Diese Wiedergutmachung muß dem Herzen Mariens geleistet werden, damit die Menschheit errettet werden kann!« [10] Was für eine Perversion des schlichten Evangeliums von der Erlösung aus Gnade durch Glauben an das Erlösungswerk Christi! Und doch wird solche Kunde durch die »eine wahre Kirche« verbreitet, die damit die erstaunliche Präzision der Vision des Johannes unter Beweis stellt.

Daß diese Erscheinung »Jesu« ein betrügerischer Geist war, hätte schon an seinem Auftreten als kleines Kind deutlich werden müssen. Jesus Christus war ungefähr 33 Jahre alt, als er gekreuzigt wurde. Nun, nachdem er Satan, Tod und Hölle überwunden hat, sitzt er zur Rechten des Vaters im Himmel als reifer Mann, dessen verherrlichter Auferstehungsleib noch immer die Kreuzigungsmale trägt. Der Apostel Johannes schaute Jesus, wie er jetzt ist, und er beschreibt ihn in Offenbarung 1,13-18. Seine Majestät war so gewaltig, daß Johannes wie tot vor seinen Füßen niederfiel. Doch der Katholizismus hält daran fest, ihn noch heute als hilflosen Säugling darzustellen oder als kleines Kind, das auf seine Mutter Maria angewiesen ist. Somit wäre sie die eigentliche »Königin des Himmels«.

Wenn wir denen, die diese Erscheinungen schauten, zubilligen, die Wahrheit gesagt zu haben, dann müssen ihnen zwei Geister begegnet sein – der eine in Gestalt einer Frau und der andere in Gestalt eines Kindes. Waren es Maria und Jesus? Sicher nicht. Es können nur Dämonen gewesen sein, die Satans Lügen verbreiten. Die vielen Marienerscheinungen überall auf der Welt und die Tatsache, daß Millionen Menschen ihren Verheißungen glauben, sind die Erfüllung der Prophetie von Paulus:

> Der Geist aber sagt ausdrücklich, daß in späteren Zeiten manche vom Glauben abfallen werden, indem sie auf betrügerische Geister und Lehren von Dämonen achten, durch die

Heuchelei von Lügenrednern, die in ihrem Gewissen gebrand-
markt sind ... (1. Tim. 4,1-2).

Wie kaum ein anderer ist der gegenwärtige Papst fest davon
überzeugt, daß die Erscheinungen von Fatima authentisch sind.
Und kaum jemand ist ein solcher Marienverehrer wie er. Johan-
nes Paul II., der »sich selbst und sein Pontifikat Unserer Lieben
Frau geweiht« hat[11], trägt das M für Maria auf seinem Gewand.
Und sein persönlicher Leitspruch ist auf der Innenseite seines
Mantels in lateinischer Sprache eingestickt: »Totus tuus sum
Maria« (Dir gehöre ich ganz, Maria). Der Papst hat ganz spe-
zielle persönliche Gründe für seine besondere Marienverehrung.
Während er sich von dem auf ihn verübten Anschlag erholte, fiel
ihm auf, daß der Attentatsversuch am 13. Mai 1981 genau auf
den Jahrestag der ersten Marienerscheinung in Fatima fiel.[12]
Darauf erschien ihm Maria in einer Vision und erklärte, daß sie
sein Leben für eine besondere Mission verschont habe, die von
ihm noch zu erfüllen sei.[13]

Johannes Paul II. unternahm am 13. Mai 1982 eine feierliche
Pilgerreise nach Fatima, wo er »vor der Statue Unserer Lieben
Frau betete. Tausende hörten, was er sagte und wie er die Welt
der Maria weihte, so wie sie es gefordert hatte.« Noch zu drei
weiteren Anlässen – »am 16. Oktober 1983, am 25. März 1984
und am 8. Dezember 1985 ... weihte er die Welt Unserer Lieben
Frau«[14], wobei er das russische Volk jedesmal besonders er-
wähnte. Maria hatte nämlich etwas versprochen, wenn die Päpste und Bischöfe die Welt und Rußland ihrem unbefleckten
Herzen weihen würden: » ... mein unbeflecktes Herz [wird]
triumphieren, Rußland wird bekehrt, und es wird Frieden geben!«[15]

Diese Aussage widerspricht vollkommen der biblischen Lehre, die einen anderen Frieden anbiete, nämlich den »Frieden mit
Gott durch unseren Herrn Jesus Christus« als Geschenk der
Gnade Gottes (Röm. 5,1). Das ist der Friede, der zu uns kam
»durch das Blut seines Kreuzes« (Kol. 1.20). Der einzelne
gelangt zum persönlichen Frieden durch den Glauben an das
Evangelium. Der Weltfrieden wird erst dann gestiftet, wenn
Christus wiederkommt, um von Jerusalem aus zu regieren, wie
es die Propheten vorhergesehen haben. Nun aber hat »Maria«

die Stelle Christi eingenommen, als diejenige, durch die der Friede kommen wird; und der gegenwärtige Papst mit seiner Kirche unterstützt diese Irrlehre auch noch.

Die Erscheinung, die als Jungfrau von Fatima auftrat, erklärte, daß der Herr den Weltfrieden in ihre Hände gelegt habe, und so verkündete sie anstelle Christi ihren eigenen Friedensplan:

> Betet jeden Tag den Rosenkranz, damit es zum Weltfrieden kommt ... Betet, betet viel, und bringt Opfer für die Sünder dar, denn viele Seelen gehen in die Hölle, weil sie niemand haben, der für sie opfert und betet ...
> Gott wünscht, die Verehrung MEINES UNBEFLECKTEN HERZENS in der Welt zu begründen. Wenn Menschen tun, was ich euch sage, werden viele Seelen gerettet werden, und es wird Friede sein.[16]

»Betet jeden Tag den Rosenkranz, damit es zum Weltfrieden kommt ... « Tatsächlich? Ein bekanntes katholisches Fernsehprogramm bei uns in Amerika wirbt mit dem Slogan: »Es gibt kein Problem, das der Rosenkranz nicht lösen kann!« Und man kann kostenlos anrufen, um weitere Informationen zu erhalten. Zum Beten des Rosenkranzes muß man wiederholt das Vaterunser aufsagen, dann sechsmal »Ehre sei dem Vater ... dem Sohn ... und dem Heiligen Geist«. Aber das Ave Maria soll 53mal dahergesagt werden. Das Schlußgebt des Rosenkranzes fängt so an: »Sei gegrüßt, o Königin, Mutter der Barmherzigkeit; unser Leben, unsere Wonne und unsere Hoffnung. Zu dir rufen wir ... zu dir seufzen wir trauernd und weinend.« Ja, es ist eine Frau, die alles beherrscht.

Es ist eine Gotteslästerung, zu behaupten, daß »viele Seelen in die Hölle gehen, weil sie niemand haben, der für sie opfert und betet.« Es gibt nur ein einziges Opfer, das für die Sünde gebracht werden und unsere Seele vor der Hölle retten kann. Und dieses Opfer ist ein für allemal und vollgültig vor 2000 Jahren von Christus am Kreuz vollbracht worden. Der Hauptzweck dieser »Erscheinung« war es offensichtlich, die biblische Gnadenlehre zu untergraben, daß nämlich die Erlösung nur durch Gnade und im Glauben an das vollendete Opfer Christi und seine Auferstehung in Herrlichkeit zu uns gelangt.

Doch jeder Papst in den vergangenen sechzig Jahren hat die Echtheit der Erscheinung von Fatima bezeugt.[17] Johannes Paul II. erklärte:»Die Botschaft von Fatima ist an jeden Menschen gerichtet und ist wichtiger und dringender denn je.«[18] So mancher Artikel in katholischen Publikationen stellt einen Zusammenhang her zwischen»Unserer Lieben Frau von Fatima« und dem Rückgang der Kriegsgefahr, dem Fall der Mauer und der Versöhnung zwischen Ost und West. Doch der Papst ist davon überzeugt, daß das Versäumnis, besonders das russische Volk in der gegebenen Zeit zu weihen, ein hartes Gericht für die Welt bedeuten wird. Auch ist er davon überzeugt,»Unsere Liebe Frau von Fatima« habe ihm eine besondere Rolle bei der Herstellung des Friedens zugedacht.[20] Wir werden später noch einmal darauf zurückkommen.

Gläubige Katholiken, von denen sich mehr als 20 Millionen dem»Internationalen Fatima-Rosenkranz-Kreuzzug« angeschlossen haben, sind fest davon überzeugt, daß es Maria war, die in Fatima erschien. Der Glaube an das, was dämonische Trugbilder verkünden, macht die Katholiken anfällig für den falschen Frieden, den der Antichrist errichten wird. Der Antichrist wird diesen Aberglauben geschickt zu nutzen wissen und etwas Entsprechendes in seine neue Weltreligion einbauen. So wird es Katholiken und den Anhängern aller anderen Religionen leichtfallen, sie anzunehmen.

Ähnliche Erscheinungen der»Jungfrau Maria« hat es in Lourdes und an vielen anderen Orten der Welt gegeben; und sie ereignen sich noch immer. Die Botschaften, die sie verbreiten, sind fast immer dieselben, und sie widersprechen der Bibel so eindeutig, daß die biblische Maria sie nicht geäußert haben kann. Mit dem Anspruch auf die Autorität und die Eigenschaften Christi verkündete die Erscheinung»Unserer Lieben Frau von Fatima«:

> Ich werde euch niemals verlassen. [Das ist die Verheißung Christi an seine Jünger, und sie setzt Allgegenwart voraus, eine Eigenschaft allein von Gott.] Mein unbeflecktes Herz wird eure Zuflucht sein und der Weg, der euch zu Gott führen wird. [»Gott ist unsere Zuflucht« (Ps. 46,1; 7,11), und Christus sprach von sich als dem Weg zum Vater.] ...

Gebt euch als Opfer hin ... für die Bekehrung der Sünder [nur Christi Opfer hilft dem Sünder] und zur Sühne für die gegen das unbefleckte Herz Mariens begangenen Sünden ... [Jede Sünde richtet sich allein gegen Gott; und Maria war eine Sünderin, deren Herz keineswegs unbefleckt war, denn »alle haben gesündigt« (Röm. 3,23).

Ich verspreche, all jenen in der Stunde des Todes mit allen zur Erlösung notwendigen Gnaden beizustehen, die jeweils am ersten Samstag fünf aufeinanderfolgender Monate zur Beichte gehen, an der Heiligen Eucharistie teilnehmen, fünf Gesätze des Rosenkranzes beten und eine Viertelstunde in meiner Gegenwart verweilen, um dabei über die Geheimnisse des Rosenkranzes zu meditieren, und dies mit dem Anliegen, mir Wiedergutmachung zuteil werden zu lassen.[21]

»Marias« Absicht, die »zur Erlösung notwendigen Gnaden« anzubieten und »zu Gott zu führen«, stellt eine weitere Leugnung des von Christus am Kreuz vollendeten Erlösungswerkes dar. Und das ist eine Tendenz, die sich durch alle katholischen Dogmen und Rituale zieht. Dem Herzen Marias muß die Welt Genugtuung für das Böse verschaffen, das sie ihr angetan hat. Und das ist eine weitere gotteslästerliche Lehre. Bei David heißt es: »Gegen dich, gegen dich allein habe ich gesündigt« (Ps. 51,6). Sünde ist immer gegen Gott gerichtet, nicht gegen irgendeine seiner Kreaturen. Wenn man also lehrt, daß Maria Wiedergutmachung für die an ihr begangenen Sünden zukommt, so setzt man sie an Gottes Stelle. Diese Erhöhung einer Frau paßt nicht nur in die Vision des Johannes, sondern macht auch die Mischung aus Heidentum und »Christentum« in einer Zeit attraktiv, in der die Frauenbewegung soviel Popularität und Macht errungen hat.

Um noch einmal deutlich herauszustellen, wie sehr die römisch-katholische Kirche dem Bild von der Hure gerecht wird, wollen wir auch folgendes festhalten: Keine andere Kirche hat auch nur annähernd soviel geistliche »Unzucht« getrieben wie die katholische. Da der Katholizismus, wie er sich seit seinen Anfängen unter Konstantin entwickelt hat, schon immer ein heidnischer Glaube mit einem christlichen Mäntelchen war, ist es ihm auch nie schwergefallen, sich dem Heidentum der von ihm »christianisierten« Völker anzupassen. Auf Haiti z. B. fängt jede Wodu-Zeremonie mit einem Gebet an. Man sagt dort, die Leute in Haiti seien zu 85 % katholisch und zu 110 % Wodu-Anhänger. Die unheimliche Spiritistensekte Santeria, die sich explosionsartig über ganz Amerika ausgebreitet hat, ist genauso eine Mischung aus afrikanischem Heidentum und »Christentum«, betrieben im Namen katholischer Heiliger, die als Tarnung für Dämonen herhalten müssen. Besuchen Sie einmal die Friedhöfe in Rio de Janeiro an irgendeinem religiösen Feiertag. Sie werden die Gläubigen dort beobachten können, wie sie neben den katholischen Heiligen auch die Geister der Ahnen anflehen.

Weltweit wird in katholischen Einrichtungen für Exerzitien und Einkehrtage das »Christentum« mit Hinduismus, Buddhismus und allen möglichen Glaubenslehren und Praktiken des New Age vermengt. Ein typisches Beispiel hierfür ist das Ashram Ya Azim, ein von den Franziskanerinnen betriebenes Zentrum für Meditation in Willard, Wisconsin. Hier versucht man durch verchiedene New-Age-Techniken zum »Christusbewußtsein« zu gelangen. Zur Verteidigung erklärt die Präsidentin der Franziskanerinnen in den USA, Virginia Berta: »Wir können Katholiken sein und uns gleichzeitig jenseits aller Dogmen und Lehren so öffnen, daß wir die mystische Realität in allen anderen Religionen entdecken.«[22]

Vielleicht beschäftigen wir uns ja etwas zu ausführlich mit den für den Katholizismus so typischen Irrlehren, aber wir müssen eben doch mit sehr viel Sachkenntnis das verkehrte Glaubenssystem identifizieren, das nicht nur die Welt der Endzeit verführen wird, sondern bereits jetzt die Millionen hervorgebracht hat, die von sich überzeugt sind, Christen zu sein. Dieses Wissen ist besonders wichtig im Hinblick auf die zunehmende Bereitschaft der protestantischen Geistlichkeit zu gemeinsamer Evangelisation mit den Katholiken. Selbst Evangelikale, die einmal geglaubt haben, Rom repräsentiere das System des Antichristen, sind davor nicht mehr gefeit.

Noch zu einem anderen Thema: Glauben Katholiken, daß ihre Standbilder Macht haben? Vor kurzem erklärte Johannes Paul II. im Petersdom: »Eine geheimnisvolle ›Präsenz‹ transzendenter Art scheint gleichsam auf die Heiligenbilder übertragen zu werden ... Mit dem ehrfurchtsvollen Betrachten eines solchen Bildes tut sich also ein realer und gangbarer Weg zur

Reinigung der Seele des Gläubigen auf, ... weil das vom Priester gesegnete Bild selbst, dem Sakrament entsprechend, tatsächlich als ein Kanal der göttliche Gnade angesehen werden kann.«[23] Solch einen Götzendienst verdammt die Bibel wiederholt als geistlichen Ehebruch oder gar geistliche Unzucht!

Das ganze Mai/Juni-Heft der Zeitschrift *Catholic World* aus dem Jahr 1988 ist dem Buddhismus gewidmet. Die Artikel sind alle sehr wohlwollend im Tenor, und man findet sogar ein paar zustimmende Zitate vom Papst. Ein Artikel trägt gar die Überschrift: »Der Buddha – angebetet als christlicher Heiliger«! Johannes Paul II. ist für buddhistisches Gedankengut und für alle anderen Religionen sehr offen. Für ihn setzt die tibetanisch-buddhistische Gottheit Yoga seines Intimfreundes Dalai Lama neben den Gebeten von Hexen, Wunderdoktoren und Spiritisten »große spirituelle Energien« frei, die ein »neues Klima des Friedens« schaffen.«[24] Ähnliche Beispiele könnte man zur Genüge beibringen. In einer Reportage der *Los Angeles Times* heißt es:

> Papst Johannes Paul II. zog seine Schuhe aus und saß dann im Buddhistenkloster von Bangkok feierlich schweigend neben dem Patriarchen der thailändischen Buddhisten ...
> Der römisch-katholische Pontifex pries später die »uralte und ehrwürdige Weisheit« der asiatischen Religionen.[25]

Ist das nicht geistliche Unzucht? Man stelle sich einmal Petrus vor, wie er an einem buddhistischen Tempelritus teilnimmt und die buddhistische Weisheit preist! Oder Paulus: Er hätte hinduistischen Zuhörern – so wie es der Papst bei seinem Besuch in Indien tat – erzählt, er sei nicht gekommen, sie etwas zu lehren, sondern »von ihrem reichen geistlichen Erbe zu lernen«! Die ersten Christen hätten sich nicht zu verfolgen lassen brauchen, wenn sie eine ähnliche Einstellung den heidnischen Praktiken Roms gegenüber gehabt hätten. Sie aber starben, statt Kompromisse zu schließen, so wie es Johannes Paul II. in seiner Rolle als Stellvertreter Christi tut.

Die katholische Kirche ist zwar die Hure, aber alle Religionen werden sich trotzdem unter dem Dach des Vatikans versammeln. Wir erleben schon mit, wie führende Protestanten mit der

römisch-katholischen Kirche zusammenarbeiten und ihre Ökumene übernehmen. Ein neuer Geist des Kompromisses breitet
sich in der »christlichen« Kirche und in der ganzen religiösen
Welt von heute aus. Der Respekt des Papstes vor dem Buddhismus ist schon schlimm genug, aber Bischof John S. Spong von
der Episkopalkirche in Newark geht noch einen Schritt weiter:

> Im Herbst 1988 betete ich Gott in einem Buddhatempel an.
> Der Duft von Weihrauch lag in der Luft, und ich kniete vor drei
> Buddhastatuen. Dabei war mir so, als trage der Rauch meine
> Gebete himmelwärts. Es war für mich ein heiliger Augenblick
> ... Jenseits aller Worte und Glaubensbekenntnisse, die jede
> [Religion] gebraucht, gibt es eine göttliche Kraft, die uns alle
> vereint ...
> Ich werde keinen weiteren Versuch mehr unternehmen, den
> Buddhisten, den Juden, den Hindu oder den Moslem zu bekeh-
> ren. Es genügt mir, von ihnen zu lernen und mit ihnen Seite an
> Seite den Weg zu dem Gott zu gehen, der – so glaube ich –
> hinter all den Abbildern lebt, die uns binden und blenden.[26]

Solch eine Einheit aller Religionen wird unter dem Antichristen herrschen. Selbst Veranstaltungen wie die »Gebetsfrüh-
stücke«, die in ganz Amerika Spitzenleute aus Politik und Religion zusammenbringen und Gelegenheit bieten sollen, ein klares
Zeugnis für Jesus Christus abzulegen, sind vielerorts schon zur
ökumenischen Plattform für die religiöse Toleranzbewegung
geworden. Beim jährlichen Gebetsfrühstück für Teilnehmer aller Religionen in Los Angeles z. B. treffen sich Gruppen ganz
unterschiedlicher Herkunft »vom Beirat der Rabbiner, über den
buddhistischen Shanga-Rat, bis hin zu den Vertretern der grie-
chisch-orthodoxen Kirche und des Bahaismus.«[27]

Bei solchen Zusammenkünften wäre es eine unerwünschte
Geschmacklosigkeit, wenn Jesus Christus dort auftreten und
verkünden würde: »Ich bin der Weg, die Wahrheit und das
Leben. Niemand kommt zum Vater als nur durch mich« (Joh.
14,6). Solchen Dogmatismus würden jene nicht dulden, die die
Toleranz für alle Glaubensrichtungen predigen. Wer aber ist
eigentlich dogmatischer – der, von dem diese wahre Aussage
stammt, oder all jene, die dieses Wort in ihrer Gegenwart nicht
dulden wollen? Man muß blind sein, um nicht zu sehen, daß das

Fundament für eine weltumspannende religiöse Einheit bereits gelegt wird.

Die richtige christliche Einstellung zu solchen ökumenischen Versammlungen läßt sich problemlos ergründen. Versuchen wir uns doch einmal vorzustellen, wie Paulus auf die Nachricht reagiert hätte, daß Timotheus ein Gebetstreffen zwischen den Religionen vermittelt und den jüdischen Hohen Rat, ausgestoßene »christliche« Irrlehrer und Priester der verschiedenen Heidentempel dazu eingeladen hat? Stellen wir uns Petrus vor, der sich bei den jüdischen Vorstehern dafür entschuldigt, so negativ und dogmatisch gewesen zu sein, als er verkündete: »Und es ist in keinem anderen [als Jesus] das Heil; denn auch kein anderer Name unter dem Himmel ist den Menschen gegeben, in dem wir errettet werden müssen.« (Apg. 4,12). Können wir uns vorstellen, daß er die Auffassung vertreten hätte: »Wir schlagen verschiedene Wege ein, um zum selben Ziel zu gelangen«?

Ja, die Frau reitet und beherrscht das Tier, das offensichtlich viel stärker ist als sie. Der Antichrist braucht noch die falsche Kirche. Doch wie Johannes erfuhr, wird die Zeit kommen, da »die zehn Hörner, die du gesehen hast, und das Tier, diese werden die Hure hassen und werden sie verwüsten und nackt machen und werden ihr Fleisch fressen und sie mit Feuer verbrennen« (Offb. 17,16).

Gott wird den Antichristen und seine Spießgesellen dazu benutzen, sein Gericht über die abgefallene Kirche zu vollstrecken. Übrigbleiben wird der Kult des Antichristen und Satans, der ihn bevollmächtigt. Als Johannes das Bild dieses Schreckenstages offenbart bekommt, da hört er vom Himmel eine Stimme, die spricht: »Geht aus ihr hinaus, mein Volk, damit ihr nicht an ihren Sünden teilhabt und damit ihr nicht von ihren Plagen empfangt.«

11 | *Kommunismus, Katholizismus und das Schicksal der Welt*

KOMMUNISMUS! WAS FÜR EINE GEISSEL DER MENSCHHEIT war er doch, verantwortlich für den Tod von mehr als 120 Millionen Menschen, ganz zu schweigen von den ungezählten Millionen gefolterter und eingekerkerter Opfer! Er war immer militant atheistischer Gegenspieler des Christentums, das die Kommunisten als ihren Erzfeind betrachteten und das für sie ein weltweit zu ersetzendes Glaubenssystem war. Und alles schien auch nach Plan zu verlaufen, als die Anhänger von Marx und Lenin ein Land nach dem andern einnahmen, nachdem Präsident Roosevelt Osteuropa Stalin geschenkt hatte.

Wen wundert es da noch, daß die Christen den Kommunismus von Anfang an als ihren großen Feind ansehen mußten? Ganze Ministerien waren damit befaßt, dem Kommunismus Widerstand zu leisten. Unzählige Publikationen analysierten, was Marx, Lenin und Mao Tse-tung geschrieben hatten, um aufzuzeigen, daß es ihr niederträchtiger Plan war, das Christentum zu vernichten. Und den versuchten sie auch auszuführen. Andere Institutionen kümmerten sich darum, Bibeln und finanzielle Mittel hinter den Eisernen und hinter den Bambusvorhang zu schmuggeln. Solche Maßnahmen sind nun in Osteuropa nicht mehr nötig. Auch wenn damals Gorbatschows Motive, sich als besonderer Förderer der Religionsfreiheit auszugeben, nicht minder opportunistisch waren als die Konstantins vor 2000 Jahren, so ist es immerhin nun doch möglich, Bibeln einzuführen und das Evangelium auf den Straßen zu predigen. Das sind Aktivitäten, die noch vor ein paar Jahren undenkbar gewesen wären. Wer weiß, wie bald dies auch in China und in Kuba – ja weltweit – möglich sein wird.

Leider geht es jetzt genausowenig um die Wahrheit wie damals vor 1500 Jahren. Gorbatschow hatte einfach nur begriffen, daß die Menschen etwas zum Glauben haben müssen, was jenseits ihres Lebensumfeldes und ihrer schwierigen Lebensumstände liegt. Solch ein »Glaube« ist von besonderer Bedeutung, wenn es darum geht, die Menschen bei dem schwierigen Wandel vom Marxismus zur Demokratie und Marktwirtschaft durchzutragen, in dieser kritischen Zeit der weltweiten Umbrüche. Der Westen wird seinen Wohlstand nicht nur mit den verkommenen Volkswirtschaften des ehemaligen Kommunismus teilen müssen, sondern auch mit den anderen unterentwickelten Ländern dieser Welt. Und man zeigt sich im Westen großzügig, damit das, was einmal als Perestroika anfing, nicht scheitert.

Die kommunistische Revolution fing in Rußland an und verbreitete sich von dort aus um die ganze Welt. Mehr als siebzig Jahre lang war die Sowjetunion der Ausgangspunkt für diese ansteckende, um sich greifende Seuche. Doch die Quelle ist nun versiegt. Die Sowjets mußten offen eingestehen, daß der Kommunismus nicht funktioniert, und das war auch gleichzeitig das Ende ihrer Union. Nun werden Gesetze zum Privateigentum beschlossen, und man eignet sich Geschäftsmethoden an, um die Marktwirtschaft einzuführen und Anschluß an den kapitalistischen Westen zu finden. Man kann wohl zu Recht erwarten, daß – wie damals die Ausbreitung – auch die Demontage des Kommunismus von Rußland ausgehen wird.

Ist dem Christentum nun von Gott die ausgleichende Gerechtigkeit widerfahren? Und kann es nun die große Erweckung weltweit in Gang setzen? Sicherlich gibt es viel Grund zum Danken, und die Gemeinde muß die Gunst der Stunde nutzen und das Evangelium so schnell und wirkungsvoll wie möglich verbreiten. Gleichzeitig müssen wir aber sicherstellen, daß auch das echte Evangelium verkündigt wird und nicht etwa ein falsches. Leider sind die einst verschlossenen Grenzen nun offen sowohl für die Wahrheit als auch für den Irrtum.

Die Gemeinde in Osteuropa profitiert zwar von den neuen Freiheiten, aber gleichzeitig wird sie auch von den aus dem Westen vordringenden Irrlehren infiziert. Im russischen Fernsehen sieht man nun christliche Sendungen kurz vor den Abendnachrichten. Es ist eine Zeichentrickfilmserie für Kinder mit dem Titel *Das Superbuch*, produziert vom *Christian Broadcasting Network*. Leider können die jungen Zuschauer keinen Unterschied ausmachen zwischen den okkulten Kräften der Helden anderer Programme und der »Kraft«, die von diesem wundersamen Buch ausgeht. Die Russen werden durch eine falsche Darstellung des Christentums in die Irre geführt.

Der erste Fernsehevangelist der im damals noch sowjetischen Landesfernsehen zugelassen wurde, erklärte, daß man ihn nicht nur wegen seiner einflußreichen und wohlhabenden Freunde wie Armand Hammer ausgewählt habe, sondern auch, weil sein Vorgehen nicht sektiererisch sei, und das gefalle den sowjetischen Funktionären. Seine Botschaft werde nicht evangelistisch sein trotz seiner stark religiös geprägten Überzeugung. Er wolle »seine alte Botschaft vom ›Denken in Möglichkeiten‹« vorstellen.[1] Das sei eine Botschaft vom Selbstwertgefühl, die nicht gespickt sei mit dem typischen Jesus-Vokabular.[2] Sein humanistisches Evangelium, das er als »Christentum« verkauft und mit dem er Sonntag morgens Amerikas größte Fernsehgemeinde um sich versammelt, wird nun auch die Russen verführen. Und das ist ein weiterer Schritt zur neuen Weltreligion des Antichristen.

Und selbst hier stellen wir den pervertierenden Einfluß des Katholizismus fest, den dieser Prediger als völlig vereinbar mit seinen protestantischen Überzeugungen ansieht. Bevor er seine Glaskathedrale bauen ließ, fuhr er mit einem Vorentwurf dieses Gebäudes nach Rom, um »den Segen des Heiligen Vaters« einzuholen. Martin Luther würde sich die Haare raufen. Und das sollten auch wir tun – und beten –, wenn wir mit ansehen müssen, wie sich die Teile des Puzzels ineinanderfügen.

Der Einfluß dieses Mannes ist enorm. Bei seiner tausendsten Fernsehsendung gehörten zu den auf Video eingespielten Gratulanten Präsident Bush und alle vier noch lebenden Ex-Präsidenten.

Die römisch-katholische Kirche wird zusammen mit der russisch-orthodoxen die bei weitem größte »christliche« Kraft in Osteuropa sein, die das vom zerfallenen Kommunismus zurückgelassene Vakuum ausfüllt. Die Tatsache, daß das Christentum vom Kommunismus übernommen wurde, ist beileibe kein Grund zur Freude, handelt es sich doch dabei um einen unumgänglichen strategischen Zug. Das Römische Reich kann nicht wiedererstehen, ohne daß der Katholizismus seine alles beherrschende Rolle wiedergewinnt. Und es kommt zu dieser Wiederherstellung, weil die führenden Köpfe aus Politik und protestantischer Kirche ihren Teil dazu beitragen.

Der Kommunismus hat zwar Millionen von Christen unterdrückt, eingekerkert, gefoltert und getötet, gleichwohl ist er längst nicht der ärgste Feind des wahren Christentums gewesen. Diesen Rang nimmt die Hure Babylon ein, die vorgibt, christlich zu sein, aber trotzdem mehr Seelen in die Hölle geschickt hat als der Marxismus, mit dem sie viele Gemeinsamkeiten hat. Es ist eine Ironie, daß die römisch-katholische Kirche genauso totalitär ist wie der Kommunismus.

Wären die Ergebnisse nicht so tragisch gewesen, man hätte lachen mögen, als Gorbatschow dem Papst begegnete und diesem geistlichen Despoten versprach, die Sowjetunion werde allen ihren Bürgern die Religionsfreiheit gewähren. Man hat ein ungutes Gefühl bei solch einem Spektakel, besonders da der Papst gute Miene zum bösen Spiel macht und vor der Welt als der große Vorkämpfer für die Gewissensfreiheit auftritt. Das Gaukelspiel könnte nicht perfider sein. Denn gerade diese Freiheit verweigert die römisch-katholische Kirche ihren Gliedern, die ihre Lehre ohne Widerspruch akzeptieren müssen oder auf ewig verlorenzugehen drohen.

Schon kurz nach der Russischen Revolution begannen die Christen im Kommunismus ein System des Antichristen zu sehen. Noch 400 Jahre zuvor war der Katholizismus von den Protestanten als ein solches System erkannt worden. Alle Reformer – Luther, Calvin, Knox und all die vielen anderen – waren davon überzeugt, daß die römisch-katholische Kirche Repräsentantin des in der Schrift prophezeiten großen Abfalls sei.

Auch die großen protestantischen Vordenker und Prediger Wesley, Whitefield, Spurgeon und Dr. Martyn Lloyd-Jones waren derselben Ansicht.

Wir fragen uns zu Recht, was denn die Protestanten dazu bewogen haben mag, ihre schon vor so langer Zeit gefaßte tiefe Überzeugung aufzugeben, denn man hat sich tatsächlich neu besonnen! Obwohl der Katholizismus sich nicht grundsätzlich verändert hat, meinen heute viele Evangelikale in Leitungspositionen, Protestanten könnten in der Weltevangelisation mit Rom zusammenarbeiten. Tatsächlich aber ist die römisch-katholische Kirche auch geschichtlich gesehen der mächtigste Feind des Christentums überhaupt. Ihre Lehren sind Meisterwerke in der Kunst des Fälschens.

Nicht etwa bei der Lektüre von Schriften ausgetretener Glieder oder ausgesprochener Antikatholiken, sondern beim Lesen offizieller katholischer Publikationen selbst wird man aus erster Quelle darüber informiert, daß sie die größte und gefährlichste religiöse Sekte aller Zeiten ist. Doch unsere heutigen»Sektenexperten« nehmen die katholische Kirche selten in ihre Listen auf, weil es heute einfach nicht»in« ist, den Katholizismus auf diese Art zu kritisieren. Diese Einstellung bedeutet, daß man die Erkenntnisse der Reformation heute nicht mehr wahrhaben will, und man schmäht all die vielen Märtyrer, die ihr Leben dafür hingaben, damit Rom die totale Herrschaft über das Denken und Fühlen der Menschen entrissen wird. Die Partnerschaft mit Rom bereitet den Auftritt des Antichristen vor. Ich las neulich folgende Anmerkung:

> Noch in der Auflage von 1973 steht in Oswald Sanders' Buch *Cults and Isms* die katholische Kirche»ganz oben in der Liste der Irrlehren.« Aber in der Auflage von 1981 wurde das Kapitel über die römisch-katholische Kirche gestrichen.
> Josh McDowell und Don Stewart nennen [in ihrem Buch *Understanding the Cults*] elf Merkmale für eine Sekte. Auf den römischen Katholizismus treffen alle elf Merkmal zu, doch er wird nicht als Sekte aufgeführt ... Warum nicht?[3]

Die Zeugen Jehovas, die Vereinigungskirche von Sun Myung Moon und andere Sekten haben alle gemeinsame Merkmale, die schon lange typische Elemente auch des Katholizismus sind. Was die Missionare der Mormonen gleich zu Anfang vorbringen, hört sich, wenn man ein paar Begriffe austauscht, ganz vertraut an: Nur sie vertreten die eine, wahre Kirche, außerhalb der es keine Erlösung gibt. Das jeweilige Oberhaupt ist der wahre Stellvertreter Christi auf Erden durch apostolische Nachfolge, die bei den Mormonen auf Joseph Smith, Gottes wahren Propheten, zurückzuführen ist. Die Katholiken behaupten fast Gleichlautendes von ihrer Kirche und ihrem Papst.

Die Sektenlehren hören sich im ersten Augenblick oft ausgesprochen biblisch an. Die Mormonen z. B. sprechen eindeutig davon, daß Christus für unsere Sünden starb und am dritten Tag auferstand. Doch sein Opfer reicht für sie nicht aus. Erst gute Taten, Unterordnung unter die Hierarchie ihrer Kirche und die Teilnahme an den Tempelriten verdienen das ewige Leben, das Christus doch eigentlich als Geschenk ohne Gegenleistung anbietet. In der römisch-katholischen Kirche ist das nicht anders: Die Kirche ist der Heilsspender durch die von der Priesterschaft vollführten Riten, ohne die die Menschheit trotz allem, was Christus geleistet hat, verlorengehen würde. Wie die Lehren der Mormonen und anderer Sekten verweigert auch der Katholizismus dem einzelnen die Heilsgewißheit durch die persönliche Beziehung zu Christus. An Stelle dessen, der gesagt hat: »Kommt her zu mir«, sagt Rom: »Zu mir müßt ihr kommen!« Und dann verkündet man unbeirrt, Erlösung geschehe nicht »im Glauben durch Gnade«, sondern müsse erst durch Kirchenmitgliedschaft und Befolgung der vielen Regeln und Vorschriften verdient werden.

Ein weiteres Hauptmerkmal der Sekten ist die angebliche Unfehlbarkeit ihrer Führungsschicht, die eine vollkommene Autoritätshörigkeit zur Folge hat. Der Sektenführer hat immer recht. Er stellt die Lebensregeln auf, definiert alle Bedingungen und denkt im Grunde auch noch für alle seine Anhänger. Keine Sekte übt solche Gedankenkontrolle umfassender und effektiver aus als die römisch-katholische Kirche. Und das erreicht sie durch die Lehre von der Unfehlbarkeit des Papstes. Auch wenn man seit dem zweiten Vatikanischen Konzil (1962-65, auch II. Vatikanum genannt) wenig überzeugend zur Bibellektüre aufruft, so dürfen Katholiken immer noch nicht die Schrift selbst sprechen lassen. Sie sollen sie nur so verstehen, wie die Kirche sie auslegt. Im Juni 1990 gab Kardinal Ratzinger, der strenge Wächter des Vatikans über die reine Lehre, mit päpstlicher Billigung eine 7500-Wörter-Erklärung für Theologen und Bischöfe in acht Sprachen heraus. Die *Los Angeles Times* berichtete darüber:

> Unter Berufung auf die Zentralgewalt, ... teilte der Vatikan am Dienstag den römisch-katholischen Theologen und damit auch mittelbar allen fragend gewordenen Katholiken unverblümt mit, daß sie keine von der offiziellen Kirchenlehre abweichenden öffentlichen Äußerungen tolerieren werde ...
>
> »Die Freiheit im Glauben kann nicht das Recht auf eine abweichende Einstellung rechtfertigen«, heißt es in diesem Dokument ... noch könne das Abweichen damit gerechtfertigt werden, man folge nur seinem eigenen Gewissen ...
>
> »Der Versuchung zu erliegen, sich eine abweichenden Einstellung zu leisten ... hieße doch, den Sauerteig des Unglaubens wirken zu lassen.«

Der katholische Katechismus erklärt ganz eindeutig: »Der Mensch kann Kenntnis über das Wort Gottes [nur] durch die katholische Kirche und durch die von ihr rechtmäßig eingesetzten Institutionen erlangen.« Katholiken müssen deshalb »akzeptieren, was immer die heilige Kirche [ohne die es keine Erlösung gibt] über den Glauben, die Moral und die Gnadenmittel lehrt.« [5] Der katholische Apologet Karl Keating schreibt: »Der Katholik glaubt an die Inspiration [der Bibel], weil die Kirche es ihn heißt ... Und dieselbe Kirche hat auch noch die [alleinige] Autorität, diesen inspirierten Text auszulegen.« [6] Die Lehren dieser Kirche müssen unangezweifelt von allen ihren Gliedern befolgt werden, wenn sie nicht auf ewig verdammt sein wollen.

Das wichtige Kirchenkonzil, das II. Vatikanum, hat Veränderungen vorgenommen, die eigentlich den Katholiken die Augen dafür geöffnet haben müßten, daß Rom gar nicht so unfehlbar ist, wie es immer vorgibt. Plötzlich durften die Katholiken nämlich auch am Freitag Fleisch essen, obwohl früher die, die es taten, geradewegs in die Hölle marschierten, wenn sie es beim Priester nicht beichteten. Bestimmte »Heilige« (wie der hl. Christopherus) wurden in der Rangordnung zurückgesetzt, und die Vorschrift, die Messe habe in Latein gelesen zu werden, wurde fallengelassen. Aber das Ganze ist natürlich auch nichts weiter als Augenwischerei gewesen. Die eigentlichen Irrlehren im Zusammenhang mit der Erlösung, die einmal die Reformation ausgelöst hatten, wurden nicht angetastet. Dafür geriet die Kirche noch fester in den Griff sektiererischer Machenschaften, wie die folgenden Auszüge vom II. Vatikanum belegen:

> Aber die Aufgabe, eine authentische Auslegung des Gotteswortes vorzunehmen – ob es geschrieben vorliegt oder als Tradition [die der Bibel gleichgestellt ist] – ist allein dem lebendigen Lehramt der Kirche anvertraut worden.[7]
> Aber durch göttliche Einsetzung haben allein diese Pfarrer, die Nachfolger Petri und anderer Apostel, die Aufgabe, die Gläubigen authentisch zu belehren, mit der Autorität Christi also ...[8]
> Wir glauben an die Unfehlbarkeit des Nachfolgers Petri [das ist der Papst], wenn er als Hirte und Lehrer aller Gläubigen ex cathedra spricht. Diese Unfehlbarkeit geht auch auf das ganze Episkopat über [das sind die Bischöfe und Kardinäle], wenn es mit ihm das oberste Lehramt ausübt.[9]

Als die Reformation an Schlagkraft gewann, trat das Konzil von Trient (1545-1563) zusammen, um die Forderungen der Reformation zu diskutieren – daß nicht die Kirche, sondern die Bibel höchste Autorität habe; daß die Erlösung nicht durch gute Werke, Bußübungen und Sakramente, sondern durch die Gnade im Glauben zu erlangen sei; daß zu »Heiligen« nicht gebetet werden solle und ihre Standbilder nicht zu verehren seien und daß statt der elitären Klasse eines zölibatären Klerus nach biblischer Lehre das »allgemeine Priestertum aller Gläubigen« die Führung übernehmen solle. Das Ergebnis war vorhersehbar.

Alle häretischen Dogmen wurden bestätigt, und alle Glaubenssätze, auf die sich der Protestantismus gründete und für die viele Märtyrer ihr Leben ließen, wurden vom Konzil von Trient abgewiesen. Seine Glaubenssätze und Dekrete (die das II. Vatikanum bestätigte) wurden zum Inbegriff römisch-katholischer Lehre, die für alle Zeiten gilt. Der heutige Katechismus verlangt noch immer – 400 Jahre danach – von den Katholiken, daß sie den in Trient bestätigten Dogmen bedingungslosen Gehorsam leisten. Eins der typischen Gelübde lautet:

> Ich erkenne ohne Vorbehalt an und bekenne all das, was überliefert, dargelegt und verkündet wurde durch die heiligen Kanons und alle Konzilien, besonders durch das Heilige Konzil von Trient und das II. Vatikanum, und auf besondere Weise verkündet wurde im Zusammenhang mit dem Primat und der Unfehlbarkeit des römischen Pontifex . . .

Es fällt Katholiken ausgesprochen schwer, sich dem sektiererischen Zugriff zu entziehen, in dem sie gefangengehalten werden, denn man hat sie davon überzeugt, daß ihre Kirche die Himmelstore kontrolliert. Ihr nicht zu gehorchen, bedeutet deshalb auch immer ewige Verdammnis. Selbst wenn viele Katholiken desillusioniert sind und nicht mehr zur Messe gehen oder die Beichte nicht mehr ablegen, so wünschen sie sich im Todesfall doch – für alle Fälle – eine katholische Beerdigung, und sie hoffen, daß ihre Angehörigen nicht aufhören, für sie die Messe lesen zu lassen, um sie aus dem Fegefeuer zu befreien. Das ketzerische Gelübde, das sie einmal abgelegt haben, läßt sie nicht mehr los:

> Ich erkenne die Heilige, Römische, Katholische und Apostolische Kirche als Mutter und Lehrmeister aller an . . . und ich verspreche und gelobe ganzen Gehorsam dem Römischen Pontifex, dem Nachfolger des Heiligen Petrus, dem Fürsten der Apostel, dem Stellvertreter Christi . . .
> Denselben katholischen Glauben, ohne den niemand gerettet werden kann, den ich nun aus freien Stücken bekenne und dem ich wahrhaft angehöre, gelobe ich zu fördern und zu bekennen . . . bis zum letzten Atemzug . . . [11]

Man braucht nicht viel Phantasie, um sich vorzustellen, wie solch eine absolute und unreflektierte Unterordnung unter die Hierarchie ihrer Kirche die Katholiken auf die vom Antichristen geforderte totale Unterwerfung vorbereitet. Wenn der Papst diesen Betrüger als den Christus ausgeben wird, wird er auf den Gehorsam seiner Katholiken bauen können. Die Unterordnung unter den Papst gilt für weitere Bereiche, als allgemein angenommen wird. Man glaubt, der Papst werde nur als unfehlbar ausgegeben, wenn er ex cathedra spreche, aber das stimmt gar nicht. Die folgende Verlautbarung des II. Vatikanum ist unzweideutig:

> Die loyale Unterodnung des Willens und Verstandes muß auf besondere Weise der authentischen Lehrautorität des Papstes gelten, selbst wenn er nicht ex cathedra spricht, auf solch eine Weise, daß seine oberste Lehrautorität mit Respekt anerkannt wird und daß man sich mit ganzer Kraft an die von ihm getroffenen Entscheidungen hält, also eins wird mit seinem geäußerten Wollen.[12]

Die römisch-katholische Kirche als alleinige Auslegerin der Schrift verleitet ihre Glieder dazu, Gott, Jesus Christus und den Heilsplan in einem ganz anderen Licht zu sehen als die Bibel. Es kommt zu Mißverständnissen, weil Rom sich zwar biblischer Begriffe bedient wie »Rechtfertigung durch Gnade«, »Jungfrauengeburt«, »Blut der Versöhnung am Kreuz« und »Auferstehung Jesu«, aber was Rom darunter versteht, unterscheidet sich erheblich von dem, was Evangelikale glauben und die Bibel lehrt.

Man braucht nur einmal einen Blick in die jedermann zugänglichen Kirchenpublikationen zu werfen, um selbst festzustellen, daß der römische Katholizismus die von den Evangelikalen gepredigte Frohe Botschaft vollkommen auf den Kopf gestellt hat. Dr. Martyn Lloyd-Jones nennt die Gründe für die Mißverständnisse bei so vielen Protestanten:

> Einerseits ... könnte man auf den Gedanken kommen, die römisch-katholische Kirche sei die orthodoxeste Kirche der Welt ... [Sie] glaubt, daß Jesus von Nazareth der ewige Sohn Gottes ist; sie glaubt an die Jungfrauengeburt; sie glaubt an die Fleischwerdung Gottes; sie glaubt an Jesu Wunder; sie glaubt an sein stellvertretendes Werk am Kreuz und an seine Auferstehung [usw.] ...
> Doch dann wird es heikel, und die Probleme beginnen. Alldem fügt sie nämlich noch Dinge hinzu, die überhaupt nicht mehr schriftgemäß sind und die letztlich sogar zu einer Leugnung der Schrift führen. So treibt sie uns dazu, wenn wir ihre

Lehren annehmen, daß wir einer großen Lüge Glauben schenken![13]

Nehmen wir ein Beispiel: Die römische Kirche bekennt zwar, daß Christus für unsere Sünden gestorben ist, aber dem fügt sie Dogmen hinzu, die im Endeffekt wieder leugnen, daß mit seinem Tod schon alles vollbracht ist. Die eigenen guten Taten, der Gehorsam der Kirche gegenüber und die Teilnahme an den Sakramenten sind über das hinaus nötig, was Christus getan hat. Unerläßlich sind des weiteren der Rosenkranz, die Beichte, die Kindstaufe und der Ablaß, den man sich verdienen muß. Das Leid Christi am Kreuz reicht nicht aus; auch der einzelne muß noch für seine Sünden im Fegefeuer leiden, wo die Seele, auch wenn sie längst vom Blut Christi gereinigt wurde, noch einmal gründlichst gesäubert werden muß. Und was gibt es da nicht noch alles für den Hinterbliebenen zu tun: Es müssen Almosen gegeben, gute Werke getan und Messen gelesen werden, nur damit der betreffende aus dem Fegefeuer befreit werden kann und Zugang zum Himmel findet.

Im Gegensatz dazu verkündete der Apostel Petrus, daß Jesus Christus »uns wiedergeboren hat zu ... einem unvergänglichen und unbefleckten und unverwelklichen Erbteil, das in den Himmeln aufbewahrt ist für euch, die ihr in der Kraft Gottes durch Glauben bewahrt werdet zur Errettung ... Denn es ist auch Christus einmal für Sünden gestorben, der Gerechte für die Ungerechten, damit er uns zu Gott führe [d.h. in den Himmel]« (1. Petr. 1,4-5; 3,18). Paulus versicherte den Gläubigen, sterben bedeute »ausheimisch vom Leib und einheimisch beim Herrn [im Himmel, nicht im Fegefeuer] zu sein« (2. Kor. 5,8). Für jedes Abweichen von dieser Wahrheit hatte Paulus ein klares Wort: »Einige verwirren euch nur und wollen des Evangelium des Christus umkehren. Wenn aber auch wir oder ein Engel aus dem Himmel euch etwas als Evangelium entgegen dem verkündigen, was wir euch als Evangelium verkündigt haben: er sei verflucht!« (Gal. 1,7-9). Die römisch-katholische Kirche, angefangen beim Papst bis hinunter zum niederen Klerus, verkündet ein entschieden anderes Evangelium als das der Apostel. Dafür, daß sie unzählige Millionen von Gläubigen mit einem falschen Evangelium vom rechten Weg abgebracht hat,

hat sie den von Paulus mit allem Ernst ausgesprochenen Fluch
auf sich gezogen. Doch Rom spricht ungeniert einen eigenen
ewigen Fluch über die aus, die es wagen, das Evangelium des
Paulus zu predigen, daß nämlich der Tod Christi am Kreuz
bereits die Schulden für unsere Sünden abgetragen hat und daß
die Erlösung nicht durch Werke, sondern als Geschenk der
Gnade Gottes für alle Gläubigen zugänglich ist. Das Konzil von
Trient verkündete (und das II. Vatikanum bestätigte):

> Wenn jemand sagt, daß durch den Empfang der gnädigen
> Rechtfertigung die Schuld so erlassen und die Berechtigung
> ewiger Strafe von jedem reuigen Sünder so genommen ist, daß
> eine verbleibende zeitweilige Bestrafung nicht mehr in dieser
> Welt oder im Fegefeuer verfügt werden kann, bevor sich die
> Himmeltore öffnen, der sei ausgeschlossen. [14]
>
> Es gibt einen Reinigungsort [Fegefeuer], und die dort ge-
> haltenen Seelen finden eine Hilfe in den Fürbitten der Gläubi-
> gen . . . und die Bischöfe müssen dafür sorgen, daß die Fürbitte
> der Lebenden – also das Messopfer, die Gebete, die Almosen
> und andere fromme Werke, die man gewohnt ist, für die im
> Glauben Dahingeschiedenen zu tun – im Einklang mit den
> Gesetzen der Kirche fromm und andächtig dargebracht wird
> . . . [15]

Es hätte nicht klarer zum Ausdruck gebracht werden können,
wie sehr der Kirche das biblische Evangelium ein Dorn im Auge
ist! An dessen Stelle werden Lügen verbreitet, die der Proklamation von Paulus gänzlich widersprechen: »Denn aus Gnade
seid ihr errettet durch Glauben, und das nicht aus euch, Gottes
Gabe ist es; nicht aus Werken, damit niemand sich rühme« (Eph.
2,8-9). Die Behauptung, jeder »reuige Sünder«, für den Jesus
die von Gottes Gerechtigkeit geforderte Strafe schon durchlitten
hat, müsse trotzdem für seine Sünden leiden, selbst nachdem er
die »gnädige Rechtfertigung« empfangen hat, erkennt das Kreuz
nicht an, und es wird die ganze Bibel in Frage gestellt. Wie
können Protestanten also immer wieder davon sprechen, sich
mit den Katholiken zur Weltevangelisation zusammenzutun?
Dr. Martyn Lloyd-Jones spricht sich dagegen aus:

Es sind Bestrebungen im Gang, ... die eine Annäherung zwischen dem Katholizismus und dem Protestantismus herbeizuführen versuchen ... Dieses [römisch-katholische] System ist allerdings insgesamt weit gefährlicher als der Kommunismus ...
Der Katholizismus ist das wahre Meisterstück des Teufels! Er bedeutet eine solche Abkehr vom christlichen Glauben und der neutestamentlichen Lehre, daß ... seine Dogmatik nur noch eine Farce ist. Er ist, wie die Schrift sagt, »die Hure« ...
Ich möchte Sie ganz ernsthaft warnen: Wenn Sie mit Genugtuung diese [ökumenische] Annäherung an Rom zur Kenntnis nehmen, dann verleugnen Sie das Blut der Märtyrer! ... Es gibt genug arglose Menschen, die auf diesen verkehrten Weg gelockt werden. Ihre und meine Aufgabe ist es dann, ihnen die Augen zu öffnen.[16]

Was die Hinlänglichkeit von Christi Opfer am Kreuz betrifft, äußert sich die Bibel ausgesprochen eindeutig: »... auch nicht, um sich selbst oftmals zu opfern ... sonst hätte er oftmals [für die Sünde] leiden müssen ... ; jetzt aber ist er einmal in der Vollendung der Zeitalter offenbar geworden, um durch sein Opfer die Sünde aufzuheben« (Hebr. 9,25-26). Das falsche Evangelium aber, das von der römisch-katholischen Kirche gepredigt wird, widerspricht dieser und einer großen Zahl anderer Schriftstellen vollkommen. Rom verkündet beharrlich, daß Christi Tod, um wirkungsvoll zu sein, auf den katholischen Altären rund um die Welt immer aufs neue als mystische Handlung inszeniert werden müsse, »unblutig« in endlosen Wiederholungen beim Meßopfer. Das wird möglich durch die angebliche Macht des Priesters, Brot und Wein tatsächlich in Leib, Blut, Seele, Geist und Göttlichkeit Jesu Christi zu verwandeln. (Siehe Anhang C.)
Dieser schreckliche Betrug wird durch Protestanten in Führungspositionen nur noch überzeugender und zerstörerischer, die behaupten, die römisch-katholische Kirche verkünde das biblische Evangelium. Die beiden Moderatoren einer in Amerika bekannten christlichen Fernsehsendung (sie sind Leiter einer der größten christlichen Fernsehanstalten) vermitteln ganz regelmäßig ihren Zuschauern den falschen Eindruck, als unterscheide sich die katholische Lehre überhaupt nicht von der

evangelikalen. Während einer Sendung erklärte der Gastgeber
bei einem Interview mit drei katholischen Geistlichen, die Unterschiede zwischen protestantischer und katholischer Dogmatik seien oft nur eine Frage der Sprachregelung. In bezug auf die
Wandlung beim Abendmahl – eine so große Irrlehre, daß Tausende deswegen lieber auf dem Scheiterhaufen starben, als sie
zu akzeptieren – erklärte jener Fernsehmoderator:

> Nun, wir [Protestanten] glauben dasselbe ... Wir meinen
> im Grunde dasselbe und drücken es nur ein wenig anders aus
> ... Ich persönlich habe das Wort Protestant längst aus meinem
> Wortschatz gestrichen ...
> Ich protestiere ja gar nicht ... [Es ist] Zeit, daß Katholiken
> und Nichtkatholiken, die einig im Geist und einig im Herrn
> sind, sich zusammentun.[17]

Solche Fehlinformation ist tödlich. Sie verführt selbst evangelikale Christen dazu, Katholiken als wahre Christen anzusehen, während sie in Wirklichkeit das biblische Evangelium
hören und von der durch Rom angebotenen falschen Hoffnung
befreit werden müßten. Und viele andere werden auf den falschen Weg gebracht, die ernsthaft die Wahrheit suchen, denen
aber der falsche Eindruck vermittelt wird, es gebe keinen Unterschied zwischen dem neutestamentlichen Evangelium und den
Lehren Roms.

Wenn Martin Luther heute leben und sich wie im 16. Jahrhundert all den Irrlehren der römisch-katholischen Kirche entgegenstellen würde, so würde er nicht nur wie damals von den
Katholiken der Ketzerei bezichtigt werden, sondern auch noch
von seinen Mitprotestanten. Protestantische Geistliche, die zur
Zusammenarbeit mit Rom aufrufen, widersprechen damit eben
jener Reformation, die ihnen all die Freiheiten schenkte, derer
sie sich augenblicklich erfreuen können; und sie treiben Spott
mit den Abertausenden von Märtyrern, die sich lieber den Flammen übergaben, als die Kompromisse zu schließen, die die
christlichen Größen von heute befürworten. Die folgende lei-
denschaftliche Proklamation Spurgeons ist als ein Aufschrei
angesichts der schon damals um sich greifenden Tendenz unter

Protestanten zu verstehen, den Katholizismus einfach hinzunehmen:

> Ich fürchte sehr den Geist, der um des gemeinsamen Han-
> delns willen die Wahrheit hintanstellt ... Unsere Väter haben
> nicht so gedacht, wenn sie sich auf dem Scheiterhaufen in den
> Tod gaben ... für Überzeugungen, die die Menschen heute als
> nebensächlich abtun, die aber jenen damals Wahrheiten waren,
> so entscheidend, daß sie eher starben und litten, als entehrt zu
> werden.
> Um solcher kompromißlosen Wahrheitsliebe willen ... bete
> ich beständig zu Gott, uns vor einer Einheit zu bewahren, bei
> der die Wahrheit als ohne Wert erachtet wird und dem Prinzip
> der Taktik weicht.
> Mögen immer Männer gefunden werden ... , die nicht
> müde werden, jedes Bündnis mit dem Irrtum und jeden Kom-
> promiß mit der Sünde zu brandmarken und zu erklären, daß es
> Abscheulichkeiten vor Gott sind ...
> Die Auflösung jeder Art von Einheit, die nicht auf der
> Wahrheit gründet, ist ein erster Schritt zur ... Einheit im Geist.

Wäre Spurgeon noch heute am Leben, er wäre schockiert,
mit ansehen zu müssen, wie die Situation, die schon damals so
bedrückend war, sich in den letzten paar Jahren so rapide verschlechtert hat. Inzwischen ist es gang und gäbe unter Christen,
ihre ehebrecherische Beziehung zum Katholizismus bei der
Weltevangelisation dadurch zu rechtfertigen, daß sie sagen:»Ich
werde mich von niemandem fernhalten, der ›den Namen Christi
nennt‹.« Es nennen aber auch die Mormonen den Namen Christi,
genauso die Zeugen Jehovas, die Christliche Wissenschaft und
andere Sektierer, Okkultisten und New-Age-Anhänger. Nur ist
ihr»Christus« ein gotteslästerliches Trugbild. Und der»Christus« des Katholizismus steht dem nicht nach.

Daß selbst die Evangelikalen, die eigentlich den Zug der Zeit
noch aufhalten sollten, sich zum Erfüllungsgehilfen bei der
Vorbereitung der Welt auf den falschen Christus machen, ist die
große Tragödie unserer Tage. Und der Untergang des Kommunismus in Osteuropa hat eine Euphorie ausgelöst, die verstärkt
die Sorglosigkeit im Hinblick auf die Bewahrung der gesunden

Lehre begünstigt und die Tür für ein falsches Evangelium weit öffnet.

Die Zukunft des Kommunismus scheint besiegelt: Das Schicksal dieser Welt ist es nicht, sich einem marxistischen Diktator unterwerfen zu müssen. Sie muß vielmehr dem Antichristen gehorchen. Nicht der Atheismus wird triumphieren, sondern der falsche Glaube. Und die römisch-katholische Kirche wird eine Schlüsselrolle dabei übernehmen, dies zu bewerkstelligen und damit das Schicksal der Menschheit zu bestimmen. Aber wir müssen angesichts dieser Tragödie ja gar nicht nur als Zuschauer die Hände ringen. Es liegt soviel Freude darin, dem Wort Gottes treu zu bleiben, und es bietet sich uns so manche Gelegenheit, die vielen vor der ewigen Finsternis zu bewahren.

12 | *Ökumene und die kommende neue Weltordnung*

DIE MEISTEN KRIEGE, die im Laufe der Geschichte ausgefochten wurden, waren religiöse Kriege. Erst mit den beiden Weltkriegen verlor die Religion ihre Bedeutung. Die Welt schien in ein neues Zeitalter getreten zu sein, in dem nicht mehr die Religion, sondern die Wissenschaft schicksalsbestimmend für die Menschheit geworden war. Der Friede würde nun allein durch politische, ökonomische und militärische Übereinkünfte zu erzielen sein. So schien es zumindest.

In jüngster Zeit jedoch ist der Bedeutung der Religion für den Weltfrieden wieder stärker zutage getreten. Das allenthalben zu beobachtende Wiedererwachen des islamischen Fundamentalismus hat die Welt noch einmal mit dem Gespenst des Heiligen Krieges konfrontiert. Er wird durch eine fanatische Grundstimmung angeheizt, die der Vernunft nicht zugänglich ist und die auch unbeeindruckt bleibt angesichts militärischen, ökonomischen oder politischen Drucks. Es wird nun überdeutlich, daß der Friede zwischen den Weltreligionen nicht minder notwendig ist als der Friede zwischen den Nationen. Und der politische Friede ist ohne den religiösen nicht zu haben. Doch die Aussicht auf Befriedung zwischen den sich bekämpfenden religiösen Lagern in Irland, Sri Lanka, Indien und Pakistan – gar nicht zu reden vom Nahen Osten – scheint doch eher trübe zu sein. Johannes Paul II. sieht sich dazu bestimmt, die Annäherung herbeizuführen. Und sie wird auch kommen, allerdings auf eine Weise, die jeden überraschen wird.

Wieder einmal können wir Einsichten über zukünftige Entwicklungen dadurch gewinnen, daß wir uns der Geschichte zuwenden. Es war die von Konstantin und seinen Helfershelfern angestrebte religiöse Einheit, die ein neue Epoche für das Römische Reich einleitete. Wie wir festgestellt haben, muß eine entsprechende Einheit wieder hergestellt werden, wenn das Reich, wie prophezeit, noch einmal erstehen soll.

Es war Konstantin, der das Konzil von Nicaea einberief, das später als das erste ökumenische Konzil in die Geschichte einging. Für Christen stellt es einen erfreulichen Meilenstein dar, denn es sorgte dafür, daß die bedrohliche Irrlehre des Arianus ausgesondert wurde, der die Gottheit Christi leugnete. Aber Konstantin waren die theologischen Anliegen ziemlich gleichgültig. Ihm ging es allein darum, daß sich die Bischöfe überhaupt einigten, ganz gleich, zu welchem Thema. Der folgende Ausschnitt aus einem Brief Konstantins zeigt, daß er eine einzige Absicht mit seiner Kirchenpolitik verfolgte – die politische Einheit:

> Meine Absicht war es, die Vorstellung, die alle Menschen von der Gottheit haben, auf eine einzige Gestalt zurückzuführen, denn ich bin fest davon überzeugt, daß das politische Geschäft sehr viel leichter zu betreiben wäre, wenn ich die Menschen dazu bringen könnte, sich zu diesem Thema zu einigen. Aber leider höre ich nun, daß es unter euch noch viel mehr Streitigkeiten gibt...
> Die Ursache scheint mir belanglos... eine Frage, der es im Grunde an jeder Tragweite mangelt. Und du, Arius, wenn du schon solche Gedanken hegst, dann solltest du lieber schweigen.[1]

Obgleich für Konstantin die Frage nach Christi Göttlichkeit belanglos war, so begriff er doch, daß eine fortwährende Zerstrittenheit in dieser Angelegenheit verheerende politische Konsequenzen für das Reich gehabt hätte. Dieser Disput durfte auf keinen Fall von Dauer sein. Will Durant beschreibt Konstantins Zwangslage und die Lösung, die er der Kirche abnötigte:

> ... wenn Uneinigkeit in dieser Frage zugelassen worden wäre, hätte das Glaubenschaos die Einheit und Autorität der

Kirche zerstören können und damit gleichzeitig ihren Wert als
rechte Hand des Staates.

> Als die Kontroverse immer weitere Kreise zog und auch
> noch den griechischen Osten in Brand setzte, entschloß sich
> Konstantin, dem ein Ende zu machen, indem er das erste
> ökumenische – allgemeine – Kirchenkonzil einberief. Im Jahr
> 325 beorderte er alle Bischöfe nach Nicaea in Bithynien, das in
> der Nähe der Hauptstadt Nicomedia lag, und stellte die Mittel
> für alle Ausgaben zur Verfügung ... Das Konzil formulierte mit
> Zustimmung des Kaisers das Glaubensbekenntnis [Nicaean-
> um] ...
> Ein kaiserliches Edikt befahl, daß alle Bücher von Arius zu
> verbrennen seien und daß ihr heimlicher Besitz mit dem Tod
> bestraft werden würde ... Das Mittelalter war damit eingeläu-
> tet.[2]

Der neue Kaiser, der eines Tages das wiedererstandene Römische Reich regieren wird, der Antichrist also, ist im Augenblick noch nicht in der Lage, diese so entscheidende Strategie
Konstantins in die Tat umzusetzen. Solange er noch nicht auf
den Plan getreten ist, betreibt der Papst als Vorbereitung auf sein
Kommen mit aller Macht den ökumenichen Zusammenschluß
aller Religionen. Niemals zuvor in der Geschichte hat es etwas
gegeben, was seiner unermüdlichen Überzeugungsarbeit bei den
Oberhäuptern der Weltreligionen gleichkommt. In Genf wende-
te sich der Papst mit folgenden Worten an den Weltkirchenrat,
der 400 Millionen Protestanten aus aller Welt repräsentiert:

> Seit ich meinen Dienst als Bischof von Rom antrat, habe
> ich immer darauf bestanden, daß das Engagement der katholi-
> schen Kirche in der ökumenischen Bewegung eine Sache ist,
> aus der man sich nicht zurückziehen kann.[3]

Das »Engagement der katholischen Kirche in der ökumenischen Bewegung« war allerdings schon sehr umfangreich, noch
bevor dieser Papst sein Amt antrat. Man möchte meinen, das
widerspreche dem Anspruch, die einzig wahre Kirche zu sein,
und dem Unfehlbarkeitsdogma. Doch obwohl ehemalige Katholiken und Protestanten verdammt werden, hält der Katholizismus es noch für möglich, daß all jene außerhalb ihrer Herde

gerettet werden können, sollten sie die Bestimmungen und
Sakramente nicht kennen und wenn sie ihren eigenen Glauben
mit Ernst betreiben. So versuchen Mutter Teresa und ihre Mitarbeiter niemals, die Sterbenden, um die sie sich kümmern, noch
zu Christus zu bekehren. Und sie erklärt dies so:

> Wenn wir von Angesicht zu Angesicht Gott begegnen und
> ihn in unser Leben aufnehmen, dann ... werden wir ein besserer
> Hindu, ein besserer Moslem, ein besserer Katholik, ein besserer
> – was immer wir sind ... Man muß Gott so annehmen, wie er
> in unserer Vorstellung existiert.[4]

Die Tatsache, daß viele Menschen falsche Götter anbeten –
was die Bibel verdammt –, kommt in dieser Gleichung nicht vor.
Mutter Teresa verkündet eben jenes Scheinevangelium, das auch
die Protestanten mittragen, wenn sie sich mit den Katholiken zur
Weltevangelisation zusammentun. Mit dem, was sie sagt, trifft
sie genau den Punkt: Das ist das Wesen des Katholizismus, der
– als Hure Babylon – mit seiner geistlichen Unzucht fortfahren
muß, um die Schrift zu erfüllen und seine prophezeite Rolle bei
der Wiedererrichtung des Römischen Reiches zu spielen. Es gibt
unzählige Beispiele für solche Hurerei unter den katholischen
Geistlichen.

Einen Monat vor seinem Tod sprach der recht bekannte
katholische Mönch Thomas Merton in Kalkutta zu einer ökumenischen Versammlung von Repräsentanten zahlreicher Religionen. Er sagte unter anderem:»Meine lieben Brüder, wir sind
schon eins, doch wir glauben immer noch, es nicht zu sein. Was
wir aufdecken müssen, ist unsere ursprüngliche Einheit.« Damit
hat Merton zum Ausdruck gebracht, was Mutter Teresa, aber
auch viele andere Katholiken einschließlich des Papstes schon
seit geraumer Zeit verkünden. So äußern sich drei katholische
Priester in ihrem von der Kirche abgesegneten Buch wie folgt:

> Wir sollten nicht zögern, die Früchte der uralten Weisheit
> des Ostens zu nehmen und sie für Christus »erobern« ...
> Viele Christen, die ihr Gebetsleben ernst nehmen, haben
> schon große Hilfe durch Yoga, Zen, TM und ähnliche Praktiken
> erfahren ... [5]

Stimmt denn Rom solch einer Vermischung mit hinduistischen und buddhistischen Praktiken tatsächlich zu? Wir haben
schon mehrmals darauf hingewiesen, daß der Katholizismus an
sich bereits eine solche Mixtur darstellt, denn er ging aus einer
Fusion von Heidentum und »Christentum« hervor. Als Antwort
auf die zunehmende Hinwendung von Katholiken zum Zen-
Buddhismus, zur TM und zu anderen Formen des Yoga und des
östlichen Mystizismus[6] veröffentlichte Kardinal Ratzinger – der
Sittenwächter des Vatikans – Mitte Dezember 1989 einen 23
Seiten langen Brief an die 3000 katholischen Bischöfe, um darin
seine Besorgnis zum Ausdruck zu bringen. Was er da mit Rük-
kendeckung des Papstes äußerte, war keineswegs eine Verurtei-
lung östlicher Mystik und meditativer Praktiken des Yoga und
des New Age. Vielmehr regte er an,»von ihnen zu nehmen, was
nützlich ist ... «[7]

Johannes Paul II. hat in aller Öffentlichkeit solch eine syn-
kretistische Einstellung gutgeheißen. Bei seinem Besuch in Indien 1986 sprach der Papst an den Universitäten von Neu Delhi
und Kalkutta vor einer großen Menge hinduistischer Zuhörer.
Er sagte damals unter anderem:

> Indiens Mission ... ist von besonderer Bedeutung, weil man
> in diesem Land intuitiv die spirituelle Natur des Menschen
> erfaßt hat. So kann denn auch Indien der Welt etwas geben –
> eine spirituelle Sicht vom Menschen nämlich.
> Und die Welt tut gut daran, sich bereitwillig dieser uralten
> Weisheit zu öffnen, um damit eine Bereicherung des mensch-
> lichen Lebens zu erlangen.[8]

Es ist kaum zu glauben, daß ausgerechnet das Oberhaupt der
»einzig wahren Kirche« solch eine Aussage über eine Götzen
und Dämonen anbetende Religion macht, die in Indien eine
Schreckensherrschaft errichtet hat! Man versuche sich einmal
Paulus vorzustellen, wie er in Athen, statt gegen den Götzendienst zu argumentieren, die »uralte Weisheit« der Zeusanbe-
tung lobt und die Meinung vertritt, das griechische Heidentum
habe der Welt »eine spirituelle Sicht vom Menschen« anzubieten. Doch genau so gebärdet sich der Katholizismus noch heute
– wie damals, zu Konstantins Zeiten. Und so muß er auch sein,

um in der Endzeit seine Rolle bei der Errichtung einer neuen Weltordnung zu spielen, die auf der Tolerierung aller Glaubensrichtungen aufbauen wird.

Wie Merton meint, ist die Bewußtseinserweiterung, die der Zen-Buddhismus den »Großen Tod« nennt, identisch mit dem, was die Christen »mit Christus sterben und auferstehen« meinen. Beides führe in den »Tod des Ich« und zu einem »neuen Leben«, das man allerdings nicht in einem fernen Paradies findet, sondern »im Hier und Jetzt«.

Dem ist aber nicht so! Die unüberbrückbare Kluft zwischen dem Christentum und jeder anderen Religion ist Christus selbst und sein Tod, sein Begräbnis und seine Auferstehung für unsere Sünden. Christi Absicht war es, uns mit Gott zu versöhnen, so daß wir nicht nur im »Hier und Jetzt« leben können, sondern auf ewig mit ihm im Himmel. Die Ökumene leugnet die alles entscheidende Einzigartigkeit Jesu Christi. Paulus legte es nicht darauf an, sich selbst zu sterben, indem er sich mystischer Techniken bediente, die heute so populär unter Katholiken/Buddhisten/Hindus/New-Age-Anhängern und zunehmend auch unter bekennenden Evangelikalen sind. Paulus starb sich selbst durch Glauben an Christi Tod für die Sünde. Und dies ist ein Glaube, der den östlichen Religionen nicht nur fehlt, sondern von ihnen grundsätzlich abgelehnt wird. Paulus aber verkündete triumphierend und in tiefer Dankbarkeit:

> Ich bin mit Christus gekreuzigt, und nicht mehr lebe ich, sondern Christus lebt in mir; was ich aber jetzt im Fleisch lebe, lebe ich im Glauben, und zwar im Glauben an den Sohn Gottes, der mich geliebt und sich selbst für mich hingegeben hat (Gal. 2,20)

Der römisch-katholische Klerus ist traditionell führend bei allen ökumenischen Bestrebungen. Man könnte ein ganzes Buch mit Beispielen füllen, aber ein paar müssen hier genügen. Die Päpste Johannes XXIII. und Paul VI. taten sich mit so bedeutenden Persönlichkeiten wie dem Dalai Lama, Anwar el-Sadat (einem Moslem) und dem damaligen UNO-Generalsekretär U. Thant (einem Buddhisten) zusammen, um den »Tempel der Verständigung« zu errichten, der als UNO der Weltreligionen verstanden wird. In den ersten acht Jahren seit dieser Gründung war Angelo Fernandes Vorsitzender der Weltkonferenz für Religion und Frieden mit Sitz in Genf, die man ins Leben gerufen hatte, um »ein sich ausbreitendes Netzwerk« zu schaffen, das »alle großen Weltreligionen umfaßt.« Als Fernandes das Amt aufgab, traten an seine Stelle zehn Vorsitzende, die sechs Weltreligionen repräsentierten.

»Seine Heiligkeit«, der Dalai Lama, der für die meisten tibetischen Buddhisten »Gott« ist, ist überall auf der Welt von katholischen Geistlichen willkommen geheißen worden. Er traf sich zweimal mit Papst Paul VI. und mindestens fünfmal mit seinem guten Freund Johannes Paul. »Wir beide haben dasselbe Ziel«, sagte der Dalai Lama einmal.[6] Gleich zu Anfang seiner Amerikareise wurde zu Ehren des »Gottkönigs im Exil« in New Yorks St. Patrick's Cathedral ein großes Fest gegeben, das die Zeitschrift Time »ein außergewöhnliches interreligiöses Festival« nannte und dessen Gastgeber Kardinal Cooke war. Als der Dalai Lama erklärte, alle großen Weltreligionen seien im Grunde ein und dasselbe, erhob sich die Menge von ihren Plätzen und applaudierte stehend.[10] Und was sagte Kardinal Cooke dazu?

> Dies ist eine der großen Aufbrüche des Geistes in unserer Zeit. Wir heißen einander willkommen in unseren Kirchen, [buddhistischen] Tempeln und Synagogen.[11]

Mit »Geist« meinte der Kardinal zwar den Heiligen Geist, aber bei der Ökumene haben wir es mit einem fremden Geist zu tun. Jesus nannte den Heiligen Geist nicht nur »Tröster«, sondern auch »Geist der Wahrheit, den die Welt nicht empfangen kann« (Joh. 14,17). Daß »alle großen Weltreligionen im Grunde ein und dasselbe seien«, ist jedoch eine Lüge, die sich gegen den Absolutheitsanspruch Christi richtet. Die ökumenische Bewegung sagt nein zu den biblischen Wahrheiten und besonders zu Christi Anspruch, der einzige Erlöser zu sein, an den alle glauben müssen, wenn sie nicht auf ewig verloren gehen wollen.

Ein weiterer katholischer Geistlicher, der maßgeblich an der weltweiten Religionsvereinigung mitwirkte, war Augustin Kardinal Bea, ein Jesuit und 19 Jahre lang Rektor des päpstlichen Bibelseminars. Er veranstaltete jährlich sogenannte »Bruderschaftsagapen«, an denen Hunderte von internationalen Gästen als Repräsentanten der großen Weltreligionen teilnahmen – Buddhisten, Moslems, Schintoisten usw. Ein typisches Beispiel für die Reden des Kardinals ist die, die er auf der siebten »Agape« hielt, in der er mit besonderer Betonung von der Bruderschaft aller Menschen und der Vaterschaft Gottes sprach, in die alle Menschen mit einbezogen seien.[12] Aber hatte nicht Jesus sogar den religiösen Juden etwas anderes vorgehalten? »Ihr seid aus dem Vater, dem Teufel«, rief er ihnen zu (Joh. 8,44), und er warnte Nikodemus, daß er durch den Heiligen Geist von »neuem geboren« und ein Kind Gottes werden müsse, um überhaupt in der Lage zu sein, das Reich Gottes zu sehen.

Kardinal Bea – er war persönlicher Beichtvater von Papst Pius XXIII. und enger Berater einiger anderer Päpste – sah in der aufblühenden Charismatischen Bewegung ein Vehikel für die ökumenischen Ziele Roms. Der Kardinal hatte sich David DuPlessis ausersehen (bekannt als »Mr. Pentecost«), den er zum zweiten Vatikanischen Konzil einlud.[13] DuPlessis und andere führende Pfingstler und Charismatiker nahmen hocherfreut an und wurden so unfreiwillig zu Schachfiguren Roms. So kam es, daß protestantische Charismatiker den Katholizismus nach und nach zu akzeptieren begannen.

Ein weiterer Vorkämpfer für die religiöse Einheit, der sich der Charismatischen Bewegung bediente, um Roms ökumenische Absichten voranzutreiben, war Leo Jozef Kardinal Suenens.[14] Er war mit im Spiel, als die Spitzen der Charismatischen Bewegung in den frühen siebziger Jahren ein oberstes Beratungsgremium schufen, das die Charismatische Bewegung für viele Jahre fast unbemerkt führte und prägte. Das Protokoll von der Mai-Juni-Sitzung zeigt deutlich, daß Kardinal Suenens derjenige war, der im Hintergrund die Fäden zog:

> Wir als Rat verpflichten uns, mit dem Kardinal für die Wiederherstellung der Einheit der Christenheit zusammenzuarbeiten und uns auf gemeinsame Projekte für die Weltevangelisation zu einigen.
> Bei jedem Projekt werden Leitung, Befugnisse und Aufgabenverteilung gemeinsam vom Kardinal und dem Rat unter

Berücksichtigung der jeweiligen Erfordernisse der Situation entsprechend bestimmt.

Weltevangelisation mit Suenens, der sich für ein falsches Evangelium einsetzte? Dieser Kardinal hat z. B. 1974 die Zweite Weltkonferenz für Religion und Frieden im belgischen Louvain ausgerichtet, und er hielt die Eröffnungsansprache. Diese Konferenz von Louvain, die mit dem Segen von Papst Paul VI. abgehalten wurde, hob besonders die entscheidende Rolle hervor, die die religiöse Einheit bei der Errichtung einer kommenden Weltordnung spielen muß. Den Aufruf zu »einer neuen Weltordnung« machte man zum Hauptthema. Unter katholischer Federführung entstand die Abschlußerklärung von Louvain, in der es unter anderm hieß:

> Buddhisten, Christen, Konfuzianisten, Hindus, Dschainas, Juden, Schintoisten, Sikhs, Zoroastrier und all die anderen – wir waren hier bestrebt, auf den Geist unserer so mannigfaltigen ehrwürdigen religiösen Traditionen zu hören . . . Wir haben um die brennenden Fragen gerungen, die unsere Gesellschaften lösen müssen, um Frieden, Gerechtigkeit und eine würdige Lebensqualität für jeden Menschen und jedes Volk zu erringen . . .
> Es ist uns eine große Genugtuung, daß . . . die lange Periode einer von Stolz und Vorurteilen geprägten Isolation unter den Menschheitsreligionen nun hoffentlich für immer vorüber ist.[15]
> Wir appellieren an die religiösen Gemeinschaften dieser Welt, den Menschen eine kosmopolitisch-planetarische Gesinnung einzuimpfen . . . [16]

Während die katholische Hierarchie mit dem Papst an der Spitze die eigentliche Führungsrolle übernommen hat, hat die Ökumene eine breitgefächerte Leitungsebene, zu der sogar noch der koreanische Messias Sun Myung Moon gezählt werden kann. Diese aufblühende Bewegung ist schon jahrelang damit beschäftigt, das Fundament für eine »neue Weltordnung« zu legen. Der ersehnte Weltfrieden ist das Zugpferd zur Einheit. Moon, der Gründer der Inter-Religious Federation for World Peace, erklärt: »Alle religiösen Männer und Frauen sollten nun die Mauern der Sektiererei einreißen . . . zum höheren Ziel . . .

des Weltfriedens.«[17] Und Mauern sind ja inzwischen tatsächlich eingerissen worden. Die *Moscow News* bezeichnete Moon als »den brillantesten Antikommunisten und wichtigsten Feind des Staates«. Und dann fügte man mit einiger Genugtuung hinzu, daß es nun Zeit sei, sich zu versöhnen, nachdem Gorbatschow Moon immerhin schon in den Mauern des Kremls ganz persönlich bewirtet habe. Moons Reaktion darauf sah so aus, daß er plötzlich davon sprach, die Sowjetunion, die er noch kurz zuvor mit dem Satan verglichen hatte, werde in Gottes Plan zur Errichtung des Weltfriedens eine entscheidende Rolle spielen.[18] Wie schnell fügte sich doch ein Steinchen ans andere!

Eine weitere Facette der ökumenischen Bewegung stellen die Interfaith Councils dar, die überall auf der Welt wie Pilze aus dem Boden schießen. In den Vereinigten Staaten existieren bereits 70 davon. Der folgende Bericht von der ersten Zusammenkunft eines Interfaith Councils im Staat Washington zeigt, daß es tatsächlich möglich ist, religiöse Unterschiede im Interesse des Weltfriedens und einer neuen Weltordnung hintanzustellen:

> Swami Bhaskarananda, ein Hindu, stimmte ein Gebet zu Gott an . . . Ismail Ahmed, ein Moslem, sprach ein kurzes Gebet zu Gott . . . Man war sich einig: Vertrauen sollte erst einmal das wichtigste Anliegen sein.
>
> Man traf sich in den Räumen der Vedanta Society auf dem Capitol Hill, und all jene, die die Charta des Rates unterzeichnet hatten, sprachen von den Erwartungen und Hoffnungen, die sie mit ihrer Vereinigung verbanden. Dabei standen sie vor einem Altar, geschmückt mit den Bildern Sri Ramakrischnas, Jesu Christi und Buddhas.
>
> »Dieser Gruppe habe ich mich mit Herz und Verstand verschrieben«, sagte Pascha Mohjerjasbi, ein Anhänger des Bahaismus, einer moslemischen Sekte. »Bahaisten glauben, daß der Weltfrieden nicht nur möglich, sondern auch unverzichtbar ist . . . «
>
> Bhaskarananda erklärte den andern im Rat, daß Hindus »an das friedliche Nebeneinander aller Religionen« glauben.[19]

Zu solcher Ökumene ermunternd, erklärte der Papst: »Christen müssen mit [allen] anderen Religionen zusammenarbeiten,

um den Frieden zu sichern.« Er versprach, daß »die katholische
Kirche entschlossen ist, an solch einer ökumenischen Zusammenarbeit zwischen den Religionen teilzunehmen und sie zu
fördern.«[20] Zu diesem Zweck steht die katholische Kirche in
einem ständigen Dialog mit den Vertretern der vier großen
nichtchristlichen Religionen. Ein buddhistischer Mönch bewer-
tete in einem Artikel der *Tibetan Review* die Ziele dieses Dialogs
(und die Zeitschrift *Catholic World* zitierte ihn sogleich mit
Freuden):

> Die Einheit der Religionen, die vom Heiligen Vater, Papst
> Johannes Paul II., vorangetrieben und von seiner Heiligkeit,
> dem Dalai Lama, begrüßt wird, ist kein Ziel, das in kürze
> erreicht werden wird. Aber der Tag wird kommen, da die von
> Buddha und Christus so wortreich verfochtene Nächstenliebe
> die Welt retten wird, indem man gemeinsam alles daransetzen
> wird, die Menschheit dadurch vor sinnloser Zerstörung zu
> retten, daß man sie zu dem Licht führt, an das wir alle glauben.[21]

Vor allem dem Papst ist es zu verdanken, daß die weltumspannende ökumenische Bewegung sich derzeit explosionsartig
ausbreitet. So wie Gorbatschow die politische Welt verändert
hat, so hat der Papst der religiösen Welt ein neues Gesicht
gegeben. Weil er sein großes Ansehen ins Spiel bringen konnte
und den Weltfrieden als Anreiz einsetzte, konnte der Papst 1986
die Führer der 12 Weltreligionen im italienischen Assisi versammeln. Die Teilnehmer beteten jeweils zu dem »Gott«, an den sie
gerade glaubten, und flehten zu den Gottheiten um den Weltfrieden. Um zu rechtfertigen, daß er sogar die Gebete von Medizin-
männern und Feueranbetern respektierte und würdigte, erklärte
Johannes Paul II. den Teilnehmern: »Die Herausforderung, den
Frieden zu erringen, ... ist höher zu bewerten als alle religiösen
Unterschiede.«[22]

Das, was der Papst für die Ökumene erreicht hat, sucht
seinesgleichen. Viele Spitzenpolitiker sind davon inspiriert worden, und es sind viele ökumenische Bewegungen für den Weltfrieden daraufhin entstanden. Eine der wichtigsten ist wohl das
Weltforum der Geistlichen und Parlamentarier zur Rettung der
Menschheit. Es wurde fast unbemerkt im Oktober 1985 ins

Leben gerufen, als sich »geistliche Führungspersönlichkeiten«
der fünf größten Weltreligionen und Parlamentarier aus fünf
Kontinenten zusammensetzten, um einen Gedankenaustausch
zur ökologischen Rettung und zum Weltfrieden zu führen. Aus
dieser Zusammenkunft heraus entstand eine Arbeitsgemeinschaft religiöser und politischer Führungspersönlichkeiten, eine
Allianz also, die seit dem Untergang des Römischen Reiches
nicht mehr denkbar gewesen war.

> Wir haben uns mit dem Wesen der Beziehung zwischen
> politischem und religiösem Leben beschäftigt und ... sind
> miteinander übereingekommen, daß beide Parteien [die politi-
> schen und religiösen Führer] die Zusammenarbeit brauchen
> und erstreben ... und wir werden auf regionaler, nationaler und
> lokaler Ebene jede erdenkliche Zusammenarbeit der Geistlich-
> keit mit den Parlamentariern fördern.
> Wir stehen am Anfang einer neuen Epoche des Weltbürger-
> tums ... Dieses neue Bewußtsein überspringt alle Rassen-
> schranken, alle Grenzen zwischen Religionen, Ideologien und
> Nationalitäten ...
> Wir sind Träger der Vision einer neuen Weltgemeinschaft,
> mit der die lange und tragische Geschichte menschlicher Ge-
> walt durch ein Zeitalter gegenseitig zugesicherten Wohlerge-
> hens und Friedens abgelöst wird.[23]

Im April 1988 veranstaltete man eine fünftägige Konferenz
dieses Weltforums. Es trafen sich in Oxford Geistliche und
Parlamentarier aus 52 Ländern, um »alle Glaubensrichtungen
mit allen politischen Einstellungen in Beziehung zu setzen«.
Unter den Teilnehmern befanden sich Senatoren aus Amerika,
führende Wissenschaftler, Mitglieder des Obersten Sowjet und
der sowjetischen Akademie der Wissenschaften, der UNO-Generalsekretär und der Erzbischof von Canterbury, Mutter Teresa,
der Dalai Lama, Mitglieder des Kabinetts, Kardinäle, Yogis,
Bischöfe, Rabbis, Imame und Mönche.[24] Die Konferenzteilneh-
mer veröffentlichten eine gemeinsame Abschlußerklärung, in
der es u.a. hieß:

> Unsere gemeinsame Sorge um das Überleben der Welt hat
> uns zusammengebracht ... und wir sind durch unsere Begeg-

nung zu der klaren Erkenntnis gelangt, wie grundlegend das Einssein der Menschheit ist ... und die Erkenntnis, daß jeder einzelne Mensch sowohl eine geistliche als auch eine politische Dimension hat.[25]
Jeder von uns ist durch die Erfahrungen und Erlebnisse in Oxford verändert worden ... und [wir] sind Verpflichtungen eingegangen, die unwiderruflich sind.[26]

Das letzte Weltforum fand zwischen dem 15. und 19. Januar 1990 in Moskau statt. Gemeinsame Gastgeber waren, was die Veranstalter eine »außergewöhnliche Allianz« nannten: der Oberste Sowjet, alle Glaubensgemeinschaften der UdSSR – koordiniert von der russisch-orthodoxen Kirche – und die International Foundation for the Survival and Development of Humanity. Auf dem Moskauer Forum beschworen die über 1000 Teilnehmer aus 83 Ländern eine »neue planetarische Perspektive« mit einer »neuen spirituellen und ethischen Basis für menschliches Handeln auf der Erde«.

Solch eine ökumenische Partnerschaft der religiösen und politischen Führungselite ist eine wichtige Voraussetzung für das Auftreten des Antichristen. Dabei hat die »christliche Psychologie« eine entscheidende, wenngleich kaum wahrgenommene Rolle bei der Vorbereitung auf die Einheit gespielt. Sie ist Inbegriff des ökumenischen Denkens, durch das Christen nicht nur mit anderen Religionen gemeinsame Sache machen, sondern auch mit Atheisten und Humanisten. Christus wird zum Partner von Freud, Jung, Rogers, Maslow und all den anderen Anti-Christen, deren Theorien jenen Teil der »göttlichen Wahrheit« liefern, der in der Bibel vom Heiligen Geist offenbar versehentlich ausgelassen wurde. Die Psychologie stellt die gemeinsame Sprache für den »spirituellen Dialog« zwischen Christen und Humanisten zur Verfügung, die zu einer neuen, ökumenischen Verständigung beiträgt.

Der psychologische Grundgedanke, daß wir dem andern gegenüber »positiv« eingestellt sein und die Kritik vermeiden sollten, trägt auf subtile Weise dazu bei, den irrigen Gedanken zu nähren, es seien schließlich alle Religionen gleichwertig. Diese Vorstellung hat sich in alle großen Konfessionen eingeschlichen und hat selbst in scheinbar evangelikalen Kreisen Fuß

gefaßt. Jener von uns schon zitierte Fernsehevangelist aus Süd-
kalifornien, der immerhin einer der einflußreichsten Gemeindeleiter von heute ist, rechtfertigt solch eine Irrlehre auch noch,
indem er erklärt:» ... was mich von den Fundamentalisten
unterscheidet, [ist, daß sie] jeden dazu bekehren wollen, genau
das zu glauben, wovon sie selbst überzeugt sind ... Wir kennen
die Dinge, über die sich die großen Religionen einigen können.
Wir versuchen, unser Hauptaugenmerk auf die [gemeinsamen
Überzeugungen] zu richten, ohne Andersdenkende zu beleidi-
gen.« [27] Für solch ein falsches »Christentum« spielt die Wahrheit keine entscheidende Rolle mehr, und so können es auch
Anhänger aller anderen Religionen annehmen, ohne daß sie ihre
bisherigen Überzeugungen ablegen müßten. Es legt damit das
perfekte Fundament für das Auftreten des Antichristen.

Eine weitere bekannte Organisation, die genauso dieses
Evangelium verbreitet, muß hier noch wegen ihrer bedeutenden
Stellung erwähnt werden. Die Freimaurerei fördert insgeheim
die Ökumene und bereitet ihre Mitglieder darauf vor, Teil der
kommenden neuen Weltordnung zu sein. Was die Freimaurerei
so einflußreich macht, ist die Tatsache, daß so viele ihrer Millionen Mitglieder überall auf der Welt Führungspositionen einnehmen. Bei uns in Amerika stellen die Freimaurer immer einen
beachtlichen Prozentsatz von Mitarbeitern im Stab des Weißen
Hauses, im Kabinett, im Senat, im Kongreß, im Obersten Ge-
richtshof und im Pentagon, aber auch in den Chefetagen der
Wirtschaft.

Der unter den Freimaurern sehr angesehene Carl H. Claudy
rühmt die freimaurerische Toleranz allen Religionen gegenüber:
»Die Freimaurerei schreibt keinen Gott irgendeines Glaubens-
bekenntnisses vor. Sie erwartet nur, daß man an irgendeine
Gottheit mit beliebigem Namen glaubt ... jeder Gott ist recht ...
[28] Auch Freimaurer Albert Pike vermerkt mit Genugtuung:

> Die Freimaurerei [ist die Religion], um deren Altar der
> Christ, der Hebräer, der Moslem, der Brahmane [Hindu] und
> die Anhänger von Konfuzius und Zoroaster sich als Brüder
> versammeln und zum Gebet vereinen können.[29]

Die ökumenische Gebetsversammlung des Papstes in Assisi
hat also nichts weiter getan, als öffentlich auszusprechen, was
die Freimaurerei schon seit Jahrzehnten im geheimen praktiziert. Diese Tatsache ist von besonderer Bedeutung, wenn wir –
und vieles deutet darauf hin – tatsächlich jenen historischen
Zeitpunkt erreicht haben, da das Römische Reich kurz vor seiner
Wiedergeburt steht und damit die Zeit reif ist für die neue
Weltordnung mit der sie begleitenden neuen Weltreligion. Zweifellos hat die Feimaurerei viele von denen, die heute Verantwortung in der Weltpolitik tragen, darauf vorbereitet, eine Schlüsselrolle bei solchen Ereignissen zu spielen, weil sie bereits im
verborgenen praktizieren, was die Welt eines Tages in aller
Öffentlichkeit annehmen muß. Lesen Sie einmal das folgende
Gebet, gesprochen während einer Zeremonie der Freimaurer:

> Höre uns mit Nachsicht, o du unendliche Gottheit ... Laß
> den breiten Strom freimaurerischen Lichtes im ewigen Fluß
> über die ganze Welt sich ergießen, und mach die Freimaurerei
> zum Glaubensbekenntnis der ganzen Menschheit.[30]

Trotz der Tatsache, daß es sich bei der Freimaurerei eindeutig
um eine antichristliche religiöse Sekte handelt, gehören zu ihren
Mitgliedern viele, die sich selbst als Christen bezeichnen würden. Ihr Einfluß auf die Gemeindeleiter trägt dazu bei, daß in
den großen Konfessionen die Einzigartigkeit Christi zunehmend
in Frage gestellt wird. Beim jährlichen Konvent der Episkopal-
Diözese von Michigan weigerten sich im Jahr 1990 die Teilnehmer, für eine Resolution zu stimmen, die aussagte, Jesus sei der
Christus, und es sei »kein anderer Name unter dem Himmel ...
den Menschen gegeben, in dem wir errettet werden müssen«.
Diese Resolution, die einfach nur die Bibel zitierte, betrachtete
man als »Zwietracht säend und herabwürdigend für Menschen,
deren Glauben an Gott zwar anders definiert, aber deswegen
nicht minder stark sei«. Es wurde dann eine Ersatzresolution zur
Abstimmung gebracht und verabschiedet, die die Gemeindeglieder verpflichtete, eine »Frohe Botschaft« zu verkünden, zu
der jede andere Religion ein Ja finden würde und die damit
letztlich keinen Erlösungswert mehr haben konnte.

Sehen wir da nicht die ökumenische Kirche des Abfalls auftauchen, die Braut des Antichristen? Das »positive Christentum« ist der Feind des Kreuzes. Die Wahrheit ist immer ein Affront gegen die, die sie nicht hören wollen. Doch etwas zu verkünden, was ihr nicht voll entspricht, hieße, das ewige Schicksal von Menschenseelen aufs Spiel zu setzen. Die Einheit, die die Ökumene verspricht, ist verlockend, aber sie verleugnet Christus und ebnet den Weg für den Antichristen und seine neue Weltreligion. Es ist eine Vereinigung, die am Ende nur zu Tod und Zerstörung führt.

Die sich explosionsartig ausbreitende und alle Religionen erfassende ökumenische Bewegung ist nicht mehr aufzuhalten. Der wohl angesehenste christliche Psychologe Amerikas spricht enthusiastisch von der »großen Kameradschaft unter den Oberhäuptern nahezu aller religiöser Gruppierungen in den Vereinigten Staaten«.[31] Eine Gruppe von Theologen fordert denn auch »den Rückzug vom Beharren auf einer bevorzugten Stellung und Finalität Christi und des Christentums hin zu einer Anerkennung der unabhängigen Wertigkeit anderer Wege«. Sie rechtfertigen ihre Irrlehre mit dem Argument, die ökonomische, politische und nukleare Befreiung sei eine zu gewaltige Aufgabe für eine einzige Nation, Kultur oder Religion.[32]

Ist es nur Zufall, daß ausgerechnet in diesem Augenblick die religiöse und politische Einheit angestrebt wird? Die Zeit ist einfach reif. Selbst Iraks nackte Aggression bei der Einnahme Kuwaits im August 1990 war ein Schlüsselereignis, durch das die Welt neue Hoffnung schöpfte, militärische Konflikte könnten fortan bewältigt werden. Marlin Fitzwater, Sprecher des Weißen Hauses, erklärte damals: »Der Krieg, der hier im Gange ist, entwirft ein neues Konzept für den Weltfrieden.«[33]

Saddam Husseins Aufruf zum Heiligen Krieg (Dschihad) schwächte nicht nur die arabische Solidarität, sondern warf auch die Frage nach seinem Selbstverständnis auf. Was beudeutet eigentlich »Heiliger Krieg«? Solche Fragen machten die Moslems nachdenklich; und wer weiß, ob sie nicht damals begriffen haben, daß sie keineswegs in einer Welt für sich leben, die mit allen anderen im Konflikt steht, sondern selbst Teil einer multireligiösen, internationalen Gemeinschaft sind, die gerade lernt,

gemeinsam zu leben, sich zu respektieren und zusammenzuarbeiten.

Die ganz ungewohnte Solidarität unter den Mitgliedern der
Vereinten Nationen (einschließlich der arabischen Staaten), die
gemeinsam gegen Husseins Aggression vorgingen, war Anlaß
zu der Hoffnung, daß wenigstens die UNO ihre Aufgabe erfüllte.
Das Ziel, den Frieden weltweit zu sichern, schien plötzlich in
greifbare Nähe gerückt, und so kam es, daß auch die politischen
Führer sich die Forderung der religiösen Welt für eine neue
Weltordnung zu eigen machten.

Nachdem das Thema einer neuen Weltordnung zunächst im
kleinen Kreis zwischen Präsident Bush und seinen Beratern
abgehandelt worden war, wurde es eines Tages erstmalig auch
öffentlich diskutiert. Im September 1990, kurz vor seiner Abrei-
se nach Helsinki, wo er mit Gorbatschow auf einem Gipfeltreffen die Golfkrise beraten wollte, drückte Bush seine Hoffnung
aus, daß »das Fundament einer neuen Weltordnung« in Helsinki
gelegt werden und diese unter dem Dach der Vereinten Nationen
errichtet werden könne. Auf der Pressekonferenz nach ihrer
historischen Begegnung erklärte Präsident Bush optimistisch:

> Wenn die Nationen dieser Welt, die jetzt zusammenarbei-
> ten, so wie bisher fortfahren, werden wir den Grundstein einer
> internationalen Ordnung legen, die friedlicher sein wird als
> alle, die wir bisher kennen.[34]

Außenminister James Baker schlug nach dem Gipfel in dieselbe Kerbe, als er am 10. September 1990 im Fernsehen erklärte: »Wir stehen an der Schwelle einer sich formierenden neuen
Weltordnung.« In der Vergangenheit hätte man solche Äußerun-
gen als utopisches Hirngespinst abgetan, doch inzwischen beschäftigen sich auch die Medien ernsthaft damit. In der Wochenzeitschrift Time hieß es: »Die Regierung Bush würde gern die
UNO zu einem Grundstein für ihren Plan zur Errichtung einer
neuen Weltordnung machen.«[35] Und bei Newsweek konnten wir
lesen: »Während George Bush vorigen Monat in Maine fischte,
Golf spielte und über die Welt nach überstandenem Kalten Krieg
nachdachte, begann er, wie seine Berater verlauten ließen, sich
eine neue Weltordnung konkret vorzustellen.«[36] Die Zeitungen

im ganzen Land kamen mit Schlagzeilen heraus wie: »Präsident begrüßt neue Weltordnung«;[37] und sie zitierten einen hochrangigen Mitarbeiter des Weißen Hauses, der, Bezug nehmend auf die Begegnung Gorbatschow-Bush, erklärte: »Ich glaube, es ist ... ein ausgesprochen hoffnungsvolles Zeichen, daß wir an der Schwelle einer neuen Weltordnung stehen, in der der Wettstreit zwischen Ost und West, zwischen USA und Sowjetunion, nicht mehr die Ereignisse bestimmen wird.«[38]

In seiner Rede vor den Vereinten Nationen am 25. September 1990 brandmarkte der sowjetische Außenminister Eduard Schewardnadse Saddam Husseins Vorgehen als »Bedrohung einer neuen Weltordnung«. Interessant ist auch, daß Michail Gorbatschow der erste Weltführer war, der öffentlich über eine neue Weltordnung sprach. Und das tat er fast zwei Jahre bevor George Bush diese Vision aufnahm. In seiner historischen Ansprache vor den Vereinten Nationan am 7. Dezember 1988 machte der damalige Generalsekretär eine dogmatische, ja geradezu prophetische Aussage:

> Ein weiterer Fortschritt für die Welt ist nur möglich, wenn wir auf dem Weg zu einer neuen Weltordnung nach großer Übereinstimmung in allen wichtigen Fragen streben.[39]

Daß er damit recht hatte, bezweifelt wohl heute niemand mehr. Doch diese neue Weltordnung wird vom Antichristen regiert werden. Die religiöse Vorbereitung auf seine Machtergreifung ist genauso wichtig wie die politische. Auf beiden Ebenen ist man schon weit vorangekommen. Doch um den Prozeß voll zur Entfaltung zu bringen, fehlt noch ein wichtiges Element, das Gott selbst hinzutun wird.

13 | *Ökologie und Weltfrieden*

WER HAT NICHT SCHON überwältigt dagestanden beim Anblick eines farbenprächtigen Sonnenuntergangs? Wie hinreißend kann eine Waldlandschaft, ein blaues Meer oder der Abendhimmel aussehen oder die Myriaden von Sternen in einer klaren, kalten Nacht oder das magisch diffuse Farbenspiel vor der Silhouette entfernter Berge bei Sonnenuntergang oder auch das funkelnde Sonnenlicht auf einem See? Wer hat nicht schon regungslos dagestanden und fasziniert einige Kreaturen aus der unendlichen Vielfalt der Schöpfung beobachtet, die ein Merkmal unseres Planeten ist? Es fehlen einem die Worte, all die Schönheiten dieser Erde zu beschreiben! Doch ihre undankbaren Bewohner haben sie systematisch zugrunde gerichtet, und erst ganz allmählich erwachen sie, um sich der Tatsache bewußt zu werden, daß sie eben jene Umwelt zerstören, von der ihr Leben und Überleben abhängt. Doch selbst nachdem diese Erkenntnis sich gefestigt hat, ist immer noch eine mangelnde Bereitschaft zu erkennen, den wirklichen Ernst der Lage wahrzunehmen und die notwendigen Maßnahmen zu ergreifen. Die Folge ist, daß der ökologische Kollaps eine viel größere Gefahr darstellt, als viele meinen. Und die Zeit könnte knapp werden.

Die Menschheit hat erst sehr spät ein ökologisches Bewußtsein entwickelt. Die biblische Prophetie aber hat im Gegensatz dazu dieses Problem schon vor Tausenden von Jahren vorausgesehen und darauf hingewiesen, daß die Mißachtung der Schöpfung das Gericht Gottes nach sich ziehen würde. Wie Johannes in seiner Vision schaute, soll es beim Gericht über die Erde in erster Linie darum gehen, »die zu verderben, die die Erde verderben« (Offb. 11,18). Eine Reihe von Gottes Gerichten sind ökologischer Natur: Das Gras und die Bäume werden vernichtet

172 ✦ *Dave Hunt*

und die Ozeane und Flüsse verschmutzt. Dies ist so zu verstehen, daß sich der Mensch diese schlimmen Folgen selbst zuzuschreiben hat.

Mit der Öffnung der Grenzen kommt nun ans Licht, daß die Umweltverschmutzung in einigen Gebieten Osteuropas schon sehr weit fortgeschritten ist, so daß an eine kurzfristige Beseitigung nicht zu denken ist. Ganze Wälder sind abgestorben, Flüsse und Seen sind chemische Kloaken, die Ernte ist hoffnungslos verseucht und das Vieh erkrankt. Tausenden von Kindern droht der frühzeitige Tod. Im Süden Polens hat die Luftverschmutzung ein solch tödliches Ausmaß erreicht, daß die Regierung daran denkt, an die Bevölkerung Gasmasken auszugeben. Umfassende Notstandsmaßnahmen müßten sofort ergriffen werden, aber Osteuropa fehlen sowohl die Mittel als auch die Technologie, um das Problem anzugehen. Die Umweltverschmutzung kennt aber keine Grenzen. Und deshalb bleibt dem Westen auch nichts weiter übrig, als sich mit Know-how und umfassender Finanzhilfe zu engagieren.

Natürlich hat auch der Westen seine handfesten Umweltprobleme. Autopsien an kleinen Kindern, die in Los Angeles bei Autounfällen ums Leben gekommen waren, zeigten, daß ihre Lungen geschwärzt und Gefäße verstopft waren. Und so sieht es überall in der industrialisierten Welt aus. Jedes Jahr werden fast tausend Tierarten ausgerottet; und die Biologen sprechen davon, daß sich hier »nichts Geringeres als ein Holocaust der Natur« ereigne.

Es ist nicht nötig, hier noch weitere Einzelheiten anzuführen. Für unseren Zweck genügt es, wenn wir erkennen, daß die globale Umweltkrise, mit der wir es augenblicklich zu tun haben, durchaus imstande sein könnte, als gemeinsames, internationales Anliegen die Menschheit zu vereinen. Die Umweltbewegung könnte also eine entscheidende Rolle dabei spielen, jene Einheit zu bewirken, die für das Auftreten des Antichristen unerläßlich ist.

Der Weltfrieden ist der Schlüssel zu allem. Ein echter Friede würde nicht nur die Bedrohung eines nuklearen Holocausts und weitere Belastungen durch Atomtests beseitigen, sondern wäre auch der einzige Weg zur Wiederherstellung der Umwelt. Bei geschlossenen Grenzen konnte man nichts über das Ausmaß der

Umweltverschmutzung erfahren, und auch die internationale Zusammenarbeit war nicht möglich, die für eine gesunde Umwelt unerläßlich ist. Hinzu kommt noch, daß durch die unzähligen Milliarden Dollar und das viele Personal, die für die Verteidigungsbereitschaft aufgebracht werden müssen, das nötige Kleingeld für die rechtzeitige Rettung der Umwelt fehlen würde. Die Einheit der Welt ist also für das Überleben der Menschheit unverzichtbar, und man wird sie deshalb auch aufgrund dieser Tatsache errichten.

Die Welt braucht so dringend die Aussicht auf einen dauerhaften Frieden, damit sie die Mittel freisetzen kann, die bisher zur Herstellung von zerstörenden Werkzeugen aufgewendet werden mußten. Und diese Mittel können dann endlich für die Rettung des Planeten Erde eingesetzt werden. Glücklicherweise wirkt die Erkenntnis, daß unsere heutigen Waffen das Ende der uns bekannten Zivilisation bringen könnten, ausgesprochen abschreckend und andererseits motivierend, unsere Differenzen friedlich beizulegen. Noch immer beobachten wir bei denen, die an der Spitze stehen, das Streben nach Macht und die Furcht vor dem Angriff des Feindes. Doch wir bewegen uns immerhin schon in die richtige Richtung. Nur – werden wir nicht doch schon zu spät kommen?

Dwight D. Eisenhower soll einmal gesagt haben:»Davon bin ich jedenfalls überzeug: Die Menschen wünschen sich den Frieden so sehr, daß die Regierungen ihnen eines Tages aus dem Weg gehen müssen, damit sie ihn endlich bekommen.« Gerade haben wir miterlebt, wie kommunistische Gewaltregime in Osteuropa gezwungen wurden, Millionen von schlichten Bürgern»aus dem Weg zu gehen«, die durch die Straßen marschierten und auch auf andere Weise bekundeten, daß sie sich mit nichts Geringerem mehr zufriedengeben würden als mit Freiheit und Demokratie. Aber auch weltumspannend regt sich eine gewaltige Bürgerbewegung von Abermillionen entschlossener Menschen, die eine sofortige Lösung für die zwei sich bedingenden Themen unserer Zeit verlangen – Ökologie und Frieden. Vielleicht ist nun doch noch die Zeit gekommen, von der Eisenhower sprach; und es wäre nicht einen Augenblick zu früh.

Wie wir feststellten, haben die Politiker, während sie jahrelang von einer ökologischen Bewegung nichts wissen wollten,

174 ✦ *Dave Hunt*

immerhin den hohen Stellenwert der religiösen Einheit für die angestrebte neue Weltordnung erkannt. Das Ergebnis war die bedeutende Partnerschaft zwischen den Herrschenden und der Religion, so wie sie schon damals Konstantin zuwege gebracht hatte. Und das ist ein wichtiger Schritt, der die Welt auf das Wiedererstehen des Römischen Weltreiches und das Auftreten seines politisch-religiösen Führers vorbereitet. Das Motiv ist zunächst durchaus ehrenwert: Frieden und Umweltschutz. Das sind gemeinsame Anliegen von großer Bedeutung, um die sich alle Religionen ökumenisch vereinigen können. Der Weltkirchenrat hat denn auch kürzlich beschlossen, daß die Einstellung zur Umwelt der Prüfstein für die Rechtgläubigkeit sei.

Leider wird Jesus Christus, ohne den es keinen wahren Frieden und keine Heilung der Umwelt geben kann, bei allen Erwägungen außer acht gelassen. Warum? Hat er sich etwa als Betrüger erwiesen? Keineswegs! Das Problem ist nur: Der Wahrheitsbegriff wird inzwischen nicht mehr als ausschlaggebend angesehen. Es würde nicht mehr zur toleranten Ökumene der neuen Weltordnung passen, die exklusiven Ansprüche Christi zuzulassen. Selbst die »Christen«, die sich den Friedens- und Umweltbewegungen anschließen, erwähnen Jesus kaum noch im Zusammenhang mit ihren Anliegen. Die Tür steht also weit offen für den Antichristen und seine Lösung.

Ökologisches Gedankengut, das das Fundament für die kommende Weltreligion legt, wird zunehmend selbst von Atheisten in spirituell-pantheistischen Begriffen des New Age formuliert, und es wird so getan, als wäre das Universum ein lebendiger und sogar bewußter Organismus (die Gaia-Hypothese), mit dem wir Frieden schließen und in Harmonie leben müssen. Auf dem Moskauer Weltforum, von dem wir bereits berichteten, sagte der Physiker Fritjof Capra, die Spiritualität sei der ganzen Menschheit eigen. Er definierte sie dann als »die Erfahrung, mit dem Kosmos als Ganzem verbunden zu sein, ... der dem Leben Bedeutung verleiht«. Wenn man aber den intelligenten, auf ein Ziel hinarbeitenden Schöpfergott der Bibel nicht mehr im Auge hat und sich statt dessen für wenig greifbare, unpersönliche »Schöpfungskräfte« ausspricht – wie dies in der neuen Weltordnung unumgänglich ist –, dann existiert der Kosmos nicht auf ein Ziel hin, und alles Leben ist sinnentleert.

In seiner Ansprache vor dem Plenum jener Moskauer Konferenz erklärte US-Senator Al Gore: »Ich kann nicht erkennen, wie die Umweltprobleme gelöst werden könnten, ohne daß wir uns auf die spirituellen Werte besinnen, die wir in jeder Religion vorfinden.« Er meinte nicht das biblische Christentum, das einzigartig ist, sondern eine ökumenische Spiritualität, die auf das gründet, was er »einen neuen Glauben an ein zukünftiges Leben auf der Erde« nannte. Dieser stelle höhere Werte für den Umgang der Menschen untereinander zur Verfügung. Die zum Abschluß verabschiedete »Moskauer Erklärung« bestätigte die eingeschlagene Richtung und forderte einen »Weltrat der geistlichen Leiter« und »die Einrichtung eines interreligiösen Gebets … [das] eine neue geistliche und ethische Basis für das menschliche Handeln auf dieser Erde [wäre]: Die Menschheit muß in eine neue Gemeinschaft mit der Natur treten.«

Das Gegenteil aber ist richtig! Die Menschheit muß nicht etwa wieder mit der Natur selbst in Kontakt treten, sondern mit deren Schöpfer. Die Umweltverschmutzung planetarischen Ausmaßes ist das Ergebnis einer Verschmutzung der Seele durch die Sünde. Und dafür gibt es nur ein Gegenmittel: das Blut Jesu Christi, des Gotteslammes, das zur Strafe für die Sünde vergossen wurde, weil Gottes Gerechtigkeit dies forderte. Alles Gerede von »spirituellen Werten« dient nur als Balsam für das Gewissen, ist reine Augenwischerei, ist Anbiederung an alles, was sich als »Gott« ausgeben mag, und es ist das große Täuschungsmanöver Satans, das die Menschheit für die wahren Probleme blind macht.

»Spirituelle Werte« ist ein vager Begriff, den niemand richtig definiert. Und doch scheint ihn jedermann allzugern zu gebrauchen, als habe man endlich eine Basis für die Annäherung von Wissenschaft und Glauben gefunden und als spreche man von etwas sehr Bedeutungsvollem. Aber beides trifft nicht zu. Die »spirituellen Werte« sind wie des Kaisers neue Kleider: Niemand weiß so recht, was mit diesem Begriff gemeint ist. Und doch ist er bei allen Vorschlägen zur Lösung der Weltprobleme nicht mehr wegzudenken. Um es einmal ganz klar zu sagen: Die spirituellen Werte sind zum neuen Schlagwort der Friedens- und Umweltbewegung geworden.

Selbst so mancher evangelikale Gemeindeleiter scheint Genugtuung darüber zu empfinden, daß derzeit soviel von geistlichen Werten die Rede ist. Sie tun so, als bedeute dies, daß jene, die davon reden, ihnen geistesverwandt sind. Dabei können es Atheisten oder Okkultisten sein, die dem Christentum völlig ablehnend gegenüberstehen.

Englands Prinz Philip, Mitbegründer des World Wildlife Funds (WWF), ist einer der führenden Männer, die sich für die Umwelt einsetzen. Der WWF finanzierte die Gründung der in Washington ansässigen North American Conference on Religion and Ecology (NACRE), ein Verband, der es sich zur Aufgabe gemacht hat, die örtlichen Gemeinden für die Umweltbewegung zu engagieren. Man stellte den Pastoren eine »Osterpredigt 1990« zur Verfügung, die Christi Tod und Auferstehung die ursprüngliche Bedeutung nahm und diese Ereignisse statt dessen zu einem Symbol für die ökologische Agonie der Erde und deren von uns bewirkte »Auferstehung« umdeutete. NACRE war einer der Hauptsponsoren des »Tages der Erde 1990«. Und man sprach sich für »eine spirituelle Wiedergeburt des westlichen Menschen« aus (der östliche Mensch ist ja durch Yoga u.ä. bereits richtig eingestimmt). Dies sei das Geheimnis zur Lösung der Umweltkrise. Verbandspräsident Donald Conroy erklärte: »Es besteht Hoffnung für den Planeten, wenn die religiösen Gemeinschaften rund um den Globus die ethischen und spirituellen Dimensionen der Umweltbedrohung wahrzunehmen beginnen.«

In einer vor kurzem gehaltenen Rede vor Washingtons Nationalem Presseclub ließ Prinz Philip erkennen, daß die »geistlichen Werte« der Umweltbewegung nicht die des biblischen Christentums sind. Nachdem er erklärt hatte: »Wir brauchen ein religiöses und geistliches Motiv, um den Respekt vor der Natur und den bedachten Umgang mit ihr zu fördern«, fuhr er fort, indem er sich gegen das Anliegen des Christentums, die Seelen für die Ewigkeit zu retten, aussprach:

> Es macht doch eigentlich nicht viel Sinn, zu versuchen, die Seelen zu retten oder Erleuchtung und Erlösung zu erlangen, wenn allein die Existenzgrundlage der Menschheit auf dieser Erde durch eigenes Handeln bedroht ist.[1]

Die militante und immer noch wachsende Greenpeace-Bewegung nimmt sich durchaus berechtigter Anliegen an. Doch sie versucht damit, den Frieden auf die Erde zu bringen, ohne den Friedefürsten dafür in Anspruch zu nehmen. Gott verbannte Adam und Eva, die aufbegehrt hatten, aus dem Garten Eden und bewachte den Baum des Lebens mit dem Flammenschwert seines heiligen Gerichts über die Sünde. Christus ließ sich von diesem Schwert für uns durchbohren und wurde so der einzige Weg zum Leben – er allein! Und so kann auch nur er das Leben schenken. Die Umweltinitiativen, so ehrenwert sie auch im einzelnen sein mögen, stellen Versuche dar, der Menschheit das irdische Paradies ohne Versöhnung mit Gott durch Christi Erlösungswerk zurückzugewinnen.

Prinz Philip ist ein typisches Beispiel für die wachsende Zahl der Namenschristen, die im Zuge ihres ökologischen Engagements zum Heidentum zurückkehren. Und obgleich seine Frau, Königin Elisabeth II., das Oberhaupt der anglikanischen Kirche ist, sagte der Prinz in seiner Rede vor dem Nationalen Presseclub:

> Es wird nun deutlich, daß der ökologische Pragmatismus der sogenannten heidnischen Religionen – man denke an die amerikanischen Indianer, die Polynesier und die australischen Aborigenes – im Sinne einer Bewahrungsethik sehr viel realitätsbezogener war als die mehr intellektuell ausgerichteten monotheistischen Philosophien der Offenbarungsreligionen.[2]

Mit dem ökologisches Engagement setzt gewöhnlich eine schleichende Abkehr von der Bibel und dem Christentum ein. Es ist populär, von Spiritualität und Religionsfreiheit zu reden. Von denen aber, die Toleranz predigen, wird es nicht toleriert, wenn man davon spricht, Jesus Christus als der Erlöser der Sünder sei die einzige Hoffnung der Menschheit. Statt dessen hätten sich alle Religionen zu einer allgemeinen heidnischen Spiritualität zusammenzufinden, um den Planeten zu retten. William K. Reilly, Leiter einer Umweltschutzorganisation, der sich selbst als »reinster irischer Katholik« bezeichnet, spricht von einer »spirituellen Vision« des Bewahrens.[3] »Spirituell« könnte alles bedeuten: Hinduismus, Buddhismus, Zauberei oder

Islam; es könnte aber genausogut überhaupt nichts mit Religion zu tun haben. Man kann »spirituelle« Erfahrungen auch auf einem Rockkonzert, in der Oper oder bei einem LSD-trip machen. Für alles steht die Tür weit offen, nur für das evangelikale Christentum nicht.

In seiner Ansprache vor dem schon erwähnten Moskauer Weltforum nannte Gorbatschow die Konferenz »einen wichtigen Schritt hin zum ökologischen Bewußtsein der Menschheit«. Er erntete Applaus von den Delegierten, als er sich verpflichtete, »Atomtests vollkommen einzustellen – für immer und jederzeit, wenn die USA dasselbe tun – ... [und] unser Territorium für Inspektionen zu öffnen ... «[4] Er fuhr dann fort und forderte »eine neue, zeitgemäße Einstellung zur Natur, ... [wodurch] dem Menschen wieder das Gefühl gegeben wird, ein Teil der Natur zu sein.«

Auch das wieder ist ein armseliger Versuch, dem wahren Problem aus dem Weg zu gehen. Das Problem des Menschen ist nämlich nicht, daß er die Beziehung zur Natur verloren hätte. Ihm ist vielmehr der Kontakt zu Gott verlorengegangen – ja er ist sogar ein Rebell gegen seinen Schöpfer geworden. Wenn der »Gott«, der uns gestaltet hat, selbst die Natur ist, wenn wir einfach nur das Ergebnis von Naturkräften sind, die uns zu dem gemacht haben, was wir jetzt sind, dann wäre auch alles, was wir zustande gebracht haben, der Natur entsprechend und es könnte nicht als Umweltfrevel oder Ausbeutung verstanden werden. Die Natur verschmutzt oder beutet sich ja nicht selbst aus. Was immer die Natur und ihre Geschöpfe tun, wäre ein natürlicher Akt, der nicht verurteilt werden könnte.

Wenn ein paradiesisches Eiland im Pazifik durch ein Erdbeben und seine Flutwelle untergeht, dann ist dies nicht böse oder schlecht, denn die Natur hat keine Moral. Es ist nichts Böses daran, wenn der Löwe eine Antilope zum Frühstück verspeist oder Parasiten hektarweise Wälder vernichten. Warum ist es dann aber beim Menschen böse, wenn er den Regenwald abholzt oder Quecksilber im Meer versenkt, wenn er tatsächlich das Naturprodukt evolutionärer Kräfte ist? Wäre nicht jede Tat des Menschen so naturbedingt, wie es das Verhalten aller anderen Kreaturen ist? Unsere Fabriken, die die Umwelt verschmutzen, wären dann kaum mehr zu verurteilen als die Vulkane, die Asche und Giftgas in die Luft ausspucken.

Aber wir wissen doch, daß wir uns an der Natur vergehen. Und es regt sich das Gewissen. Das ist allerdings nur möglich, wenn die Natur nicht alles in allem ist, sondern als eigenständiges Phänomen von Gott erschaffen wurde, der seinerseits vom Universum zu unterscheiden ist und der den Menschen zu seinem Bild geschaffen hat. Dieser wiederum muß Rechenschaft darüber ablegen, wie er die restliche Schöpfung Gottes gebraucht oder auch mißbraucht. Eine andere Erklärung für unsere Schuldgefühle und unser Gespür, die Natur zu verletzen, gibt es nicht.

Das Werbevideo für das Weltforum enthält kurze Ausschnitte aus Reden von Mutter Teresa, Michail Gorbatschow und anderen angesehenen Persönlichkeiten. Dann werden Gesprächsausschnitte mit namhaften Führungspersönlichkeiten gezeigt. In diesem Zusammenhang stellt der Sprecher den Astronomen und Kosmologen Carl Sagan mit der fast bewundernden Bemerkung vor, er habe hier Spirituelles anklingen lassen. Wirklich? Das wäre doch sehr erstaunlich für einen Mann, der ein überzeugter Materialist ist! Ich zitiere einmal, was Sagan gesagt hat und was das Moskauer Publikum so sehr beeindruckt hat:

> Als Wissenschaftler haben viele von uns das Universum mit großer Ehrfurcht und mit Staunen erlebt. Wir haben begriffen, daß alles, was uns heilig ist, viel eher mit Achtung und Respekt behandelt wird. Unsere planetarische Heimat sollte deshalb so gesehen werden.

Es erstaunt immer wieder, daß ausgerechnet die Christen hocherfreut zur Kenntnis nehmen, wenn ein Carl Sagan »Spirituelles anklingen« läßt, so als habe man nun eine gemeinsame, verbindende Überzeugung. Dabei ist man doch in Wirklichkeit so weit voneinander entfernt wie Himmel und Hölle. Sagan ist ein Atheist. Wenn er von Heiligem spricht, meint er es nicht ernst. Dieser »Hohepriester der Kosmosanbetung«, der in jeder Beziehung ein Heide ist, hat einmal gesagt: »Wenn wir schon eine Macht anbeten müssen, die größer ist als wir selbst, wäre es da nicht sinnvoll, die Sonne und die Sterne zu verehren?«[5]

Natürlich nicht! Bei Sagan kommt hier der gerade in akademischen Kreisen inzwischen verbreitete Neopantheismus zum Ausdruck. Für ihn setzt sich auch Victor Ferkiss ein, Professor an der Georgetown Universität. Er sagt:»Grundlage jedes weiteren Gedankens ist, daß das Universum Gott ist.« Wie Sagan scheint auch er überzeugt zu sein, daß ein solcher Glaube»die umweltzerstörende Ausbeutung des Universums« verhindern wird.[6] Selbst wenn er es könnte, würde er damit noch nichts an Wahrheitsgehalt gewinnen. Wen stört das aber noch? Im Gegensatz zur ökologischen Krise ist die Frage nach der Wahrheit von keinerlei Interesse mehr.

Andererseits wird der Glaube an das vergöttlichte Universum die Ausbeutung der Umwelt kaum verhindern. Im Gegenteil – er würde sie noch fördern! Wenn nämlich das Universum Gott ist, dann ist jeder von uns ein Teil von Gott und könnte grundsätzlich nichts Verkehrtes tun. So wäre der Begriff»Ausbeutung des Universums« in sich unlogisch. Sagan, Ferkiss und alle, die ihren Glauben teilen, haben lediglich altes, heidnisches Gedankengut neu formuliert. Es ist erstaunlich, daß so viele Evangelikale, die in der Umweltbewegung engagiert sind, mit Formulierungen wie»Ehrfurcht vor dem Kosmos« einverstanden zu sein scheinen, als habe das noch irgend etwas mit dem Glauben an den Gott der Bibel zu tun. Sie sollten doch eigentlich wissen, daß Sagans Kosmosanbetung Gott vollkommen zuwiderläuft und ein Feind des Evangeliums ist.

In Römer 1 beschäftigt sich Paulus ganz konkret mit dieser uralten Perversion der Wahrheit über Gott, die in seiner Schöpfung zum Ausdruck kommt. Gott klagt alle der Rebellion an, die statt des Schöpfers die Schöpfung anbeten. Es besteht kein grundlegender Unterschied zwischen dem Animisten, der sich vor einem Stock oder Stein niederwirft, den er geistlich beseelt ansieht, der Hexe, die die Natur als»mächtige Mutter von uns allen« anbetet oder dem Universitätsprofessor, der das Atom oder den Kosmos als Gott verehrt. Alle sind als Heiden verurteilt, ob ihre Anbetung althergebracht oder modern ist, ob sie ungebildet sind oder akademisches Ansehen genießen. Paulus schreibt:

Denn sein unsichtbares Wesen, sowohl seine ewige Kraft als auch seine Göttlichkeit, wird von Erschaffung der Welt an in dem Gemachten wahrgenommen und geschaut, damit sie ohne Entschuldigung seien, weil sie Gott kannten, ihn aber weder als Gott verherrlichten noch Dank darbrachten, sondern in ihren Überlegungen in Torheit verfielen und ihr unverständiges Herz verfinstert wurde. Indem sie sich für weise ausgaben, sind sie zu Narren geworden ... welche die Wahrheit Gottes in die Lüge verwandelt und dem Geschöpf Verehrung und Dienst dargebracht haben statt dem Schöpfer ... (Röm. 1,20-25).

Was wir miterleben, ist eine Verachtung der Reformation und die Rückkehr zu einer typisch heidnischen Standortbestimmung im Verhältnis zur Natur. Zuweilen wird dieser Vorgang mit den kaum noch christlichen Begriffen des Katholizismus bemäntelt, um die zufriedenzustellen, die sich zwar noch als Christen bezeichnen, aber längst nicht mehr der Bibel folgen. Das gehört jedoch zu jenem bemerkenswerten Vorgang, der im Augenblick im Gange ist: die Rückkehr zur römischen Religion. Dieser Prozeß wird noch beschleunigt durch die offene Unterstützung des Heidentums durch den Papst und durch Christen, die sich zur Rettung des Planeten der Umweltbewegung anschließen, ohne klar zum Ausdruck zu bringen, daß die einzige Hoffnung für die Menschheit darin besteht, durch Jesus Christus mit Gott versöhnt zu werden.

Die Anliegen der Umweltfreunde sind zwar legitim, aber ihre humanistischen Lösungsrezepte und ihr Kniefall vor der Natur sind Versuche, der Verantwortung dem persönlichen Gott gegenüber, der sie immerhin erschaffen hat, zu entkommen. Weil man Gottes moralischen Absolutheitsanspruch nicht mehr anerkennt, kann man sich jener Toleranz rühmen, von der Gorbatschow sagt, sie sei der Grundstein für die neue Weltordnung. Wenn wir nicht mehr einem persönlichen Gott gegenüber verantwortlich sind, sondern nur noch der Natur, die keine Moral kennt, dann können wir großherzig Homosexualität, Abtreibung und alle anderen Formen der Unmoral hinnehmen und uns gleichzeitig an die Brust schlagen, weil wir ja so verantwortungsbewußt mit der Umwelt umgehen. Paulus fährt in Römer 1 ganz unverblümt fort und sagt:

Und wie sie es nicht für gut fanden, Gott in der Erkenntnis festzuhalten, hat Gott sie dahingegeben in einen verworfenen Sinn, zu tun, was sich nicht geziemt: erfüllt mit aller Ungerechtigkeit, Bosheit, Habsucht, Schlechtigkeit, voll von Neid, Mord, Streit, List, Tücke; Ohrenbläser, Verleumder, Gottverhaßte, Gewalttäter, Hochmütige, Prahler, Erfinder böser Dinge, den Eltern Ungehorsame, Unverständige . . . (Röm. 1,28-31).

Was für eine präzise Beschreibung der Welt von heute! Es stimmt, wir sind schuldig geworden, weil wir unsere Umwelt vergiftet haben, und wir sollten diesen Mißstand beseitigen. Aber viele, die an vorderster Front im Feldzug gegen die Umweltverschmutzung zu finden sind, verlangen gleichzeitig größere »Freiheiten«, damit sie wenigstens unsere und unserer Kinder Seelen beschmutzen können. Um aber ihr Gewissen zu erleichtern, bedienen sie sich des Schlagwortes von den »geistlichen Werten«, nur um zu zeigen, daß sie absolut nichts gegen die Religion einzuwenden haben und selber ihre Maßstäbe haben.

Die zum Weltforum herausgegebene Zeitschrift *Shared Vision* erklärt: »Wir müssen uns wieder stärker unserer natürlichen Herkunft besinnen und es wieder ganz neu lernen, die Natur zu lieben und zu respektieren. Die Liebe unseres ewigen Elternpaares, Mutter Erde und Vater Himmel, ist allumfassend . . . « Die Verächtlichmachung von Gottvater und seinem Sohn Jesus Christus hätte nicht deutlicher zum Ausdruck gebracht werden können. Doch viele, die sich Christen nennen, machen den Schritt mit »zurück zur Natur«, um ihre ökumenische Solidarität mit all denen zu bekunden, denen das Wohlergehen unseres Planeten am Herzen liegt.

Im Oktober 1988 fand eine typische Zusammenkunft von Umweltschützern aus ganz Nordamerika in Santa Cruz statt. Eröffnet wurde die Veranstaltung mit einem Gebet der Ureinwohner Amerikas, mit dem Großvater Gott gedankt wurde »für all das Gute, das du auf Mutter Erde hast entstehen lassen«. Unter den Rednern war auch ein Baptistenprediger, ein ökumenischer Friedensaktivist. Die Veranstaltung »schloß mit einem gemeinschaftsfördernden, der Erde huldigenden Ritual, das geleitet wurde von der bekannten Schrifstellerin, engagierten Kämpferin und feministischen ›Hexe‹ Starhawk.«[7] Johannes Paul II. fördert verwandte Vorstellungen in zahlreichen Reden, indem er sich einer ähnlich gearteten pantheistischen, vom New Age geprägten Sprache bedient. In seiner Botschaft zum Weltfriedenstag 1990 sagte der Papst beim »Fest der heiligen Mutter Gottes«: »Ein harmonisches Universum ist ein Kosmos, der ausgestattet ist mit seiner eigenen Integrität und seinem eigenen dynamischen Gleichgewicht.«[8] Der Erzbischof von Canterbury Robert Runcie war in seiner Kathedrale Gastgeber des Canterbury Festival of Faith and Environment. Es kam zu »gemeinsamen Gebeten und gemeinsamen Riten ... von Buddhisten, Moslems, Bahaisten, Juden, Sikhs und Hindus«. Dieselbe Vermischung von Heidentum und »Christentum«, die einst Konstantin herbeigeführt hatte, wird nun in Vorbereitung auf den neuen Konstantin, den Antichristen, noch einmal in die Wege geleitet.

Ökologie und Frieden sind die beiden großen Anliegen, die den neuen Einigungsprozeß aller Religionen ins Rollen bringen werden. Nichts anderes zählt mehr. Überzeugungen, die sich auf eine Lehre gründen, haben keine Bedeutung mehr. Zu diesem Schluß kam die Weltkonferenz – Arbeiter des Glaubens für dauerhaften Frieden, Abrüstung und gerechte Beziehungen unter den Nationen, die 1977 in Moskau veranstaltet wurde. Die Delegierten kamen aus über hundert Ländern, und »es waren Buddhisten und Christen darunter, Hindus, Judaisten und Moslems, Sikhs und Shintoisten, Geistliche und Laien, Lehrer und Hohepriester ... « In der Abschlußerklärung, die von den Teilnehmern unterzeichnet wurde, hieß es unter anderem:

> Unsere religiösen Überzeugungen haben uns nicht getrennt, denn unsere ethischen Anliegen waren durchaus ähnlich, und in unserem Streben nach dem Wohlergehen der ganzen Menschheit haben wir Gemeinsamkeiten entdeckt.
> Über unsere unterschiedlichen Lehrauffassungen haben wir nicht diskutiert ... [sondern nur darüber] auf welche Weise wir uns gemeinsam für Frieden und Gerechtigkeit einsetzen können ...

184 ◆ *Dave Hunt*

Möge der Friede in Gerechtigkeit triumphieren! Möge die Menschheit in die Lage versetzt werden, den Schritt zur vollen Entfaltung all ihrer Möglichkeiten zu tun! Möge die Menschheit eins sein in dem gemeinsamen Streben für den Frieden![9]

Es ist erstaunlich, daß die Menschheit auf ihrer Suche nach Frieden und ökologischer Erlösung bereit ist, nicht nur eine völlig gottlose »Spiritualität« zu akzeptieren, sondern auch noch deren abwegigste Formen zu praktizieren. Maharischi Mahesch Yogi behauptet, daß das, was seine vielen Anhänger in aller Welt praktizieren – die Transzendentale Meditation (TM), eine Abart des hinduistischen Yoga –, der Welt Frieden bringen werde. Von dieser Bewegung sind überall auf der Welt »ideale Gemeinschaften« des vollkommenen Friedens gegründet worden. Maharischis Anhänger schreiben es denn auch ihrem Meister und der TM zu, die dramatischen Veränderungen in Osteuropa und das Ende des Kalten Krieges bewirkt zu haben. Wer widerspricht dem eigentlich noch, wenn schon zahlreiche angesehene Professoren und Wissenschaftler Maharischis Behauptungen angeblich unter die Lupe genommen und für wahr befunden haben?

Wenn Millionen Menschen, von denen viele sehr intelligent und gebildet sind, dazu gebracht werden können, den abenteuerlichsten Aussagen eines Maharischi zu glauben, dann fällt es gar nicht schwer, sich vorzustellen, wie die Welt den Antichristen anbetet. Satans Messias mit seinen unbegrenzten übersinnlichen Kräften wird den Gurus von heute weit überlegen sein.

Der Dalai Lama behauptet Dinge, die nicht weniger abenteuerlich sind als die des Maharischi. Auch er verheißt den Weltfrieden durch seine Yogavariante, die der TM sehr ähnlich ist, nach seinen Angaben aber eine größere Wirkung entfaltet. Sie hat den imposanten Namen »Tibetanisch tantrisches, buddhistisches Yoga der Gottheit«. Der Dalai Lama verspricht, den Weltfrieden zu bringen, indem er die Menschen in kleine Götter verwandelt, die in der Lage sind, die »Illusion« des Friedens zu schaffen. Und das allein ist nach seinen Worten das Leben – eine Illusion, und es gehe nun nur noch darum, eine andere als die Illusion des Bösen zu schaffen, von der wir schon so lange gefangengehalten worden sind.

Ist da überhaupt jemand, der ihn ernst nimmt? Ja, die Medien nehmen ihn ernst und gehen wohlwollender mit ihm um als mit Bill Clinton oder John Major. Und für die jüngsten Veränderungen in Osteuropa sind angeblich auch seine Bemühungen verantwortlich. Bewunderer des Dalai Lama meinen, die Kalachakra-Rituale, die er überall auf der Welt vollzieht, seien mit dafür verantwortlich, daß eine geistliche Atmosphäre geschaffen worden sei, die schließlich zum Einreißen des Eisernen Vorhangs geführt habe. Die Friedensmission des Dalai Lama wurde immerhin so hoch eingeschätzt, daß er am 5. Oktober 1989 den Friedensnobelpreis erhielt.

Papst Johannes Paul II. hat seine eigene Theorie darüber, wie der Weltfrieden kommen wird. Es ist eine Theorie, die mit Jesus Christus gar nicht mehr rechnet und genauso bizarr ist wie die Friedensstrategien des Dalai Lama und des Maharischi. Und doch wird sie von den Abermillionen Katholiken durchaus ernst genommen. Wie wir schon weiter oben anmerkten, ist das Oberhaupt der römisch-katholischen Kirche vollkommen davon überzeugt, daß der Weltfrieden durch das tägliche Rosenkranzgebet und den Triumph des »unbefleckten Herzens« jener Marienerscheinung kommen wird, die unter der Bezeichnung »Unsere Liebe Frau von Fatima« bekannt geworden ist. Gleichzeitig verurteilt der Papst keine der anderen Religionen, sondern meint im Interesse seiner eigenen Ziele, ihre Gebete und Bemühungen würden im Gesundungsprozeß unseres Planeten Erde genauso eine Rolle spielen.

Da die Ökumene einen Schlüsselfaktor bei der Errichtung des Weltfriedens darstellt, wird sie nicht mehr aufzuhalten sein. Diejenigen, die sich aufgrund biblischer Erkenntnisse gegen sie aussprechen, werden als engstirnig und kleinmütig erscheinen. Schließlich macht es auch keinen Sinn – wie Prinz Philip einwandte –, sich um Himmel und Hölle zu kümmern, wo das Überleben unserer Spezies auf dem Spiel steht. Umweltfragen und das Anliegen, Frieden zu schaffen, haben um jeden Preis oberste Priorität. Wen kümmert es noch, daß die Botschaft des Engels bei der Geburt Jesu Christi vom »Frieden auf Erden« inzwischen ganz sinnentleert erscheint? Aber die Illusion, die uns da vorgegaukelt wird, sie wird uns am Ende vernichten.

Man mag es gar nicht glauben, daß so viele, die über die »spirituellen Werte« reden, es nicht wahrhaben wollen, daß der Mensch ein geistliches Wesen ist, das weiterlebt, wenn der physische Leib schon tot ist. Was heute zählt, ist das Zeitliche, während die Ewigkeit vernachlässigt wird. Man kümmert sich um dieses Leben und vergißt das kommende – das im Himmel oder in der Hölle. Da dürfen wir doch mit Fug und Recht jene Frage in der Sprache unserer Zeit stellen, die Christus mit so großem Ernst an seine Jünger gerichtet hat: »Was nützt es dem modernen Menschen, wenn er eine ökologisch gesunde und friedliche Welt gewinnt und dabei seine Seele verliert?«

Wir können uns mit Gottes Verheißung trösten, daß sogar die Wüsten dieser Erde »wie eine Rose blühen werden«, wenn der Messias tausend Jahre lang von Jerusalem aus regieren wird. Doch selbst das Tausendjährige Reich wird noch im Krieg enden, wenn die vielen, die sich der Segnungen Gottes erfreuen konnten, aufbegehren und sein Reich zu stürzen versuchen. Unsere eigentliche Hoffnung ist das vollkommen erneuerte Universum reinster Glückseligkeit für die, die es Gott erlauben, sich von ihm so gestalten zu lassen, daß sie da hineinpassen, indem er sie zu einer »neuen Schöpfung in Christus Jesus« macht.

Satans Plan wirkt intellektuell redlicher und kommt viel eher dem menschlichen Stolz entgegen. In der vor uns liegenden Zeit werden wir alle denn auch aufgerufen werden, in einer zukunftsweisenden Allianz zusammenzuarbeiten, um eine paradiesische neue Welt mit hoher Lebensqualität und einem Auskommen für alle zu gestalten. Seien wir deshalb auf der Hut, daß wir nicht dazu verführt werden, uns im Interesse einer scheinbar guten Sache auf die falsche Seite zu schlagen.

14 | *War Jesus der Christus?*

AUF DIE FRAGE, WARUM ER NICHT glaube, daß Jesus der Messias war, wird der durchschnittliche Jude wahrscheinlich erwidern:»Weil er keinen Frieden gebracht hat.« Oberflächlich betrachtet, scheint die Logik solch einer Einstellung unwiderlegbar zu sein. Schließlich haben die hebräischen Propheten verheißen, der Messias werde auf der ganzen Erde ein vollkommenes und dauerhaftes Friedensreich errichten. Und das hat Jesus nicht geschafft. Damit ist die Sache für sie erledigt. Nehmen wir z. B. die Prophetie Jesajas, die die Christen so oft zitieren, besonders zu Weihnachten:

> Groß ist die Herrschaft, und der Friede wird kein Ende haben auf dem Thron Davids und über seinem Königreich, es zu festigen und zu stützen durch Recht und Gerechtigkeit von nun an bis in Ewigkeit. Der Eifer des HERRN der Heerscharen wird dies tun (Jes. 9,6).

Gott hatte David durch den Propheten Nathan versprochen: »... dann werde ich deinen Nachkommen ... nach dir aufstehen lassen ... dein Königtum soll vor dir Bestand haben auf ewig ... « (2. Sam. 7,10-17). Und Micha bezeugte:»Da wird der HERR König über sie sein auf dem Berg Zion, von da an bis in Ewigkeit« (Mich. 4,7). Der Engel Gabriel bestätigte dann der Jungfrau Maria alle diese Prophetien:»Und er wird über das Haus Jakob herrschen in Ewigkeit, und seines Königtums wird kein Ende sein« (Lk. 1,33). Und hier noch einige weitere Beispiele für das, was die Propheten mit einer Stimme über das Königreich des Messias ausgesagt haben:

> Wolf und Lamm werden zusammen weiden; und der Löwe wird Stroh fressen wie das Rind ... Man wird nichts Böses und

188 ♦ Dave Hunt

nichts Schlechtes tun auf meinem ganzen heiligen Berg, spricht
der HERR.

Freut euch mit Jerusalem ... Denn so spricht der HERR:
Siehe, ich wende ihr Frieden zu wie einen Strom und die
Herrlichkeit der Nationen wie einen überflutenden Bach ...
(Jes. 65,25; 66,10-12).

Denn siehe, Tage kommen, spricht der HERR, da wende ich
das Geschick meines Volkes Israel ... [und] sie werden dem
HERRN, ihrem Gott, dienen und ihrem König David, den ich
ihnen erwecke ... All seine Unterdrücker werde ich heimsuchen ...

Der Israel zerstreut hat, wird es wieder sammeln und wird
es hüten wie ein Hirte seine Herde ... Und sie werden nicht
mehr länger verschmachten (Jer. 30,3.9.20; 31,10.12).

Offensichtlich sind diese Prophetien noch nicht erfüllt worden. Skeptiker rechtfertigen deshalb auch ihren Unglauben,
indem sie vorbringen:»Das Christentum gibt es nun schon 2000
Jahre, und wir haben immer noch keinen Frieden, und die Welt
ist ein einziger Scherbenhaufen. Warum sollte ich also der
Friedensbotschaft, mit der die Christen jedes Weihnachten aufwarten, glauben?« Bildung und Wissen gibt es schon viel länger
auf dieser Welt, und trotzdem ist die Mehrheit aller Menschen
nicht sonderlich informiert, obwohl die Bibliotheken vor Büchern überquellen. Christi Erlösung wird der Welt nicht automatisch aufgezwungen. Sie muß vielmehr vom einzelnen im Glauben angenommen werden, um ihre Wirkung zu entfalten.

Das Kommen des Messias, um Israel als oberste aller Nationen zu etablieren und einen weltweiten Frieden zu errichten, war
immer schon die große Hoffnung des jüdischen Volkes. Die
messianischen Prophetien enthalten allerdings einige merkwür-
dige Widersprüche, die selbst die israelischen Religionsführer
nicht verstanden haben und die die meisten Juden heute nicht
recht wahrhaben wollen. Jesaja hat beispielsweise über den
Messias auch prophezeit:»Er war verachtet und von den Menschen verlassen ... wie einer, vor dem man das Gesicht verbirgt
... Aus Drangsal und Gericht wurde er hinweggenommen ...
Denn er wurde abgeschnitten vom Land der Lebendigen. Wegen
des Vergehens seines Volkes hat ihn Strafe getroffen« (Jes.

53,3.7). Ohne es zu wissen, erfüllten die Juden diese Prophetie, indem sie Jesus kreuzigen ließen. Gott erwählte Abraham, Isaak und Jakob und entschied sich, ihre Nachkommen selbst anzuführen. Israel sollte eine Theokratie im wahrsten Sinne des Wortes sein, also eine lebendige Demonstration der Beziehung, die Menschen und Nationen mit Gott haben sollten. Als Israel sich dann wie alle Völker ringsum einen König wünschte, sprach Gott zu Samuel:» ... mich haben sie verworfen, daß ich nicht mehr König über sie sein soll« (1. Sam. 9,7).

Der Messias mußte also, wenn er das wahre Königreich errichten wollte, selbst Gott sein, der als Mensch kommt, um Israel zu regieren. Und die Propheten haben auch ganz eindeutig davon gesprochen, daß der Messias Gott sein und durch eine Jungfrauengeburt auf die Erde kommen würde, um als Mensch unter seinen Geschöpfen zu leben:»Siehe, die Jungfrau wird schwanger werden und einen Sohn gebären ... und man nennt seinen Namen: Wunderbarer Ratgeber, starker Gott, Vater der Ewigkeit ... « (Jes. 7,13; 9,5).

Die Rabbis konnten einfach nicht glauben, daß Gott Mensch geworden war, um unsere Erlösung damit zu bewirken. Deshalb kreuzigten sie Jesus auch für seine Behauptung, Gott zu sein. Und da Gott schließlich nicht sterben konnte, war der Beweis für den Schwindel erbracht! Auch konnte ein Toter wohl kaum auf Davids Thron regieren. Die Rabbis brachten deshalb vor, er könne gar nicht der Messias gewesen sein, weil er das Reich nicht errichtet habe. Als er dann aber von den Toten auferstand, bestachen sie die Wachen, das offene Grab damit zu erklären, daß seine Jünger den Leichnam gestohlen hätten, während sie schliefen. Heute wissen wir, was Jesu Zeitgenossen noch nicht wissen konnten, was aber die Propheten unmißverständlich vorausgesagt haben: Der Messias wird sein Tausendjähriges Reich bei seinem zweiten Kommen errichten.

Israel erwartete einen Messias, der mit seinem Flammenschwert ein Heer anführen würde, um seine römischen Unterdrücker zu besiegen. Man begiff einfach nicht, daß der schlimmste Feind die Sünde und der persönliche Egoismus war und daß die Mission des Messias darin bestand, die Menschheit von moralischer und geistlicher Knechtschaft zu befreien. Daß alle

Tieropfer nichts weiter als ein Sinnbild dafür waren, daß der Messias für ihre Sünden sterben mußte, war eine Vorstellung, die Israel damals überhaupt nicht begreifen konnte.

Es gibt immer wieder nachdenkliche Menschen, die zweifeln, weil sie von den »Gelehrten« gehört haben, das Neue Testament sei gar nicht von den Aposteln verfaßt worden, sondern Hunderte von Jahren später von übereifrigen Kirchenführern, so daß das Zeugnis von Jesus von Nazareth größtenteils erdacht und sicher unzuverlässig sei. Doch es sprechen nicht nur die Tatsachen dagegen, es sind auch diese Thesen selbst in sich widersprüchlich. Es ist geradezu grotesk, anzunehmen, daß jemand so hintertrieben ist, sich solch einen Schwindel auszudenken, um dann einen erdachten Jesus darzustellen, dessen Worte und Taten selbst von Kritikern als vollkommenes Beispiel für Güte und Barmherzigkeit anerkannt werden.

Als historische Tatsache ist uns bekannt, daß die Manuskripte des Neuen Testaments schon vor dem Ende des ersten Jahrhunderts in der frühen Kirche weitverbreitet waren. Außerdem enthalten sie detaillierte Angaben, die nur jemand bekannt sein konnten, der zu der Zeit gelebt und geschrieben hat. So schreibt z. B. Lukas:

> Aber im fünfzehnten Jahr der Regierung des Kaisers Tiberius, als Pontius Pilatus Statthalter von Judäa war und Herodes Vierfürst von Galiläa und sein Bruder Philippus Vierfürst von Ituräa und der Landschaft Trachonitis, und Lysinias Vierfürst von Abilene, unter dem Hohenpriestertum von Hannas und Kaiphas ... (Lk. 3,1-2).

Niemand, der sich als Lukas ausgegeben und Jahrzehnte – wenn nicht gar Jahrhunderte – später geschrieben hätte, wäre in der Lage gewesen, sich so detailliert zu Namen und Orten von Herrschern und Priestern zu äußern. Erst durch die Entdeckungen der modernen Archäologie haben sich diese Angaben als vollkommen zuverlässig erwiesen. Es wurde bis vor kurzem noch von Skeptikern angezweifelt, daß es einen Pontius Pilatus überhaupt gegeben habe, bis dann eines Tages die ersten archäologischen Belege für seine Existenz gefunden wurden. Nein, im Gegensatz zu dem, was uns die Kritiker weismachen wollten, besitzen wir viel bessere Belege dafür, daß Jesus von Nazareth gelebt hat, gestorben und auferstanden ist, als für unsere Kenntnisse über andere historische Persönlichkeiten wie Julius Cäsar oder Alexander der Große.

Man beachte den großen Unterschied in der Zahl alter biblischer Manuskripte, die der Forschung zur Verfügung stehen, und dem Mangel an Dokumenten zu allen anderen Ereignissen jener Tage. Zum Buch Mormon gibt es keine weiteren Belege aus der Zeit seines Entstehens. Wir haben lediglich die Originalausgabe von John Smith, die angeblich eine Übersetzung der längst verschwundenen »Goldenen Tafeln« ist. Von Cäsars Gallischem Krieg (58-50 v. Chr.) haben wir neun oder zehn halbwegs zuverlässige Manuskripte, deren ältestes auf 900 Jahre nach Cäsar datiert wird! Von den ursprünglich 142 Büchern der Römischen Geschichte von Titus Livius (59 v. Chr. – 17 n. Chr.) existieren heute nur noch 35, die in 20 Einzelmanuskripten vorliegen. Von den 14 Büchern der Historiae von Tacitus (100 n.Chr.) haben gerade vier und Teile eines fünften überlebt, während von den 16 Bänden der Annales zehn ganz und zwei teilweise in zwei Manuskripten erhalten sind, eins aus dem neunten und das andere aus dem elften Jahrhundert! Von den Geschichtswerken des Thukydides und den Herodotschen Historien (5. Jahrh. v. Chr.) liegen uns jeweils acht Manuskripte vor.

Im Gegensatz dazu steht den Fachleuten die unglaubliche Zahl von 15000 Bibelmanuskripten für ihre Forschung zur Verfügung! Aber wie steht es mit deren Zuverlässigkeit? Die Kritiker waren davon ausgegangen, daß der Jesajatext unter den Rollen vom Toten Meer (datiert auf ca. 125 v. Chr.) große Unterschiede zum bisher ältesten Manuskript (ca. 900 n. Chr.) aufweisen würde. Doch die berühmte Jesajarolle, die in Israel in einem eigens dafür hergerichteten Museum untergebracht ist, erwies sich als nahezu identisch mit dem Text, der uns bisher schon vorlag.

Die Frage, ob Jesus von Nazareth überhaupt der Christus war, wird nicht aufgrund irgendwelcher Unstimmigkeiten in der Bibel aufgeworfen, sondern hauptsächlich deswegen, weil es ihm scheinbar nicht gelungen ist, all das zu erfüllen, was die Propheten vorausgesagt hatten. Aber das Gegenteil ist richtig: Alle der vielen im Alten Testament erwähnten Prophetien zum Auftreten

des Messias wurden buchstäblich von Jesus von Nazareth erfüllt
– alle, bis auf eine: Das Königreich Israel und den Weltfrieden
hat er noch nicht errichten können. Dieses scheinbare Manko
lieferte denen, die ihn schließlich kreuzigten, eine biblisch be-
gründete Rechtfertigung für ihr Tun. Es führte aber auch zu
Verwirrung und Ernüchterung unter seinen Anhängern.

Sogar Johannes der Täufer, der von Gott ausgesandt worden
war, Israel auf den Messias vorzubereiten, begann irgendwann
zu zweifeln, ob Jesus überhaupt der Verheißene sein konnte.
Ernüchtert und bestürzt sandte er zwei seiner Jünger zu Jesus,
um ihn zu fragen:»Bist du der Kommende, oder sollen wir auf
einen anderen warten?« (Lk 7,20). Die Frage ist erstaunlich,
wenn man bedenkt, wer Johannes war und wie eindeutig für ihn
die Beweislage dafür gewesen sein mußte, daß Jesus zweifelsfrei der verheißene Messias Israels war.

»Da war ein Mensch, von Gott gesandt, sein Name Johan-
nes.« So stellt das vierte Evangelium den vor, den Jesaja als den
Herold des Messias beschreibt:»Eine Stimme ruft: In der Wüste
bahnt den Weg des HERRN« (Jes. 40,3). Von Gott für diesen
Ehrendienst auserwählt, würde Johannes nach den Worten des
Engels Gabriel»schon von Mutterleibe an mit dem Heiligen
Geist erfüllt werden« (Lk. 1,15). Und tatsächlich: Schon als
Ungeborenes im sechsten Monat hatte er beim Klang der Stim-
me von Maria im Leib seiner Mutter Elisabeth einen Freuden-
sprung vollführt, als diese gekommen war, um ihrer Cousine zu
erzählen, daß sie schwanger war,»erfunden von dem Heiligen
Geist« (Matth. 1,18).

In dem Wissen, wer er war und was er zu tun hatte, fing
Johannes an, Israel auf seinen Messias vorzubereiten, indem er
Buße predigte und alle, die seine Botschaft willig aufnahmen,
im Jordan taufte. Johannes war kein Mystiker, aber er hatte doch
eine konkrete Botschaft von Gott vernommen, die sich schließlich auch als eine lebendige Erfahrung vor seinen Augen erfüllte:

> Aber der mich gesandt hat, mit Wasser zu taufen, der sprach
> zu mir: Auf welchen du sehen wirst den Geist herniederfahren
> und auf ihm bleiben, dieser ist es, der mit Heiligem Geist tauft.
> Und ich habe gesehen und habe bezeugt, daß dieser der Sohn
> Gottes ist (Joh. 1,33-34).

Nachdem er Jesus getauft hatte, sah Johannes, wie sich der Geist, einer himmlischen Taube gleich, auf Christus niederließ und bei ihm verweilte. Damit hatte sich das Wort Gottes erfüllt. Johannes verlor aber einige seiner eigenen Jünger, als er sie getreu seinem Auftrag an Jesus verwies und durch göttliche Inspiration sprach:»Siehe, das Lamm Gottes, das die Sünde der Welt wegnimmt« (Joh. 1,29). Und als ihm zugetragen wurde, daß die Zahl seiner Jünger schrumpfe, während Christus immer mehr um sich sammle, da erwiderte Johannes:»Er muß wachsen, ich aber abnehmen« (Joh. 3,30).

Doch selbst dieser auserwählte Prophet kam an einen Punkt, wo plötzlich alles keinen Sinn mehr zu ergeben schien: Sollte dieser Jesus tatsächlich der Messias sein? Johannes war von König Herodes gefangengenommen worden und schmachtete nun im Burgverlies. Jeden Tag drohte ihm die Enthauptung. Wie konnte ausgerechnet ihm das passieren, dem ganz besonderen Boten Gottes, der immerhin den Messias angekündigt hatte? War er hinters Licht geführt worden? Wäre Jesus wirklich der Christus gewesen, von Gott mit Macht ausgestattet, sein Reich zu errichten und auf Davids Thron zu regieren, dann wäre er, Johannes, doch jetzt nicht hier im Kerker!

Wir wissen nicht, wie lange Johannes mit sich gekämpft hatte, bis es ihm gelang, sich solch quälender Gedanken zu erwehren. Die Tatsachen waren niederschmetternd. Welch weiterer Beweise hätte es bedurft, daß sein Vetter ein wohlmeinender, aber dem Selbstbetrug erlegener Hochstapler war? In einem letzten Versuch, seinen Glauben zu retten, beauftragte Johannes zwei aus seiner kleiner werdenden Schar von Getreuen damit, Jesus zu beobachten und zu befragen. In ihrer Gegenwart tat Jesus viele Wunder, und er schickte sie zurück, damit sie Johannes berichten sollten, was sie mit eigenen Augen gesehen hatten. Wir erfahren nicht, wie Johannes darauf reagierte, aber wir müssen wohl davon ausgehen, daß Gott ihn in der Stunde der Anfechtung stärkte.

Die Frage des Täufers, ob er, Jesus, der sei, der da kommen solle, verlangte eine ganz konkrete und glaubwürdige Antwort. Es hätte wenig genützt, wenn Jesus feierlich geschworen hätte, er sei der Christus. Ob er der erwartete Messias war oder nicht, hing ganz und gar davon ab, ob er die Prophetien erfüllte.

194 ✦ *Dave Hunt*

Deshalb hatte Jesus auch den Jüngern geboten, »daß sie niemand
sagten, daß er der Christus sei«, bevor sich die Prophetien erfüllt
hätten und er von den Toten auferstanden sein würde (Matth.
16,20-21; 17,9).

Und obwohl Johannes ein Mann Gottes war, so war sein
Verständnis der messianischen Prophetien doch kaum tiefer als
das der Jünger Jesu und der religiösen Führungsschicht in Israel.
Die gleiche Unsicherheit bezüglich prophetischer Aussagen –
diesmal zum zweiten Kommen Christi – finden wir heute genauso noch vor. Darum müssen wir uns auch mit dem Thema so
ausführlich beschäftigen.

Es gibt mehr als 300 Prophezeiungen im Alten Testament,
die das Auftreten des jüdischen Messias voraussagen. 200 davon
sind Parallelen, so daß ungefähr 100 konkrete Aussagen zu
erfüllen sind. Hier nun ein paar Beispiele: Er würde zu einem
konkreten Zeitpunkt auftreten (mehr darüber im nächsten Kapitel); er würde in Bethlehem geboren werden (Micha 5,2), von
einer Jungfrau (Jes. 7,14) und ein Nachkomme Davids sein (Ps.
89,4-5.28-26); er würde auf einem Esel reitend in Jerusalem
einziehen und dabei als Messias bejubelt werden (Sach. 9,9);
sein eigenes Volk würde ihn eines Tages ablehnen (Jes. 53,3);
einer seiner eigenen Anhänger würde ihn für dreißig Silberlinge
verraten (Ps. 41,10; Sach. 13,7; Sach. 11,12); er würde durch die
Zusammenarbeit von Juden und Heiden gekreuzigt werden (Ps.
22,17); und er würde auferstehen (Ps. 16,10).

Wiederholt hatte Christus den Zwölf erklärt, daß er gekreuzigt werden müsse und am dritten Tag auferstehen werde. Doch
dieser Gedanke stand so sehr im Gegensatz zu ihrer Vorstellung
vom Messias, der Israels Feinde besiegen würde, daß sie den
schlichten Gehalt seiner Worte gar nicht erfaßten. Auch konnten
sie die scheinbar widersprüchlichen Prophetien nicht richtig
deuten. Jesajas Aussage, der Messias werde »vom Land der
Lebendigen abgeschnitten« werden, schien unvereinbar mit der
Ankündigung zwei Verse weiter, er werde Nachkommen sehen
und seine Tage verlängert werden (Jes. 53,10). Es mußte eine
ihnen unbekannte Auslegung geben, aber sie getrauten sich auch
nicht, Jesus zu fragen.

Ein Gedanke hatte geradezu Besitz von den Jüngern ergriffen: Wenn Christus sein Reich errichten würde, würden sie mit

ihm in großer Macht und Herrlichkeit regieren. Die Aussicht, auf Thronen in Jerusalem zu regieren, war in ihrer Vorstellungswelt so sehr in den Vordergrund gerückt, daß sie beim Abendmahl, als Jesus traurig verkündete, einer von ihnen werde ihn verraten, nur für einen kurzen Augenblick ihre Bestürzung zum Ausdruck brachten, um dann sofort wieder miteinander zu streiten, »wer von ihnen für den Größten zu halten sei« (Lk. 22,24).

Man stelle sich einmal vor, was für ein Schock es für diese »Möchtegernprinzen« gewesen sein muß, als Jesus, scheinbar völlig hilflos, von einer pöbelnden Menge, die Judas anführte, gebunden, vors Gericht gezerrt und in den sicheren Tod abgeführt wurde! Er war immerhin der, der mit einem Wort den wütenden Sturm und die peitschenden Wellen in einem Augenblick zum Schweigen gebracht hatte, als sie mit ihrem kleinen Fischerboot in ein Unwetter geraten waren. Mit derselben Vollmacht hatte er der Krankheit geboten, daß aus Kranken Gesunde wurden, aus Blinden Sehende und aus Hungrigen Gesättigte. Und selbst die Toten waren auf sein Geheiß aus den Gräbern hervorgekommen. So oft waren sie Zeugen seiner wunderwirkenden Kraft geworden. Welche Erklärung konnte es da für seine augenblickliche Hilflosigkeit geben?

Es schien nur eine Antwort auf ihre Frage zu geben: Sie waren – wie auch immer – von diesem Nazarener hinters Licht geführt worden. Wie das möglich war, konnten sie sich nicht vorstellen, aber die Tatsache seiner Verhaftung und die sicher bevorstehende Hinrichtung als Übeltäter sprach für sich. Der Gedanke, daß die Rabbis die ganze Zeit recht gehabt hatten, als sie ihm vorhielten, ein Betrüger zu sein, schmerzte schon sehr. Das war nun das letzte, was die Jünger glauben wollten, doch wäre er der Messias gewesen, so hätte niemand ihn abführen können.

Als sie ihn niedergeschlagen und resignierend zu der ihn bestürmenden Menge sagen hörten: »Dies ist eure Stunde und die Macht der Finsternis«, da brach für sie eine Welt zusammen (Lk. 22,53). Jene, die noch kurz vor dem Abendmahl geschworen hatten, daß sie lieber sterben wollten, als ihn zu verleugnen, liefen nun um ihr Leben und überließen ihn seinem Schicksal. Sie begriffen damals kaum, daß sie alle – Judas, die Soldaten, die lärmende Menge und die römischen und jüdischen Machthaber – genau das erfüllten, was die Propheten vorausgesagt hatten. Es mußte einfach so geschehen. Und wie die Mächte der Finsternis, so sollten auch die Jünger nicht begreifen, daß am Kreuz Satan besiegt werden würde.

Jesu Wort:»Dies ist eure Stunde und die Macht der Finsternis«, stellte den radikalen Wendepunkt in der Kriegführung gegen Satan dar. Bis zu diesem Augenblick konnte niemand Christus oder seinen Jüngern ein Leid antun. Die Pharisäer hatten schon öfter versucht, ihn gefangenzunehmen, aber er war ihnen immer überlegen gewesen:»Da suchten sie ihn zu greifen, und niemand legte die Hand an ihn, weil seine Stunde noch nicht gekommen war« (Joh. 7,30; vergl. Lk. 4,30; Joh. 8,20; usw.).

Nun aber war seine Stunde doch gekommen, und er wehrte sich nicht gegen ihre Anklagen und Beschimpfungen. Von nun an würde es Satan und seinen Spießgesellen erlaubt sein, sich aufs Schlimmste an ihm zu vergehen. Das aber würde von diesem Augenblick an auch für jeden neuen Christen gelten. Alles, was ihr Herr erdulden mußte – Haß, Beschimpfung, Ablehnung, Verfolgung und Märtyrertum –, würden auch sie zu erdulden haben, aber das begriffen seine Anhänger damals noch nicht.

So kam es, daß die zwei Jünger auf dem Weg nach Emmaus ihrem Herzen Luft machten und einem»Fremden« von ihrer tiefen Enttäuschung über jenen Jesus von Nazareth erzählten, der vorbeikam und sich ihnen anschloß:»Wir aber hofften, daß er der sei, der Israel erlösen solle« (Lk. 24,20).

Ihr Blick war so sehr verstellt von ihren Sorgen und ihrer Ratlosigkeit, daß sie den auferstandenen Herrn, der neben ihnen ging, gar nicht erkannten. Auch wenn»einige Frauen«behauptet hatten,»daß sie auch eine Erscheinung von Engeln gesehen hätten, die sagten, daß er lebe«, so war dies offenkundig immer noch kein Trost für die Jünger. Man sollte auch Visionen nicht trauen, solange keine soliden Belege für ihre Glaubwürdigkeit vorliegen. Aber Petrus und Johannes hatten nachgeforscht, und sie hatten das leere Grab vorgefunden. Aber das schien nun eher das Faß zum Überlaufen zu bringen, denn ohne den Leichnam konnten sie nicht einmal mehr einen Schrein über seinen sterblichen Überresten errichten.

Weil es ihnen an Verständnis mangelte, war aus dem Traum vom herrschenden Messias ein Alptraum geworden. Vorbei war es mit der Aussicht, neben jenem Messias, der auf dem Thron Davids sein Reich errichtet hätte, auf eigenen Thronen zu sitzen und mitzuregieren. Alle Jünger waren vor Schreck erstarrt, weil auch sie möglicherweise sein schreckliches Schicksal teilen mußten. Ihnen fehlte jedes Verständnis dafür, was die hebräischen Propheten verkündet hatten:»Doch er war durchbohrt um unserer Vergehen willen, zerschlagen um unserer Sünden willen« (Jes. 53,5). Er war für die Sünden der Welt gestorben.

Es ist eine Ironie des Schicksals, daß gerade der Tod, den die Propheten angekündigt hatten und der für unsere Erlösung unumgänglich war, für Christi Zeitgenossen als »Beweis« dafür diente, daß er gar nicht der Messias war!»Bist du nicht der Christus? Rette dich selbst und uns« (Lk. 23,39). Das hatte einer der beiden Übeltäter, die mit Jesus gekreuzigt wurden, ihm als Herausforderung zugerufen. Hätte er sich aber selbst gerettet, so hätte niemand anders gerettet werden können. Das aber begriffen sie nicht.»Er ist Israels König, so steige er jetzt vom Kreuz herab, und wir wollen an ihn glauben« (Matth. 27,42). So spotteten die religiösen Führer Israels, als sie hämisch grinsend vor dem standen, der hoch oben, von Schmerzen gemartert, am Kreuz hing.

Das Ausbleiben göttlicher Intervention mußte jeden überzeugen. Und so redeten die Priester und Schriftgelehrten auf die ein, die gekommen waren, um mitzuerleben, wie er qualvoll sein Leben aushauchte:»Er vertraute auf Gott, der rette ihn jetzt, wenn er ihn liebt; denn er sagte: Ich bin Gottes Sohn« (Matth. 27,34). War nicht sein Verzweiflungsschrei kurz bevor er starb – »Mein Gott, mein Gott, warum hast du micht verlassen?« – das Eingeständnis, daß er gar nicht ein Diener Gottes gewesen war, geschweige denn sein Sohn? Daß der Himmel nach diesem flehentlichen Anruf so eisern schwieg, schien Beweis genug dafür zu sein, daß der ehemalige Zimmermann aus Galiläa ein Betrüger gewesen war.

War das nicht eine unwiderlegbare Logik, die auch noch eine solide Basis in der Schrift hatte? Schließlich hatten die Propheten klar und deutlich verkündet, daß der Messias den Thron Davids und Israels Größe wiederherstellen und damit ein goldenes Zeitalter des Friedens für die ganze Erde einläuten würde. Jesus von Nazareth war gescheitert. Frieden hatte er überhaupt nicht gebracht. Seine eigenen Worte hätten den Jüngern eine Warnung sein sollen – so dachten sie jetzt. Konnte der der Messias sein, der einmal gesagt hatte: »Meint nicht, daß ich gekommen sei, Frieden auf die Erde zu bringen; ich bin nicht gekommen, Frieden zu bringen, sondern das Schwert. Denn ich bin gekommen, den Menschen zu entzweien mit seinem Vater und die Tochter mit ihrer Mutter und die Schwiegertochter mit ihrer Schwiegermutter« (Matth. 10,34-35). Jetzt fielen seine eigenen Worte auf ihn zurück.

Er hatte alles andere als Frieden gebracht. Streit und Entzweiung zwischen Freunden und selbst in den Familien hatte er angezettelt. Und statt ein Heer aufzustellen, um Israel vom römischen Joch zu befreien, was der Messias bestimmt getan hätte, war dieser sanfte und demütige Hochstapler mit einer buntgemischten Gesellschaft von ehemaligen Fischern, Zöllnern und Prostituierten durchs Land gezogen und hatte Gewaltlosigkeit gepredigt. Und indem er behauptete, der König Israels zu sein, hatte er auch noch den Zorn Roms heraufbeschworen und damit alles noch viel schlimmer gemacht.

Nun waren die Rabbis ihn endlich los. Ihr Gewissen, zuvor von seiner beunruhigenden Verkündigung über die Gerechtigkeit in Nöte geraten, konnte nun wieder beschwichtigt werden. Jesus von Nazareth war tot, und seine ernüchterten und furchtsam gewordenen Anhänger hielten sich, in alle Winde zerstreut, in ihren Verstecken auf. Nun war es überstanden – so dachten sie zumindest. Doch in Wirklichkeit war das alles erst der Anfang. Aber selbst seine eigenen Jünger erkannten die Wahrheit nicht, bis er sich ihnen nach seiner Auferstehung »in vielen sicheren Kennzeichen« als der Lebendige zeigte (Apg. 1,3).

Die Zweifel des Täufers und die tiefe Enttäuschung der Jünger wurden durch zwei Dinge genährt, die uns noch heute beschäftigen und die immer noch Ursache von Verwirrung und Kontroverse in der Gemeinde sind: das Reich und das Kreuz. Die Jünger hatten eine völlig falsche Vorstellung davon, wie und wann Christus sein Reich errichten würde. Und was das Kreuz angeht, so konnten sie es überhaupt nicht einordnen. Es paßte so gar nicht in das Bild vom strahlenden Sieger, der seine Feinde vernichtet und mit »eisernem Stab« regiert (Ps. 2). Die Tatsache, daß Jesus solche Macht tatsächlich ausgeübt hatte, indem er viele Wunder tat und sogar die Toten auferweckte, ließ sich eigentlich gar nicht damit vereinbaren, daß man ihn nun als einen, der offensichtlich ausgeliefert war, kreuzigte.

Noch heute gibt es in der Gemeinde viele, die immer noch nicht recht wissen, wie und wann Christus das Reich errichten wird. Auch akzeptieren sie nicht, daß ausgerechnet das Kreuz das christliche Leben bestimmen sollte. Statt dessen glauben sie, daß die Christen eigentlich über die Erde herrschen sollten. Schließlich habe Christus nach seinem Aussendungsbefehl verkündet: »Mir ist alle Macht gegeben im Himmel und auf der Erde« (Matth. 28,18). Als seine Stellvertreter seien wir deshalb auch nicht mehr verpflichtet, die andere Wange hinzuhalten, sondern sollten in seinem Namen die Welt erobern. Es wird inzwischen überall gelehrt, es sei die Aufgabe der Gemeinde, alles unter ihre Kontrolle zu bringen – vom Erziehungssystem und den Medien bis hin zur Regierungsmacht –, um Christi Reich zu errichten, während er selbst wohlwollend vom Himmel zuschaut. Daß es sich so nicht verhält, läßt sich ganz leicht anhand der Schrift belegen.

Als Christus sich nach der Auferstehung vierzig Tage lang seinen Jüngern zeigte, fragten sie ihn: »Herr, stellst du in dieser Zeit für Israel das Reich wieder her?« Ihre Frage offenbart, was sie begriffen hatten: 1. Nicht die Gemeinde, sondern Christus selbst würde das Reich wiederherstellen. 2. Er hatte diese Aufgabe noch nicht in Angriff genommen und würde dies erst irgendwann in der Zukunft tun. 3. Das Reich betrifft Israel und nicht die Gemeinde. Hätten sich die Jünger in einem dieser drei Punkte geirrt, so hätte Jesus sie mit Sicherheit zurechtgewiesen. Die Tatsache, daß er es nicht tat, ist für uns Grund genug, eben jene drei Glaubensaussagen zum Reich auch für richtig anzunehmen. Christus machte sie lediglich darauf aufmerksam, daß es nicht ihre Sache sei, den Zeitpunkt, da er den Thron Davids besteigen und das Reich für Israel wiederherstellen würde, zu kennen. Er ließ ihnen allerdings ihre Überzeugung, daß er genau das eines Tages tun würde.

Nach der Auferstehung waren Jesu Jünger nun in der Lage, zumindest eins zu verstehen: Es gab nur eine Möglichkeit, die prophetischen Widersprüche aufzulösen, daß nämlich einer in Schwäche kommt und doch stark ist und daß einer verworfen und getötet wird und dann doch auf ewig regiert. Er mußte ganz einfach zweimal kommen! Christus war einmal gekommen, um für unsere Sünden zu sterben und damit sein Reich in den Herzen seiner Anhänger und Nachfolger zu errichten. Und dann, nach seiner Himmelfahrt, wird er noch einmal kommen, um die Welt von Jerusalem aus zu regieren. Wie sonst konnten alle Prophetien erfüllt werden, einschließlich derer, die von Ablehnung, Tod und Auferstehung sprechen?

Als der Messias »ausgerottet« wurde (Dan. 9,26), war dies nicht die Niederlage, wie seine Gegner meinten. Es war vielmehr Gottes strategisch kalkulierter Zug im kosmischen Kampf um den Thron des Universums. Die Schlacht war an sich schon vor den Toren Jerusalems am Kreuz ausgefochten und gewonnen worden, wobei Satan der Verlierer war. Und das geschah vor 2000 Jahren. Nun muß dieser Sieg nur noch in den Herzen von Christi Nachfolgern durch den Glauben an ihn vollzogen werden.

Wozu das Kreuz? War es denn wirklich nötig? Es war tatsächlich die einzige Möglichkeit, die Menschheit vor dem verdienten Gericht zu retten, und die einzige Möglichkeit, Satan zu besiegen. Auch wenn wir dieses Thema später noch vertiefen wollen, so müssen wir doch schon an dieser Stelle verstehen, daß in Christus Gott selber auf die Erde kam, um die Strafe abzubüßen, die seine eigene Gerechtigkeit für die Sünde verlangte.

Jede Sünde, ganz gleich, wie geringfügig sie in unseren Augen erscheinen mag, ist ein Angriff auf Gottes unendliche Gerechtigkeit, und sie verlangt deshalb nach einer unendlichen Bestrafung. Wir als sterbliche Wesen hätten sie niemals voll abbüßen können, so daß wir die Ewigkeit in der Gottesferne verbringen und Satans ewiges Verhängnis teilen würden. Gott, der unendlich ist, konnte solch eine Strafe bezahlen.

So wurde Gott aus Liebe und Barmherzigkeit ein Mensch, von einer Jungfrau geboren. Er hörte natürlich niemals auf, Gott zu sein, denn das wäre nicht möglich gewesen. Er wird aber auch niemals die Persönlichkeit, die er als Mensch annahm, wieder ablegen. Jesus Christus ist jetzt und in alle Ewigkeit der einzige

Gottmensch. Und aufgrund dieser Stellung war er imstande, die Strafe zu bezahlen, die seine eigene Gerechtigkeit forderte. Es war eine Strafe, die wir niemals hätten abbüßen können. Nun, da er die Strafe voll bezahlt hat, verschenkt er gnädig die Vergebung der Sünden und das ewige Leben an jeden, der für seine Sünden Buße tut und an ihn glaubt.

Wäre die Schlacht nach Satans Rebellion ein reines Kräftemessen gewesen, so hätte Gott Satan augenblicklich vernichtet. Aber das hätte seinem Zweck nicht gedient, denn Satan mußte noch gestattet werden, die Menschheit zu versuchen. Weil Gott uns liebt und unsere Liebe zu gewinnen sucht, war es nötig, daß uns die Gelegenheit zur freien Wahl gegeben wurde, um selbst entscheiden zu können, was uns genehmer ist – Gott mit seinen Segnungen oder die Verführungen Satans. Daß Satan überhaupt die Gelegenheit bekommt, eine Alternative zu Gott anzubieten, ist ein wichtiger Bestandteil von Gottes Heilsplan für die Menschheit.

Stellen wir uns einen König vor, der eine Braut unter den Frauen seines Reiches sucht. Das ist gar nicht so leicht, wie man vielleicht denkt. Er möchte nämlich nicht, daß die Frau, die ihn heiraten möchte, dies aufgrund seiner Position, seines Wohlstandes und seiner Macht tut, sondern nur deswegen, weil sie ihn liebt. Deshalb darf er ihr nicht befehlen, sie zu heiraten, auch wenn er die Macht dazu hätte. Darüber hinaus muß sie die freie Wahl haben, jeden anderen zu nehmen, der ihr gefällt. Wenn sie tatsächlich einen anderen liebt, würde der König sie nicht zwingen, denn nähme er sie mit Gewalt zur Frau, so würde sie bei ihm immer betrübt und voller Groll sein. Aus genau diesem Grund wird Gott auch niemanden zwingen, die Ewigkeit mit ihm zu verbringen. Das würde aus dem Himmel eine Hölle machen und ihn mit unglücklichen und übel gelaunten Menschen anfüllen. Unsere Herzen müssen gewonnen werden.

Was wäre davon zu halten, wenn der König der Braut seiner Wahl kundtut, sie könne, wenn sie wolle, auch jeden anderen heiraten, dann aber alle möglichen Rivalen um ihre Gunst aus dem Königreich verbannt? Das wäre nicht fair, und der Wettstreit um ihre Liebe wäre eine Farce. Satan ist der einzige große Rivale beim Wettstreit um die Gunst der Menschen. Und so wird er auch nicht vor Ablauf der Geschichte von Gott verbannt

202 ✦ *Dave Hunt*

werden. Satan wird die ökumenische Weltkirche dazu verführen, die Braut des Antichristen zu werden, und dabei dient er Gottes Absichten, der eine Braut für seinen Sohn zu gewinnen sucht.

Auch wenn Satans Zuneigung nur Heuchelei ist, so hält er doch Macht, Wohlstand, Erfolg und Spaß im Überfluß für die bereit, die ihn anbeten. Gott aber sagt zur Menschheit: »Wenn Satans Weg wirklich der bessere ist, wenn er mehr echte Liebe und Freude, mehr Spaß und mehr Zufriedenheit bringen kann als ich, dann folgt ihm doch meinetwegen nach.« David, der Psalmist, verkündete, nachdem er beide Angebote abgewogen und die Wahrheit herausgefunden hatte:

> Du wirst mir kundtun den Weg des Lebens; Fülle von Freuden ist vor deinem Angesicht, Lieblichkeit in deiner Rechten immerdar (Ps. 16,11).

Wie steht es nun mit dem zweiten Kommen? Christen haben immer wieder den Fehler gemacht, ein Datum für Christi Wiederkunft festzulegen. Wir glauben allerdings, daß das nicht möglich ist. Andererseits geben uns die biblischen Prophetien viele Hinweise auf die Zeit des zweiten Kommens, in welchem Umfeld von Ereignissen es sich ereignen wird. Und einige davon werfen ihre Schatten bereits voraus.

15 | *Die Zeichen der Zeit*

Ist die Vorstellung nicht atemberaubend, daß Gott durch Daniel genau den Tag vorausgesagt hat, an dem der Messias triumphal in Jerusalem einziehen wird? Wir haben diese Tatsache schon erwähnt. Auch wenn uns das genaue Geburtsdatum des Messias nicht vorausgesagt worden ist, so wurden uns in den Prophetien doch ganz bestimmte Kriterien kundgetan, anhand derer nun Israel genau weiß, wann (und wann nicht) es nach dem Messias Ausschau halten kann. Das gleiche gilt für das zweite Kommen. Wir haben schon eine Reihe von Gründen dafür genannt, daß unsere Generation es in absehbarer Zeit erwarten kann. Es sind Gründe, die keine Generation vor uns real vor Augen hatte. Wir möchten nun konkreter auf den Zeitplan jenes so gewaltigen Ereignisses eingehen.

Wie wir bereits festgestellt haben, ist es ganz wichtig, zwischen der Entrückung und dem zweiten Kommen zu unterscheiden. Bei der Entrückung betritt Christus die Erde nicht, sondern nimmt seine ihm entgegenkommende Braut, die Gemeinde, in Empfang und geleitet sie in den Himmel. Das zweite Kommen ereignet sich dann ungefähr sieben Jahre später, wenn Christus die Erde betritt, um sich bei Harmagedon dem Antichristen und seinen Heeren zu stellen und Israel zu retten. Darauf bleibt er hier, um vom Thron Davids in Jerusalem aus die Nationen der Erde tausend Jahre lang zu regieren.

Es gibt keine besonderen Ereignisse, die der Entrückung vorausgehen; und so gibt es auch keine erkennbaren Vorzeichen, die uns die Entrückung ankündigen könnten. Die Gemeinde soll nämlich Christus jeden Augenblick erwarten. Alle bekannten Vorzeichen gelten Israel und sollen diesem Volk ankündigen, daß die Ankunft Christi unmittelbar bevorsteht. Logischerweise muß die Entrückung ziemlich bald stattfinden, wenn sich die

204 ✦ *Dave Hunt*

Zeichen für das zweite Kommen häufen, wie dies im Augenblick
der Fall ist. Es ist sicher legitim, darüber nachzudenken, wie
nahe das zweite Kommen unseres Herrn schon sein könnte, und
aktuelle Ereignisse danach zu beurteilen, ob sie die biblischen
Zeichen der Endzeit sind.

Es ist durchaus hilfreich, sich einmal zu fragen, wie der
Zeitpunkt von Christi erstem Kommen mit Schlüsselereignissen
jener Zeit verquickt war. Wir gelangen dann zu gewissen Einsichten, die uns helfen, die für das zweite Kommen charakteri-
stischen Zusammenhänge von Zeichen und Ereignissen besser
zu verstehen. Paulus schreibt:»Als aber die Fülle der Zeit kam,
sandte Gott seinen Sohn . . . « (Gal. 4,4). Er konnte nur zu jener
Zeit an einem ganz bestimmten Ort auftreten und nur zu einem
bestimmten Volk in einem günstigen Augenblick der Landes-
und Weltgeschichte kommen.

Wir haben bereits gesehen, welche Rolle das Römische
Reich dabei gespielt hat, die Weissagung zum Geburtsort Jesu
und zu seiner Todesart Wirklichkeit werden zu lassen. Und es
war uns noch etwas anderes klar geworden: So wie das Römische Reich bei der ersten Ankunft gerade an der Macht sein
mußte, so muß es auch, wiedererstanden, beim zweiten Kommen existieren. Welche weiteren Umstände bestimmten außerdem noch den Zeitpunkt für Christi erstes Kommen?

Jesaja verkündete, daß dem Messias ein Mann mit dem Ruf
»Bahnt den Weg des Herrn« vorausgehen würde (Jes. 40,3).
Israel brauchte also gar nicht nach dem Messias Ausschau zu
halten, solange dieser besondere Bote Gottes nicht aufgetreten
war, um dem Messias den Weg zu bereiten. Maleachi bestätigte
diese Prophetie (3,1) und grenzte dann den Zeitpunkt, zu dem
der Messias auftreten würde, noch weiter ein:»Und plötzlich
kommt zu seinem Tempel der Herr, den ihr sucht . . . « (3,1) Das
Wort Herr, das auch Jesaja benutzte, machte die Rabbis stutzig.
Wie konnte der Messias der Herr sein, also Jahwe selbst?

Daß der Messias tatsächlich Gott sein mußte, der auf die Erde
kommt, hatten die Propheten unmißverständlich kundgetan. Indem er durch Maleachi sprach, verkündete Gott:»Ich sende
meinen Boten, damit er den Weg vor mir her bereite.« Und zu
seinem Tempel wollte er plötzlich kommen. Andere Prophezei-

ungen sind genauso eindeutig, aber wir müssen uns dieses
Thema für später aufsparen.

Aus dem, was wir bisher festgestellt haben, lassen sich zwei
Vorbedingungen erkennen, die erst eingetreten sein mußten,
bevor Israel den Messias überhaupt erwarten konnte. Es wäre
töricht gewesen, auf ihn zu irgendeiner anderen Zeit zu hoffen;
und das gilt heute wieder. Einer dieser Faktoren war das Auftreten eines Boten, der für das Kommen des Herrn den Boden
bereitete. Der zweite Faktor verlangte, daß ein Tempel stehen
mußte.

Maleachis klare Aussage, daß der Messias »plötzlich zu
seinem Tempel« kommen würde, bedeutete, daß es unsinnig
war, während der Babylonischen Gefangenschaft auf den Messias zu hoffen, denn damals gab es keinen Tempel. Er war von
Nebukadnezars Heeren zerstört worden. Deshalb hofften die
umsonst, die darauf warteten, daß der Messias kommen und
Israel retten würde. Erst mußte der Tempel wiedererrichtet werden, und das geschah erst zu Esras Lebzeiten.

Genausowenig konnte der Messias kommen, nachdem der
Tempel im Jahr 70 von Titus zerstört worden war. Wenn er bis
dahin nicht gekommen war, so war es erst einmal zu spät. Und
das gilt auch noch heute. Trotzdem lassen fromme jüdische
Familien gerade zum Passahfest einen Platz am Eßtisch frei für
den Fall, daß Elia plötzlich auftaucht. Im Hinblick auf eine von
Maleachis Prophetien scheint dies gar nicht so unüberlegt zu
sein: »Siehe, ich sende euch den Propheten Elia, bevor der Tag
des HERRN kommt, der große und furchtbare« (Mal. 3,23).
Aber man läßt dabei außer acht, was Maleachi über den Tempel
gesagt hat. Der leere Stuhl für Elia war und ist immer noch eine
törichte und nutzlose Geste, denn es gibt ja seit 2000 Jahren gar
keinen Tempel für den Messias, zu dem er »plötzlich kommen«
könnte.

Christen, die glauben, Johannes der Täufer sei Elia, der
Vorbote, gewesen und Jesus von Nazareth der Messias, sind
davon überzeugt, daß Maleachi 3,1 erfüllt wurde, als Christus
»plötzlich« beim Tempel des Herodes kurz vor seiner Kreuzigung auftauchte. Indem er unvermittelt daranging, jene aus dem
Haus Gottes zu jagen, die es mit ihrem ungesetzlichen Geld-
wechseln und ihrem Handel besudelten, erfüllte er noch eine

weitere Prophetie: »Denn der Eifer um dein Haus hat mich verzehrt« (Ps. 69.10). Diese Schriftstelle ist den Jüngern offensichtlich spontan zu dem Geschehen im Tempel eingefallen (Joh. 2,17).

Viele biblische Prophetien gelten gleichzeitig für zwei Ereignisse. Wenn Maleachi 3,1 und Psalm 69,10 darunterfallen, dann wird der Tempel vor dem zweiten Kommen erneut aufgebaut werden müssen; und der Messias wird ihn noch einmal reinigen. Die Frage ist nicht, ob Israel den Tempel noch einmal errichtet, sondern wann das sein wird. Trotz der zahlreichen Vorbereitungen, die im Gange sind, ist jede Erörterung dieses Themas zur Zeit noch reine Spekulation. Es gibt aber andere Umstände, bei denen wir mit größerer Sicherheit sagen können, daß sie den Zeipunkt von Christi zweitem Kommen bestimmen. Und diesen wollen wir uns nun zuwenden.

Zunächst aber müssen wir noch weitere Faktoren in Augenschein nehmen, die etwas mit dem ersten Kommen Christi zu tun haben. Als Jakob (Israel) seine Söhne kurz vor seinem Tod segnete, sprach er eine ganz erstaunliche Prophetie aus: »Nicht weicht das Zepter von Juda, noch der Herrscherstab zwischen seinen Füßen weg, bis daß der Schilo [Messias] kommt, dem gehört der Gehorsam der Völker« (1. Mo. 49,10). Ungefähr im Jahr 7 n. Chr. entzogen die Römer der jüdischen Obrigkeit das Recht, die Todesstrafe auszusprechen, so daß Christus nicht nach der jüdischen Strafpraxis gesteinigt, sondern römisch gekreuzigt wurde. Dieser Entzug von rechtlicher Autorität war der letzte Akt, mit dem Juda das Zepter und die Macht genommen wurde, rechtskräftig zu handeln. Das war zuvor niemals geschehen, nicht einmal während der Babylonischen Gefangenschaft. Der Messias mußte also vor dem Jahr 7 geboren und danach getötet werden. Und das trifft auf Jesus zu.

Aus diesen Prophetien – man könnte hier noch andere aufzählen – ergibt sich ganz eindeutig, daß der Messias bereits gekommen sein muß. Doch Israel wartet noch immer auf ihn, offensichtlich aus Mangel an Schriftkenntnis. Jene Juden, die begriffen haben, daß der Tempel für den Messias stehen muß, sehen natürlich die Dringlichkeit seines Wiederaufbaus. Doch weigern sie sich zuzugeben, daß der Messias bereits gekommen ist, und sie sind sich dessen nicht bewußt, daß der Wiederaufbau des Tempels den Weg frei macht für Christi zweites Kommen, aber auch für das Auftreten des Antichristen, für den der Tempel genauso an Ort und Stelle stehen muß (2. Thess. 2,4).

Wir haben schon ein paarmal Daniels bemerkenswerte Prophetien in Augenschein genommen. Seine Worte belegen, daß das Reich des Messias zu einer Zeit aufgerichtet werden wird, deren Umstände keinesfalls mit der politischen Situation bei Christi erstem Kommen in Einklang zu bringen sind: »Und in den Tagen dieser Könige wird der Gott des Himmels ein Königreich aufrichten, das ewig nicht zerstört werden wird« (Dan. 2,44). Wie wir wissen, meint Daniel hier die Könige, die durch die zehn Zehen am Standbild in Nebukadnezars Traum dargestellt werden und zum vierten Weltreich gehören, das Historiker als das römische identifiziert haben (Dan. 2,40).

»Die Tage dieser Könige« waren noch nicht angebrochen, als Christus zum ersten Mal kam. Das Reich damals wurde nicht von zehn Königen, sondern von Cäsar in Rom regiert. Israels Davidisches Königreich konnte also gar nicht errichtet werden, als dieses Volk Jesus verwarf, weil er eben dies nicht getan hatte. Die Rabbis sollten es eigentlich besser gewußt haben. Doch diese zehn Könige werden eines Tages auf der Erde herrschen, wenn Christus wiederkommt, um das Königreich aufzurichten, »das ewig nicht zerstört werden wird«. Es muß also ein zweites Kommen geben!

Daß Christus wiederkommen und persönlich, für jedermann sichtbar, die Erde von Jerusalem aus regieren wird, ist nicht weniger fundamental als die Weihnachtsgeschichte. Wir haben die Verkündigung des Engels Gabriel schon einmal zitiert, wollen aber hier uns noch einmal in Erinnerung rufen, was er der Jungfrau Maria verheißen hat:

> Dieser wird groß sein und Sohn des Höchsten genannt werden; und der Herr, Gott, wird ihm den Thron seines Vaters David geben; und er wird über das Haus Jakobs herrschen in Ewigkeit, und seines Königtums wird kein Ende sein (Lk. 1,32-33).

Alle Jahre wieder werden wir an diese Verheißung erinnert, wenn rund um den Erdball die Chöre in großer Zahl zu dieser ganz besonderen Jahreszeit so anrührende Chorstücke wie Händels »Und er regiert auf immer, auf immer und ewig« singen. Diese Herrschaft wurde ganz offensichtlich nicht auf der Erde vollendet, als Christus zum ersten Mal kam. Und diese Tatsache war dann auch der Hauptgrund dafür, daß so viele sich weigerten und immer noch weigern zu glauben, daß Jesus von Nazareth der Messias war.

Daraus ergibt sich zwangsläufig, daß Christus, wenn er der Messias Israels ist, zur Erde zurückkehren muß, um diese unmißverständliche Prophetie zu erfüllen. Erst dann wird sich mit dem Kommen des Messias die Prophetie des Engels erfüllen: »Friede auf Erden!« Doch viele, die sich Christen nennen, glauben gar nicht mehr, was sie in ihren Weihnachtsliedern singen. Für viele in der heutigen Kirche ist die Verheißung, daß Christus leiblich zur Erde zurückkehren und auf dem Thron Davids regieren wird, inzwischen ein netter und vielfach besungener Mythos.

Da sich Christus und der Antichrist zum letzten großen Duell auf der Erde Auge in Auge gegenüberstehen müssen, muß das Auftreten beider auch zeitlich zusammenfallen. Wir können also gar nicht den Zeitpunkt für Christi zweites Kommen näher bestimmen, ohne die Umstände beim Auftreten des Antichristen sorgfältig zu erörtern. Das Offenbarwerden Jesu Christi für seine Braut, für Israel und die Welt und das gleichzeitige Auftreten des Antichristen sind so miteinander verquickt, daß das eine nicht ohne das andere stattfinden kann. Auch kann keins der beiden Ereignisse stattfinden, solange nicht die »Fülle der Zeit« da ist und die Weltbühne, auf der das spannende Schauspiel seinen Lauf nimmt, noch nicht mit den nötigen Requisiten bestückt und von den richtigen Schauspielern bevölkert ist.

Paulus schreibt: »Und dann wird der Gesetzlose geoffenbart werden, den der Herr ... vernichten [wird] durch die Erscheinung seiner Ankunft« (2. Thess. 2,8). Wenn eine Auswirkung von Christi zweitem Kommen die Vernichtung des Antichristen ist, dann kann Christus logischerweise auch nicht auf die Erde zurückkehren, bevor der Antichrist sein Scheinreich weltweit errichtet hat. Andererseits kann der Antichrist nicht offenbar werden, solange die wahre Gemeinde, die Braut Christi, noch nicht von der Erde fortgenommen worden ist. Diese Erkenntnis werden wir später noch untermauern. Hier jedenfalls erkennen wir erneut, daß die Entrückung und das zweite Kommen zwei getrennte Ereignisse sind.

Was ist von der Lehre zu halten, Nero sei der Antichrist gewesen und die von Johannes vorausgesagten Ereignisse seien längst eingetreten? Diesen Einwand kann man sehr leicht entkräften. Es gibt keinen Bericht darüber, daß Christus sichtbar vom Himmel herabstieg, um Nero zu vernichten. Die Schrift läßt andererseits keinen Zweifel daran, daß Christus tatsächlich herabkommen wird, um den Antichristen zu töten. Kein Historiker hat je behauptet, daß sich Ereignisse, wie sie in den folgenden Schriftstellen im Zusammenhang mit dem zweiten Kommen erwähnt werden, im Jahr 70 n.Chr. oder auch zu anderen Zeiten ereignet haben:

> Denn wie der Blitz ausfährt von Osten und bis nach Westen leuchtet, so wird die Ankunft des Sohnes des Menschen sein (Matth. 24,27).
> ... sie werden auf mich blicken, den sie [am Kreuz] durchbohrt haben, und werden über ihn wehklagen ... (Sach. 12,10).
> Siehe, er kommt mit den Wolken, und jedes Auge wird ihn sehen, auch die, welche ihn durchstochen haben, und wehklagen werden seinetwegen alle Stämme der Erde. Ja, Amen (Offb. 1,7).

Zahlreiche Bibelstellen wie Offenbarung 13 machen deutlich, daß der Antichrist die Welt beherrscht, wenn Christus wiederkommt. Es bedarf der »Erscheinung seiner Ankunft«, um diesen üblen Weltenherrscher zu entthronen. Es führen also jene die Menschen in die Irre, die lehren, daß wir bereits im Tausendjährigen Reich leben, an dessen Ende Christus wiederkommen wird, oder daß die Christen die Welt in die Hand bekommen haben müssen, bevor Christus überhaupt wiederkehren kann.

Wann wird der Antichrist die Macht ergreifen? Wenn wir bedenken, wie viele Ereignisse bei Christi erstem Kommen zusammentreffen mußten, wird es uns nicht überraschen, daß auch Christi großer Widersacher nur zu einem ganz bestimmten Zeitpunkt unter ganz bestimmten Umständen offenbar werden kann. Paulus schreibt: »Und jetzt wißt ihr, was zurückhält, damit er [der Antichrist] zu seiner Zeit geoffenbart wird« (2. Thess. 2,6).

Es muß also offensichtlich irgendein konkretes Ereignis eintreten, damit der Antichrist auftreten kann. Bis dahin wird nichts passieren – daran besteht kein Zweifel. Paulus hatte offenkundig schon einmal, bevor er den zweiten Brief an die Thessalonicher schrieb, mündlich darüber gelehrt, was die Machtergreifung des Antichristen verhindert, denn er erinnert sie: »Ihr wißt, was zurückhält . . . «

Seit den Tagen des Paulus bis heute muß also irgend etwas das Offenbarwerden des Antichristen verhindert haben. Daß das Römische Reich noch nicht wieder besteht, kann Paulus ja nicht gemeint haben. Er fährt in seinem Brief aber fort: » . . . bis der, welcher jetzt zurückhält, aus dem Weg ist« (2. Thess. 2,7). Also etwas (ein Ereignis) und jemand (eine Person) verhindern noch das Offenbarwerden des Antichristen. Und der, der zurückhält, muß auch noch »aus dem Weg sein«. Bevor das nicht geschehen ist, macht es keinen Sinn, den Antichristen und das zweite Kommen des Herrn konkret zu erwarten.

Wer könnte den Antichristen daran hindern, an die Öffentlichkeit zu treten? Er muß stärker als Satan sein, denn der Antichrist wird »die Kraft des Satans haben« (2. Thess. 2,9; Einheitsü.). Und stärker als Satan ist allein Gott. Also muß er es auch sein, der »zurückhält«. Aber Gott kann nicht der allein Handelnde sein, denn er könnte ja nicht »aus dem Weg gehen«. Er ist allgegenwärtig. Auch an Christus kann Paulus in diesem Zusammenhang nicht gedacht haben, denn der hatte die Erde bereits verlassen, und er kommt nicht wieder, solange der Antichrist nicht offenbart ist.

Hat Paulus vielleicht an die Kraft Gottes gedacht, die durch einen bestimmten Menschen zum Tragen kommt? Das kann auch nicht sein, denn Satan ist schon fast 2000 Jahre lang daran gehindert worden, den Antichristen ins Spiel zu bringen. Das ist eine Zeitspanne, die die Lebenszeit eines einzelnen Menschen bei weitem übersteigt. Die einzige Schlußfolgerung, die wir daraus ziehen können, ist die: »Der, welcher jetzt zurückhält« meint den Leib aller Gläubigen, die Gemeinde, die seit Pfingsten besteht. Und die Gemeinde muß »aus dem Weg sein«, damit der Antichrist »zu seiner Zeit« offenbar werden kann.

Paulus spielte offensichtlich auf die Entrückung an, jenes
unglaubliche Ereignis, das die Christenheit erleben wird, wenn
Christus in kürzester Zeit seine Brautgemeinde zu sich in den
Himmel nimmt. Zu dieser Vermutung paßt auch die Formulierung von Paulus:»Und jetzt wißt ihr . . . « Er hatte nämlich zuvor
den Gläubigen in Thessalonich die Entrückung ausführlich beschrieben und erklärt:

> Denn der Herr selbst wird beim Befehlsruf, bei der Stimme
> eines Erzengels und bei dem Schall der Posaune Gottes hernie-
> derkommen vom Himmel, und die Toten in Christus werden
> zuerst auferstehen; danach werden wir, die Lebenden, die
> übrigbleiben, zugleich mit ihnen entrückt werden in den Wol-
> ken dem Herrn entgegen in die Luft; und so werden wir allezeit
> beim Herrn sein (1. Thess. 4,16-17).

Christus versprach seinen Jüngern:»Im Hause meines Vaters
sind viele Wohnungen . . . Ich gehe hin, euch eine Stätte zu
bereiten . . . [und] so komme ich wieder und werde euch zu mir
nehmen, damit auch ihr seid, wo ich bin« (Joh. 14,2-3). Das war
die große Hoffnung der ersten Christen. An die Philipper schrieb
Paulus:»Denn unser Bürgerrecht ist in den Himmeln, von woher
wir auch den Herrn Jesus Christus als Heiland erwarten« (Phil.
3,20). Und im Titusbrief heißt es: » . . . indem wir die glückselige
Hoffnung und Erscheinung der Herrlichkeit unseres großen
Gottes und Heilandes Jesus Christus erwarten« (2,13). In Hebräer 9,28 lesen wir:»So wird auch der Christus, nachdem er
einmal geopfert worden ist, um vieler Sünden zu tragen, zum
zweiten Mal ohne Beziehung zur Sünde denen zum Heil erscheinen, die ihn erwarten.« Bei einer Entrückung nach der Trübsal
würde die Gemeinde zunächst auf den Antichristen warten, der
vor Christus auftreten würde.

Man hält nach niemandem Ausschau, wenn man ihn nicht
jeden Augenblick erwartet. Die Hoffnung auf die kurz bevorstehende Wiederkunft Christi durchzieht das ganze Neue Testament. Daß dies die Hoffnung der frühen Kirche war, läßt sich
nicht leugnen, wie immer man die Bibel auch auslegt. Allerdings
hat es, solange man denken kann, unter den Christen Meinungs-
verschiedenheiten darüber gegeben, ob die Gemeinde vor oder

nach der großen Trübsal entrückt werden würde. Man kann sich dieser Frage aus ganz verschiedenen Blickwinkeln nähern. Wir haben hier nicht die Möglichkeit, uns mit allen Argumenten auseinanderzusetzen; und das ist auch nicht notwendig. Mit der Frage, warum die Gemeinde von der Erde genommen werden muß, bevor der Antichrist offenbar wird, werden wir uns im nächsten Kapitel beschäftigen.

Da sich die Ereignisse so kurz vor dem Höhepunkt der Weltgeschichte zu überschlagen beginnen, wird eins immer deutlicher: Es ist ganz wichtig, Prophetie zu verstehen und sich nach ihr zu richten. Hätten sich Johannes der Täufer, Christi Jünger und die Rabbis an alle Prophetien gehalten, so hätten sie gar nicht von Christus erwartet, daß er sein Reich zu ihren Lebzeiten errichtet. Die Umstände paßten noch nicht in die Zeit. Christus schalt die zwei Jünger auf dem Weg nach Emmaus:

> O ihr Unverständigen und trägen Herzens, zu glauben an alles, was die Propheten geredet haben! Mußte nicht der Christus dies leiden und in seine Herrlichkeit eingehen?
> Und von Mose und allen Propheten angefangen, erklärte er ihnen in allen Schriften das, was ihn betraf (Lk. 24,25-27).

Der Tadel, mit dem Christus die beiden Jünger zurechtwies, drückt aus, wie ungehalten er gewesen sein muß. Aber so wissen wir wenigstens, wie er jene beurteilt, die es versäumen, »zu glauben an alles, was die Propheten geredet haben!« Uns heute würde er genauso zurechtweisen. Nur wenige Christen haben sich die nötige Zeit genommen, um alle uns gegebenen Prophetien zu verstehen und zu befolgen. Wen wundert es da noch, wenn heute so viele Gemeindeleiter immer noch nicht all jene Kriterien kennen, die unzweideutig Auskunft über den richtigen Zeitpunkt für Christi Wiederkehr geben.

Wir fassen zusammen: Die Fakten, die wir bisher zusammengetragen haben, deuten darauf hin, daß das zweite Kommen Christi nicht zu erwarten ist, bevor fünf miteinander in Beziehung stehende Ereignisse eingetreten sind: 1. Eine nie dagewesene geistliche Verführung in der ganzen Welt und der große Abfall der Kirche; 2. die Entrückung der wahren Gläubigen; 3. das Wiedererstehen des Römischen Weltreiches; 4. die Vereinigung aller Religionen zu einem Scheinchristentum unter Führung des Papstes; und 5. das Offenbarwerden des Antichristen und die Errichtung seiner Weltherrschaft. Es besteht kein Zweifel: Niemals zuvor in der Geschichte konnte man beobachten, daß sich die mit den Punkten 1, 3 und 4 genannten Ereignisse konkret abzuzeichnen beginnen. Mit der Entrückung können wir also jederzeit rechnen.

Bei all dem, was wir bisher erkannt und festgehalten haben, bleibt immer noch die entscheidende und nicht so leicht zu beantwortende Frage: Was könnte Nationen, die heute noch Rivalen sind, dazu veranlassen, sich unter einer neuen Weltregierung zu vereinen, und im Kampf liegende Religionen drängen, in einer neuen Weltreligion aufzugehen? Welches außergewöhnliche Ereignis könnte die Bewohner dieser Erde dazu bringen, sich dem Antichristen als Weltdiktator zu unterwerfen und ihn sogar anzubeten? Es gibt darauf eine zwar überraschende, aber doch eindeutige Antwort.

16 | *Er muß zweimal kommen!*

VIELE CHRISTEN GLAUBEN, daß es ein Vernichtungs-krieg globalen Ausmaßes sein wird, der eine verzagte Welt dazu bringen wird, sich der Führung des Antichristen zu unter-stellen. Hier und da liest man auch, die Entrückung ereigne sich zeitgleich mit dem nuklearen Inferno, so daß die Welt die abwesenden Christen unter den Opfern vermuten wird und deshalb gar nicht auf den Gedanken kommt, sie seien leiblich in den Himmel aufgenommen worden. Doch solch eine Konstel-lation würde – wie wir noch sehen werden – der Entrückung die entscheidende Wirkung nehmen.

Darüber hinaus widerspricht der Gedanke, der dritte Welt-krieg werde die große Trübsal einleiten, den Aussagen von Paulus, daß nämlich der Tag des Herrn unerwartet kommen werde, dann, wenn die Welt glaubt, Frieden und Sicherheit erlangt zu haben. Immerhin haben zwei schreckliche Kriege von globalem Ausmaß, die Abermillionen von Menschenleben ge-kostet haben, noch immer nicht den Antichristen hervorge-bracht. Und so würde es auch der dritte Weltkrieg nicht tun. Es würden vielmehr die Spannungen und Rivalitäten zunehmen, und die Welt wäre zerrissener denn je, und es müßten Jahre und Jahrzehnte vergehen, ehe die Wunden wieder verheilt wären. Nein, um die Welt dazu zu bringen, den Antichristen mit offenen Armen aufzunehmen, bedarf es eines ganz außergewöhnlichen Ereignisses. Wir wollen überlegen, was das sein könnte.

Die beispiellosen Ereignisse, die 1989 Osteuropa erschütter-ten, zeigen, daß der Mann auf der Straße, der trotz all der schier unglaublichen Veränderungen seine eigenen Vorstellungen hat, längst nicht so leicht zu lenken ist, wie man gehofft hatte. Die Regierungschefs der ehemaligen Ostblockländer haben mit massiven Schwierigkeiten zu kämpfen, um ihre Regierungsprogramme durchzusetzen. Und Gorbatschow mußte trotz seines Ansehens, das er sich als Vorkämpfer für die Freiheit erworben hatte, den Hut nehmen.

In allen ehemaligen Ostblockstaaten ist die Euphorie angesichts der neuerworbenen Freiheiten sehr schnell der Ernüchterung gewichen. Aufgebrachte Volksmassen gingen erneut auf die Straße, um nun ganz andere Forderungen an jene Regime zu richten, die sie noch ein paar Wochen zuvor so frenetisch begrüßt hatten. Bereits nach einer Woche marschierten die Menschen in Rumänien auf und protestierten gegen den von ihren Führern nach ihrem Empfinden begangenen Vertrauensbruch. Und trotz demokratischer Wahlen wird dieses Land noch lange nicht zur Ruhe kommen. Aber gerade diese Erfahrungen deuten darauf hin, daß etwas noch Unvorstellbareres geschehen muß, damit sich die Welt unter dem Antichristen vereinigt und ihn sogar anbetet.

Was immer diesen Wandel hervorbringen wird, es muß gleichzeitig die ganze Menschheit erfassen, nicht nur ein einziges Land oder eine bestimmte Region. Der Antichrist wird die ganze Erde beherrschen: »Und es wurde ihm Macht gegeben über jeden Stamm und jedes Volk und jede Sprache und jede Nation. Und alle, die auf der Erde wohnen, werden ihn anbeten ...« (Offb. 13,7-8). Was nur könnte die Menschheit – Moslems, Juden, Hindus und Chinesen – dazu bringen?

Es gibt ein solches dramatisches Geschehen, das schlagartig Wirkung zeigen würde: Es ist die Entrückung. In der Tat wäre sie das einzig vorstellbare Ereignis, das die ganze Welt dazu bringen könnte, sich unter einer Weltregierung und einer Weltreligion zu vereinen und sich, ohne zu zögern, dem Antichristen als dem Weltdiktator zu unterwerfen. Und damit haben wir eine weitere überzeugende Begründung dafür, daß die Entrückung dem Offenbarwerden des Antichristen und der großen Trübsal vorausgehen muß. Wir wollen einmal versuchen, uns die Konsequenzen dieses ungewöhnlichen Ereignisses auszumalen.

Man stelle sich nur einmal vor, was für ein moralisches und geistliches Vakuum entstehen wird, wenn all jene, die die Wahr-

heit des Evangeliums verkündet und auch entsprechend als
»Salz« und »Licht« gelebt haben, in einem Augenblick von der
Erde genommen werden. Familien, Dorfgemeinschaften, Schulen, Betriebe und Gemeinden werden ohne jeden Einfluß von
Gott und Christus zurückbleiben. Der Geist Gottes wird aufhören, das Gewissen all jener zu überführen, die bis dahin schon
Christus abgelehnt haben. Was der Schneeballeffekt eines solch
plötzlichen, weltweiten Verlustes aller moralischen Schranken
bewirken wird, ist kaum vorstellbar. Endlich hat dann der Humanismus die uneingeschränkte Möglichkeit, zu beweisen, daß
er imstande ist, ideale Lebensbedingungen zu schaffen.

Von gleicher Tragweite werden die sozialen und politischen
Folgen sein, wenn pötzlich viele Millionen Menschen von dieser
Erde verschwinden. Das Ereignis wird so unvermittelt eintreten,
wird so allumfassend und unheimlich sein, daß man sich die
Auswirkungen auf das seelische Gleichgewicht der Zurückbleibenden gar nicht vorstellen kann. Abermillionen Menschen
werden das Verschwinden von mindestens ein paar Leuten aus
ihrer Umgebung miterleben und ihren Augen nicht trauen. Mit
anzusehen, was man nicht für möglich gehalten hat, wird Millionen Zurückbleibenden den Verstand rauben.

Allein all die führerlosen Autos und Flugzeuge werden nicht
nur ein weltweites Chaos verursachen, sondern auch eine Panik
ungekannten Ausmaßes auslösen. Abgebrochene chirurgische
Eingriffe, leere Rednerpulte, unbemannte Notarztwagen, dezi-
miertes Personal in den Kommunikationszentren, Unterbre-
chungen im Verkehr von Gütern und Dienstleistungen – all das,
was für uns zum täglichen Leben gehört, wird im Chaos versin-
ken und in einem Blutbad enden. Schock, Bestürzung und nackte
Angst werden als Folge dieses historischen Ereignisses die Welt
lähmen. Jeder Erklärungsversuch wird selbst die brillantesten
Denker überfordern.

Angst vor dem unbekannten Phänomen und vor dessen er-
neutem Eintreten wird die Welt erfassen. War es eine Massenentführung? Wer würde das nächste Opfer sein? Welche galaktische
Macht trieb da ihr Spiel mit der Menschheit? Was würde diese
sich nicht zu erkennen gebende, gnadenlose Macht des weiteren
tun? Welches Schicksal würden die Entführten haben? Waren
sie als Sklaven auf einen entfernten Planeten gebracht worden?

Oder hatte man sie ganz einfach aus dem physischen Universum entfernt, so daß sie aufgehört haben zu existieren?

Auf allen Verwaltungsebenen wird man sich zu Krisensitzungen treffen – in Schulen und Universitäten, in den Chefetagen der großen Konzerne, in Stadt- und Landesparlamenten, in den Kabinetten der Regierungschefs, im Pentagon und im Kreml. Und überall werden Mitglieder fehlen. Die Vereinten Nationen werden nicht in der Lage sein, eine Erklärung für das Geschehene zu geben oder einen Plan gegen dessen Wiederholung zu entwerfen.

Es wird Monate dauern, bis man halbwegs die Ordnung wiederhergestellt hat. Das schon ohnehin so kompliziert gewordene Geflecht im Banken- und Finanzwesen wird kaum noch zu entwirren sein. Vielfach werden große Bereiche in Wirtschaft und Industrie dadurch lahmgelegt sein, daß die Bedienung hochentwickelter EDV-Systeme und anderer wichtiger Einrichtungen nicht mehr gewährleistet ist. Ingenieure und Wissenschaftler mit besonderen Kenntnissen und Fertigkeiten werden überall fehlen, und es wird niemand da sein, der die nun ausbleibenden Lösungen liefern kann.

Man kann sich gar nicht recht vorstellen, was solche Einbrüche im Weltmaßstab letztlich bedeuten. Am schwersten betroffen wären die Vereinigten Staaten. Wenn es nur einen Bruchteil der von Umfragen genannten wiedergeborenen Christen bei uns gibt, so würde die Entrückung die Bevölkerung dieses Landes immer noch beträchtlich dezimieren. Bekennende Christen sind überall in Schlüsselpositionen. Ihr Verschwinden würde die USA an den Rand des Abgrunds bringen und in die Arme Westeuropas treiben, wo die Kirche in weiten Teilen ohnehin tot ist, so daß der Verlust in der Gesellschaft wesentlich geringer ausfallen dürfte.

In China und Afrika wird man möglicherweise viel mehr Menschen vermissen. Aber die Verschwundenen werden größtenteils einfache Arbeiter und Bauern gewesen sein, deren Aufgaben ohne weiteres von bisher Arbeitslosen übernommen werden können. Notfalls greift man auch auf Studenten oder das Militär zurück. In Rußland wird es ähnlich aussehen: Es fehlen zwar Millionen Menschen, aber nur wenige von ihnen werden in Schlüsselpositionen gewesen sein. Man wird sich wundern, wie groß der Verlust in Israel ist. In moslemischen, hinduistischen und buddhistischen Ländern dagegen werden nur wenige fehlen. Aber es wird doch die ganze Menschheit sein, die mit Bestürzung diesen nicht wiedergutzumachenden Verlust zur Kenntnis nehmen muß.

Es besteht kein Zweifel: Die Entrückung ist das einzige denkbare Ereignis, das weltweit eine derartige Panik und so große Ängste auslösen kann, daß die Menschheit aus Verzweiflung und Hoffnungslosigkeit dazu getrieben wird, einen Weltdiktator willkommen zu heißen. Das ist eigentlich die einzige logische Konsequenz. Der plötzliche Verlust von Abermillionen Menschen auf der ganzen Welt wird ganz sicher bei den Zurückbleibenden aller Nationen ein neues Zusammengehörigkeitsgefühl auslösen, hat man doch gemeinsam eine verheerende Katastrophe überlebt, bei der kosmische Kräfte mit im Spiel gewesen sein mußten.

Zunächst wird man keine wissenschaftlich rationale Erklärung finden. Nicht einmal die, die früher einmal von der Entrückung der Gemeinde gehört haben, werden auf den Gedanken kommen, sie habe sich möglicherweise ereignet. Gott wird nicht zulassen, daß man die Wahrheit herausfindet. Und dann wird aus dem Chaos heraus der Antichrist auftreten, ein Mann, ausgerüstet mit der Macht Satans. Er wird Zeichen und Wunder tun, eine beruhigende »wissenschaftliche« Erklärung für alles liefern und außerdem einen durchdachten und Hoffnung spendenden Rettungsplan vorlegen.

Die Menschheit wird auch kaum sofort moralisch Amok laufen, obwohl es kein Gewissen mehr gibt, das vor dem Abgrund warnt. So wie Satan Eva verführte, ihr Selbstwertgefühl zu steigern und letztlich Gott gleich zu werden, so wird er auch die ganze Welt verführen:

> Und dann wird der Gesetzlose geoffenbart werden ... dessen Ankunft gemäß der Wirksamkeit des Satans erfolgt, mit jeder Machttat und mit Zeichen und Wundern der Lüge und mit jedem Betrug der Ungerechtigkeit für die, welche verloren gehen, dafür, daß sie die Liebe der Wahrheit zu ihrer Errettung nicht angenommen haben. Und deshalb sendet ihnen Gott eine wirksame Kraft des Irrwahns, daß sie der Lüge glauben, damit

alle gerichtet werden, die der Wahrheit nicht geglaubt, sondern Wohlgefallen gefunden haben an der Ungerechtigkeit (2. Thess. 2,8-12).

Man kann nur spekulieren, welche überzeugende Hypothese der Antichrist anbieten wird, um das massenweise Verschwinden von Menschen zu erklären. Es sind bereits mehrere Erklärung im Umlauf, von denen sicher eine herhalten muß, wenn die Entrückung eingetreten sein wird. Viele New-Age-Anhänger erwarten z. B. ein plötzliches Verschwinden von vielen Millionen Menschen überall auf der Welt. So etwas wird sich angeblich dann ereignen, wenn es einen ausreichend großen Anteil der Menschheit gibt, der darauf vorbereitet ist, einen Quantensprung in eine höhere Bewußtseinsdimension zu tun, wodurch eine neue Spezies entsteht – der Homo noeticus. Gleichzeitig werden alle, die spirituell noch nicht gleichgeschaltet sind und damit noch nicht an dem historisch evolutionären Sprung teilnehmen können, in eine metaphysische Dimension genommen, wo sie geläutert werden, bevor sie in die physische Welt zurückkehren können.

Einige Anhänger des UFO-Kults haben angeblich »Offenbarungen« über eine bevorstehende Massenentführung empfangen. Verschiedenen »Transmissionen« zufolge kommt bald der Tag, da jene Außerirdischen, die einst die Menschheit auf die Erde gebracht haben, eingreifen werden, um den ökologischen Kollaps zu verhindern. Dann, wenn die »neue Weltordnung« den Menschen aufgezwungen wird, werden alle, die nicht bereit sind, sich ihr zu unterstellen, hinauf zu einer die Erde umkreisenden UFO-Flotte gebracht. Man wird diese Rebellen auf einen Sklavenplaneten verschleppen, wo man sie einer Gehirnwäsche unterzieht. Erst dann können sie zur Erde zurückkehren. Wohin der von Paulus angesprochene »Irrwahn« die Menschen doch treiben kann!

Die Führer einer Bewegung, die sich »World Instant of Cooperation« nennt, glauben ebenfalls daran, daß ein beachtlicher Teil der Menschheit von dieser Erde entfernt werden muß, um den Planeten »zu reinigen«. Ihre »Offenbarung« spricht zwar von einem allmählichen Vorgang, bei dem Millionen von Menschen über einen längeren Zeitraum entfernt werden, aber

ein sofortiges Verschwinden würde ja denselben Zweck erfüllen.
Ein Führer der Bewegung schreibt:

> Viele Veränderungen werden bald in dieser Welt vor sich
> gehen... durch die Naturkraft, die aufgrund von Gesetzmäßig-
> keiten ihren Planeten zurückverlangt...
> Um das zu bewirken, muß sie die Macht der negativen
> Energie brechen, die ausstrahlt vom Rassendünkel des Men-
> schen, der das Ungleichgewicht bewirkt... Hätten mehr Men-
> schen vorher eine höhere Bewußtseinsebene erklommen, hätte
> die spirituelle Energie das Ungleichgewicht ausgeglichen, und
> die Natur hätte die Dinge nicht selbst in die Hand nehmen
> müssen...
> Die Natur wird bald in ihren Reinigungszyklus treten. Jene
> aber, die den Wandel in der Welt nicht mitmachen wollen, ...
> werden innerhalb der nächsten zwei Jahrzehnte hinweggenom-
> men werden.[1]

Nach und nach, während eine gewisse Ordnung wiederhergestellt und die unglaubliche Machtentfaltung des Antichristen
für jedermann sichtbar wird, fangen die Menschen an, wieder
stolz auf sich zu sein und sich als die vom Schicksal Begünstig-
ten zu empfinden. Man wird einhellig der Meinung sein, daß
das, was zunächst wie ein großes Unglück aussah, in Wirklichkeit eine eher glückliche Fügung von einiger Bedeutung für die
Evolution der Spezies Mensch war. Die Lebensunwerten sind,
so wird man meinen, ausgemerzt worden, und die, die überlebt
haben, sind sich zunehmend der Tatsache bewußt, daß in ihnen
ein geheimnisvoller Wandel vonstatten gegangen ist. Eine neue
und überlegene Gattung, die für eine höhere Berufung geeignet
ist, scheint sich da auf dem Planeten Erde auszubreiten!

Eine gewisse Hochstimmung wird sich einstellen, wenn die
Erkenntnis wächst, daß ein neues Zeitalter (New Age) angebrochen ist, ein goldenes Zeitalter beispielloser Entfaltungsmög-
lichkeiten, eine Epoche des Friedens und weltweiter Kooperation,
so daß den Menschen ein grenzenloser Wohlstand beschieden sein wird. Die Menschheit ingesamt wird nicht mehr in
konkurrierende Nationalstaaten und sich bekämpfende religiöse
Fraktionen geteilt sein, sondern man wird sich der längst verges-
senen Bruderschaft aller Menschen besinnen und sich ein für

allemal einem einzigen großen Ziel verschreiben (das scheinbar auch erreichbar ist) – das Paradies auf Erden. Der Traum Carl Sagans von einer Erde, die in eine intergalaktischen Gemeinschaft aufgenommen wird, erscheint dann nicht mehr utopisch.[2] Die Gotteshäuser werden überfüllt sein. Es wird eine große Erweckung des falschen »Christentums« geben, das den Antichristen als Christus ausgeben wird und unter dem alle Religionen sich zu einer Weltreligion, dem Kult des Antichristen, vereinigen wird. Der große Abfall, der Paulus zufolge dem Offenbarwerden des Antichrist vorausgehen muß (2. Thess. 2,3) und der bereits jetzt im Gange ist, wird dann seine volle Wirkung zeigen. Das plötzliche Abtreten all jener, die immer noch versucht haben, für eine gesunde Lehre einzutreten, werden eine »christliche« Kirche des Abfalls zurücklassen, die unter der Führerschaft des Papstes zu einem Sammelbecken aller anderen Religionen wird.

Auch hier wird wieder klar, daß die Entrückung vor der großen Trübsal unverzichtbar ist. Echte Christen würden den Antichristen nämlich bloßstellen und sich ihm widersetzen. Deshalb müssen sie auch »aus dem Weg genommen werden«, so daß er und seine Anhänger die uneingeschränkte Freiheit haben, ihr humanistisches Utopia aufzubauen. Gottes Absicht ist es, die eine große Wahrheit des Evangeliums jedermann vor Augen zu führen, daß es nämlich für die Menschheit keine Hoffnung ohne die von Christus allen angebotene Erlösung gibt. Um das zu beweisen, muß Satan und seinen irdischen Anhängern die uneingeschränkte Möglichkeit gegeben werden, die Welt in ein Paradies zu verwandeln, wenn sie es schaffen. Der »Gott dieser Welt« muß die Welt eine Zeitlang durch den Antichristen regieren; und die Fortnahme aller echten Christen ist dafür unerläßlich.

Wahre Christen könnten nicht anders, wenn sie nach der Machtergreifung des Antichristen auf dieser Welt lebten, als sich gegen das Zeichen des Tieres und die Anbetung seines Standbildes zu wehren. Die Folge wäre, daß sie alle getötet werden würden. Es gibt aber keinen Hinweis darauf, daß Gott während der großen Trübsal die Gläubigen beschützt. Es wird im Gegenteil ausdrücklich gesagt:

> Und es wurde ihm [dem Antichristen] gegeben, mit den Heiligen Krieg zu führen und sie zu überwinden; und es wurde ihm [dem falschen Propheten] Macht gegeben . . . , daß alle getötet wurden, die das Bild des Tieres nicht anbeteten . . . [und] daß niemand kaufen oder verkaufen kann, als nur der, welcher das Malzeichen hat, den Namen des Tieres . . . (Offb. 13,7.15-18).

Die Gemeinde, Christi Braut, muß auf jeden Fall schon fortgenommen worden sein, denn der Antichrist wird niemals gegen die Krieg führen können und die überwinden können, von denen unser Herr gesagt hat: »Des Hades Pforten werden sie nicht überwältigen« (Matth. 16,18). Wer aber sind dann diese »Heiligen«? Es müssen jene sein, die sich während der großen Trübsal zu Christus bekehren und ihren neuen Glauben mit dem Leben bezahlen. So lesen wir in der Offenbarung des Johannes:

> Nach diesem sah ich: und siehe, eine große Volksmenge, die niemand zählen konnte, aus jeder Nation und aus Stämmen und Völkern und Sprachen, stand vor dem Thron und vor dem Lamm, bekleidet mit weißen Gewändern . . .
> Diese sind es, die aus der großen Drangsal kommen, und sie haben ihre Gewänder gewaschen und sie weiß gemacht im Blut des Lammes (Offb. 7,9.14).

Eine Entrückung nach der großen Trübsal wäre wohl kaum eine »glückselige Hoffnung«. Ja, es wäre ein Ereignis ohne große Bedeutung, denn es hätten nur ganz wenige Christen überlebt, die dann noch entrückt werden könnten. Könnten die Christen das Zeichen des Antichristen an sich zulassen, so daß sie überleben und am Ende der Trübsal entrückt werden können? Sicherlich nicht! Die Bibel warnt ausdrücklich:

> Wenn jemand das Tier und sein Bild anbetet und ein Malzeichen annimmt an seiner Stirn oder an seiner Hand, so wird er auch trinken vom Wein des Grimmes Gottes, der unvermischt im Kelch seines Zornes bereitet ist; und er wird mit Feuer und Schwefel gequält werden . . . (Offb. 14,9-10).

Die Entrückung vor der Drangsal nimmt den mäßigenden Einfluß Gottes, den er durch die Millionen von Christen ausübt, fort, wodurch der Antichrist erst offenbart werden und die geeigneten Maßnahmen zur Erlangung der Weltherrschaft ergreifen kann. Durch diese rechtzeitige Entrückung wird die Gemeinde in Erfüllung von Gottes Verheißung, sie vor dem Zorn zu bewahren, von der Erde genommen (1. Thess. 1,10; 5,9; Offb. 3,10). Johannes sah in seiner Vision, welche Verwüstungen die ganze Welt auf übernatürliche Weise treffen wird: »Jeder Berg und jede Insel wurden von ihren Stellen gerückt.« Er hörte, wie Gottes Stimme sieben Engeln befahl: »Geht hin und gießt die sieben Schalen des Grimmes Gottes aus auf die Erde« (Offb. 16,1). Die Braut des Lammes aber wird nicht mehr anwesend sein und den Zorn Gottes nicht mehr miterleben (2. Kor. 11,2; Eph. 5,31-33).

So wie Noah von der Erde genommen und vor der Flut durch die Arche in Sicherheit gebracht wurde und wie Lot aus Sodom herausgeführt wurde, damit es zerstört werden konnte, so wird auch die Gemeinde von der Erde genommen werden, bevor Gottes Gericht sie mit einer beispiellosen weltweiten Verwüstung trifft. Paulus ermahnte die Gläubigen in Thessalonich:

> Wenn sie [die Ungläubigen] sagen: Friede und Sicherheit! dann kommt ein plötzliches Verderben über sie [nicht über uns]
> . . .
> Ihr aber, Brüder, [im Gegensatz zu ihnen] seid nicht in der Finsternis, daß euch der Tag wie ein Dieb ergreife . . .
> Denn Gott hat uns [im Gegensatz zu ihnen] nicht zum Zorn bestimmt, sondern zum Erlangen des Heils durch unseren Herrn Jesus Christus . . .
> Denn es entspricht der Gerechtigkeit Gottes . . . euch . . . zusammen mit uns Ruhe zu schenken, wenn Jesus, der Herr, sich vom Himmel her offenbart mit seinen mächtigen Engeln in loderndem Feuer. Dann übt er Vergeltung an denen, die Gott nicht kennen und dem Evangelium Jesu, unseres Herrn, nicht gehorchen . . . (1. Thess. 5,3-4.9; 2. Thess. 1,7-8 [Einheitsü.]).

Es gibt allerdings viele Christen, die sich gegen eine Entrückung vor der großen Trübsal aussprechen. Sie tun dies, weil Christus in diesem Fall gleich zweimal zur Erde kommen müßte – einmal vor der Trübsal, um seine Gemeinde zu entrücken, und dann noch einmal danach, um den Antichristen mit seinen

Streitkräften bei Jerusalem zu vernichten und Israel zu retten. »Wo steht im Neuen Testament, daß es zwei zweite Kommen oder aber zwei Phasen des zweiten Kommens geben wird?« fragen jene mit Recht, die den Gedanken an eine verborgene Entrückung von sich weisen.

Mit gleichem Recht kann man aber auch die Gegenfrage stellen: »Wo steht im Alten Testament, daß der Messias zweimal kommen wird?« Das steht nirgends. Bei keinem der Propheten ist trotz der Fülle ihrer Ankündigungen etwas Entsprechendes ausdrücklich erwähnt. Und doch kann man ihre Aussagen nicht anders deuten. Wie wir bereits festgestellt haben, ist es unmöglich, alle Aussagen der Propheten über den Messias im selben Zeitrahmen anzusiedeln: Wie kann er getötet werden und gleichzeitig sein ewiges Königreich errichten und regieren? Wie kann er von Israel verworfen werden und gleichzeitig auf dem Thron Davids ewig regieren? Er muß einfach zweimal kommen! Es gibt keine andere Möglichkeit, in Einklang zu bringen, was sonst völlig widersprüchliche Prophezeiungen wären.

Es überrascht deshalb nicht, daß die neutestamentlichen Weissagungen zum zweiten Kommen ein ähnliches Problem darstellen und eine ähnliche Lösung verlangen. Man kann einfach nicht zu einem einzigen Ereignis verschmelzen, was das Neue Testament über die Wiederkunft Christi aussagt. So wissen wir, daß er um zweier Ziele willen wiederkommen wird: Erstens muß er der Gemeinde entgegengehen, ihr in der Luft begegnen und sie mit sich ins Haus des Vaters heimführen, wo die »vielen Wohnungen« sind. Und zweitens muß er sichtbar die Erde in Macht und Herrlichkeit betreten, um den Antichristen zu beseitigen, um dem Vernichtungskrieg von Harmagedon Einhalt zu gebieten, um Israels noch lebenden Rest zu retten und um sein tausendjähriges Reich zu errichten. Die beiden Ziele sind so unterschiedlicher Natur, daß sie mit einer einzigen Aktion gar nicht zu erreichen sind.

Hinzu kommt noch, daß verschiedene Schriftstellen diese wichtigen Ereignisse auch so darstellen, als seien sie gar nicht Bestandteil eines einzigen Vorgangs. Paulus schreibt z. B.: »Wir bitten euch aber, Brüder, wegen der Ankunft unseres Herrn Jesus Christus und unserer Vereinigung mit ihm ... « (2. Thess. 2,1). Es hört sich so an, als zähle er hier auf: Da ist einmal die Ankunft und des weiteren die Vereinigung. Christi Ankunft in Macht und Herrlichkeit zur Bestrafung der Ungläubigen hat tatsächlich nichts mit jenem Ereignis zu tun, bei dem er die Christen in der Luft um sich versammelt, um sie zum himmlischen Lohn heimzuführen.

Einmal kommt Christus für Israel, das andere Mal für die Gemeinde. Diese Ereignisse haben nichts miteinander zu tun und können deshalb auch kaum gleichzeitig eintreten. Paulus nennt das eine die »Erscheinung der Herrlichkeit« und das andere die »glückselige Hoffnung« (Titus 2,13). Das eine Ereignis ist die sichtbare Entfaltung seiner Macht und Herrlichkeit zum Gericht über die Welt, und das andere die Fortführung seiner Braut zum himmlischen Hochzeitsfest in einer geheim bleibenden Entrückung, die den Ungläubigen mit Bedacht vorenthalten wird.

Christi Ankunft, von der es in Sacharja 14,4 heißt: »Und seine Füße werden an jenem Tag auf dem Ölberg stehen«, kann kaum gleichzeitig so geschehen, wie es in der Verheißung bei Paulus heißt: »Danach werden wir ... entrückt werden in Wolken dem Herrn entgegen in die Luft; und so werden wir allezeit beim Herrn sein« (1. Thess. 4,17). Seine Ankunft »mit seinen heiligen Tausenden, Gericht auszuüben gegen alle ... « (Judas 1,14-15) kann kaum zusammenfallen mit dem Ereignis, das im 1. Korintherbrief beschrieben wird: » ... und die Toten werden auferweckt werden unverweslich, und wir werden verwandelt werden« (15,52). Seine sichtbare Ankunft in Macht und Herrlichkeit, die wie ein Blitz am Himmel sein wird (Matth. 24,27), wenn jedes Auge ihn sehen wird (Offb. 1,7), beschreibt kaum das Ereignis, das in Johannes 14,3 steht: »Ich [komme] wieder und werde euch zu mir nehmen, damit auch ihr seid, wo ich bin.«

Christus begleiten nach Harmagedon »die Kriegsheere, die im Himmel sind ... , bekleidet mit weißer, reiner Leinwand« (Offb. 19,14). Weil zuvor in diesem Kapitel vom himmlischen Hochzeitsfest die Rede ist, liegt der Schluß nahe, daß es seine Braut ist, gekleidet »in feiner Leinwand, glänzend, rein« (Vers 8), die an seiner Seite im Auferstehungsleib triumphierend zurückkehren wird, um die Erde zu regieren.

Es gibt noch weitere Gründe dafür, daß der Herr zweimal kommen muß. Es sind nämlich nicht nur die zwei von Christus

226 + Dave Hunt

zu vollbringenden Aufgaben so unterschiedlich, daß sie nicht in einen einzigen Handlungsablauf passen, sondern auch die bei seiner Ankunft jeweils auf der Erde herrschenden Zustände sind eindeutig auseinanderliegenden Zeitperioden zuzuordnen. So hat Christus z. B. angekündigt, er werde in einer Zeit des Friedens und des Wohlstands kommen, wenn geschäftiges Treiben herrscht und man sich vergnügt – dann, wenn das Gericht am wenigsten zu erwarten ist:

> Aber wie die Tage Noahs waren, so wird auch die Ankunft des Sohnes des Menschen sein. Denn wie sie in den Tagen der Flut waren: sie aßen und tranken, sie heirateten und verheirateten, bis zu dem Tag, da Noah in die Arche ging, und sie es nicht erkannten, bis die Flut kam und alle wegraffte, so wird auch die Ankunft des Sohnes des Menschen sein (Matth. 24,37-39).

Mit diesen Worten hat Jesus wohl kaum sein zweites Kommen zum Ende der großen Trübsal beschrieben, wenn Gottes Zorn Zerstörung über die Erde gebracht haben wird und die Heere dieser Welt sich bei Harmagedon gegenüberstehen. Zu dieser Zeit wird man nicht – als wäre nichts geschehen – »auf dem Feld sein« oder »an dem Mühlstein mahlen« und schon gar nicht fröhlich feiern, wie es von der Welt vor der Flut heißt. Jesus beschreibt hier offenbar jene Zeit, an die Paulus dachte, als er schrieb: »Wenn sie sagen: Frieden und Sicherheit!«

An das Gericht Gottes haben die Menschen vor der Flut wohl am wenigsten gedacht. Doch beim zweiten Kommen, wenn die Schlacht von Harmagedon im Gange ist, wird die Welt längst begriffen haben, daß da Gottes Gericht über sie gekommen ist, und sie wird zu den Bergen geschrien haben: »Fallt auf uns und verbergt uns vor dem Angesicht dessen, der auf dem Thron sitzt, und vor dem Zorn des Lammes« (Offb. 6,16). Er muß also zweimal kommen! Und mit den Argumenten hierfür sind wir noch längst nicht am Ende.

Christus kommt zu einer Zeit, da selbst die Christen im Tiefschlaf liegen (Matth. 25,5); doch dann heißt es auch wieder, er komme, wenn Angst und Schrecken groß sein werden, wenn also niemand schlafen kann: »Denn dann wird große Drangsal sein, wie sie von Anfang der Welt bis jetzt nicht gewesen ist noch je sein wird ... Aber gleich nach der Drangsal ... werden [sie] den Sohn des Menschen kommen sehen auf den Wolken des Himmels mit großer Macht und Herrlichkeit« (Matth. 24,21.29-30).

Einerseits erklärt uns Jesus, er werde kommen, wenn die Bedingungen in dieser Welt es kaum erwarten lassen:»Denn in der Stunde, in der ihr es nicht meint, kommt der Sohn des Menschen« (Matth. 24,44). Doch er kommt auch, wenn der Antichrist die Herrschaft übernommen hat und alles Leben auf diesem Planeten kurz vor der Zerstörung steht.

Christus warnte:»Und wenn jene Tage [der Zerstörung] nicht verkürzt würden, so würde kein Fleisch gerettet werden« (Matth. 24,22). Doch gleichzeitig versprach er auch:»Aber um der Auserwählten [Israels] willen werden jene Tage verkürzt werden« (Vers 22). Wie soll das geschehen? Doch bestimmt durch seine sichtbare Ankunft auf der Erde in Macht und Herrlichkeit, so wie es ein paar Verse später beschrieben wird. Und dabei handelt es sich mit Sicherheit nicht um die Entrückung.

So wie es nicht möglich ist, zu einem Ereignis zu verschmelzen, was das Alte Testament über die Ankunft des Messias sagt, so wenig kann man alles miteinander in Einklang bringen, was das Neue Testament zu seiner Wiederkunft zu sagen hat. Und so wie seine Jünger zu dem Schluß hätten kommen müssen, daß der Messias mehr als einmal auf die Erde kommen muß, so können auch wir nicht umhin, daran zu glauben, daß Christus noch zweimal kommen wird.

Manche meinen, Christus werde seiner Gemeinde in der Luft begegnen und sie dann sofort wieder mit auf die Erde nehmen, um Israel zu retten und seine Feinde zu vernichten. Das wäre aber kaum die Erfüllung seines Versprechens, die Seinen ins Haus des Vaters zu führen, und außerdem ist es nicht die Art, wie ein Bräutigam seine Braut behandelt. Ist es nicht viel folgerichtiger, wenn er sie, wie Offenbarung 19,7-10 andeutet, zu sich in den Himmel nimmt, um erst einmal engste Gemeinschaft zu pflegen, bevor er sie dann zur Erde zurückbringt und mit ihr 1000 Jahre regiert?

Die Entrückung vor der Trübsal läßt Christus Zeit, sich ausführlich mit den Seinen im Himmel zu befassen, so wie es

228 ◆ *Dave Hunt*

uns in der Schrift auch kundgetan wird: »Denn wir müssen alle vor dem Richtstuhl Christi offenbar werden, damit jeder empfange, was er durch den Leib vollbracht, dementsprechend, was er getan hat, es sei Gutes oder Böses« (2. Kor. 5,10). Die Begegnung mit Christus in der Luft und die sofortige Rückkehr nach Harmagedon entspricht nicht dieser Aussage.

Ganze Bücher sind gegen die Entrückung vor der Drangsal geschrieben worden, doch kein Argument widerlegt die Hauptgründe, die wir zu ihrer Verteidigung vorgebracht haben: 1. Die Entrückung vor der Drangsal ist das einzige denkbare Ereignis, das die Welt dazu veranlassen könnte, sich unter dem Antichristen zu vereinigen und ihn anzubeten. 2. Die frühe Entrückung ist der entscheidende Schritt, um den mäßigenden Einfluß des in den Christen wirkenden Heiligen Geistes auszuschalten, um so dem Antichristen die freie Hand zu lassen, die er haben muß. 3. Die Entrückung muß vor der Trübsal stattfinden, weil nur durch die Fortnahme der Gemeinde zwei Prophezeiungen, ohne sich zu widersprechen, erfüllt werden können: a) Der Antichrist wird uneingeschränkte Macht über alle Bewohner der Erde ausüben können, und er wird alle töten, die sich weigern, ihn anzubeten. b) Die Pforten des Hades werden der Gemeinde nichts anhaben können.

Das Verschwinden von Millionen Menschen wird die sich fürchtende Welt in die Arme des universalen »Christus« treiben, der das Oberhaupt einer neuen Weltreligion sein wird. Er wird sie in ihren Ängsten trösten und Ordnung ins Chaos bringen. Für diesen neuen Glauben wird einiges sprechen, denn der Antichrist wird nach außen hin den Beweis antreten, daß er Christus ist, der den Weltfrieden bringt. Getröstet, befriedet und zur Loyalität entschlossen, wird die Welt ihren »Erlöser« hocherfreut willkommen heißen.

17 | *Israel und die Moslems in Arabien*

DAS PLÖTZLICHE VERSCHWINDEN von Abermillionen Menschen rund um den Erdball, das einhergeht mit einer fast göttlichen Machtentfaltung des Antichristen, wird sich bei den Atheisten, den Hindus, den Buddhisten und besonders bei den Pseudochristen so auswirken, daß sie ihn anbeten und seine neue Weltreligion akzeptieren. Bei den Moslems sieht das auf den ersten Blick anders aus. Wie die Hindus und die Buddhisten würde auch die arabische Welt die schlimmen Folgen der Entrückung zunächst gar nicht so sehr zu spüren bekommen. Im Gegensatz zu den typischen Toleranzreligionen ist der Islam eigentlich nicht zu Kompromissen bereit, und ein großer Prozentsatz seiner Anhänger vertritt seinen Glauben fanatisch.

Weitere Zweifel an der arabischen Loyalität dem Antichristen gegenüber (und erst recht an der arabischen Bereitschaft, ihn anzubeten) kommen einem, wenn man Daniel 9,27 und Hesekiel 38,11 liest. Viele, die sich intensiv mit Prophetie beschäftigen, verstehen die Texte so, daß der Antichrist zunächst einen Sicherheitspakt mit Israel schließt, den er später dann bricht, um mit allen Kräften gegen Israel vorzugehen. Diese Konstellation würde – solange sie besteht – den Antichristen zum Feind der Araber machen. Wie sollen dann aber fast eine Milliarde Moslems in das weltweit wiedererrichtete Römische Reich des Antichristen integriert werden?

Wir erleben, daß zu diesem entscheidenden historischen Zeitpunkt, da in Osteuropa so vieles im Wandel begriffen ist, sich auch in der arabischen Welt Veränderungen abzeichnen. Die Parallelen sind auffällig. Der Eiserne Vorhang und auch der sogenannte Bambusvorhang sind zu einem Begriff geworden. Daß die Irrwege und der Terror des kommunistischen Systems dem Rest der Welt nicht verborgen geblieben sind, hat letztlich zu dessen Niedergang beigetragen. Gleichzeitig hat man der kaum weniger extremen und grausamen Mauer, die der Islam um die arabischen Länder errichtet hat, so gut wie keine Beachtung geschenkt. Doch die jüngsten Ereignisse im Nahen Osten, besonders seit der Invasion des Irak in Kuwait, deuten einen Wandel auch hier an.

Was sich da zugetragen hat, hat die Welt wachgerüttelt, so daß sie den »Islamischen Vorhang« nun zumindest zur Kenntnis nimmt. Hinter dieser Mauer der Voreingenommenheit ist jede Religion außer dem Islam verboten. Bekehrte Christen sind nicht nur dafür eingekerkert worden, daß sie dem Islam den Rücken gekehrt haben, sondern sind auch in großer Zahl in der Türkei, in Afghanistan, in Pakistan und in vielen anderen islamischen Ländern getötet worden, oft sogar von den eigenen Angehörigen. Die Presse-, Meinungs- und Versammlungsfreiheit wird den Menschen hinter dem Islamischen Vorhang wie damals im Osten verweigert. Es gibt keine freie Religionsausübung, und der Import von Bibeln und christlicher Literatur ist auch nicht möglich.

Der jahrelange Druck der Weltöffentlichkeit und das durch Radio und Fernsehen vermittelte Bild von der Außenwelt haben maßgeblich zum Fall des Kommunismus in Osteuropa beigetragen. Es war in dem Augenblick nicht mehr möglich, die Bürger zu belügen und ihnen weiszumachen, ihre eigene Volkswirtschaft sei der im Westen überlegen, als sie mit eigenen Augen durch das Fernsehen Informationen über den Westen erhielten und so Vergleiche anstellen konnten.

Entscheidend war natürlich vor allem die Tatsache, daß dieses System einfach nicht das Paradies hervorbrachte, das der real existierende Sozialismus hätte hervorbringen sollen. Die nicht mehr zu verschleiernde Realität täglicher Erfahrungen brach den Regimen im Osten dann eines Tages das Rückgrat. Und so wird es überall geschehen, wo der Kommunismus noch herrscht. Dieselbe Ernüchterung wird sich unweigerlich auch in den islamischen Ländern einstellen. Und es gibt zunehmend Hinweise darauf, daß dies bereits geschieht.

Der Islam, der sich gegen Israel mit dem Kommunismus verbündet hatte, hat überall dort, wo er politisch und religiös an der Macht ist, Lebensbedingungen geschaffen, wie sie ähnlich auch hinter dem Eisernen Vorhang geherrscht haben. Wie der Marxismus hat auch der Islam es nicht geschafft, wie versprochen, die ideale Gesellschaft zu schaffen. So kommt es, daß viele arabische Länder trotz ihrer jährlichen Öleinkünfte in Milliardenhöhe außerhalb der wenigen Städte zu den unterentwickeltsten Ländern zählen. Niemand wird leugnen können, daß der Islam einem autokratischen Feudalismus eine dauerhafte Existenzgrundlage verschafft und damit die Demokratie verhindert hat. Sie ist in islamischen Ländern noch immer weitgehend unbekannt. Die Bürgerrechte, besonders die der Frauen und der Minderheiten, werden systematisch unterdrückt, oft mit aller Grausamkeit im Namen Allahs.

Wie der Kommunismus hat auch der totalitäre Islam einige wenige Vorteile auf dem Gebiet der Moral. Der Islamische Vorhang konnte viele Verfallserscheinungen des Westens am Vordringen hindern – Abtreibung, Jugendrebellion, organisiertes Verbrechen, Drogen, Pornographie und andere Formen der Unmoral, wie wir sie von sogenannten »christlichen« Ländern zur Genüge kennen. Eins müssen wir allerdings dabei bedenken: Die Unmoral im Westen wird als der Bibel zuwiderlaufend erkannt und wird Christus zum Trotz praktiziert, nicht aber in seinem Namen, während in islamischen Ländern viel Übles unmittelbar auf den Koran zurückzuführen ist und im Namen Allahs, dem Propheten Mohammed gehorchend, praktiziert wird.

Niemand ruft rechtmäßig im Namen Christi zum Heiligen Krieg auf, so wie es im Namen Allahs geschieht. Terrorismus und Geiselnahmen werden nicht im Namen Christi begangen, aber im Namen Allahs mit reinem Gewissen. Die IRA tritt deshalb auch nicht für das Christentum, sondern für den Katholizismus ein. Und diese Leute können ihre terroristischen Aktivitäten auch gar nicht mit der Lehre Jesu rechtfertigen. Denn Christus hielt uns an, unsere Feinde zu lieben und die andere Wange hinzuhalten; und sein Anliegen war es immer, die Herzen der Menschen durch seine Liebe zu gewinnen. Im Gegensatz dazu lehrte Mohammed, den Islam mit Gewalt zu verbreiten und alle zu töten, die sich nicht unterwerfen wollen. Viele Verse im Koran, die zu den wichtigsten gezählt werden, fordern den Mord an Abgefallenen und Nichtmuslimen. Mohammed selbst führte 27 Eroberungszüge an, und er behauptete, Gott habe ihm befohlen, den Islam mit der Schärfe des Schwertes zu verbreiten. Nicht nur Mohammeds eigener Klan, der Stamm der Koraischiten, sondern auch ganz Persien und die Türkei wurden auf diese Weise moslemisch. Der Bani-Karesa-Stamm unterwarf sich Mohammed im guten Glauben und legte die Waffen nieder. Aber Mohammed tötete Hunderte von Männern und teilte die Frauen und den Besitz mit Saad Ibn Muaas als Kriegsbeute.

Der Koran sagt es zwar nicht ausdrücklich, aber die Lehre des Islam verbreitet es: Alle, die zu seiner Verteidigung antreten, werden unmittelbar nach ihrem Tod ins Paradies eingehen. Dieser Glaube machte die arabischen Heere praktisch unbesiegbar. Nach Mohammeds Tod eroberten sie Persien, die Türkei und ganz Nordafrika. Dann überquerten sie das Mittelmeer, um auch Spanien zu unterwerfen. Fast hätten sie ganz Europa überrannt, wenn sie nicht in der Schlacht bei Tours in Frankreich 732 n. Chr. besiegt worden wären. So wurde der islamische »Glaube« in die Welt hinausgetragen. Sie sollte sich entweder Allah und den Lehren seines Propheten Mohammed fügen oder sterben. Das ist das schändliche Erbe des Islam in den Ländern, die er gegenwärtig beherrscht. Es ist für Moslems noch immer eine heilige Pflicht ihrer Religion gegenüber, Christen und Juden zu töten.

Natürlich, es gab auch die Kreuzfahrer, die gegen die arabischen Eroberer in den Kampf zogen, aber das taten sie im Ungehorsam gegen die Bibel. Angestachelt von Papst Urban II., machten sich die Teilnehmer des ersten Kreuzzuges auf, um »für die Kirche« das Land zurückzuerobern, das eigentlich Israel gehörte. Plündernd, schändend und mordend zogen sie nach Jerusalem, wo sie bei der Einnahme der Stadt im Namen der römisch-katholische Kirche alle Moslems und Juden hinschlachteten. Sie handelten im direkten Widerspruch zur Lehre Jesu, dessen Kreuz sie vorgaben zu tragen. Um mit der Verheißung des Islam, jeder Teilnehmer am Heiligen Krieg werde sofort nach seinem Tod ins Paradies eingehen, gleichzuziehen, motivierte der Papst seine Truppen, indem er all jenen, die fallen würden, die allgemeine Absolution erteilte.[1] Schlimmer als mit dem Aufruf zum Heiligen Krieg hätten die Päpste des finsteren Mittelalters kaum dem wahren Christentum zuwiderhandeln können. Man würde so etwas heute natürlich nicht mehr tun. Doch die schrillen Töne, derer, die zum Dschihad aufrufen, sind noch immer zu hören, und man folgt ihnen auch heute noch, weil es dem Islam und den Taten seines Propheten voll und ganz entspricht. Man kann die aktuelle Lage und zukünftige Entwicklungen im Nahen Osten nicht richtig einschätzen, ohne das religiöse Umfeld zu kennen, das die arabische Welt bestimmt und Motiv ihres Handeln ist.

Wir haben hier nicht die Zeit, uns mit dem Islam eingehender auseinanderzusetzen. Aber ein gewisses Verständnis ist schon wichtig, besonders unter dem Aspekt, daß es sich um die am schnellsten wachsende Religion unserer Tage handelt. Der Islam breitet sich überall aus, und, ganz gleich, wo man wohnt oder hinreist, man trifft ihn heute schon überall an. Unter der Überschrift:»Welche Rolle wird die Religion in den sich abzeichnenden Krisenherden der Welt spielen?«, lesen wir in der Watertown Daily Times:

> In Chicago, das früher einmal als das Herz des amerikanischen Mittelwestens galt, gibt es inzwischen mehr Moslems als Methodisten, mehr Buddhisten als Presbyterianer, mehr Hindus als Kongregationalisten ...
> Das Thema »Religion und Politik« ist im Augenblick nicht gerade »in«, aber es besteht zweifellos ein Zusammenhang.[2]

Natürlich besteht da ein Zusammenhang, und der ist nirgends deutlicher als im Nahen Osten, wo der Islam die treibende Kraft hinter dem leidenschaftlich verfolgten Ziel ist, Israel von der Landkarte zu löschen. Islam bedeutet Unterwerfung unter Allah, den Gott, dessen Offenbarungen angeblich dem Propheten Mohammed diktiert und im Koran niedergeschrieben wurden. Wir können hier unmöglich alle Gründe aufzählen, warum der Koran, statt ewige Gottesoffenbarung zu sein, nur Mohammeds eigene beschränkte Gedankenwelt wiedergibt. Ein Hauptwiderspruch muß allerdings erwähnt werden: In den ersten Kapiteln vertritt auch der Koran die Auffassung, das Alte Testament und das neutestamentliche Evangelium seien von Gott inspiriert, und er beruft sich auf deren Autorität, um Mohammeds eigene Offenbarung zu beglaubigen. Es wird auch gefordert, ihre Gebote zu halten. So sagt Allah z. B.:

> Wir [Allah] haben die Thora offenbart, die Leitung und Licht enthält; nach ihr richten die gottgegebenen Propheten die Juden . . .
>
> Wir haben Jesus, den Sohn der Maria, den Fußstapfen der Propheten folgen lassen, bestätigend die Thora, welche in ihren Händen war, und gaben ihm das Evangelium, das Leitung und Licht und Bestätigung der Thora enthält, welche zuvor in ihren Händen war, den Gottesfürchtigen zur Leitung und Erinnerung.
>
> Die Besitzer des Evangeliums sollen nun nach den Offenbarungen Allahs darin urteilen . . . Wir haben nunmehr dir [Mohammed] das Buch [den Koran] in Wahrheit offenbart, die früheren Schriften in ihren Händen bestätigend . . . (Sure 5. 45, 47-48, Übersetzung von Ludwig Ullmann).

Doch der Koran, nachdem er für die Bibel eintritt, widerspricht sich selbst, wenn er erklärt: Gott sei nur eine einzige Person und nicht ein Gott, der ewig in den drei Personen Vater, Sohn und Heiliger Geist existiert; Jesus sei nicht für unsere Sünden am Kreuz gestorben und auferstanden; zur Erlösung gelange man durch eigene gute Werke und nicht durch das Gnadenwerk Gottes; usw. Es bleibt den Moslems nur eine Möglichkeit, diesen offenkundigen Widerspruch aufzulösen: Die Bibel, so sagen sie, sei seit den Tagen Mohammeds verfälscht worden. Diese Anschuldigung ist natürlich völlig aus der Luft gegriffen, existieren doch viele Manuskripte aus der Zeit Mohammeds und davor, die mit der uns heute vorliegenden Bibel nahezu identisch sind.

Man muß die Bibel natürlich in Mißkredit bringen, um den Anspruch der Araber, als Nachkommen Ismaels die wahren Erben Abrahams und der göttlichen Verheißung zu sein, aufrechterhalten zu können. So behauptet der Koran, Abraham habe nicht Isaak, sondern Ismael Gott opfern sollen, und dessen Nachkommenschaft sei das Land Kanaan geschenkt worden.

Die Bibel sagt das Gegenteil, aber Mohammed schien sich dessen nicht bewußt zu sein, als er den bibelfreundlichen Teil seines Korans verfaßte. Es haben sich auch Araber im Verheißenen Land niedergelassen, aber die meisten sind über die ölreichen Länder des Nahen Ostens zerstreut worden.

1948 lebten sowohl Juden als auch Araber in Palästina. Im Zuge der zionistischen Bestrebungen haben Juden jahrzehntelang versucht, ins Land ihrer Vorväter heimzukehren. Aber den meisten hat man den Zutritt verwehrt. Aufgeschreckt durch die Ermordung von 6 Millionen Juden in den Vernichtungslagern der Nazis, stimmten die Vereinten Nationen für eine Teilung Palästinas, um damit einen kleinen Judenstaat zu gründen, in dem sich die Überlebenden von Hitlers Holocaust niederlassen konnten. Den palästinensischen Arabern wurde der übrige Teil des Landes für eine eigene Staatsgründung überlassen. Doch die Araber beharrten darauf, daß Allah es ihnen ganz versprochen habe, und sie fanden sich nicht bereit, die Existenz eines jüdischen Staates zu dulden.

Weil Allah versprochen hatte, daß die Heere des Islam immer nur erobern würden, griffen die Araber, sich ihres Sieges sicher, die Juden mit dem Ziel an, sie ins Mittelmeer zu treiben. So kam es zum Krieg von 1948. Die Juden waren gezwungen, gegen zahlenmäßig überlegene und weit besser ausgerüstete Armeen ums nackte Überleben zu kämpfen. Man hatte Israel ein so schmales Landstück entlang der Küste zugesprochen, daß es im Grunde nicht zu verteidigen war. In der Erwartung, daß die Araber erneut angreifen würden, erweiterte Israel nach dem Sieg seine Grenzen auf besser zu verteidigende Positionen. Jordanien annektierte daraufhin den Rest Palästinas, der von den Vereinten Nationen eigentlich den Palästinensern zugedacht worden war. Seitdem sind die palästinensischen Flüchtlinge in Jordanien, in Syrien und im Libanon niemals in die Gesellschaft integriert worden, sondern leben bis zum heutigen Tag in Flüchtlingslagern. Damit ist aber das Palästinenserproblem niemals aus den Augen der Weltöffentlichkeit gewichen. Forderungen werden aber immer nur an Israel gestellt, den Palästinensern ihren eigenen Staat zu gewähren, niemals aber an Jordanien, das Land zurückzugeben, das es sich damals genommen hat.

Da die übermächtigen Streitkräfte von sieben arabischen Armeen vom kleinen, gerade erst gegründeten Israel besiegt wurden, haben die Araber nicht nachgelassen, die Vernichtung Israels lauthals anzukündigen. Meine Familie und ich werden niemals vergessen, wie wir uns 1967, kurz vor Ausbruch des Sechs-Tage-Krieges, in Ägypten aufhielten. Wir waren gerade in Kairo, als der ägyptische Präsident Gamal Abd el Nasser aus Moskau zurückkehrte, wo er den sowjetischen Friedenspreis verliehen bekommen hatte. Als er am Flughafen ausstieg, kündigte dieser »Mann des Friedens« an, daß der Krieg kurz bevorstehe und daß Israel vernichtet werde. Von diesem Ziel sind die Araber noch immer besessen, obwohl seit neuestem sogar ehemalige Terroristen wie der PLO-Chef Jasir Arafat Lippenbekenntnisse dazu ablegen, man werde einem kleineren Israel die Existenz nicht absprechen. Aber solch ein Land hätte Grenzen, die nicht zu verteidigen wären. Die Israelis haben erkannt, daß dies nur Augenwischerei für die Öffentlichkeit ist. Sie leben mit der ständigen Bedrohung, vernichtet zu werden.

Hätte man Israel in Frieden gelassen, hätte es niemals seine Grenzen erweitert. Die Araber haben nur die Früchte ihrer eigenen Habgier und ihres Hasses geerntet, aber das frustriert und ärgert sie um so mehr. Die Ausdehnung der israelischen Grenzen hat es nur in der Folge von Kriegen gegeben, die dem Land aufgezwungen wurden und die es nur zur Verteidigung seiner Existenz führen mußte. Das winzige Israel, das mit zunehmender Sorge zur Kenntnis nehmen mußte, daß es von Arabern umgeben war, die nicht müde wurden, den Dschihad zur Vernichtung Israels auszurufen und im Verhältnis 50:1 überlegen waren, konnte seine Grenzen mit jedem weiteren Konflikt ein bißchen mehr auf besser zu verteidigende Positionen ausweitern.

Die Golanhöhen wurden beispielsweise lange Zeit von den Syrern dazu benutzt, unprovozierte Heckenschützen- und Raketenangriffe auf israelische Kibbuzim im Tal zu verüben. Im Jom-Kippur-Krieg von 1973, während die Ägypter gleichzeitig über den Sinai vorrückten, fielen die Syrer mit Tausenden Panzern von den Golanhöhen her ein. Die Israelis, die völlig überrascht worden waren, drängten mit einer kleinen Panzertruppe und unter hohen Verlusten an Menschenleben die Syrer zurück hinter die Golanhöhen und vertrieben die Ägypter hinter den Suezkanal. Inzwischen hat Israel im Zuge seines Friedensvertrages mit Ägypten den Sinai zurückgegeben. Auf der anderen Seite hat Israel angesichts fortgesetzter Drohungen aus Syrien die Golanhöhen aus Sicherheitsgründen bis jetzt noch zurückbehalten.

Als die irakischen Streitkräfte das kleine, schutzlos ausgelieferte, aber ölreiche Kuwait überrannten, konnte nur das schnelle Handeln der Vereinten Nationen auf Saudi-Arabiens Hilferuf hin verhindern, daß Saddam Hussein weiterzog und auch Israel angriff. Etwas zuvor Undenkbares erlebten wir nun: die Anwesenheit von »Ungläubigen« auf dem Boden der heiligsten arabischen Nation, auf deren Territorium sowohl Mekka als auch Medina liegen. Zum ersten Mal in ihrer Geschichte reagierten die Vereinten Nationen nahezu einstimmig, um sich mit konkreten Schritten einer Aggressornation entgegenzustellen, wodurch die Hoffnung auf eine »neue Weltordnung« genährt wurde. Und was noch erstaunlicher ist: Die Mehrheit der arabischen Staaten schlug sich auf die Seite der UNO gegen ihr islamisches Nachbarland.

Es gab allerdings eine Forderung von Hussein, die die meisten Araber mit Sympathie unterstützten: Ein Rückzug seiner Streitkräfte aus Kuwait sei abhängig zu machen von einem entsprechenden Rückzug Israels aus den besetzten Gebieten. Auf ihrer gemeinsamen Pressekonferenz in Helsinki stimmten Bush und Gorbatschow in diesem Punkt nicht überein. Bush sah zu Recht »keine Verbindung zwischen dem arabisch-israelischen Konflikt und der Golfkrise«. Husseins Überfall auf Kuwait war ein Akt unprovozierter Aggression, wogegen Israel Gebiete besetzt hält, die es gezwungen war, zur Selbstverteidigung einzunehmen. Trotzdem äußerte sich Gorbatschow, der noch 1988 in einer Rede vor der UNO »die Solidarität der UdSSR mit der Palästinensischen Befreiungsorganisation« beschworen hatte, über die zukünftige Entwicklung wie folgt:

> Ich glaube schon, daß es eine Verbindung gibt, denn die Unfähigkeit, eine Gesamtlösung für den Nahen Osten zu finden, hat zu der Zuspitzung dieses besonderen Konflikts geführt, von dem hier die Rede ist.[4]

Moslems, die gegen die Anwesenheit von »schmutzigen Fremden« auf islamischem heiligem Boden protestierten, wiesen gleichzeitig mit Nachdruck darauf hin, daß die Araber schon eine eigene Lösung fänden, wenn man sie nur ließe. Solche Reden stachelten die arabischen Massen dazu auf, gewaltige Demonstrationszüge für den »Heiligen Krieg« gegen Amerika zu veranstalten. Tatsache ist, daß der Irak Saudi Arabien und ein paar weitere Länder eingenommen hätte, wenn Amerika nicht umgehend eingeschritten wäre. Iraks Macht wäre so gewachsen, daß es zu einer Bedrohung jedes anderen arabischen Landes geworden wäre. Die Aufforderungen der ganzen arabischen Welt, die eroberten Gebiete zurückzugeben, hätte Irak mit Hohnlachen quittiert.

Plötzlich waren die Araber gezwungen, ihre Religion in einem ganz neuen Licht zu sehen. Es war schließlich eine Tatsache, daß das Gebiet, das die größten islamischen Heiligtümer beherbergte, von Ungläubigen gegen Moslems verteidigt werden mußte! Jene, die noch mit einem Achselzucken auf den acht Jahre dauernden Krieg zwischen zwei islamischen Nationen, Iran und Irak, reagiert hatten, mußten sich nun einer schwierigen Fragen stellen: »Wie konnte ein arabischer Führer wie Saddam Hussein alle Araber aufrufen, mit ihm in den Heiligen Krieg zu ziehen, und gleichzeitig rücksichtslos andere arabische Nationen niederzwingen? Warum waren gerade die fanatischen Anhänger des Islam verantwortlich für die meisten Terroraktionen und Geiselnahmen in der Welt und weit eher bereit als Ungläubige, die schlimmsten Greueltaten zu begehen? Und wenn Allah wirklich allmächtig ist, warum mußten dann Ungläubige Mekka verteidigen – auch noch gegen Moslems?

Der Emir von Kuwait wurde von den Mitgliedern der UN-Vollversammlung mit Applaus begrüßt, und er erhielt auf sein Hilfeersuchen die Zusage, er könne sich der vollen Unterstützung der UNO sicher sein. Das war am 27. September 1990. Auch hier wieder spielte sich vor den Augen der Weltöffentlichkeit etwas ab, was so ganz den Ansprüchen des Islam zuwiderlief und dem Ansehen einer Religion Schaden zufügte, die sich allen anderen überlegen fühlt. Eine islamische Nation bat eine Welt von Ungläubigen um Hilfe und Beistand gegen ein anderes islamisches Land, das gerade dabei war, zu plündern, zu zerstören, zu schänden und zu foltern, während es gleichzeitig die Moslems aufrief, zur Verteidigung seiner Greueltaten gemeinsam in den Heiligen Krieg zu ziehen!

Noch mit ganz anderen problematischen Entwicklungen hatte man sich auseinanderzusetzen, die ähnlich weitreichende Auswirkungen auf die arabische Welt haben könnten wie der kürzlich erfolgte Wandel vom Kommunismus zur Demokratie in Osteuropa. Der Emir von Kuwait war ein feudalistischer Monarch, der vor dem Einmarsch der Irakis die Presse mundtot gemacht und alle Verfechter der Menschenrechte eingekerkert hatte. Der UNO ging es denn auch nicht so sehr darum, einen feudalistischen Landesherrn wieder einzusetzen, als vielmehr das Land von der ungesetzlichen Einnahme durch den Irak zu befreien.

Das schnelle und fast einstimmig beschlossene Eingreifen der Vereinten Nationen gegen den Irak war mit der Sorge begründet, daß Saddam Hussein, der sich wie ein arabischer Hitler gebärdete, immer mehr Macht an sich reißen und die Herrschaft über einen großen Teil der Erdölreserven erlangen könnte, wodurch die Industrienationen von seiner Gnade abhängig geworden wären. Die bekannte Tatsache, daß sechs arabische Herrscherfamilien 44 % der Ölreserven dieser Welt kontrollieren, war nun erst so richtig ins Bewußtsein gerückt worden. In Ansätzen gibt es bereits Freiheits- und Bürgerrechtsbewegungen in diesen Ländern. Der Wandel wird über kurz oder lang kommen und die Position des Islam weiter schwächen.

Es wäre schon verwunderlich, wenn wir in der arabischen Welt nicht genauso einschneidende Veränderungen erleben würden wie in der kommunistischen Welt, denn die Vorbereitungen auf den Auftritt des Antichristen sind bereits im Gange. Die Welt ist kleiner geworden und die Verflechtungen haben zugenommen. Grenzen werden niedergerissen. Es ist einfach nicht mehr möglich, sich hinter einem eisernen oder einem islamischen Vorhang zu verstecken und zu isolieren. Selbst der Bambusvorhang um China muß eines Tages dem Druck der Weltöffentlichkeit weichen. Das ist alles nur eine Frage der Zeit.

So wie der Zusammenbruch des Kommunismus die großartige Gelegenheit bietet, das Evangelium bekanntzumachen – und es bekehren sich viele im Osten –, so dürften die Veränderungen in der arabischen Welt eines Tages entsprechenden Aktivitäten den Weg frei machen. Nach Jahrzehnten der fast einhelligen Ablehnung des Evangeliums kommen inzwischen Tausende von Moslems zu Christus, weil sie all die Widersprüche und unbefriedigenden Antworten des Islam bewußter wahrnehmen. Er verspricht zwar den Himmel, aber gibt niemand die Gewißheit, dort auch hinzugelangen, es sei denn beim Tod im Heiligen Krieg. Wie beim Katholizismus, bei dem man nie genug tun kann, um sich das Fegefeuer zu ersparen, weiß man im Islam nie genau, ob man schon genug Gebete gesprochen, genug Almosen gegeben und genug gute Taten getan hat, um ins Paradies zu kommen.

Durch die Konfrontation mit einigen für den Islam eher peinlichen Fragen, wird der Glaube der Moslems erst einmal erschüttert. Warum hat z. B. Mohammed mit der »neuen Offenbarung« seinem Gott denselben Namen – Allah – gegeben, den schon der Hauptgötze der Kaaba trug, jenes heidnischen Heiligtums in Mekka? Und warum hat Mohammed den heiligen Stein der Kaaba übernommen, selbst wenn er die dort beheimateten Götzen vernichtete? Warum hat er den Kult um den Schwarzen Stein beibehalten, der zur Götzenanbetung der alten Religion von Mekka gehörte? Und warum ist die Kaaba für Moslems heilig; warum wird der Schwarze Stein als wichtige Station der Pilgerreise nach Mekka auch noch geküßt?

Durch solche Fragen zum Nachdenken gebracht, empfangen immer mehr Moslems die Sündenvergebung und die Heilsgewißheit, die Christus schenkt. Im Gegensatz zu Mohammed ließ sich Jesus von seinen Feinden kreuzigen, obwohl er sie mit einem Wort hätte vernichten können. Und für die, die ihn ans Kreuz nagelten, die ihn quälten und verspotteten, betete er: »Vater, vergib ihnen, denn sie wissen nicht, was sie tun.« Was für ein Gegensatz zu den sogenannten »Renegatenfeldzügen«, bei denen Moslems gegen jene kämpften, die sich vom Islam abgewandt hatten, um sie entweder zurück zum »Glauben« zu führen oder sie zu töten! Diese primitive Einstellung ist im Islam immer noch vorhanden.

Die Erkenntnis mag schmerzlich sein, aber intelligente und nachdenkliche Araber können doch nicht mehr leugnen, daß es der Islam war, der die barbarische Mentalität des finsteren

Mittelalters in die Neuzeit herübergerettet hat. Sie müssen anerkennen, daß die fortgesetzen Geiselnahmen und die ständigen Fernsehbilder von aufgebrachten, Hetzparolen skandierenden Menschenmassen westliche Zuschauer kaum auf eine »friedliche arabische Lösung« für das Nahostproblem hoffen lassen. Und wenn prominente Moslems auf Salman Rushdie ein Kopfgeld aussetzen, weil er angeblich den Islam beleidigt, dann fragt man sich schon, ob die Araber stolz sind auf soviel Barbarei und ob sie meinen, so etwas empfehle den Islam der Welt. Und was den Umgang mit den Frauen angeht, so ist es skandalös, daß der Koran dem Mann erlaubt, seine vier Frauen und die beliebig vielen Mätressen zu schlagen oder nach Gutdünken die Scheidung von ihnen zu verlangen! Der Wandel wird auch hier nicht mehr lange auf sich warten lassen!

Leider bringt der Zwang zum Wandel eine zunehmende Offenheit für ökumenisches und synkretistisches Gedankengut mit sich, so daß auch die islamische Welt darauf vorbereitet wird, den Antichristen willkommen zu heißen. Zum Ausdruck kam diese neue Einstellung durch Zaki Badawi, Rektor des Moslem College in London, als er im August 1990 in San Francisco auf einer Konferenz für Weltreligionen das Wort ergriff. Als Antwort auf Sun Myung Moons Behauptung, er sei der neue Weltmessias, gab Badawi diesen höchst interessanten Kommentar: »Wir akzeptieren Pastor Moon nicht als Messias, aber wir respektieren seine Vision, die Religionen der Welt zusammenzuführen.« Damit ist der erste Schritt getan, und der zweite fällt dann nicht mehr schwer.

Satans Messias wird Kräfte besitzen, die weder Moon noch die anderen kleinen Antichristen vorweisen können. Wie wir bereits anmerkten, sprach Jesus eindeutig davon, daß auch Israel den Antichristen annehmen wird. Deshalb ist es auch nicht mehr so schwer vorstellbar, daß genauso die Moslems, wenn sie noch weiter vorbereitet werden, eines Tages in der Lage sein werden, den falschen »Christus« anzunehmen und anzubeten, während sie gleichzeitig ihre Treue zum Islam bekennen. Denn der Allah des Islam ist schließlich nicht, wie Mohammed behauptete, der Gott der Bibel.

18 | *Das Geheimnis der Dreieinigkeit*

WENN WIR DEN ENTSCHEIDUNGSKAMPF zwischen Christus und Antichrist verstehen wollen, müssen wir das Wesen Gottes kennen und auch die falschen Vorstellungen von Gott, die Satan bei seinem kosmischen Kampf mit dem Schöpfer in der Welt verbreitet hat. Wenn man bedenkt, daß Christus einmal gesagt hat, ewiges Leben sei »den einzigen wahren Gott zu kennen und Jesus Christus« (Joh. 17,3), dann kann man sich gut vorstellen, warum es zur wichtigsten Strategie Satans gehört, falsche Vorstellungen von Gott zu verbreiten und der Welt einen verfälschten »Christus« vorzuführen. Jene, bei denen es Satan gelingt, Kenntnis vom wahren Gott und von Jesus Christus zu verhindern, werde seine ewige Finsternis teilen müssen.

Zu allen Zeiten hat es zwei Grundvorstellungen von Gott gegeben: den Pantheismus/Naturalismus – das Universum selbst ist Gott – und den Supranaturalismus – der Schöpfer ist von seiner Schöpfung zu unterscheiden. In Beziehung zu diesen beiden Richtungen stehen noch zwei weitere sich widersprechende Ansichten: Polytheismus – der Glaube an viele Götter – und der Monotheismus – der Glaube an nur einen Gott.

Das Gottesbild des Antichristen ist das pantheistisch-polytheistische. Wenn alles Gott ist und es deshalb viele Götter gibt, dann folgt daraus, daß auch jeder Mensch ein Gott ist, ob er sich dessen bewußt ist oder nicht. Dieser Grundgedanke brachte Satan zu der Überzeugung, auch er könne sein »wie der Allerhöchste«. So getäuscht, ist er noch heute am Werk, seinen Plan zu vollenden. Der Antichrist, der irgendwann sein »inneres

Potential« erkennen wird, ist dann in der Lage, auch andern den Weg aufzuzeigen, wie sie zur Göttlichkeit gelangen. Das ist die große Lüge der Schlange.

Der Supranaturalismus/Monotheismus spaltet sich seinerseits in zwei sich widersprechende Überzeugungen auf: Die einen sagen: »Gott ist eine einzige Person«; die andern sagen: »Gott hat schon immer als Einheit von drei zu unterscheidenden Personen existiert.« Nur Christen vertreten diese letzte Auffassung, aber selbst unter ihnen gibt es noch jene, die diese ablehnen. Doch sie entspricht dem einzigen biblischen, logischen und philosophisch schlüssigen Gottesbild. Nur diese Sicht von Gott allein ist eine wirksame Kraft, die sich der ökumenischen Weltreligion des Antichristen entgegenzustellen vermag. Alle Gottesbilder kann sich der Antichrist zunutze machen, nur nicht die biblische Lehre von der Dreifaltigkeit.

Der Pantheismus ist in Wirklichkeit eine Form des Atheismus mit denselben fatalen Folgen. Wenn alles, was existiert, Gott ist, dann gibt es eigentlich gar keinen Gott. Gott worüber? Gott mit welcher Funktion? Oder Schöpfer wovon? Ist er der Schöpfer seiner selbst? Der Pantheismus verwickelt sich in zahllose Widersprüche. Die völlige Leere eines Vakuums wäre genauso Gott wie die Materie auch. Er wäre Krankheit und Wohlbefinden, wäre sowohl Tod als auch Leben, Böses wie Gutes. Die Gottesidee wäre ein Widerspruch in sich selbst.

Wenn das Universum mit allem darin Gott ist, dann gibt es keinen Bezugspunkt, von dem aus das Universum beurteilend wahrgenommen werden könnte. Wer sollte ihm Sinn und Zweck geben? Nichts hat einen Wert an sich, es sei denn, es stellt für ein persönliches Wesen einen Nutzen dar und wird deshalb von ihm in seinem Wert bemessen. Das Universum – und die Menschheit als ein Teil davon – wäre bedeutungslos, wenn es nicht von einem Außenstehenden für seine Zwecke geschaffen worden ist, der aber von seiner Schöpfung zu unterscheiden sein muß. Der Pantheismus hat also nichts weiter zu bieten als Sinnentleertheit, Hoffnungslosigkeit und letztlich die große Verzweiflung.

Was nun den Polytheismus angeht, so stellt sich die Frage, wer letztlich das Sagen hat, wenn es mehr als einen Gott gibt? Wenn ein Gott stärker ist oder mehr Autorität hat als die andern,

244 ◆ Dave Hunt

wie können dann die anderen auch Götter sein, wo zur Göttlichkeit die Allmacht gehört? Die vielen Götter des Polytheismus fechten Kämpfe miteinander aus und stehlen sich gegenseitig die Frauen, ohne daß irgend jemand den Maßstab setzen oder das Universum zur Rechenschaft ziehen könnte. Es gibt kein Fundament für Moral und Wahrheit, keine Basis für den Frieden im Himmel und auf der Erde. Das Grundproblem des Polytheismus ist die Vielfalt ohne einigendes Prinzip.

Das andere Extrem ist der Glaube, Gott sei nur eine einzige Person. Ihn vertreten die Juden und Moslems, die betonen, Allah beziehungsweise Jahwe sei nur »einer«. Auch pseudochristliche Sekten wie die Zeugen Jehovas hängen dieser Meinung an, und einige abgeirrte christliche Gruppierungen behaupten, Gott sei nur eine Person, wobei Vater, Sohn und Heiliger Geist nur drei »Titel« oder »Ämter« des einen Gottes seien. Hier haben wir das einigende Prinzip ohne Vielfalt.

Dabei ist es so einleuchtend, daß für Gott sowohl Einheit als auch Vielfalt unerläßlich ist. Der Allah des Islam, der Jehova der Wachtturmverkäufer und der Jahwe der Juden ist nicht vollkommen. Er kann nicht lieben oder kommunizieren, bevor er Wesen erschaffen hat, die in der Lage sind, mit ihm auf diese Weise Umgang zu pflegen. (Alle anderen Eigenschaften Gottes – Gerechtigkeit, Wahrhaftigkeit, Heiligkeit und Reinheit – erfordern nicht im gleichen Maß ein Gegenüber wie gerade die Liebe.)

Die Liebe und die Fähigkeit zur Gemeinschaft verlangen von Natur aus ein Gegenüber, um diese zur Geltung zu bringen. Das hätte Gott vor der Schöpfung nicht gekonnt ohne ein ihm gleiches Gegenüber. Auf der anderen Seite sagt die Bibel: »Gott ist Liebe.« Diese Aussage kann nur zutreffen, wenn innerhalb der Gottheit eine Pluralität von Personen vorhanden ist – göttlicher Personen –, die in der Beziehung zueinander Liebe austauschen und erfahren. Auch wenn das Wort Dreieinigkeit in der Bibel nicht vorkommt, wird das Prinzip doch überall verkündet, denn erst mit ihr werden Liebe, Vertrautheit und innige Gemeinschaft innerhalb der Gottheit möglich.

Die Bibel stellt einen Gott vor, der es nicht nötig hatte, eine Kreatur zu erschaffen, um Liebe, Vertrautheit und innige Gemeinschaft zu erfahren. Dieser Gott ist vollkommen in sich selbst und existiert auf ewig in drei Personen – Vater, Sohn und

Heiliger Geist, die sich voneinander unterscheiden, aber gleichzeitig auf ewig ein Gott sind. Diese Dreiheit liebte einander und pflegte Gemeinschaft und hielt gemeinsam Rat, bevor noch das Universum, die Engel und der Mensch ins Dasein gesprochen wurden. Dieser biblische dreieinige Gott ist wirklich Liebe – er allein (1. Joh. 4,8.16).

Im Gegensatz dazu kann der Gott des Islam und des Judentums aus sich heraus nicht Liebe sein, denn wen hätte er lieben sollen in seiner Einsamkeit vor der Erschaffung irgendwelcher persönlicher Wesen? Solch ein Mangel bei Gott aber würde auf den Menschen auf allen Daseinsebenen zurückfallen. Ein scharfsinniger Beobachter, der östliche Mystik ausprobiert hat und ihren Mangel erfahren mußte, kam zu folgender Erkenntnis:

> Die unvorstellbar in sich geschlossene Identität Gottes ist das Paradigma für jede personale Existenz, wie ihre Pluralität die Grundlage für jedes Bezogensein ist. Das ist das »Bild Gottes«, dem entsprechend wir gemacht sind. In diesem Lichte besehen, ist die Lehre von der Dreieinigkeit keine substanzlose Mystifikation, sondern ein klar umrissenes Bekenntnis zur dreifachen Persönlichkeit Gottes ...
> Wenn Gott eine Person ist, die ... sich für uns als der absolute moralische Maßstab erweist ..., dann hat die Entfremdung der Menschheit von Gott genau auf jener Ebene von Charakter und Beziehung stattgefunden.[1]

Die Liebe ist Gottes wichtigste Waffe im Kampf mit Satan um die Seelen und das Schicksal der Menschheit. Denn der Kampf tobt nicht nur um das Sinnen und Trachten des Menschen, sondern vor allem um seine Liebe. Jede Sünde wurzelt daher, wie die Zehn Gebote uns erklären, im Versagen des Menschen, auf die Liebe Gottes in dem Maß zu antworten, wie er uns ursprünglich einmal dazu befähigt hatte. So lautet das erste und entscheidende Gebot:

> Du sollst den Herrn, deinen Gott, lieben aus deinem ganzen Herzen und aus deiner ganzen Seele und aus deinem ganzen Verstand und aus deiner ganzen Kraft (Mk. 12,30; 5. Mo. 6,5).

Dieses Gebot zu erfüllen, sind wir von Natur aus nicht befähigt, denn »die Liebe ist aus Gott; und jeder, der liebt, ist aus Gott geboren und erkennt Gott« (1. Joh. 4,7). Es ist Gottes Liebe zu uns, die unsere Herzen lockt und gewinnt und in uns die Liebe zu ihm erweckt: »Wir lieben, weil er uns zuerst geliebt hat« (Vers 19). Die große Tat der Liebe Gottes (mit der sie sich unter Beweis stellte) war die Menschwerdung Gottes, mit der er persönlich die Strafe bezahlte, die seine Gerechtigkeit wegen unserer Sünde verlangte. Und das konnte er nur tun, weil er ein personales und dreifaltiges Wesen ist.

Die Irrlehre von der einen Person Gottes (Unitarianismus), die im Gegensatz zur Dreifaltigkeitslehre (Trinitarianismus) steht, fand Eingang in die Gemeinde um 220 n. Chr. durch den libyschen Theologen Sabellius. Er versuchte, die biblische Terminologie von Vater, Sohn und Heiligem Geist beizubehalten, ohne gleichzeitig das dreifaltige Wesen Gottes anzuerkennen. Sabellius behauptete, Gott existiere als eine einzige Person, die sich in drei Aktivitätsbereichen, in drei Gestalten und Aspekten darstelle: als Vater in der Schöpfung, als Sohn in der Erlösung und als Heiliger Geist in Prophetie und Heiligung.

Jesus sagte: »Der Vater liebt den Sohn und hat alles in seine Hand gegeben« (Joh. 3,35). Gottes Liebe gilt nicht zuerst der Menschheit, sondern ereignet sich zunächst unter den drei Personen der Gottheit. Vater, Sohn und Heiliger Geist können gar nicht verschiedene Ämter, Titel oder verschiedene Erscheinungen ein und derselben Person sein, durch die sich Gott einmal so, einmal so manifestiert, denn diese könnten einander nicht lieben, könnten nicht Rat untereinander halten und keine Gemeinschaft pflegen. Nicht nur der Sohn tritt als Person auf, sondern auch der Vater und der Heilige Geist. Die Bibel stellt jeden mit seiner eigenen Persönlichkeit vor: Jeder für sich hat seinen Willen, handelt, liebt, sorgt und kann betrübt oder zornig werden. Der Unitarianismus beraubt die Gottheit ihrer grundlegenden Eigenschaften als autarke und sich selbst genügende göttliche Person.

Gottheit? Ist das ein Begriff der Bibel? Ja, viermal kommt er in der Lutherbibel vor: Apostelgeschichte 17,29, Römer 1,20, 1. Korinther 2,10 und Kolosser 2,9. Hier steht im Grundtext nicht das sonst im Neuen Testament gebräuchliche ›theós‹, sondern jeweils ein anderes griechisches Wort, das mit ›theós‹ verwandt ist: ›theiós‹, ›theiótes‹ bzw. ›theótes‹. Der Duden definiert Gottheit so:»Das, was Gott genannt wird.« In diesem wie in den griechischen Wörtern steckt Pluralität des Seins.

Paulus schrieb:»Denn in ihm wohnt die ganze Fülle der Gottheit leibhaftig« (Kol. 2,9). Wollte Paulus sagen, die Fülle der Göttlichkeit wohne in Christus, wie auch schon übersetzt worden ist? Das hieße aber, Abstriche zu machen an der Göttlichkeit Christi. Denn wenn Christus seinem Wesen nach schon Gott ist, wäre es doch völlig überflüssig, zu sagen,»in ihm wohnt die ganze Fülle der Göttlichkeit«. Wenn aber Christus der Sohn ist und es zwei weitere Personen in der Gottheit gibt, dann hat dieser Satz in der richtigen Übersetzung eine konkrete Aussage: Als der Sohn zu den Menschen kam, brachte er die Fülle der Gottheit mit in seine Körperlichkeit.

Der Antichrist kommt an Stelle des wahren Christus. Da ihm aber die Kreuzigungsmale fehlen, muß er das Christusbild umdeuten und in Frage stellen, daß Jesus der einzige Messias ist. (Christus ist nur die griechische Entsprechung für das hebräische Messias.) Er muß deshalb bestreiten, daß Gott wirklich Mensch geworden ist und daß diese Vereinigung von Gott und Mensch auf ewig in der Person Jesu von Nazareth weiterbesteht.

Wie die Juden empfinden auch die Moslems die Dreieinigkeit als anstößig. Zu den zentralen Lehren des Islam gehört die Betonung der»absoluten Einheit Allahs«. Doch selbst der Koran wiederholt den Satz aus der Genesis:»Laßt uns Menschen machen in unserem Bild.« Aber der Islam hat keine Erklärung für diesen grammatischen Widerspruch.

Schon der allererste Vers in der Bibel stellt Gott als ein plurales Wesen dar. Dort heißt es:»Im Anfang schuf Gott die Himmel und die Erde.« Doch statt der Einzahl ›elohá‹ (Gott), steht im hebräischen Text die Mehrzahl: ›elohím‹. Wenn man es also ganz wörtlich liest, heißt es dort:»Im Anfang schufen Götter ... « Und es sind auch Elohím, die später sagen:»Laßt uns Menschen machen in unserem Bild ... «

Diesen Plural (Elohím) findet man über 2500mal im Alten Testament. Doch schon das Verb für schaffen (›bará‹) in 1. Mose 1,1 und an vielen anderen Stellen steht im Zusammenhang mit Elohím in der Einzahl. Wir haben also beides: Singularität im

Verb und Pluralität im Substantiv. Das gilt für die ganze Thora und fürs ganze Alte Testament. Wäre Gott eine einzelne Person, hätte man das besser durch die Einzahl (Elohá) zum Ausdruck bringen können. Dieser Tatsache muß man sich einfach stellen.

Zum Vorfall mit dem brennenden Busch lesen wir: »Da sprach Gott [Elohím] zu Mose: Ich bin, der ich bin ... « (2. Mo. 3,14). Es spricht hier wieder der plurale Gott, und dennoch sagt er nicht: »Wir sind ... «, sondern: »Ich bin ... « Auch hier haben wir wieder dieses Zusammentreffen von Singularität und Pluralität gleichzeitig in einem Wesen! Entsprechend heißt es in 2. Mose 20,2 und 3. Mose 11,44: »Ich bin der Herr, dein Gott [Elohím] ... «

Jedesmal spricht Gott hier von sich in der Mehrzahl (insgesamt 90 % im Alten Testament). Er offenbart uns damit die Pluralität seines Wesens. Und mit den zugeordneten Verben und Pronomen in der Einzahl sagt er uns andererseits, daß er ein einiger Gott ist.

Aber das Wort Elohím ist längst nicht der einzige Begriff in der Mehrzahl, der für die Pluralität Gottes spricht. Nehmen wir z. B. Psalm 149,2: »Israel freue sich seines Schöpfers« (wörtlich: seiner Schöpfer); Prediger 12,1: »Und denke an deinen Schöpfer« (wörtlich: an deine Schöpfer); und Jesaja 54,5: »Denn dein Gemahl ist dein Schöpfer« (wörtlich: deine Gemahle, deine Schöpfer). Der Unitarianismus hat keine Erklärung für diese im Alten Testament so beständige Darstellung Gottes als Pluralität.

Die meisten Juden sind sich gar nicht bewußt, daß der plurale Begriff Götter sogar im Zentrum von Israels berühmtem Bekenntnis zur Einheit Gottes steht. In Hebräisch liest es sich so: »Schemá Israel Jahwe Elohénu Jahwe echád« (5. Mo. 6,4). Aufgrund dieser Schriftstelle lehrte Rabbi Moses Maimonides die Juden täglich zu bekennen: »Ich glaube mit einem vollkommenen Glauben, daß der Schöpfer – gepriesen sei sein Name – Einer ist.«

Maimonides verdrehte die Schrift allerdings, möglicherweise sogar bewußt: Für »ist Einer« gebrauchte er das hebräische Wort ›jachid‹, was das absolute Einssein ausdrückt. Doch bei Mose steht ›echad‹, was auch Vereinigung mehrerer zu einem bedeuten kann. Man findet dieses Wort z. B. in 1. Mose 2,24, wo Mann und Frau »ein Fleisch« werden; in 2. Mose 36,13, als aus mehreren Teilen »ein Ganzes [Heiligtum]« wurde; oder in 2. Samuel 2,25: Hier wird aus vielen Soldaten eine Truppe. Es gibt noch viele solcher Stellen.

Durch die Wortwahl im Hebräischen will Gott uns etwas Wichtiges über sich selbst mitteilen. Hätte Gott uns zeigen wollen, daß er wirklich nur einer ist, er hätte ›jachid‹ gewählt und nicht ›echad‹. Gott ist nicht der absolut Eine, sondern die vereinte Existenz mehrerer, wie Mose in der Thora lehrt.

»Darum wird der HERR selbst euch ein Zeichen geben: Siehe, die Jungfrau wird schwanger werden und einen Sohn gebären und wird seinen Namen Immanuel nennen« (Jes. 7,14). Immanuel heißt: Gott ist mit uns – nicht geistlich, sondern ganz leiblich gegenwärtig in einem Kind namens Immanuel. Und noch einmal ein Zitat von Jesaja: »Denn ein Kind ist uns geboren, ein Sohn uns gegeben, und die Herrschaft ruht auf seiner Schulter; und man nennt seinen Namen: Wunderbarer Ratgeber, starker Gott, Vater der Ewigkeit ... « (9,5).

Dieser Gedanke, den die hebräischen Propheten hier vorstellen, ist einmalig in der religiösen Literatur dieser Welt. Nur die Bibel sagt so etwas: Ein Sohn soll – durch einen Menschen – in diese Welt hineingeboren werden, der gleichzeitig der mächtige Gott sein würde. Und obwohl er Sohn ist, ist er doch auch der Vater der Ewigkeit. Jesaja entfaltet hier vor unseren Augen die Gottheit Christi, die Vaterschaft Gottes und die Einheit von Vater und Sohn.

Als Jesus die Pharisäer fragte: »Was haltet ihr von dem Christus? Wessen Sohn ist er?«, da antworteten sie prompt: »Davids« (Matth. 22,42). Christus zitierte darauf den Psalm 101: »Der Herr sprach zu meinem Herrn, setze dich zu meiner Rechten, bis ich deine Feinde lege unter deine Füße« und fragte sie: »Wenn nun David ihn Herr nennt, wie ist er sein Sohn?« (Matth. 22,45). Den Pharisäern verschlug es die Sprache. Nur die Dreieinigkeit liefert eine Erklärung für die zwei »Herren«, von denen der eine der Vater und der andere der Sohn ist.

Die Pharisäer und Schriftgelehrten wußten genau, daß Jahwe wiederholt erklärt hatte: »Ich bin der Herr, dein Gott, der Heilige Israels, dein Erretter ... und außer mir gibt es keinen Retter«.[2] Wer aber sonst konnte, wenn Gott sein Volk retten wollte, der Messias sein als der Mensch gewordene und herabgekommene

Herr und Gott Israels? Diese Erkenntnis ist so wunderbar und so grundlegend für unsere Erlösung, daß sie sogar dem zweifelnden Thomas die Skepsis nahm und er bei der Begegnung mit dem Auferstandenen nicht anders konnte als auszurufen: »Mein Herr und mein Gott! (Joh. 20,28).

Doch die Rabbis klagten Jesus der Gotteslästerung an, weil er »Gott seinen eigenen Vater nannte und sich so selbst Gott gleich machte« (Joh. 5,18). Sie wußten es, daß er von sich behauptete, der Gott Abrahams, Isaaks und Jakobs zu sein, auch wenn heute einige nicht wahrhaben wollen, daß Jesus so etwas jemals gesagt hat. Diese »Gotteslästerung« wurde zur Anklage, aufgrund derer der Hohe Rat ihn zum Tod verurteilte: »Wegen eines guten Werkes steinigen wir dich nicht, sondern ... weil du, der du ein Mensch bist, dich selbst zu Gott machst« (Joh. 10,33; Mk. 14,64). Sie waren blind für die Weissagung Sacharjas, daß Israel Jahwe durchbohren würde – und sie erfüllten diese Prophetie, denn Jesus war Gott, und dieser Schluß ist zwingend.

Wenn Christus sichtbar in Macht und Herrlichkeit bei seinem zweiten Kommen wiederkehrt, werden die überlebenden Juden (die er vor dem Antichristen in Harmagedon rettet) ihn an den Wundmalen von Golgatha erkennen: »Und sie werden auf mich blicken, den sie durchbohrt haben, und werden über ihn wehklagen« (Sach. 12,10). Jahwe, der Gott Israels, spricht hier. Wann wurde er durchbohrt? Das hebräische Wort meint »zu Tode durchbohrt«, und es steht auch an jener Stelle, wo es von König Saul heißt, er habe seinen Waffenträger gebeten: »Zieh dein Schwert und durchbohre mich damit« (1. Sam. 31,4).

Sacharjas Prophezeiung ist bemerkenswert und eindeutig. Gott selbst wird als Mensch kommen, um Israel zu retten, wenn es in den letzten Tagen von den Armeen dieser Welt umlagert ist und seine Vernichtung kurz bevorsteht. Aber er wird nicht als normaler Mensch kommen, sondern als einer, der dem Tod überantwortet wurde, aber doch auferstanden ist. Wenn Israel ihn sieht, wird es an seiner Macht erkennen, daß er Jahwe ist, und an den Kreuzesmalen, die sein Auferstehungsleib noch immer trägt, werden die Juden ihn als Jesus Christus erkennen. In diesem Augenblick endlich wird ganz Israel zu der Überzeugung gelangen, daß Jesus von Nazareth, den sie gekreuzigt und so lange abgelehnt haben, der von ihren Propheten angekündigte

Messias ist. Sie werden Buße tun und an ihn glauben (Sach. 12,10-14,9).

Sacharjas Prophetie hätte eigentlich Israel schon die ganze Zeit klarmachen müssen, daß der Messias Jahwe selbst sein würde. »Sie werden auf mich blicken, den sie durchbohrt haben.« Hier ist eindeutig von ein und derselben Person die Rede. Jesus hatte ganz sicher diese und ähnliche Schriftstellen im Sinn, als er verkündete: »Ich und der Vater sind eins« (Joh. 10,30). Hier haben wir es mit einer Lehre zu tun, die den Gott der Bibel von jeder anderen Gottesvorstellung abhebt.

So ist es auch nicht verwunderlich, daß Paulus schreibt: »Keiner von den Fürsten dieser Welt (Pharisäer, Pilatus, Herodes usw.) hat sie [die Weisheit Gottes] erkannt – denn wenn sie sie erkannt hätten, so würden sie wohl den Herrn der Herrlichkeit nicht gekreuzigt haben!« (1. Kor. 2,8). Im Hinblick auf solche Blindheit stellte Jesaja die ernste Frage: »Wer hat unserer Verkündigung geglaubt?« (Jes. 53,1). Und dieselbe Frage kann man auch heute noch mit Fug und Recht stellen. So wie Israels Unvermögen, die dreifaltige Natur Gottes zu begreifen, dazu geführt hat, daß es den Messias verwarf, so wird dasselbe Unvermögen dazu führen, daß es den Antichristen annimmt. Er kommt, wie wir gesehen haben, nicht als einer aus der Dreifaltigkeit – im Namen des Vaters und unter der Salbung des Heiligen Geistes –, sondern »in seinem eigenen Namen«.

Das Neue Testament stellt drei Personen vor, die voneinander zu unterscheiden, aber doch Gott sind. Gleichzeitig wird uns ganz klar vermittelt, daß es nur einen wahren Gott gibt. Christus betete zum Vater. Betete er zu sich selbst? »Und wir haben gesehen und bezeugt, daß der Vater den Sohn gesandt hat als Heiland der Welt« (1. Joh. 4,14). Hat er sich selbst gesandt? Oder noch unsinniger: Hat ein »Amt« zum andern gebetet und ein »Titel« den andern gesandt? Christus hat gesagt: »Die Worte, die ich zu euch rede, rede ich nicht von mir selbst; der Vater aber, der in mir bleibt, tut seine Werke« (Joh. 14,10). »Und ich werde den Vater bitten, und er wird euch einen Beistand geben, ... den Geist der Wahrheit« (Joh. 14,16-17). Im ganzen Neuen Testament werden Vater, Sohn und Heiliger Geist jeder für sich geehrt, und jeder handelt für sich als Gott, doch immer nur im Einklang mit den andern.

Auch das Alte Testament stellt drei Personen in der Gottheit dar, die im Einklang miteinander handeln. Nehmen wir als Beispiel den folgenden Ausschnitt:

> Höre auf mich, Jakob, und Israel, mein Berufener! Ich bin, der da ist, ich der Erste, ich auch der Letzte. Ja, meine Hand hat die Grundmauern der Erde gelegt und meine Rechte die Himmel ausgespannt . . . von der Zeit an, da es geschah, bin ich da. – Und nun hat der Herr, HERR mich gesandt und seinen Geist verliehen (Jes. 48,12-13.16).

Der hier spricht, sagt von sich, er sei »der da ist, ich der Erste, ich auch der Letzte« und der Schöpfer von allem. Er muß also Gott sein. Aber im selben Abschnitt spricht er auch von zwei anderen, die auch Gott sein müssen: »der Herr, HERR [hat] mich gesandt und seinen Geist verliehen.« Von wem könnte Gott gesandt worden sein – und wohin? Es kann niemand anders gewesen sein als der Vater mit dem Geist, die den Sohn in die Welt senden, damit er unser Erlöser wird.

Auch im Neuen Testament wird Gott »der Erste und der Letzte« genannt, aber Jesus auch. In Offenbarung 1,8 lesen wir: »Ich bin das Alpha und das Omega, spricht der Herr, Gott, der ist und der war und der kommt, der Allmächtige.« Gott, der Allmächtige, spricht. Doch von Johannes haben wir erfahren, daß Jesus Christus mit ihm sprach. Im letzten Kapitel sagt Jesus: »Und siehe, ich komme bald« (22,7). Und er meinte damit sein zweites Kommen. Dann fügt er hinzu: »Ich bin das Alpha und das Omega, der Erste und der Letzte, der Anfang und das Ende« (22,13). Auch hier wieder wird Jesus als Gott dargestellt.

Jesaja läßt uns noch weiter Einblick nehmen in die interne Beratung der Gottheit, als der Vater und der Heilige Geist den Sohn in die Welt sandten:

> Und ich hörte die Stimme des Herrn, der sprach: Wen soll ich senden, und wer wird für uns gehen? Da sprach ich: Hier bin ich, sende mich! (Jes. 6,8).

Die Stimme des Herrn sprach alles, was oben steht. Gott fragte nicht nur: »Wer wird für uns gehen?«, sondern er erwiderte auch: »Hier bin ich, sende mich!« Wir erleben hier mit, wie Einheit und Vielgestaltigkeit innerhalb der Gottheit Hand in Hand gehen. Da sind drei Personen, die miteinander kommunizieren und zusammenarbeiten, doch in solcher Einheit, daß sie nicht drei Götter, sondern nur ein Gott sind.

Die Bibel erwähnt noch andere Entscheidungen, die dem Ratschluß der Gottheit entstammen:»Und Gott sprach: Laßt uns Menschen machen in unserm Bild, uns ähnlich.« Des weiteren: »Wohlan, laßt uns herabfahren und dort ihre Sprachen verwirren« (1. Mo. 1,26; 11,7). Warum sagt Gott:»Siehe, der Mensch ist geworden wie einer von uns« (1. Mo. 3,22)? Warum fragt er: »Wer wird für uns gehen« (Jes. 6,8)? Wer ist mit»uns« gemeint, und auf wen bezieht sich»unser«, wenn Gott eine einzelne Person ist? Es können keine Engel sein, wie Unitarier meinen. Zu ihnen würde Gott bestimmt nicht sagen:»Laßt uns Menschen machen«, denn kein Mitgeschöpf könnte irgend etwas mit Gott zusammen erschaffen. Und daß der Sohn in den Plural»uns« mit einbezogen ist, ist auch zweifelsfrei belegt, denn in Johannes 1,3 erfahren wir:»Und ohne dasselbe [Wort = Jesus] wurde auch nicht eines, das geworden ist.«

Selbst wenn die Engel zum Bild Gottes erschaffen worden wären, so wären sie ihm immer noch nicht gleich. Wenn er also mit ihnen über die Erschaffung anderer Wesen reden würde, dann hätte er nicht gesagt:» … in unserm Bild«, sondern:» … in meinem Bild, so wie ich euch gemacht habe.« Wenn Gott »uns« sagt, dann kann er nur seinesgleichen gemeint haben. In Philipper 2,6 erfahren wir, daß der Sohn ewig existiert hat»in der Gestalt Gottes« (griech.: ›morphe‹ – Gestalt, Wesen).»Er, der Ausstrahlung seiner [Gottes] Herrlichkeit und Abdruck seines Wesens ist … « (Hebr. 1,3).

Wir können gar nicht umhin, die Tatsache anzuerkennen, daß durch die ganze Bibel hindurch Gott als eine Pluralität, die in sich eins ist, dargestellt wird, auf die beides zutrifft – Vielgestaltigkeit und Einheit. Die dreifaltige Natur Gottes nicht wahrhaben zu wollen, hieße aber, den Gott der Bibel abzulehnen und damit letztlich auf jene Täuschung hereinzufallen, die die Menschen dazu bringen wird, dem Antichristen zu gehorchen und ihn anzubeten, wenn er kommt.

Es ist letztlich ein Geheimnis, wie Gott in drei Personen existieren und doch nur ein Gott sein kann. Doch wie wir gesehen habe, lassen die Schrift und auch die Logik keinen anderen Schluß zu. Es ist schließlich nicht weniger geheimnisvoll, daß Gott ohne Anfang ist und alles aus dem Nichts erschaffen hat. Und doch muß es so sein. Es gibt so vieles, was wir nicht erklären können – die Liebe, Schönheit, Wahrheit, die menschliche Seele. Doch leugnen wir deshalb eins davon? Gott hat uns seine dreifaltige Natur offenbart, so daß wir an sie glauben können. Wer würde es wagen, zurückzuweisen, was er sagt, oder ihn auf die Ebene unseres beschränkten Verstandes herabzuziehen?

Gott ist nicht irgendeine dem Universum innewohnende Kraft, die wir anzapfen können, um sie nach Belieben für uns einzusetzen; und das Universum ist auch nicht sein verlängerter Arm. Der erste thermodynamische Hauptsatz in der Physik besagt, daß Energie weder neu entstehen noch vernichtet werden kann. Doch wir wissen andererseits, daß der Kosmos nicht seit ewigen Zeiten existiert haben kann. Das Geheimnis seiner Existenz in der Zeit wird man nicht im Universum selbst finden, sondern bei seinem Schöpfer, der außerhalb davon und unterscheidbar von ihm existieren muß.

Der zweite thermodynamische Hauptsatz besagt, daß die Menge der nutzbaren Energie im Universum ständig abnimmt, was bedeutet, daß das Universum wie ein Uhrwerk langsam abläuft. Am Ende wird alles zu einem Stillstand kommen und der Tod wird allenthalben herrschen. Alle Gedankengebäude und Träume der Menschheit, alles gemeinsame Planen, alle politischen Strategien, alle Heldentaten, die Triumphe und Tragödien, die Todeskämpfe und Ekstasen werden sein wie die Sandburgen am Ufer, die ins kosmische Nichts hinausgewaschen werden. Wenn Gott nur das Universum selbst, ein Teil davon oder eine ihm innewohnende Kraft ist, dann wird auch er am Ende ausgelöscht sein.

Der Gott der Bibel aber ist der Schöpfer des Universums, von ihm getrennt und von ihm zu unterscheiden und nicht den Gesetzen unterworfen, die er zu seinem Funktionieren entworfen hat. Und darin liegt die Hoffnung der Menschheit, daß der Gott der Bibel sich des sterbenden Universums annehmen kann, um es zu einem neuen Dasein wiederzuerwecken. Die Reinkarnation kann immer nur in kreisenden Bewegungen wie eine

Spirale dem Abwärtstrend folgen, bis alles im großen Vergessen endet. Die Auferstehung aber ist Hoffnungszeichen für das Einwirken der Kraft Gottes von außen. Sie schenkt Unsterblichkeit all jenen, die sonst auf ewig das Leben verlieren würden. Das ist der Gott, den wir persönlich kennenlernen müssen, um gerettet zu werden. Und das ist der Gott, den der Antichrist leugnet. Es ist dieser dreieinige Gott, der den Menschen nach seinem Bild geschaffen hat und der allein als Mensch zu uns kommen und gleichzeitig Gott bleiben konnte. Er allein konnte die Menschen von ihrer Sünde und ihrem Ego erlösen und vom ewigen Getrenntsein von seiner Liebe und Zuwendung.

»Siehe, ich sende meinen Boten, damit er den Weg vor mir her bereite« (Mal. 3,1). Das sagte Gott, um damit anzudeuten, daß er als Messias zur Erde kommen würde. Im ganzen Alten Testament verkündet er diese eine Botschaft:»Ich, ich bin der HERR, und außer mir gibt es keinen Retter« (Jes. 43,11 u.v.a.). Und wie rettet er uns? Indem er uns ein neues Gesetz verordnet, das wir halten sollen? Nein, das Gesetz kann immer nur den Gesetzesbrecher verdammen.

Nehmen wir einmal an, jemand wird wegen eines Verbrechens inhaftiert und vor Gericht gestellt. Vor dem Richter beteuert er:»Wenn Sie mich diesmal laufen lassen, dann verspreche ich, niemals mehr das Gesetz zu brechen.« Darauf erwidert der Richter:»Wenn Sie tatsächlich das Gesetz nie wieder übertreten, dann tun Sie ja gerade nur das, was das Gesetz verlangt. Dafür kann ich Ihnen aber nichts gutschreiben. Sie können nicht so einfach davonkommen, weil Sie zukünftig tun wollen, was das Gesetz verlangt, wo Sie es in der Vergangenheit eben doch gebrochen haben. Die geforderte Strafe für das Vergehen in der Vergangenheit muß bezahlt werden.«

Gott liebt selbst den übelsten Sünder, aber es wäre eben ungerecht, ihm einfach nur zu vergeben, wenn die Strafe, die Gottes Gerechtigkeit verlangt, nicht bezahlt ist. Und um diese Strafe, die wir mit unserer Sünde verdient haben, zu bezahlen, ist Gott Mensch geworden. Damit hörte er nicht auf, Gott zu sein, und er wird auch niemals mehr aufhören, Mensch zu sein. Wäre Jesus nicht der einzige vollkommene und sündlose Gott-Mensch gewesen, dann hätte er für seine eigenen Sünden sterben müssen. Aber weil er dieser sündlose Gott-Mensch war, konnte er an unserer Statt sterben und die Strafe, die wir verdienten, auf sich nehmen.

Jesus Christus bietet nun als Geschenk der Gnade Gottes das ewige Leben all jenen an, die glauben, daß er an ihrer Stelle starb, und die ihr Herz öffnen, um ihn als Herrn und Heiland anzunehmen. Einen solchen Heilsplan kennt keine der anderen Weltreligionen. Ihn gibt es nur, weil es den einzigartigen, dreieinigen Gott der Bibel gibt, der so gut wie gar nichts mit all den anderen angeblichen Göttern gemein hat.

Gottes Liebe zu den Menschen ist nicht irgendeine unpersönliche kosmische Kraft, die unnahbar und unumstößlich durch ein universales Gesetz wirkt. Seine Liebe ist ganz und gar persönlich. Gott liebt jeden von uns leidenschaftlich. Das ist eigentlich so unglaublich, daß es uns zunächst schwerfällt, es auch als Tatsache anzunehmen. Wir horchen in uns hinein, um Gründe für seine Liebe zu finden. Dabei wäre es gar nicht so sehr beruhigend, wenn Gott uns lieben würde, weil wir es uns irgendwie verdient hätten. Was würde geschehen, wenn wir uns veränderten, wenn das, was so liebenswert an uns war, plötzlich nicht mehr vorhanden wäre? Wir würden auch seine Zuneigung verlieren! So ist es aber doch sehr beruhigend zu wissen, daß er uns allein aufgrund seines Wesens liebt – unserer Natur zum Trotz. Weil Gott Liebe ist und weil er sich nicht verändert, können wir uns in alle Ewigkeit seiner Liebe sicher sein; ihren Verlust brauchen wir nicht zu befürchten, weil wir irgend etwas tun oder lassen.

Wie können wir sicher sein, daß Gott uns liebt? Paulus schreibt, Gott habe seine Liebe zu uns darin erwiesen, »daß Christus, als wir noch Sünder waren, für uns gestorben ist« (Röm. 5,8). Gott hat seine Liebe durch das Kreuz Christi zur Genüge bewiesen, so wie es nur der persönliche, dreifaltige Gott tun konnte. Johannes erinnert uns:

> Denn so sehr hat Gott die Welt geliebt, daß er seinen eingeborenen Sohn gab, damit jeder, der an ihn glaubt, nicht verlorengehe, sondern ewiges Leben habe (Joh. 3,16).
> Hierin ist die Liebe Gottes zu uns geoffenbart worden, daß Gott seinen eingeborenen Sohn in die Welt gesandt hat, damit wir durch ihn leben möchten.

Hierin ist die Liebe: nicht daß wir Gott geliebt haben,
sondern daß er uns geliebt und seinen Sohn gesandt hat als eine
Sühnung für unsere Sünden (1. Joh. 4,9-10).

Wenn Gott uns so sehr liebt, warum wollen dann so viele in
der Ewigkeit getrennt von ihm sein? Dafür gibt es wenigstens
drei Gründe: 1. Gott ist heilig und gerecht. Seine Liebe kann
diese beiden Aspekte seines Wesens nicht aufheben. Die Liebe
möchte vergeben, doch der Gerechtigkeit muß Genüge getan
werden, und so gibt sie Bedingungen für unsere Vergebung vor,
die nicht jeder erfüllen mag. 2. Gott hat zwar in Liebe die von
seiner Gerechtigkeit geforderte Strafe voll bezahlt. Aber der
Mensch muß sich dazu äußern. Der Abtrag kann denen nicht
gutgeschrieben werden, die die Schulden gar nicht erst anerkennen. 3. Die Liebe wird sich niemandem aufzwingen. Jene, die
Vergebung und Versöhnung mit Gott wollen, müssen auch bereit
sein, die von ihm dargereichte Medizin zu nehmen. All jene, die
sie zurückweisen, begeben sich freiwillig in die Verbannung und
sind trotz Gottes Fürsorge auf ewig von ihm getrennt.

Wahre biblische Liebe ist keine Gefühlsaufwallung, kein
kitschiges Sich-Verlieben wie im Film. Sie verlangt vielmehr
eine moralische Entscheidung und vollkommene Hingabe, die
die Liebe niemals aufgibt. Sie hat immer nur das Wohlergehen
des anderen – selbst auf Kosten der eigenen Substanz – im Auge
und erträgt geduldig alles, bis sie am Ende triumphiert. So ist
Gottes verbindliche Hingabe an die, die sich auf seine Liebe
einlassen. Er wird uns niemals aufgeben (Hebr. 13,5). Ein Mangel an solch einer Hingabe unsererseits Gott und anderen gegenüber zerstört Ehen und Familien und bringt all die chaotischen
Erscheinungen hervor, die so kennzeichnend sind für den Umgang der Menschen miteinander in der Welt von heute. Was für
ein trauriger Beleg dafür, daß der Mensch sich von seinem
liebenden Schöpfer abgewandt hat!

19 | *Christus und Antichrist – der Konflikt spitzt sich zu*

DER ZUSAMMENBRUCH DES KOMMUNISMUS in Osteuropa und die Einführung der »Religionsfreiheit« ist beileibe kein Rückschlag für Satan. Die »Toleranz«, die allenthalben ausgebrochen ist, kann der Schlange nur recht sein. Der Atheismus ist nicht der höchste Triumph, den Satan sich wünscht. Ihm geht es vielmehr darum, die Menschen zu einem Glauben an die falschen Götter und schließlich an die göttliche Macht in jedem Menschen zu überzeugen. Jene, die meinen, sie seien befreit worden zu einem Leben nach eigenem Gutdünken, sind für die Tatsache blind, daß sie unmerklich die hörigen Sklaven des Feindes ihrer Seele geworden sind.

Satan verwandelt sich in »einen Engel des Lichts«, und seine Helfershelfer weist er an, sich als »Diener der Gerechtigkeit« (2. Kor. 11,14-15) auszugeben. Er ist der Erfinder des »positiven Denkens« und ein Meister darin, »wie man Freunde gewinnt und Menschen beeinflußt.« Ihm gelingt es, seine falsche Theologie vor der Demaskierung zu bewahren, indem er die, die sie aufdecken wollen, als »negativ« und »spalterisch« abstempelt.

Die Schlange hat Eva niemals dazu gedrängt, Gott drohend entgegenzutreten oder ihn zu verleugnen, und sie hat ihr auch nicht eingeflüstert, ganz offen Böses zu tun. Im Gegenteil: Sie verführte sie mit dem Versprechen, es werde ihr Selbstwertgefühl aufgebessert, sie werde weiser sein – ganz einfach ein besserer Mensch. Wie Gott würde sie am Ende sein. Was konnte an diesem hohen Ziel eigentlich verkehrt sein? Das Böse ist viel verführerischer und viel erfolgreicher, wenn es nur ansprechend verpackt ist. Satan ist sehr zufrieden, wenn der Mensch in einem scheinbar guten Licht dasteht. So ist er von Hause aus, heißt es dann. Seht nur, wie edel gesinnt, selbstlos und geistlich er ist! Aber er ist es ohne Christus. Und darauf kommt es Satan an. Sein Ziel ist es, das Gewissen so zu verkehren, daß die Lüge als Gottes Wahrheit empfunden wird. Satan will alles andere, als die Religionen zu zerstören. Denn er will Führer eines falschen Glaubens sein, dessen Anhänger ihn unwissentlich anbeten. Und diese falsche Religion muß natürlich ein verfälschtes Christentum sein, da der Antichrist ja vorgibt, Christus zu sein.

Auch wenn der offene Satanismus immer mehr Anhänger findet, so werden die meisten Menschen doch davon abgestoßen. Satan ist dann am verführerischsten, wenn er sich als Gott verkleidet. Schon seit dem Augenblick, da vor Urzeiten Satan seine Rebellion mit den Worten anzettelte:»Dem Höchsten will ich mich gleich machen«, wird er von dem Verlangen umgetrieben, Gott zu spielen (Jes. 14,14). Und in dieser Kostümierung – als »Gott dieser Welt« – wird er sich durch seinen Messias, den Antichristen, der Welt zeigen.

So wie der wahre Christus Gott ist, der »geoffenbart worden ist im Fleisch« (1. Tim. 3,16), so wird der Antichrist der im Fleisch geoffenbarte Satan sein. Weil Christus Gott ist, muß auch der Antichrist, der sich als Christus ausgibt, so tun, als sei er Gott: » ... so daß er sich in den Tempel Gottes setzt und sich ausweist, daß er Gott sei« (2. Thess. 2,4). Satan kennt die Bibel, und es ist sein ganzes Verlangen, angebetet zu werden. Es macht ihm zwar Freude, Menschen so zu pervertieren, daß sie ihn als die Personifikation des Bösen anbeten, aber noch viel mehr wünscht er sich, als der eine Gott angebetet zu werden.

In Offenbarung 13,3 wird dem Apostel Johannes ein geheimnisvolles Bild vom Antichristen gezeigt: Er ist eins von den Tieren, die Daniel schon schaute, jenes Tier mit den »sieben Köpfen und den zehn Hörnern«, auf dem die Hure Babylon reitet:»Und ich sah einen seiner Köpfe wie zum Tod geschlachtet. Und seine Todeswunde wurde geheilt, und die ganze Erde staunte hinter dem Tier her.« Aufgrund dieser Schriftstelle glauben viele Prophetie-Experten, der Antichrist werde buchstäblich von den Toten auferstehen[1], um Christi Auferstehung nachzuahmen. So manch einer hat schon gemeint, der Antichrist sei ein Mensch »der früher gelebt hat ... und Herrscher eines der sieben großen Reiche war.«[2]

Wenn diese Theorie wahr wäre, so könnte man sie bestimmt nicht davon herleiten, was wir von Johannes erfahren. Es ist wohl doch etwas weit hergeholt, die Worte von Johannes – »die Todeswunde wurde geheilt« – so zu verstehen, als werde ein völlig verwester, 2500 Jahre alter Leichnam wieder zum Leben erweckt – gar nicht zu reden von Seele und Geist, die aus der Hölle zurückgeholt werden müßten! Es sieht dagegen so aus, als würde die Formulierung »wie zum Tod geschlachtet« eher darauf hindeuten, daß das Tier niemals wirklich tot war. Es war eine Wunde, an der man normalerweise stirbt, doch der Antichrist erholt sich wieder. Ähnlicher kann Satan die Auferstehung eben nicht nachmachen.

Andere meinen, Hitler, der durchaus der Antichrist hätte sein können, werde zu neuem Leben erweckt. Doch das hört sich an wie Science-fiction. Diese Totenerweckungstheorie versucht man dadurch noch schmackhaft zu machen, daß man sie eine »unechte Auferstehung« nennt, weil der Antichrist im Gegensatz zu Christus wieder sterben wird.[3] Das würde aber bedeuten, daß auch die Auferstehungen des Lazarus und anderer, die Jesus auferweckte, »unechte Auferstehungen« gewesen wären, denn auch sie starben ja wieder. Nein, eine Auferstehung gibt Toten das Leben zurück, und dazu hat Satan keine Macht.

Nur Gott kann seine eigenen Gesetze überschreiten und damit echte Wunder tun. Satan kann genausowenig wie der Mensch diese Gesetze außer Kraft setzen. Dämonische Eingriffe aus der Geistwelt in unser physisches Universum werden oft fälschlicherweise als »übernatürlich« interpretiert, weil sie die Naturgesetze, wie wir sie verstehen, außer Kraft zu setzen scheinen. Doch Satan und seine Dämonen sind den Gesetzen des geistlichen Universums unterworfen; und nur aus unserer beschränkten Perspektive scheinen sie wirkliche Wunder zu tun.

Satans Einwirkung auf das physische Universum geht immer nur so weit, wie Gott es erlaubt. Wenn die Zeit gekommen ist, wird Gott alle Beschränkungen fortnehmen und dem Antichristen gestatten, mit »jede[r] Machttat und mit Zeichen und Wundern der Lüge und mit jedem Betrug« aufzutreten (2. Thess.

2,9-10). Die Vorspiegelung falscher Tatsachen gehört offensichtlich unverzichtbar zu Satans Machtentfaltung auf der Erde, damit seine Macht größer erscheint, als sie in Wirklichkeit ist. Dieses Täuschungsmanöver wird unter dem Antichristen seinen Höhepunkt erreichen.

Die Auferstehung Christi ist das größte Wunder aller Zeiten und der unwiderlegbare Beweis, daß er Gott, der Heiland, ist. Sie kann von niemandem nachgeahmt werden. Es ist gar nicht so leicht, vorzutäuschen, man sei von den Toten zurückgekehrt. Dies ist auch der Grund, warum die Weltreligionen es niemals gewagt haben, so etwas von ihren Führern zu behaupten. Man baut lieber Schreine und Grabmale. Darüber hinaus bestreiten der Hinduismus, der Buddhismus, der Islam und andere Religionen die Notwendigkeit einer Auferstehung.

Im Gegensatz dazu ist die Auferstehung im Christentum das Zentralthema. Paulus bekundete: Wenn es keine Auferstehung gibt, dann waren alle Apostel mit ihrer Behauptung Lügner, sie hätten den auferstandenen Christus mit eigenen Augen gesehen. Auch Christus wäre als falscher Prophet entlarvt, denn er hatte verkündigt, er werde von den Toten auferstehen. Und selbst die Bibel würde als falsches Zeugnis dastehen, denn sie sagt seine Auferstehung voraus und berichtet, wie es tatsächlich geschah. Die ganze Botschaft der Schrift wäre von Anfang bis Ende ein Zeugnis der Vergeblichkeit, denn sie spricht davon, daß der Tod das Ergebnis von Gottes Gericht über die Sünde sei, und sie verheißt, daß Gott einen Erlöser senden werde, um diesen Feind ein für allemal zu überwinden.

Tod, Begräbnis und Auferstehung Christi als historische Ereignisse auf diesem Planeten Erde machen jede Verbrüderung mit den Weltreligionen unmöglich. Der tote Buddha und der verstorbene Mohammed haben rein gar nichts mit dem auferstandenen Herrn Jesus Christus gemein. Deshalb bedeutet es auch nichts, wenn man immer wieder hervorhebt, wie viele moralische und ethische Überzeugungen die großen Religionen mit dem Christentum teilen. Das kommt doch nur daher, daß Gottes Gesetz ins Gewissen der ganzen Menschheit geschrieben worden ist. Dieses Gesetz aber kann nicht erretten, sondern immer nur verurteilen. Nur Christus hat den Preis bezahlt, den das Gesetz fordert, und das hat er mit seiner Auferstehung bewiesen. Nur er allein kann also retten. Es bleibt jedem nur eine Alternative: Man kann ihn annehmen oder ablehnen. Dialog im Sinne von Kompromißbereitschaft heißt Ablehnung Christi und stellt den Versuch dar, »wie ein Dieb anderswo hinüberzusteigen«, wie Jesus es einmal ausdrückte, statt zu Gott durch den zu kommen, der allein mit Fug und Recht von sich sagen konnte: »Ich bin die Tür; wenn jemand durch mich eingeht, so wird er errettet werden ...« (Joh. 10,9).

Man kann nicht sagen, Jesus sei ein guter Lehrmeister gewesen, wenn er gar nicht auferstanden ist, denn damit wäre er ein falscher Prophet, und seine Jünger wären Lügner gewesen. Man kann nicht vorbringen, die Bibel biete eine vorzügliche Morallehre und eine feinsinnige religiöse Philosophie, wenn Jesus am Ende nicht auferstanden ist. Es ist widersinnig, die Lehre Jesu zu akzeptieren und gleichzeitig seine Auferstehung nicht wahrhaben zu wollen, denn der Sieg über den Tod war der Kern seiner Botschaft.

Der größte Feind der Menschheit, der Tod, hat seine Macht über die verloren, die Christus als ihren Herrn und Heiland angenommen haben. Die Auferstehung Christi bietet eine Hoffnung, die über diese Welt, ja selbst über dieses Universum hinausstahlt und ein neues Universum im Blick hat, das Gott an Stelle des alten zu erschaffen versprochen hat. Jene aber, die Christus zurückweisen, erwartet die ewige Finsternis. Und dafür können sie nicht Gott, sondern immer nur sich selber die Schuld geben.

Was aber hat all das mit dem Thema unseres Buches zu tun? Sehr viel! Als Sieger über den Tod in seinem verherrlichten Auferstehungsleib nämlich wird Christus sich dem Antichristen entgegenstellen und ihn bei seinem zweiten Kommen vernichten. Wie wir bereits festgestellt haben, wird Israel an den Kreuzigungsmalen erkennen, daß Jesus von Nazareth sowohl Jahwe als auch der Messias ist. Sieben Jahre zuvor, wenn die Christen ihrem auferstandenen Herrn in der Luft begegnen, werden auch sie ihn auf diese Weise erkennen – an den Nägelmalen an Händen und Füßen und an der Wunde in seiner Seite. Gott wird es nicht zulassen, daß dieses Zeugnis für den Sieg über Sünde und Tod vom Antichristen oder von irgendeinem anderen gefälscht wird.

Der Antichrist wird auch gar nicht vorgeben, der gekreuzigte und auferstandene Jesus zu sein. Worauf wird er dann aber seinen Anspruch, der Christus zu sein, gründen? Er wird mit ziemlicher Sicherheit behaupten, die letzte Reinkarnation des »Christusgeistes« zu sein, der bereits in Krischna, Rama, Buddha, Jesus, Mohammed und all den anderen gewohnt hat. Dies ist eine bewußte Irreführung, die Gottes Wort vorausgesehen hat und vor der es warnt: »Und wie es den Menschen gesetzt ist, einmal zu sterben, danach aber das Gericht . . . « (Hebr. 9,27). Als Christus in den Himmel hinauffuhr, verkündeten zwei Engel den Jüngern, dieser Jesus werde so wiederkommen, wie er jetzt gehe (also nicht eine Reinkarnation des »Christusgeistes« sein).

Der Glaube an die Reinkarnation macht die Welt bereit, einen »Christus« ohne die Kreuzigungsmale hinzunehmen. Das ist wahrlich ein kluger Schachzug! Es kann kaum ein Zufall sein, daß gerade in dieser Zeit, da sich Vorzeichen für das Ende häufen, die Lehre von der Reinkarnation im Westen Millionen Anhänger gewonnen hat, nachdem sie Jahrtausende fast nur ein Phänomen des Ostens war. Ein weiteres Teil fügt sich in das große Puzzle und ist damit ein Signal für die bevorstehende Machtergreifung des Antichristen und das zweite Kommen Christi, das wie der Tag auf die Nacht folgt.

So wie die alte Welt Christus abgelehnt hat, so wird die moderne den Antichristen willkommen heißen. Das kann nicht überraschen, denn der Antichrist wird für all das eintreten, was sich eine egozentrische Menschheit zu eigenen Bedingungen und unabhängig von seinem Schöpfer erträumt. Hat nicht Jesus zu denen, die schon bald seinen Tod fordern würden, gesagt: »Ich bin in dem Namen meines Vaters gekommen, und ihr nehmt mich nicht auf; wenn ein anderer in seinem eigenen Namen kommt, den werdet ihr aufnehmen« (Joh. 5,43)?

»In seinem eigenen Namen« – das ist der Schlüssel. Der Antichrist steht für sich selbst, nicht für den Gott des Himmels. Durch ihn wird das »Christentum« zum absoluten Humanismus. Die durch den Antichristen offenbar werdende satanische Macht wird man als übersinnliche Kräfte des menschlichen Geistes begrüßen, weil sie ja ein Beweis für das im Menschen wohnende göttliche Potential sind. Es wird wie der letzte große Triumph des Ego aussehen, weil die humanistischen Anstrengungen einer egozentrisch ausgerichteten Psychologie aufgegangen zu sein scheinen, eine Erscheinung nicht nur der Welt, sondern auch der Kirche. Man wird solche Kräfte als Zeichen dafür deuten, daß das Neue Zeitalter (New Age) angebrochen ist und jedermann an dieser gottgleichen Macht teilhaben kann.

Im Gegensatz zur Religion des Antichristen, die die eigene Person ins Zentrum des Interesses stellt, lehrte Christus, daß wir uns selbst verleugnen und das Kreuz auf uns nehmen sollen. Es ging Jesus nicht darum, die Jünger so schnell wie möglich als »Kirchenmitglieder« zu gewinnen, bevor noch ihr Sinneswandel überhaupt vollzogen war. Er wollte sie nicht im Chor oder irgendeinem Ausschuß haben, um sie aktiv im Dienst der Gemeinde zu beschäftigen. Er prüfte vielmehr die Qualität ihrer Hingabe.

»Wenn ihr mir wirklich nachfolgen wollt«, so könnte Christus gesagt haben, »dann will ich euch sagen, wohin wir gehen. Mein Ziel ist ein Hügel bei Jerusalem, den man Golgatha nennt. Und dort werden sie mich ans Kreuz nageln. Wenn ihr mir also treu bleiben wollt bis zum Ende, dann könnt ihr genausogut schon jetzt euer Kreuz auf euch nehmen, denn so wird es am Ende unseres Weges sein!« (s. Luk. 9,23-26). Das ist »negatives Gerede« – oder? Doch wenn wir es vermeiden wollen, daß sich unsere Kirchen mit »Christen« füllen, die am Ende doch den Antichristen anbeten, dann müssen wir die Welt nach dem Vorbild unseres Herrn evangelisieren.

Leider sind die Gemeindeleiter und Pastoren von heute oft schon viel zu verbildet, um noch das Evangelium so »negativ« zu verkünden, wie es Jesus und seine Apostel taten. Sie haben an erfolgsorientierten Motivationsseminaren teilgenommen, haben Psychologie studiert und bedienen sich moderner Menschenführungstechniken, die ihnen als ideale Mittel erscheinen, »Menschen zu Christus zu führen«. Sie überzeugen Millionen, »eine Entscheidung für Christus« zu treffen, von denen die meisten nun glauben, Christi Mission sei es gewesen, sie zu Menschen zu machen, die mit sich selbst zufrieden sind, weil sie ihr Selbstwertgefühl aufgebaut haben, weil sie ihre egoistischen Gebete erhört bekommen und nach eigenem Gutdünken in den Tag leben können. Johannes berichtet:

Als er aber zu Jerusalem war, am Passah, auf dem Fest, glaubten viele an seinen Namen, als sie seine Zeichen sahen, die er tat. Jesus selbst aber vertraute sich ihnen nicht an, weil er alle kannte und nicht nötig hatte, daß jemand Zeugnis gebe von dem Menschen; denn er selbst wußte, was in dem Menschen war (Joh. 2,23-25).

Warum vertraute er sich den Menschen nicht an, die immerhin glaubten, daß er der Messias sei? Er wußte, daß sie die Mission des Messias nicht begriffen und daß sie nicht bereit waren, sich korrigieren zu lassen. Sie waren nur daran interessiert, seine Wunder zu erleben, aber nachfolgen und sein Kreuz auf sich nehmen wollten sie keineswegs. Doch in den meisten Gemeinden würde man sie heute willkommen heißen, und viele Pastoren würden alles vermeiden, ihren falschen Glauben in Frage zu stellen, aus Angst, sie könnten die Gemeinde verlassen und ihren Zehnten nicht mehr zahlen. Solchen Menschen vertraute sich Jesus nicht an.

Im nächsten Kapitel bei Johannes wird uns dann aber Nikodemus vorgestellt, der so ganz anders war. Auch ihn hatten die Wunder Christi beeindruckt, aber er war auch begierig, die volle Wahrheit zu erfahren. Hier haben wir es mit dem berühmten Abschnitt zu tun, in dem Christus Nikodemus erklärt, daß er, Christus, für die Sünden der Welt sterben sollte und daß man, um gerettet zu werden, durch den Glauben an ihn »von neuem geboren« werden müsse.

In Johannes 8 wird uns noch einmal dieselbe Lektion erteilt. In Vers 30 lesen wir: »Als er dies redete, glaubten viele an ihn.« In der Sprache von heute würde man sagen: »Viele folgten dem Altarruf.« Die Juden glaubten an Christus in großer Zahl! Was für eine Erweckung! Es ist höchst interessant, zu sehen, wie Christus mit diesen »Bekehrten« umging:

Jesus sprach nun zu den Juden, die ihm geglaubt hatten: Wenn ihr in meinem Wort bleibt, so seid ihr wahrhaft meine Jünger; und ihr werdet die Wahrheit erkennen, und die Wahrheit wird euch frei machen (Joh. 8,31-32).

Es fällt uns gar nicht so leicht, einzuschätzen, wie schockierend diese Worte auf seine Zuhörer gewirkt haben müssen.

»Meine Jünger?« Wer glaubte er zu sein? Als die Juden jenen Blindgeborenen schmähten, dem Christus das Augenlicht wiedergegeben hatte, sagten sie zu ihm verächtlich: »Du bist sein Jünger; wir aber sind Moses Jünger« (Joh. 9,28). Ganz eindeutig ließ Jesus hier durchblicken, daß er größer sei als Mose! Und dann hatte er auch noch von »seinem Wort« gesprochen. Die Juden waren stolz darauf, daß sie dem Wort Gottes folgten. Behauptete Jesus hier, Gott zu sein?

Er behauptete zweifellos, der Messias zu sein, der verheißene Erlöser, und als diesen wollten sie ihn auch annehmen, wenn er sie mit dem Schwert von ihren römischen Unterdrückern befreien würde. Aber seine Worte, er werde sie durch die Wahrheit befreien, waren Enttäuschung und Beleidigung zugleich. Die Römer übten zwar die militärische Herrschaft aus, aber die Juden fühlten sich zumindest in ihrem Denken frei, denn sie hatten das Gesetz des Mose und den Tempel. Wie konnte einer es da wagen, zu behaupten, sie hätten die Wahrheit nicht!

Als Christus ihnen zu erklären versuchte, daß er sie von sich selbst und von ihren Sünden befreien wolle, reagierten sie erregt. Indem sie das Böse in ihren Herzen leugneten, wiesen sie mit allem Nachdruck darauf hin, daß sie ja bereits Kinder Gottes seien: »Wir haben einen Vater, Gott« (Joh. 8,41). Christi Antwort muß sie wie der Blitz getroffen haben: »Ihr seid aus dem Vater, dem Teufel, und die Begierden eures Vaters wollt ihr tun« (Vers 44). Außer sich vor Wut, »hoben sie Steine auf, um auf ihn zu werfen« (Vers 59).

Jesus war nicht der Messias, den sich die Juden wünschten, aber der Antichrist wird genau der sein, nach dem die ganze Welt Ausschau hält, einschließlich der Juden. Christus bietet an, die Menschheit in eine gute Beziehung zum wahren Gott einzuführen – und er wird abgewiesen. Der Antichrist wird anbieten, die Menschen in Götter zu verwandeln – und er wird angenommen werden. Auf diesen großen Unterschied zwischen Christus und all die Antichristen weist eine Weihnachtskarte hin, die häufig verkauft worden ist:

Die Geschichte kennt viele Menschen, die Götter sein wollten [abgebildet sind: Alexander der Große, Julius Cäsar, Maharischi Mahesch Yogi, Hitler, Lenin, Buddha, Mao und andere], aber nur ein Gott wollte Mensch sein [mit einer Zeichnung von Christus als Kind von Bethlehem darunter].[4]

Hier stellt sich erneut die Frage: Was hat all das mit dem Auftreten des Antichristen, mit Christi zweitem Kommen und dem Endkampf zwischen beiden zu tun? Sehr viel! Bei der Begegnung von Harmagedon, wo sich Christus und Antichrist von Angesicht zu Angesicht gegenüberstehen werden, wird nur noch das zum Abschluß gebracht, was durch Golgatha längst vollbracht ist. Denn bereits durch Golgatha wurde Satan besiegt und uns die Gelegenheit gegeben, unsere eigene persönliche Wahl zu treffen.

Die Schlacht zwischen Christus und Antichrist wird letztlich im Herzen eines jeden Menschen ausgefochten. Wir müssen wissen, auf wessen Seite wir im Augenblick stehen. Beim zweiten Kommen wird es bereits zu spät sein, sich noch zu entscheiden oder die Seiten zu wechseln. Deshalb ist es so wichtig, daß wir begreifen, wer Christus ist, warum er kam und was er von uns erwartet. Sonst werden wir die Betrogenen sein und uns am Ende auf der falschen Seite des Kreuzes wiederfinden – wo wir auf ewig bleiben müssen.

Nur aufgrund seines Opfers am Kreuz wird Christus den Antichristen bei seinem zweiten Kommen vernichten und Satan in den See des ewigen Feuers verbannen. Auch wenn es uns wie den Jüngern damals schwerfällt, die Zusammenhänge zu begreifen, so sagt die Bibel doch klar und deutlich, daß Gott Mensch wurde, »um durch den Tod den zunichte zu machen, der die Macht des Todes hat, das ist der Teufel« (Hebr. 2,14). Ein alter Hymnus drückt dies so wunderbar aus:

> Durch Schwachheit und Verlust erwarb er sich die Krone;
> trat alle Feinde in den Staub, weil er im Staube lag.
> Brach alle Macht des Satans. Zur Sünd' gemacht, hat er die
> Sünde überwunden. Ins Grab stieg er, und hat es doch zerstört.
> Verschlang den Tod, indem er selber starb.

Was die Propheten verkündet hatten – daß Israel seinen lange verheißenen Messias hassen und töten würde –, hätte eigentlich ein abgefallenes und religiös stolz gewordenes Israel aufwecken und beunruhigen sollen. Doch trotz solch klarer und eindeutiger Warnungen geschah genau das, was vorausgesagt worden war: Der Sohn Gottes selbst, der vollkommene Mensch mit makelloser Gesinnung und edlem Äußeren zeigte sich Israel, heilte die Kranken – Blinde und Lahme –, erweckte die Toten, gab den Hungernden zu essen, brachte Liebe und Freude mit – und wurde doch gehaßt und verunglimpft, vor ein Scheingericht gezerrt und öffentlich hingerichtet.

Es ist ein großes Geheimnis! Ein alter Hymnus beschreibt es so: »Du, der König der Herrlichkeit, trägst unsertwegen die Dornenkrone.« Wie war das möglich? Charles Wesley schrieb: »Unbegreifliche Liebe! Wie kommt es, daß du, mein Gott, an meiner Stelle sterben mußtest?« Nachdem der Raumfahrtspezialist Wernher von Braun Christ geworden war, erklärte er mit Erstaunen:

> Das Böse hatte solche Ausmaße auf diesem Planeten angenommen, daß einer Kette von Ereignissen der Boden bereitet wurde, die einmalig in der Geschichte des Kosmos war: Gott kam zu seinen Geschöpfen, und sie nagelten ihn ans Kreuz!

Erstarrt vor Entsetzen, schauten die Engel zu. Sie müssen gebebt haben vor Wut und jeden Augenblick den Einsatzbefehl erwartet haben, jene zu vernichten, die den, der sie erschaffen hatte, drangsalierten, bespuckten, geißelten und zum Tod verurteilten. Was für ein Affront, mit anzusehen, wie der haltlos schwache Mensch voll Spott dem Herrn der Herrlichkeit die Dornenkrone aufsetzt, wo doch die Krone des Universums sein angestammtes Recht gewesen wäre! Und er ließ es sich gefallen, erduldete jede Demütigung still und hingegeben! Satan wird Freudentänze vollführt haben, ohne zu begreifen, was Jesus zuvor im Hinblick auf das Kreuz gesagt hatte:

> Jetzt ist das Gericht dieser Welt; jetzt wird der Fürst dieser Welt hinausgeworfen werden.
> Und ich, wenn ich von der Erde erhöht bin, werde alle zu mir ziehen (Joh. 12,31-32).

Adam und Eva versteckten sich noch schuldbewußt vor Scham, als Gott nach ihrem Ungehorsam im Garten Eden erschien. Doch als Jesus kam, schlug ihm so viel Selbstgerechtigkeit entgegen. Adam und Eva hatten wenigstens noch die Stimme Gottes gekannt, doch nun, da der Schöpfer unter seinen Geschöpfen weilte, blieb er ein Unbekannter. Haß, Schuldgefühle, Angst und Stolz als Selbstverteidigung war die typisch menschliche Reaktion derer, die dem Gott-Menschen von Angesicht zu Angesicht begegneten. In Jesus erkannten sie alles, was ihnen offensichtlich fehlte, und deshalb haßten sie ihn leidenschaftlich.

Während die Dämonen jubelten und die Engel ihr Gesicht bedeckten, taten sich die religiösen und staatlichen Organe zusammen, um den Schuldlosen hinzumorden. Die Maske menschlicher Wohlanständigkeit war gefallen, so daß die Wahrheit über die Erbärmlichkeit des Menschen zutage trat. Die schwache Kreatur überschüttet den mit Haß, der nur Gutes getan hatte, und er antwortet auf ihre Schmähungen mit Liebe und Vergebung. Diese verabscheuungswürdigen Ungeheuer scharten sich um den Fuß des Kreuzes wie eine Horde blutrünstiger Hyänen. Aber schlimmer als diese Bestien, hatten sie auch noch ihre Freude an seinem Todeskampf und kosteten genüßlich aus, daß sie sich nun rächen konnten an dem, dessen vollkommenes Leben ihre Heuchelei bloßstellte und dessen rechtschaffene Worte ihnen ins Herz stachen.

Während ihn der Schmerz zerriß und sein Blut den Boden tränkte, schlugen sie sich selbstgefällig an die Brust, doch es war ja ihre Sünde, für die das Blut dort floß. Hier sind wir mit etwas konfrontiert, was unser Verstand nicht fassen kann: »Der Speer, der seine Seite schlitzte, ließ jenes Blut, das rettet, quellen.« Das Blut, das für die Sünde floß, reinigt aber nur diejenigen, die zur Buße und Versöhnung mit Gott bereit sind. Was für ein schreckliches Gericht erwartet aber die, welche die von Christus erkaufte Erlösung zurückweisen und Gottes Liebe und Barmherzigkeit verschmähen!

Das Kreuz ist nicht nur der entscheidende Beweis für Gottes Liebe, sondern auch für seine Gerechtigkeit und Integrität. Er konnte seine heiligen Grundsätze nicht auf dem Altar der Kompromißbereitschaft opfern. Seiner Gerechtigkeit mußte Genüge getan werden. Barmherzigkeit konnte nicht auf Kosten der Gerechtigkeit gewährt werden. Es konnte keine Vergebung der

Sünden, keine Versöhnung des heiligen Gottes mit dem rebellierenden Menschen geben, als würde ein himmlischer Buchhalter Schulden mit einem Federstrich tilgen. Der volle Preis, den die Gerechtigkeit verlangte, mußte bezahlt werden. Und Gott selbst war bereit, voll dafür aufzukommen. Was für eine Liebe! Wir lieben meist nur die, die wir anziehend finden, die uns Freude machen und die unsere Liebe entgegnen. Er aber liebt die, die ihn haßten, quälten und kreuzigten. Wir können nicht anders, als ehrfurchtsvoll auf die Knie gehen, wenn wir vom Kreuz hoch oben hören, wie er für die betet, die ihn gerade dort angenagelt haben: »Vater, vergib ihnen, denn sie wissen nicht, was sie tun« (Lk. 23,34).

Das Kreuz ist kein Geschehen längst vergangener Geschichte. Es hat noch immer nicht seine Kraft verloren, zu retten, Liebe und Haß zu entzünden und die Menschheit in zwei Lager zu teilen. Der Scheidungsprozeß ist noch heute in vollem Gange. Die Jünger Christi werden seine Ablehnung und sein Leiden teilen müssen angesichts einer Welt, die ihn noch einmal kreuzigen würde, wenn sie nur könnte. In seiner Abwesenheit trifft ihr ganzer Zorn all jene, die seinen Namen tragen und ihm treu ergeben sind.

Wie kann es jemand wagen, die Botschaft vom Kreuz so zu entstellen, daß sie einer Welt schmackhaft gemacht wird, die den Herrn der Herrlichkeit selbst gekreuzigt hat! Wir müssen am Kreuz ein Leben lassen, in dem Christus nicht vorkommt. Dann empfangen wir statt dessen ein neues Leben, bei dem der Auferstandene in uns wohnt. So schrieb Paulus triumphierend:

> Ich bin mit Christus gekreuzigt, und nicht mehr lebe ich, sondern Christus lebt in mir; was ich aber jetzt im Fleisch lebe, lebe ich im Glauben, und zwar in dem Glauben an den Sohn Gottes, der mich geliebt und sich selbst für mich hingegeben hat (Gal. 2,20).

Christi Sieg über den Antichristen beim letzten Kampf in Harmagedon wäre nichts wert, wenn die gesamte Menschheit mit dem Übeltäter in die Hölle gehen würde. Zu Gottes ewiger Herrlichkeit sind aber Milliarden Menschen von Christus aus Satans Fängen gerettet worden. Trotz seiner satanischen Macht wird der Antichrist noch vor dem zweiten Kommen durch all die Nachfolger Christi, die in der großen Trübsal zu Märtyrern geworden sind, besiegt werden. Über sie, die der Antichrist schon überwunden zu haben schien, steht im Himmel geschrieben:

> Und sie haben ihn überwunden um des Blutes des Lammes und um des Wortes ihres Zeugnisses willen, und sie haben ihr Leben nicht geliebt bis zum Tod (Offb. 12,11).

20 | *Die Täuschung wird perfekt gemacht*

BISHER HABEN WIR UNS MIT DER Machtergreifung des Antichristen und mit den Ereignissen beschäftigt, die die Welt auf die große Täuschung vorbereiten. Wir könnten noch ein weiteres Buch schreiben, das sich dann allein mit den Folgen dieses Ereignisses befassen würde – mit den Schrecken seiner Herrschaft und der großen Drangsal. Hier mag es genügen, wenn wir erwähnen, daß nach einer kurzen Periode der Einheit und des Scheinfriedens das wiedererweckte Römische Reich aus »Eisen und Ton« entsprechend der Danielischen Weissagung wieder auseinanderfällt: »Aber sie werden nicht aneinander haften« (Dan. 2,43). Diese Erde wird buchstäblich zur Hölle, wenn Satan durch den Antichristen seine letzten Trümpfe ausspielt und die kosmische Auseinandersetzung ihren Höhepunkt erreicht.

Nach einem erbittert geführten Zweikampf zwischen Michael und seinen Engeln und dem Drachen und seinen Engeln wird »der große Drache, die alte Schlange, der Teufel und Satan genannt wird,« mit seinen Engeln auf die Erde geworfen (Offenb. 12,7-9). Der Planet Erde wird Satans letzte Bastion sein. Da er wild entschlossen ist, wieder die Oberhand zu gewinnen, wird er seine Maskerade als Engel des Lichts fahrenlassen. Und alle, die dann auf der Erde wohnen, werden doch noch erleben müssen, was es heißt, ein Knecht der Sünde und des Satans zu sein. Ein Engel vom Himmel wird ihr schlimmes Schicksal verkünden:

Wehe der Erde und dem Meer! Denn der Teufel ist zu euch
hinabgekommen und hat große Wut, da er weiß, daß er nur eine
kurze Zeit hat (Offb. 12,12).

In seinem Streben, die Herrschaft zurückzugewinnen, wird
der Antichrist einen Sündenbock suchen für die fortschreitenden
Zerstörungen auf der Erde, während Gott seinen Zorn über die
Erde ausschüttet. Wenn er seinen Pakt mit Israel gebrochen hat,
wird er die ganze Welt hinter sich sammeln, um das zu vollenden, was Hitler als die »Endlösung des Judenproblems« bezeichnete. Die Bibel nennt das die »Zeit der Bedrängnis für Jakob«
(Jer. 30,7). Der letzte gemeinsame Akt der Solidarität unter den
Nationen der Welt wird der Versuch sein, Israel ein für allemal
auszulöschen. Und ohne es zu wissen, werden sie auch noch
Gottes Plan erfüllen helfen: »Und ich versammle alle Nationen
nach Jerusalem zum Krieg; und die Stadt wird eingenommen
. . . « (Sach. 14,2).

Wenn Israels Niederlage zum Greifen nahe scheint, werden
die Heere der Welt übereinander herfallen und einen verzweifelten Kampf um die Weltherrschaft ausfechten. Harmagedon
wird zum Holocaust. Sicherlich wird Israel, das nuklear gerüstet
ist, nicht tatenlos seiner eigenen Vernichtung entgegensehen,
ohne seine stärkste Waffe zu benutzen. Christi Aussage, daß er
eingreifen werden muß, damit nicht alles Fleisch getötet werde
(Matth. 24,22), deutet an, daß ein Atomkrieg von beträchtlichem
Umfang begonnen worden sein muß, wenn er zur Rettung Israels
in Macht und Herrlichkeit kommt. »Dann wird der HERR
ausziehen und gegen jene Nationen kämpfen . . . Und seine Füße
werden an jenem Tag auf dem Ölberg stehen . . . « (Sach. 14,3-4).

Es wird Christus nicht viel Mühe kosten, den Antichristen
und alle seine Heere auszulöschen. Ein Machtwort von dem, der
die Kreuzigungsmale trägt, der »tot war und wieder lebendig
wurde . . . und die Schlüssel der Hölle und des Todes hält« (Offb.
1,18; 2,8), wird dazu ausreichen. Satan wird mit seinem Antichristen und falschen Propheten 1000 Jahre lang gebunden und
eingeschlossen werden (Offb. 20,1-3), während Christus sein
Tausendjähriges Reich vom Thron David aus regieren wird.

Hört sich das zu utopisch an? Daß sich die Welt in ihren
letzten Tagen unwiderruflich von der Wahrheit und Rechtschaf-

fenheit abwenden und einem falschen Frieden nachjagen wird und damit Gottes Gericht und die eigene Zerstörung erntet, gehört zu den eindeutigsten Lehren der Bibel. Gleichzeitig wird uns dadurch aber auch offenbar, wie unbegreiflich hartnäckig das menschliche Herz an seinen Verirrungen festhält. Überall sehnen sich Männer und Frauen nach Frieden, aber der Weg dorthin steht im Widerspruch zum menschlichen Stolz. Die Menschheit benimmt sich wie ein todkranker Patient, der die ihm verschriebene Medizin (»die Buße zu Gott und den Glauben an unsern Herrn Jesus Christus« [Apg. 20,21]) zwar dringend haben möchte, sich dann aber mit einer tödlichen Zuckerpille begnügt, weil ihm die Medizin zu bitter ist.

Auch bei all den Belegen, die wir beigebracht haben, mag es immer noch unglaublich klingen, daß der Antichrist die Menschheit so vollkommen hinters Licht führen sollte. Auch hier ist es vielleicht wieder hilfreich, sich mit einem Menschen aus der Geschichte zu beschäftigen, dessen Aufstieg zur Macht noch immer die Historiker fasziniert und vor Rätsel stellt. Adolf Hitler trat ganz unvermittelt aus der Anonymität und stieg zur Macht auf, wie es in modernen Zeiten seinesgleichen sucht. Er täuschte nicht nur sein eigenes Land, sondern fast die ganze Welt eine erstaunlich lange Zeit. Und dafür gibt es keine rationale Erklärung.

Die Bildberichterstattung der öffentlichen Auftritte Hitlers mit ihrem Prunk – Marschkolonnen tragen feierlich Hakenkreuzbanner, und aus Tausenden von Kehlen erschallt der fanatische Ruf:»Sieg, heil, Sieg, heil« – läßt eindeutig das religiöse Element erkennen. War es dämonisch? Ohne Zweifel! Hitler verstand es, eine spontane Massenhysterie auzulösen, die an Anbetung grenzte. William Shirer, Verfasser von *Aufstieg und Fall des Dritten Reiches*, kam 1934 nach Deutschland, um zu berichten, was sich hier abspielte. Er schrieb damals in sein Tagebuch:

> Aus der Sicht der großen Mehrheit seiner Landsleute hat er [Hitler] ein Ansehen erlangt, wie es noch keinem deutschen Herrscher zuvor entgegengebracht wurde.
> Er ist schon vor seinem Tod ein Mythos, eine Legende, fast ein Gott . . . [1]

Durch seine gespaltene Genialität gelang es Hitler auf einigen Gebieten Dinge voranzubringen. Zwischen 1933 und 1937, während der Rest der Welt noch unter den Folgen der großen Depression litt, fiel die Arbeitslosenrate in Deutschland von sechs Millionen auf weniger als eine Million. Die Produktion im Lande verdoppelte sich. Der Volkswagen ging in Serie, und das erste Schnellstraßennetz – Deutschlands berühmte Autobahn – wurde in Angriff genommen. So viel Gutes überdeckte aber die finsteren Seiten. Simone Veil, die eine Zeit in Auschwitz verbrachte, wo die meisten ihrer Angehörigen starben, hat einmal bekannt:»Es fiel uns sehr schwer zu glauben, daß tatsächlich Menschen umgebracht wurden. Niemand konnte sich vorstellen, daß es einen Plan zur Ausrottung gab.«[2]

Nach ein paar ungetrübten Jahren, in denen Friede, Liebe und Mitmenschlichkeit herrschen werden, wird der Terror der antichristlichen Herrschaft die Schrecken der Hitlerzeit weit in den Schatten stellen. Diejenigen, die sich weigern, den Antichristen anzubeten und sich der neuen Weltordnung zu unterstellen, werden systematisch hingerichtet werden. Die ganze Erde aber wird zuschauen und zustimmen. Schließlich hat die Menschheit gerade das unerklärliche Verschwinden von Millionen von Zeitgenossen miterlebt. Die Angst der Menschen, selbst plötzlich ergriffen zu werden, wird dafür sorgen, daß niemand mehr von der verordneten Marschrichtung abweichen wird – zumindest eine Zeitlang.

Ein faszinierender Aspekt von Hitlers Betrug war die ausgesprochen»christliche«Ausrichtung seiner Bewegung. Und dieses Element wird auch unter dem Antichristen eine entscheidende Rolle spielen. Bis auf wenige Ausnahmen paßte sich die Kirche in Deutschland klaglos der neuen Ordnung an. Hitler versprach»Freiheit für alle Konfessionen«.

In seiner Rede anläßlich der Machtergreifung am 23. März 1933 pries Hitler den christlichen Glauben, und er versprach Gewissensfreiheit. Ein paar kurze Auszüge aus seinen Reden, die er während des Krieges hielt, offenbaren die unglaubliche Dreistigkeit, mit der er vorgab, auf Gottes Seite zu stehen:

> 1940:»Wir bitten zu unserm Herrn, daß er uns in unserm Kampfe um die Freiheit segnen möge ...«

1941: »Wir glauben, daß wir den Segen des obersten Heer-
führers verdienen ... Der Herrgott hat seine Zustimmung zu
unserm Kampf gegeben. Er wird uns auch in Zukunft beistehen
... «

1942: »Und wir werden darum zu unserem Herrgott beten,
die Rettung der Nation ... «

1943: »Wir werden auch dieses Jahr wieder all unsere Kraft
für unser Land einsetzen. Nur dann können wir auch ... zu
unserem Herrgott beten, daß er uns beistehen wird, wie er es
immer getan hat ... «[3]

Tausende deutscher Pfarrer und Pastoren schlossen sich der
neu gegründeten »Glaubensbewegung Deutsche Christen« an,
die das Gedankengut der Nazis mittrug und die »Reichskirche«
zu einer Institution aller Protestanten innerhalb des Staates
machen wollte. Nur eine Minderheit von Pastoren, angeführt
von Pfarrer Martin Niemöller (der Hitlers Machtergreifung zunächst begrüßte), begriff irgendwann, daß Hitlers »Positives
Christentum« im Grunde zutiefst antichristlich war; und deshalb
stellten sie sich auch der nationalsozialistischen Unterwande-
rung der Kirche entgegen.

Die »Reichskirche«, die sich unter von Hitler ausgesuchten
Führungspersönlichkeiten formierte, wurde förmlich am 14. Juli
1933 vom Reichstag anerkannt. Am 13. November desselben
Jahres rief die Glaubensbewegung Deutsche Christen zu einer
Massenveranstaltung in den Berliner Sportpalast. Die Veranstalter schlugen vor, das Alte Testament zu verbannen und das Neue
so zu überarbeiten, daß es sich in den Nationalsozialismus
einfügt. Es wurden Resolutionen unter dem Motto: »Ein Volk,
ein Reich, ein Glaube« verabschiedet, denen zufolge alle Pastoren einen Treueeid auf Hitler unterzeichnen und alle Judenchri-
sten aus den Kirchen ausgeschlossen werden sollten. Die Ter-
rorherrschaft der Gestapo über die Nachfolger Christi begann
im Herbst 1935 mit der Inhaftierung von 700 Pastoren und
Pfarrern.

Rechtfertigung für alles war bei Hitler – wie damals bei
Konstantin – immer die Einheit. Auch heute wird wieder der Ruf
zur Einheit laut. Der Zug zur Ökumene ist nicht mehr aufzuhalten. Diejenigen, die sich ihm in den Weg stellen, hält man für

engstirnige Frömmler. Die Wahrheit, die wir um keinen Preis verkaufen sollen (Spr. 23,23), wird längst gegen einen mystisch-humanistischen »Frieden in Einheit« eingetauscht. Während Hitler beharrlich daran arbeitete, das Christentum zu zerstören und durch einen heidnischen Götterkult zu ersetzen, führte er sich andererseits noch immer wie der eigentliche Schirmherr des wahren Christentums auf. Der folgende Ausschnitt aus einer Rede von Dr. Hans Kerrl, Minister für Kirchenangelegenheiten bei den Nazis, zeigt, wie offenkundig die Lüge werden kann, während die »Christen« sie immer noch unkritisch entgegennehmen:

> Die Partei steht [für] ... das Positive Christentum, und das Positive Christentum ist der Nationalsozialismus ...
> Der Nationalsozialismus ist die Umsetzung von Gottes Willen ... Gott wird sich im deutschen Blut offenbaren ... Daß das Christentum der Glaube an Christus als Sohn Gottes sein soll, finde ich lächerlich ...
> Das wahre Christentum wird dargestellt durch die Partei, und das deutsche Volk wird nun durch die Partei und namentlich durch den Führer zu einem wahren Christentum gerufen ...
> Der Führer ist der Verkünder einer neuen Offenbarung.[4]

Die Ehrerbietung, die Sektenführern auch heute noch entgegengebracht wird, erinnert uns daran, wie schnell die Welt auf Gaukelspiele hereinfallen kann. Der Dalai Lama z. B. wird weltweit von politischen und religiösen Oberhäuptern geehrt und von der Masse bewundert. Doch das, was er da in aller Öffentlichkeit von sich behauptet, erinnert sehr an das, was der Antichrist eines Tages von sich verbreiten wird: Er, der Dalai Lama, sei die 14. Reinkarnation des ersten Dalai Lama und damit wahrhaft »Gott«. Er verspricht, den Weltfrieden durch eine schwer dämonisch belastete Yoga-Visualisationstechnik zu stiften, in die er Zehntausende von Menschen weltweit einführt. Und dafür hat er auch noch 1989 den Friedensnobelpreis bekommen! Dieser Vorläufer des Antichristen wird von jener römisch-katholischen Kirche gefeiert, die schon zuvor Hitler ihren Segen gab.

Dadurch, daß alle echten Christen nicht mehr da sein werden und auch der Heilige Geist nicht mehr das Gewissen anruft, wird die Massenverführung für den Antichristen tausendmal einfacher sein als noch für Hitler. Fast jeder »positive« Glaube wird angenommen, wenn er nur die Illusion vom unbegrenzten menschlichen Potential nährt, das Selbstwertgefühl der Menschen stärkt und sich um soziale Gerechtigkeit durch menschliche Anstrengungen kümmert. Es wird in dem kürzlich von den USA unterzeichneten Vertrag zur Ächtung des Völkermordes schon die Behauptung unter Strafe gestellt, irgendeine Religion sei verkehrt. Das internationale Recht verlangt also bereits, man habe ökumenisch und »positiv« eingestellt zu sein. Von hier aus ist es nur noch ein kleiner Schritt zur totalitären Herrschaft des Antichristen.

Das »Positive Christentum« von heute – das wie damals bei Hitler den Okkultismus durch einen christlichen Wortschatz verbrämt – hat in Amerika bereits sehr an Boden gewonnen und wird nun auch noch in den Osten exportiert. Zu den erfolgreichsten Radio- und Fernsehpredigern und Gemeindeleitern gehören die, die dem positiven Denken, dem Denken in Möglichkeiten und dem positiven Bekennen das Wort reden. Jede Zurechtweisung wird als »negativ« abgetan. Die Charismatische Bewegung bringt einen »Propheten« nach dem andern hervor, deren Verkündigung von immer mehr Christen blindlings angenommen wird, obwohl ihre »Prophezeiungen« oft der Bibel widersprechen. Wie die Welt wird also auch die Gemeinde auf den großen Betrug vorbereitet.

Selbst für viele Evangelikale erfordert der Glaube nicht mehr Gott als Gegenüber, sondern wird von ihnen als eine »positive« Geisteskraft empfunden, die erschafft, woran sie fest und überzeugt glauben. Wofür wir also »beten«, wird auch in Erfüllung gehen, aber nicht dann, wenn Gott es will, sondern wenn wir nur glauben, daß es geschehen wird. »Ihr Unterbewußtsein … [hat eine] Kraft, die Wünsche Wirklichkeit werden läßt, wenn die Wünsche nur stark genug sind.«[5] Das verspricht ein »christlicher« Pastor, dessen Schriften monatlich von 16 Millionen Menschen gelesen werden. Sein Schützling, einer der populärsten Verkünder der okkulten Irrlehre, daß der Glaube eine Kraft

sei, die unser Geist hervorbringt, vertritt sein verführerisches
Evangelium enthusiastisch:

> Was ist das magische Element, das den Erfolg sicher macht
> in unserm Leben und den Mißerfolg ausschließt? Es ist der
> GLAUBE! Das Denken in Möglichkeiten ist nur ein anderes
> Wort für Glauben.[6]
> Sie wissen gar nicht, was für eine Macht in Ihnen steckt! ...
> Sie gestalten die Welt nach Belieben. Ja, Sie können sich Ihre
> Welt so einrichten, wie Sie sie haben möchten.[7]

Verführt von solchen falschen Lehren, fangen die Christen
an, das Gebet als eine religiöse Technik zu verstehen, durch die
sie ihren Willen durchsetzen. Sie richten ihren Blick auf das
Objekt ihres Begehrens, und dann versuchen sie, den »Glauben«
zu haben, der alles möglich macht. Seminare unter dem Motto:
»Wie man mit Gott seinen eigenen Lebensplan entwirft«[8] –
indem man bestimmte Gedanken immer wieder denkt, bestimmte Worte wiederholt oder Ziele visualisiert – sind immer gut
besucht.

Dieses falsche Evangelium von heute bringt »Christen« hervor, die von einem »Christus« mit den Merkmalen des Antichristen angezogen wurden. Dieser weithin präsentierte »Christus«
ruft nicht mehr die Sünder zur Buße vor einen heiligen Gott,
sondern entschuldigt gottwidriges Verhalten mit psychischen
Problemen, die von in der Kindheit erlittenen traumatischen
Erlebnissen herrühren. Statt von seinen Jüngern zu verlangen,
»sich selbst zu verleugnen und ihr Kreuz auf sich zu nehmen«,
lehrt er sie, sich selbst zu lieben und und den ihnen angeborenen
Selbstwert anzunehmen. Nicht den Sanftmütigen verheißt dieser
»Christus«, daß sie das Land erben werden, sondern denen, die
an Selbsterfahrungsgruppen teilnehmen. Statt jene glückselig zu
preisen, die trauern, warnt er vor einer zu niedrigen Selbstein-
schätzung und setzt sich für ein positives Selbstbild ein. Und
anstatt den Armen im Geist den Himmel zu versprechen, verkündet dieser falsche »Christus« den finanziell Minderbemittel-
ten das verführerische Evangelium von der hundertfachen Rück-
erstattung aller Gaben an bestimmte »Glaubenswerke«.

Des weiteren wird auch die als Antrieb wirkende Hoffnung auf Christi baldige Wiederkunft inzwischen von vielen nicht mehr mitgetragen. Daß Christus sichtbar und leiblich zur Erde zurückkehren wird, gehört zu einer Sicht, die zunehmend abgelöst wird von der Erwartung einer Art »geistlicher« Wiederkunft. Der bekannte Buchautor M. Scott Peck – ein Anhänger des New Age – bekennt sich immer noch als Christ und wird sogar von Evangelikalen akzeptiert. Er spricht für einen wachsenden Anteil von Gläubigen in der Kirche:

> Wenn ich daran denke, wie gewaltig der nötige Wandel ausfallen muß [für den Weltfrieden] ... , dann kommt man wirklich manchmal auf den Gedanken, daß tatsächlich ein zweites Kommen notwendig ist. Ich spreche hier nicht von einem leiblichen zweiten Kommen. Ich halte auch nicht viel von einer Kirche, die passiv herumsitzt und nur darauf wartet, daß ihr Messias im Fleisch wiederkommt.
>
> Ich spreche vielmehr von einer Auferstehung des Geistes Christi, die die Kirche erleben würde, wenn die Christen ihn ernst nehmen würden.[9]

Hier haben wir es mit einer der überzeugendsten Lügen des New Age zu tun, die Satan je irgendwo verbreitet hat. Viele charismatische Gemeindeleiter machen inzwischen die Leute mit dem Gedanken vertraut, das zweite Kommen sei nicht die persönliche Wiederkunft des Herrn in seinem eigenen Auferstehungsleib, sondern die Erhöhung seines geistlichen Leibes, der Gemeinde, zu einem neuen geistlichen Stand, was sich durch große Zeichen und Wunder bemerkbar machen wird. Ein führender New-Age-Vertreter stellt diese Lüge sehr überzeugend vor:

> Wenn wir Christus in unser Herz aufnehmen ... [dann ist das] nicht die einfache seelische Bekehrung, zu der die Evangelisten der elektronischen Medien aufrufen, sondern ein radikaler Bewußtseinswandel ... [durch den wir] persönlich die Ankunft Christi erleben ...
>
> Es gibt kein zweites Kommen Christi; das ist eine falsche Vorstellung ... Es gibt nur, was die Bibel das Kommen Christi

nennt, durch dich und mich, während wir mit unserm Bewußt-
sein aufsteigen ...
   Die letzte Erscheinung Christi wird nicht der Mann in den
Lüften sein, vor dem alle knien ... [sondern] ein evolutionäres
Ereignis ... Eine neue Rasse, eine neue Spezies wird die Erde
bewohnen, Menschen, die alle zusammen den Bewußtseins-
stand haben, den auch Jesus hatte. Und dabei wird das Reich
Gottes wahrhaft auf der Erde errichtet unter der Herrschaft
Christi im Herzen, im Geist und in der Seele aller Menschen.[10]

Wie diabolisch durchtrieben! Der Verfasser argumentiert
nicht wie ein Nichtchrist, sondern wie ein wahrer Christ. Er lehnt
die Bibel gar nicht ab, sondern gibt vor, lediglich eine falsche
Auslegung der Bibel zurechtzurücken. Seine These klingt ausgesprochen überzeugend. Zur vollen Größe der einem innewohnenden Vollkommenheit zu gelangen, adelt doch mehr, als vor
dem heiligen Gott für seine eigene Rebellion Buße zu tun. Und
diese These paßt auch noch ausgezeichnet zu der Behauptung
des Antichristen – mit der er sicher aufwarten wird –, er sei die
Reinkarnation des Christusgeistes, der schon in Jesus gewohnt
habe und einen höheren Bewußtseinsstand mit sich bringe; und
in diesen wolle er nun die ganze Welt führen.
   Auch die römisch-katholische Kirche leugnet mit ihrer Dogmatik die Entrückung. Im günstigsten Fall können Katholiken
darauf hoffen, daß sie im Fegefeuer erwachen, einem Ort, wo
sie erst einmal für eine bestimmte Zeit für ihre Sünden leiden
müssen, je nachdem, wieviel Ablaß sie sich verdient haben, wie
viele Rosenkränze sie gebetet haben, wie viele Messen sie haben
lesen lassen und wie viele gute Taten andere für sie nach ihrem
Tod vollbringen. Die Lehre von der Entrückung (s. 1. Thess.
4,16-17) muß also ignoriert oder neu interpretiert werden. Immerhin kann es doch sein, daß der eine oder andere gute Katholik
ein paar tausend Jahre im Fegefeuer verbringen muß, während
andere nur ein paar Tage oder Wochen. Die Kirche hat keinen
Anhaltspunkt dafür, wie lange eine bestimmte Person dort verweilen muß. Es können deshalb auch nicht alle Christen gleichzeitig auferstehen und zusammen mit den noch lebenden Gläubigen in den Himmel entrückt werden, wie es die Bibel lehrt.

Der Papst hat dann noch eine höchst interessante »Offenbarung« von Unserer Lieben Frau von Fatima empfangen: Ein großes Unglück wird hereinbrechen und das menschliche Denken von Grund auf erneuern und ihn, den Papst, augenblicklich in eine Position versetzen, von wo aus er eine Schlüsselrolle bei der Herstellung von Ordnung aus dem Chaos spielen wird. Das erinnert doch sehr an das massenhafte Verschwinden von Millionen Menschen bei der Entrückung. Malachi Martin, Jesuit und früherer Professor am Päpstlichen Bibelinstitut des Vatikans, schreibt:

> Johannes Paul wartet. Erst muß Gott eingreifen, bevor Johannes Pauls wichtigster Dienst an der Menschheit angetreten werden kann ...
> Er wartet ... auf ein Ereignis, das die Menschheitsgeschichte spalten wird, indem es die jüngste Vergangenheit von der ausstehenden Zukunft trennt.[11]

Die Entrückung der Gemeinde wird, wie wir gesehen haben, tatsächlich ein »spaltendes Ereignis« sein! Doch es wird nicht geschehen, wie es Unsere Liebe Frau von Fatima offenbart hat. Die plötzliche Abwesenheit von Abermillionen Menschen ist die Chance, auf die der Antichrist und der Papst warten. Keiner von beiden wird begreifen, daß Christus seine Braut in den Himmel heimgeführt hat. Nur daß ihre Zeit gekommen ist, das werden sie sogleich erkennen.

Die große Täuschung wird außerdem durch jenen unechten »Heiligen Geist« vorangetrieben, der unübersehbar innerhalb der Charismatischen Bewegung sein Unwesen treibt. Dieser Bewegung gehören in Amerika schätzungsweise 10 Millionen Katholiken an. Eine der ersten »Weissagungen«, die bei der Gründung dieser katholischen Charismatischen Bewegung Mitte der sechziger Jahre verkündet wurden, nährte die falsche Hoffnung, »was Maria in Fatima verheißen hat, wird auch in Erfüllung gehen.«[12] Die Gabe der Zungenrede wurde spontan von vielen Katholiken empfangen, während sie unbiblische Gebete zu Maria sprachen: »Bei Tom N. war es, als er den Rosenkranz zu Ende gebetet hatte ... bei Schwester M. kam sie [die Gabe], als sie im stillen Gebet vor der Jungfrau Maria kniete.«[13] Bei den Katholiken hat sich die »Geistestaufe« vielfach dadurch ausgewirkt, daß ihre ketzerische Marienverehrung nur noch zugenommen hat und ihnen auch die anderen verwerflichen Dogmen der Kirche um so akzeptabler und sinnvoller erschienen.[14] Der »Geist«, der solche Täuschung mitverantwortet, wird auch den Antichristen unterstützen.

Der Geist, der hier unter den Katholiken wirksam ist, täuscht auch schon die Protestanten. Das wurde offenkundig 1990 auf der ökumenisch-charismatischen Konferenz in Indianapolis, die unter dem Motto »Der Heilige Geist und Weltevangelisation« stand. Unter den 23000 Teilnehmern stellten die Katholiken die größte Gruppe dar. Die Zeitschrift *Charisma* berichtete hocherfreut: »Beim römisch-katholischen Seminar [für Evangelisation] ... ging es zentral darum, die Menschen zur Erlösung in Christus zu führen und sie nicht, wie von manchen befürchtet, zum Beitritt zur katholischen Kirche zu bewegen.«[15] Doch dieses Seminar war in Wirklichkeit alles andere als das, wofür man es hielt. Man fragt sich immer, warum ausgerechnet jene, die die wundersamen Gaben des Geistes für sich in Anspruch nehmen, nicht wissen, wann sie hinters Licht geführt werden.

Tom Forrest, ein Priester, der Roms Neue Evangelisation 2000 leitet, fand immer die richtigen, evangelikal klingenden Worte, als er vor einem gemischten Publikum aus Protestanten und Katholiken sprach. Er erhielt Applaus von den Protestanten, als er zur »Einheit der Christen« bei der »Weltevangelisation« aufrief. Als er dann aber auf einem rein katholischen Workshop sprach, hielt er nicht mehr hinter dem Berg und sagte unter stürmischem Beifall seiner Glaubensbrüder offen, was er wirklich glaubte:

> Unsere Aufgabe ist es, die Menschen zu so vollgültigen Christen wie möglich zu machen, indem wir sie in die katholische Kirche bringen ... unser sichtbares Sakrament der Erlösung. Ich sag es immer wieder gerne: »Unser sichtbares Sakrament der Erlösung!« Das ist unsere Kirche, und ... wir müssen in diese Kirche hineinevangelisieren ...
> Nein, man lädt nicht dazu ein, Christ zu werden, man lädt die Menschen vielmehr ein, Katholiken zu werden. Warum ist das so entscheidend? ... es gibt sieben Sakramente, und die

katholische Kirche hat alle sieben ... Wir haben den Leib
Christi, wir nehmen das Blut Christi zu uns. Jesus ist lebendig
auf unseren Altären als Opfer ... In der Eucharistie werden wir
eins mit Christus ...
        Als Katholiken haben wir Maria ... die Königin des Para-
dieses ...
        Als Katholiken haben wir – und ich freue mich darüber –
das Fegefeuer. Dank sei Gott! Ich gehöre zu denen, die niemals
ohne es zur beseeligenden Gottesschau gelangen möchten. Es
ist der einzig gangbare Weg.
        ... unsere Aufgabe ist es, die uns noch verbleibende Zeit
dieses Jahrzehnts dazu zu nutzen, jeden, den wir erreichen
können, für die katholische Kirche ... und das dritte Jahrtau-
send katholischer Kirchengeschichte ... zu evangelisieren.[16]

Zu den schlimmsten Irrwegen der römisch-katholischen Kirche gehört es, daß sie mit »betrügerischen Geistern« verkehrt
wie jenen, die in Fatima in der Gestalt der »Jungfrau Maria mit
dem Jesuskind« erschienen. Diese Erscheinungen und ihre
»Lehren von Dämonen« (1. Tim. 4,1) sind in den letzten sechzig
Jahren von jedem Papst und damit von den vielen Hundertmil-
lionen Katholiken angenommen worden. Zu ähnlichen Erscheinungen kommt es immer häufiger überall auf der Welt – in Lipa
City auf den Philippinen, in Bayside, New York, und in Medjugorje, Jugoslawien. Immer geschehen »Wunder«, und »Warnungen« sind zu hören, über die Welt werde das Gericht kommen.
Nur – so wird verheißen – durch den Rosenkranz und das
Eingreifen Unserer Lieben Frau könne es Frieden geben. Ein
katholischer Experte, der sich mit solchen Erscheinungen aus-
kennt, schreibt:

        ... von allen Seiten werden wir durch außergewöhnliche
        mystische Phänomene angesprochen: Erscheinungen, Visio-
        nen, Prophezeiungen, Ekstasen, Stigmatisierungen usw. Da
        gibt es Fatima, natürlich ... und [die täglichen Erscheinungen
        von] Medjugorje ...
        Da sind Dozule ... und Kibeho in Rwanda mit mannigfa-
        chen Erscheinungen ganz neuer Art. Wir hören auch von Er-
        scheinungen Unserer Lieben Frau in Akita, Japan ... Erschei-
        nungen in Chile, Australien und Polen ... in Kanada ... Gara-
        bandal, San Damiano ... Kairo ... Amsterdam.[17]

Allein im spanischen Dorf Garabandal kam es zu ungefähr 2000 Erscheinungen, begleitet von okkulten Phänomenen und Botschaften an die Welt. Die »Jungfrau Maria« erscheint immer häufiger überall auf der Welt. Das ist je nach Situation entweder ein ausgemachter Schwindel (wie in Medjugorje) oder echte Dämonie. Die Botschaft, die die »Jungfrau« jeweils verbreitet, steht im Einklang mit anderen dämonischen Offenbarungen und ist wichtig für den Antichristen: Alle Religionen sind grundsätzlich gleichwertig und müssen sich, um Frieden zu erlangen, zusammentun. Indem sie ein Evangelium verkündet, das »von Katholiken, Protestanten, Moslems und Juden angenommen«[18] werden kann, erklärt Maria: »Jeder betet Gott auf seine Weise an mit Frieden im Herzen.«[19]

Die Kontakte zu dämonischen Geistern werden immer intensiver gesucht, so daß die Welt von heute und die Gemeinde viel anfälliger für satanischen Betrug sind als damals bei Hitler. Man beschäftigt sich heute viel ausgiebiger mit dem Okkulten, mit Yoga und anderen Praktiken des östlichen Mystizismus und der New-Age-Philosophie als noch vor fünfzig Jahren in Hitlers Deutschland. Im UNO-Gebäude befindet sich ein Meditationsraum voll okkulter Symbole, in dem Anhänger aller Religionen sensibel gemacht werden sollen für den »Gott im Innern«. Dieses Angebot wird jährlich von Tausenden in Anspruch genommen. Das Pentagon hat seinen eigenen Meditationsclub, der den Krieg verhindern will, indem man mit positiven Gedanken einen »übersinnlichen Friedensschild« um die Erde spannt. In einem Zeitungskommentar lesen wir in diesem Zusammenhang:

> Bei der CIA, im Pentagon und im Kongreß dämmert ein neuer Tag herauf: Das Neue Zeitalter (New Age) ist angebrochen ... Hochrangige Funktionsträger konsultieren Menschen mit übersinnlichen Kräften ... lassen sich in frühere Leben zurückversetzen oder befragen Medien ...
>
> Nach Angaben des Abgeordneten Charles Rose von North Carolina zeigt immer ungefähr ein Viertel aller Kongreßabgeordneten Interesse daran, übersinnliche Phänomene zu erforschen. Dabei – so sagt er – kann es sich um Heilungen, Prophezeiungen, Gesichte oder ganz handfeste Wirkungen übersinnlicher Kräfte handeln, vom Löffelbiegen bis zum Löschen von Computerbändern.[20]

Auch Prinz Charles, der nächste König von England und damit eines Tages das Oberhaupt der anglikanischen Kirche, hat sich mit Okkultismus und New-Age-Medizin befaßt. Daraufhin ist er zum dem Schluß gekommen, daß alle Religionen im Grunde genommen dasselbe wollen. Er hält sich für einen übersinnlich begabten Menschen und glaubt an die Führung aus der Geisterwelt. Die Königin (auch mit Spiritismus befaßt) und der Prinz glauben, daß er, Charles, »der Erwählte ist, der durch einen göttlichen Plan der Vorsehung in die Thronfolge aufgenommen wurde.«[21]

Prinz Charles steht repräsentativ für viele andere Prominente dieser Welt, die sich ebenso mit Okkultem beschäftigen und die Entstehung einer einheitlichen Weltreligion erwarten. Selbst Wissenschaftler tragen den Glauben an übersinnliche Kräfte mit. Die Zeitschrift *Foundations of Physics* veröffentlichte kürzlich einen Artikel von Roger D. Nelson, Forscher an der Princeton Universität, in dem es hieß, wissenschaftliche Experimente hätten ergeben, der menschliche Geist könne auch über eine bestimmte Entfernung Computer beeinflussen.[22] Die zunehmende Offenheit für übersinnliche Phänomene und Kräfte ist eine wichtige Vorbereitung auf die Ankunft des Antichristen, der sich solcher Kräfte in nie gekanntem Maß bedienen wird.

Mit der neuen Freiheit in Osteuropa treten auch die Okkultisten dort an die Öffentlichkeit und werden enthusiastisch begrüßt. Die *Chicago Sun-Times* wußte schon vor einiger Zeit zu berichten: »Erstes Zeitungshoroskop – die Sowjets staunten nicht schlecht.«[23] Die *New York Times* schrieb einen Leitartikel über den ausufernden Okkultismus und die spirituelle Erneuerung in der damaligen UdSSR.[24] Siebzig Jahre lang waren ungefähr 40 000 Instrukteure Tag für Tag in Fabriken, Schulen, in Radio- und Fernsehstationen damit beschäftigt, zu »beweisen«, daß es Gott nicht gibt und daß der »wissenschaftliche Materialismus« die einzige Wahrheit ist. Die Völker der ehemaligen Sowjetunion sind bitter darüber geworden, daß man ihnen jede abweichende Meinung vorenthalten hat, und so hungern sie nach spirituellen Erfahrungen.

Leider öffnet dieses neue Interesse an der Spiritualität, das ohne Weisung aus der Bibel und durch den Heiligen Geist bleibt, die Tür für jede satanische Verführung. Auch hier wieder wird der Boden bereitet für die Ankunft des Antichristen. Daß dieser Trend gerade in dieser Zeit zu einem wichtigen Impuls wird, ist ein weiteres Zeichen dafür, daß die Wiederkunft Christi bevorsteht. Die *Washington Post* berichtete kurz nach der Wende:

> Wenn es einen neuen Personenkult in der Sowjetunion gibt, dann gilt er nicht mehr Michail Gorbatschow, sondern einem ukrainischen Psychologen, der [durch Visualisation]»Fernnarkosen« anwendet und immer dann, wenn er im Fernsehen auftritt, bis zu 200 Millionen Zuschauer hat.
>
> Kaschpirowski behauptet, alles heilen zu können – von der Sterilität und der Arthritis bis zu bösartigen Tumoren; und es gibt viele Dankbare, die für seine bemerkenswerten Kräfte ihre Hand ins Feuer legen würden.[25]

Das Visualisieren ist die wohl wirkungsvollste okkulte Technik. Die sie praktizieren – ob sibirische Schamanen oder Veranstalter von Erfolgsseminaren – wissen, daß sie der schnellste Weg ist, mit den »inneren Führern« Kontakt aufzunehmen. C.G. Jung erzählte von Philemon, seinem »inneren Führer«: »Ich ging mit ihm im Garten auf und ab ... er war das, was die Inder einen Guru nennen.«[26] Die Psychologin und Jung-Anhängerin Hal Zina Bennett versichert uns: »Mir ist noch nie jemand begegnet, der seinem ›inneren Führer‹ nicht ... schon innerhalb von dreißig Minuten eines entsprechenden Trainings begegnet wäre.«[27]

Solche Seminare über die Macht der Vorstellungskraft werden landesweit veranstaltet. Die Teilnehmer lernen es, zu einem »inneren Berater« Kontakt aufzunehmen, der wirklich zu ihnen spricht, der sich niemals irrt und ein Leben lang an ihrer Seite bleiben wird.

Nun braucht man nicht mehr lange Reisen dorthin zu unternehmen, wo Maria irgendwann einmal erschienen ist. Visualisierungstechniken werden schon im Kindergarten vermittelt, aber auch auf Seminaren für das Topmanagement. Mit den erlernten Fertigkeiten kann jeder zu »Jesus« oder zur »Jungfrau Maria«, zu Außerirdischen oder jeder anderen beliebigen Person der Vergangenheit und sogar Zukunft Kontakt aufnehmen. Durch diese sehr alte, aber wirkungsvolle Methode, sich selbst für die satanische Verführung zu öffnen, nehmen inzwischen

sogar Evangelikale Kontakt zu Dämonen in Jesusgestalt auf, um
»innere Heilung« zu erleben und das Gebetsleben zu intensivieren.

Psychologen und Ärzte gehören heute zu den wichtigsten
Befürwortern visionärer Techniken, mit denen alles geheilt wird
– vom mangelnden Selbstbewußtsein bis hin zu lebensbedroh-
lichen Erkrankungen. Ihre Fürsprache verleiht Techniken eine
allgemeine Akzeptanz, die seit Jahrtausenden von Medizinmän-
nern praktiziert worden sind. Alfred S. Alschuler, ehemals Präsident der John F. Kennedy Universität und im Augenblick
Leiter des Instituts für transpersonale Psychologie, hat »keine
Erklärung« für das, was er »innere Lehrmeister« nennt. Andererseits spricht er sich dafür aus, daß Therapeuten »den Patienten
helfen sollten, eine gesunde Beziehung zu ihrer inneren Stimme
zu bewahren«, damit sie von der »Weisheit, die sie vermittelt«,
profitieren. Er gibt zu, daß diese Phänomene auch boshafter
Natur sein können, aber er lehnt den Glauben an Dämonen ab.
Doch gerade sie sind die einzige Erklärung für das Phänomen
der »inneren Führer«, die alle Fakten berücksichtigt. In einer
Ansprache vor Psychologen bekannte Alschuler:

> Vor zehn Jahren fing es an, daß ich eine innere Stimme
> hörte. Als Psychologe war ich zunächst besorgt, daß das der
> Anfang einer Erkrankung hätte sein können . . .
> Dorothy MacLean, Mitbegründerin der schottischen Find-
> horn Kommunität, gab zu, daß sie instinktiv erst einmal Wider-
> stand leistete und gar nicht hinhören wollte. Doch – so bekennt
> sie – »durch die Anwesenheit meines ›strahlenden Gott-Ichs‹
> (so nannte sie ihre innere Stimme) wurde ich vollkommen
> verwandelt . . . «
> Als ich nach dem Namen meiner eigenen inneren Stimme
> fragte, sagte sie: »Wir sind die Große Weiße Bruderschaft«
> [eine unter Okkultisten bekannte Gruppe »Erhöhter Mei-
> ster«].[28]

Dr. Martin L. Rossmann, der die Visualisation von Geistfüh-
rern in seiner medizinischen Praxis ausübt und andern beibringt,
sagt von dieser Technik, sie sei »das Wesen des Schamanismus
[Zauberei]«. »Dadurch, daß wir mit der Vorstellungskraft arbei-

ten«, sagt Rossmann, »wird der Schamanismus aktuell und gewinnt wieder an Bedeutung . . . «[29] Ist das noch Medizin? Dr. Rossmann und andere, die sich dieser alten Zaubertechnik bedienen, setzen die »inneren Führer« mit dem Heiligen Geist gleich. Und die Christen akzeptieren diese empörende Behauptung auch noch eilfertig als »wissenschaftliche Untermauerung« für die pseudochristlichen, okkulten Praktiken, die sie von der Psychologie übernommen haben. Das trägt nur noch weiter zur großen Täuschung bei!

Alschuler sagt: »Ob man sie nun Gott, Jesus, Daimon, Herr, Meister, Schutzengel, Mentor nennt oder ihnen normale Erdnamen oder exotische Decknamen gibt – die Aufgabe der Stimme ist es immer, zu lehren.«[30] Da hat er wohl recht! Die Frage bleibt, was sie denn lehrt.

Was diese betrügerischen Geister in den letzten Tagen lehren werden – so warnte schon Paulus –, sind »die Lehren von Dämonen«. Es fällt nicht mehr schwer, sich vorzustellen, wie unzählige Millionen solcher Geistführer den Antichristen als Christus identifizieren. Und man wird ihnen auch noch glauben!

21 | *Die Hoffnung der Christen*

DAS CHRISTLICHE LEBEN SOLLTE aus mehreren Gründen voller Freude sein. Zuallererst befreit eine ganz wichtige Erkenntnis auf wohltuende Weise von der Angst vor dem drohenden Gericht: Man weiß, daß einem jede Sünde vergeben ist. Des weiteren stellt sich bei uns die tiefe Dankbarkeit darüber ein, daß Christus die ewige Strafe, die wir verdient hätten, auf sich genommen hat, um uns auf ewig im Himmel bei sich haben zu können. Und wir haben die Freude an der Liebe, die der Heilige Geist als Antwort auf Gottes große Liebe in uns wachgerufen hat. Und seine Liebe ist großartiger als alles, was die Welt zu bieten hat. Sie erweckt im Gläubigen das unwiderstehliche Verlangen, den zu erfreuen, der gesagt hat: »Wenn ihr mich liebt, so werdet ihr meine Gebote halten« (Joh. 14,15).

Die größte Freude macht uns aber wohl die Erkenntnis, daß wir überhaupt in der Lage sind, den zu erfreuen, der uns so über alle Maßen geliebt hat, daß unsere Herzen neu geworden sind und wir somit die Sünde hassen und die Gerechtigkeit lieben. Es fehlen einem die Worte, wenn man über die Freude reden will, die einfach da ist, wenn man begreift, daß Christus selbst in uns lebt und uns die Kraft gibt, ein neues Leben zu führen. Wir haben keine Angst davor, Gott zu begegnen. Vielmehr verlangt es uns danach, in die Gegenwart des himmlischen Vaters zu treten, wenn wir als Teil der Brautgemeinde den Bräutigam von Angesicht zu Angesicht sehen werden.

Die große Hoffnung der Christen ist es, Christus in den Lüften zu begegnen, um ohne leiblichen Tod in den Himmel aufgenommen zu werden. Im Vergleich dazu schrumpft jedes irdische Streben zur Bedeutungslosigkeit. Paulus erklärte den Philippern: »Denn unser Bürgerrecht ist in den Himmeln, von woher wir auch den Herrn Jesus Christus als Heiland erwarten«

(3,20). An Titus schrieb er: »... indem wir die glückselige Hoffnung und Erscheinung der Herrlichkeit unseres großen Gottes und Heilandes Jesus Christus erwarten« (2,13). Und Hebräer 9,28 verkündet: »... so wird auch der Christus... denen zum Heil erscheinen, die ihn erwarten.«

Man erwartet nicht jemand, der wahrscheinlich noch Monate, wenn nicht gar Jahre ausbleiben wird. Wenn die Entrückung erst geschehen kann, nachdem der Antichrist zum ersten Mal aufgetreten ist oder am Ende der großen Drangsal, dann hätte sich die Bibel sicher nicht wie oben geäußert. Es besteht kein Zweifel, daß die unmittelbar bevorstehende Wiederkunft Christi die tägliche Hoffnung und Erwartung der ersten Christen war. Und das sollte heute nicht anders sein. Die Worte unseres Herrn sollten uns warnen und ermutigen:

> Es seien eure Lenden umgürtet und die Lampen brennend; und ihr seid Menschen gleich, die auf ihren Herrn warten...
> Glückselig jene Knechte, die der Herr, wenn er kommt, wachend finden wird!...
> Auch ihr, seid bereit! Denn der Sohn des Menschen kommt in der Stunde, da ihr es nicht meint (Lk. 12,35-37.40).

»In der Stunde, da ihr es nicht meint!« Das könnte bedeuten, daß, je näher die Wiederkunft des Herrn rückt, desto weniger Gläubige werden ihn auch wirklich erwarten. Das scheint irgendwie paradox zu sein, doch die Erwartungshaltung innerhalb der Gemeinde Christi hat ständig abgenommen und befindet sich im Augenblick auf einem Tiefpunkt. Die Formulierung in unserem Vers deutet aber auch noch auf etwas anderes hin: Die Bedingungen in der Welt bei der Wiederkunft Christi werden so zufriedenstellend sein, daß sich die Christen gar nicht danach sehnen, die Erde gegen einen besseren Ort einzutauschen. Die eine Warnung, die Paulus ausspricht, haben wir schon ein paarmal wiederholt, aber es kann nicht schaden, sie hier noch einmal anzubringen: »Wenn sie sagen: Friede und Sicherheit! ...«, dann kommt die große Überraschung!

Jene, die auf Christi Wiederkunft jeden Augenblick warten, seien – so mokieren sich andere Christen – bereits so »jenseitig orientiert«, daß sie auf der Erde zu nichts mehr zu gebrauchen

292 ◆ *Dave Hunt*

sind. Doch dieses Klischee trifft nicht zu, denn Jesus, der unser Vorbild sein soll, war so jenseitsorientiert wie niemand anders. Wer wahrhaft jenseitsorientiert ist, steht auf dieser Erde viel eher mit beiden Beinen im Leben. Andere meinen, daß diejenigen, die auf die Entrückung warten, nur so herumsitzen und Däumchen drehen. Kritiker nennen das »Fluchtmentalität«. Doch ist nicht viel eher zu erwarten, daß wir, je eher wir Christus erwarten, um so mehr bemüht sein werden, Gottes Willen zu tun, für Christus zu leben und andere für ihn zu gewinnen, weil die Zeit ja nur noch kurz ist? Diese »glückselige Hoffnung«, jeden Augenblick mit dem Herrn im Himmel sein zu können, ist denn auch die größte Motivation für eine heilige und siegesbewußte Lebensweise. Johannes sagt: Jeder, der diese Hoffnung in sich trägt, »reinigt sich selbst, wie er rein ist« (1. Joh. 3,3).

Nirgendwo in der Schrift bekommen wir eine vollständigere Beschreibung des christlichen Lebenswandels als bei Paulus in Kolosser 3. Hier erfahren wir, was wir tun und lassen und was wir sein und nicht sein sollen. Der Christ soll seine leiblichen Begierden töten: »Unzucht, Unreinheit, Leidenschaft, böse Lust und Habsucht, die Götzendienst ist, ... Zorn, Wut, Bosheit, Lästerung, schändliches Reden ... « usw. Nachdem der Christ all das abgelegt hat, soll er in Heiligkeit und Liebe sichtbar werden lassen: »herzliches Erbarmen, Güte, Demut, Milde, Langmut ... « Die Aufzählung geht noch weiter und gibt so das Muster für eine gute Frömmigkeit vor. In diesem einen Kapitel stellt Paulus mit ganz unmißverständlichen und praktischen Begriffen den christlichen Lebenswandel dar.

Natürlich haben die meisten Religionen ihre Morallehre mit Forderungen für das Verhalten ihrer Anhänger. Bei Buddha sind es die »vier edlen Wahrheiten« und der »edle achtfache Pfad«. Bei Konfuzius ist es die säkulare ethische Philosophie. Andere Religionen haben ihre Maßstäbe, die bis zu einem gewissen Grad die in jedes Herz geschriebenen Moralgesetze Gottes widerspiegeln. Es liegt aber in der Natur das Sache, daß keine ethische Philosophie in der Lage ist, auch die moralische Kraft zu vermitteln, die nötig ist, um allen ihren Forderungen gerecht zu werden. Kein Gesetz kann retten. Gesetze können immer nur verdammen. Das Christentum, das bei weitem den höchsten

Standard setzt, ist allein in der Lage, auch die Kraft für ein heiliges Leben zu schenken. Das ist ein weiteres Merkmal, das die Einzigartigkeit unterstreicht und das Christentum von allen bekannten Weltreligionen absondert.

Paulus hat den Gläubigen von Kolossa – und uns heute – kein strenges Moralgesetz verordnet, das zu erfüllen wir uns aus eigener Kraft bemühen müssen. Der Schlüssel zum christlichen Lebenswandel ist ein einziges Wort in Vers 5 bzw. 12: ... nun ... oder Darum ... (in der Einheitsübersetzung).»Darum tötet« die Sünden des Fleisches.»Darum bekleidet euch« mit der Heiligkeit und Gnade Christi. Das»Darum« oder»nun« folgt jedesmal auf die genannten Gründe für den Gehorsam. Worauf bezieht es sich also? Die Antwort finden wir in den vorausgehenden Versen:

> Ihr seid mit Christus auferweckt; darum strebt nach dem, was im Himmel ist, wo Christus zur Rechten Gottes sitzt. Richtet euren Sinn auf das Himmlische und nicht auf das Irdische! Denn ihr seid gestorben, und euer Leben ist mit Christus verborgen in Gott. Wenn Christus, unser Leben, offenbar wird, dann werdet auch ihr offenbar werden in Herrlichkeit.
> Darum tötet ...
> Darum bekleidet euch ...

Die Kraft, ein christliches Leben zu führen, erwächst aus der Dankbarkeit für die großartige historische Tatsache, daß Christus für unsere Sünden gestorben und von den Toten auferstanden ist und nun im Himmel zur Rechten des Vaters sitzt. Doch es gibt noch ein weiteres dynamisches Element: die große Hoffnung auf seine baldige Wiederkunft und unser Auftreten als seine Braut an seiner Seite! Das ist nicht nur theoretische Religionsphilosophie, sondern die lebenspendende reale Beziehung zu dem, der jeden Augenblick kommen kann, um uns aufzunehmen in seine Gegenwart zu einer neuen ewigen Dimension des Lebens! Wenn diese Hoffnung erst einmal Besitz von uns ergriffen hat, haben wir auch die Motivation und die Kraft als wahrhaft wiedergeborene und geliebte Kinder Gottes zu leben und Teilhaber an seiner göttlichen Natur zu sein.

Darüber hinaus haben Christen ein Gespür für die Heiligkeit Gottes und eine respektvolle Furcht vor dem, dem sie Rechenschaft schuldig sind. Sie sind sich in vollem Umfang bewußt, daß sie sein Gesetz gebrochen haben, und sie kennen die schlimmen Konsequenzen. Deshalb sind sie auch so dankbar dafür, daß ihnen die Sünden vergeben wurden. Solange ein Mensch nicht zu dieser Erkenntnis gelangt, so lange ist er auch nicht darauf vorbereitet, ein Christ nach den Bedingungen der Bibel zu werden.

Der Christ ist mit Christus gekreuzigt worden, gestorben seinen Sünden und dieser Welt, und er ist mit ihm zu neuem Leben auferstanden. Ja, Christus ist unser Leben! Doch das ist noch nicht alles. Paulus ermahnt uns, mit einer ganz bestimmten Erwartung zu leben:»Wenn der Christus, unser Leben, geoffenbart werden wird, dann werdet auch ihr mit ihm geoffenbart werden in Herrlichkeit.« Das Wissen, daß uns solch eine Zukunft beschieden ist, befreit uns von Begierden und Ängsten und sorgt dafür, daß diese Welt ein für allemal an Attraktivität für uns verliert.

Christus kann jeden Augenblick kommen, um uns ins Haus des Vaters aufzunehmen, wo wir mit ihm auf ewig vereint sein werden. Dann, wenn er erscheint und jedes Auge ihn sehen und Israel ihn erkennen wird, werden wir in verherrlichten Körpern bei ihm sein, um mit ihm zu regieren und zu herrschen.»Und so werden wir allezeit beim Herrn sein!« Das ist die Hoffnung der Christen. Der Himmel ist unser wahres Zuhause. Dort sind wir auch mit dem Herzen – bei ihm. Die Welt hat ihren Reiz verloren, die Sünde ihre Macht, und Satan muß seine Ansprüche auf die fallen lassen, die nun Christus gehören. Dazu sind wir befreit worden.

Aber es ist auch wichtig, daß die bevorstehende Entrückung nicht nur die Erwartung und Hoffnung der Gemeinde bleibt, sondern daß die Christen vor der Welt davon Zeugnis ablegen und von Christi zweitem Kommen reden, bei dem er die Welt richten und sein Tausendjähriges Reich begründen wird. Wenn wir an Christus glauben, dessen Geburt die Engel verkündeten, dann müssen wir auch zur Kenntnis nehmen, was die Engel über den Zweck seiner Geburt kundtaten – daß er der Welt einen Frieden bringen werde, den nur er in der Lage ist zu schenken, indem er persönlich auf dem Thron seines Vorfahren David in Jerusalem regiert. Das ist kein Idealbild, das in Wirklichkeit so oder anders aussehen könnte, sondern die einzige Hoffnung des Menschen.

Alle, die an Christus glauben, müssen notwendigerweise jeden Versuch verurteilen und zurückweisen, den »Frieden auf Erden« ohne den Weltherrscher Jesus Christus stiften zu wollen. Das klingt vielleicht ein bißchen extrem, aber ich sage das nur so klar und deutlich, weil so wenige Christen ernst nehmen, was die Bibel über den Weltfrieden, die Entrückung, das Auftreten des Antichristen und das zweite Kommen sagt.

Es wird nur zwei wirkliche Weltherrscher geben: Der erste ist der Antichrist, und der andere ist der Herr Jesus Christus. Jeder einzelne muß zwischen diesen beiden Gegnern und ihren sich bekämpfenden Reichen wählen. Es gibt kein Niemandsland dazwischen.

Jene, die sich daranmachen, einen internationalen Frieden durch eine Weltregierung zu erwirken, über die der Herr Jesus Christus nicht gebeten wird zu regieren, schlagen sich zwangsläufig auf die Seite des Antichristen. Sie bereiten die Welt auf seine Herrschaft vor, ob sie diese Tatsache sehen wollen oder nicht. Das ist die Gefahr, in der die Welt steht, wenn die Aussicht auf internationalen Frieden durch menschliche Anstrengungen einmal realistischer wird.

Diejenigen, die meinen, man könne die Idee von Christi Wiederkunft und Weltherrschaft zumindest als Symbol für ein geistliches Phänomen beibehalten und für alle anderen Religionen aufbereiten, lassen die eigentliche Wurzel des Christentums außer acht. Der entscheidende Unterschied zwischen dem Christentum und jeder anderen Weltreligion liegt in der persönlichen Rolle, die Christus im Vergleich zu Buddha, Mohammed, Krischna oder Konfuzius spielt. Im Gegensatz zu den andern gab Christus den Menschen nicht nur eine religiöse Philosophie mit auf den Weg, nach der es zu leben gilt, sondern er gab sich selbst!

Christus als Person starb für unsere Sünden am Kreuz, und er versprach, auch genauso persönlich wiederzukommen, um im Herzen derjenigen zu wohnen, die ihn als Herrn und Heiland annehmen. Darüber hinaus hat er klar versprochen, auch wieder als Person zur Erde zurückzukehren, um sein Friedensreich aufzurichten. Es ist im Grunde genommen eine Verleugnung des christlichen Glaubens überhaupt, wenn man Christi Absicht, persönlich auf der Erde zu regieren, nicht ernst nimmt. Das gleiche gilt für seine Bereitschaft, persönlich unser Erretter von Sünde und Strafe zu sein.

Das Christentum beruht auf dem, was Christus selbst von sich gesagt hat und was die Augenzeugen über sein Leben, seinen Tod und seine Auferstehung im Neuen Testament berichten. Und das wird in der Regel von den alttestamentlichen Prophetien untermauert. Das, was das Christentum so einzigartig macht, ist unvereinbar mit jeder anderen Glaubensüberzeugung. Und so ist jeder Versuch ökumenischer Einheit eine Leugnung des biblischen Christentums. Dieser Sonderrolle des Christentums entsprechend, lehrt auch die Bibel nicht, daß der Friede durch den Triumph der Lehren Christi gesichert werden wird, sondern allein durch seine persönliche Wiederkunft zur Regierungsübernahme in Jerusalem. Es ist einfach eine Tatsache: Ohne sein persönliches Zutun können Christi Lehren gar nicht befolgt werden. Das aber war genau die Herausforderung, mit der er die jüdische Obrigkeit konfrontierte:

> Ihr erforscht die Schriften, denn ihr meint, in ihnen ewiges Leben zu haben; und sie [die Schriften] sind es, die von mir zeugen; und ihr wollt nicht zu mir kommen, damit ihr Leben habt (Joh. 5,39-40).

Wie kann einer nur meinen, daß eine Welt, die reif fürs Gericht ist, durch Christen gerettet werden kann, die sich mit den Anhängern aller Religionen und mit Atheisten und Humanisten zu einer politisch-sozialen Arbeitsgemeinschaft zusammentun? Die Schrift betont immer wieder, daß nur die persönliche und leibliche Wiederkunft Christi auf diese Erde der Bosheit und dem Leiden ein Ende bereiten kann. Von Paulus wissen wir, »daß die ganze Schöpfung zusammen seufzt und zusammen in Geburtswehen liegt bis jetzt« (Röm. 8,19-22). Und er erklärt uns, was das bedeutet: Erst wenn Christen ihren unsterblichen Leib empfangen haben, mit Christus verherrlicht worden sind

(Verse 23-25) und auf dieser Erde herrschen und regieren, wird das Leid von ihr genommen werden. Die letzten Tage vor Christi Wiederkunft sind nach der Prophetie tatsächlich eine Zeit der zunehmenden Bosheit, der Irrwege und der geistlichen Täuschungen. Zeigen wird sich das sowohl in der Welt als auch in der bekennenden Gemeinde. Es gibt aber auch Hinweise in der Schrift, daß gerade in diesen letzten Tagen rund um den Erdball Millionen Menschen Christus als Herrn und Erlöser annehmen werden, womit sie seine Wiederkunft noch beschleunigen. Viele von ihnen werden jene sein, von denen man diesen Schritt am wenigsten erwartet: New-Age-Anhänger, Drogenabhängige, Häftlinge, Kommunisten, Moslems, Katholiken und die von der Gesellschaft Ausgestoßenen. Darauf scheint Christi Gleichnis vom großen Abendmahl hinzudeuten:

> Und der Knecht kam herbei und berichtete dies seinem Herrn. Da wurde der Hausherr zornig und sprach zu seinem Knecht: Geh eilends hinaus auf die Straßen und Gassen der Stadt und bringe die Armen und Krüppel und Lahmen und Blinden hier herein. Und der Knecht sprach: Herr, es ist geschehen, wie du befohlen hast, und es ist noch Raum. Und der Herr sprach zu dem Knecht: Geh hinaus auf die Wege und an die Zäune und nötige sie hereinzukommen, daß mein Haus voll werde (Lk. 14,21-23).

Mindestens 50 Millionen Menschen – und möglicherweise noch viel mehr – bekehrten sich in China zu Christus während des kurzen Tauwetters nach Moas Tod. Besorgt über diese Erweckung, hatte die chinesische Führung schon lange vor der Studentenrevolte auf dem Platz des Himmlischen Friedens damit begonnen, Christen einzusperren und hinzurichten. Diese Erhebung im Juni 1989 wurde zum großen Teil von Christen angeführt. Seit damals, besonders aber nach dem Sturz der kommunistischen Regime in Osteuropa, haben sich die Zustände in China zunehmend verschlechtert. Die Führung befürchtet, daß sich die Armee wie in Rumänien erheben könnte; und alle erdenklichen Maßnahmen sind ergriffen worden, um Demonstrationen jeglicher Art zu unterbinden. Man kann erwarten, daß eine neue Welle der Repression gegen die Religionen bevorsteht. Der frische Wind der Freiheit in Osteuropa könnte auch dort im Nu eine ähnliche Erweckung auslösen. Zur Zeit gibt es Anzeichen dafür, daß sich die Menschen in Massen zu Christus bekehren. Im folgenden drucken wir Auszüge aus ein paar Briefen ab, die typisch sind für jene in Rußland, die gläubig geworden sind, nachdem sie das Evangelium zum ersten Mal gehört haben:

> Ich war 25 Jahre lang Mitglied der Kommunistischen Partei. Wieviel Leid habe ich Christen angetan! Aber Gott hat mir vergeben. Ich kann die Tiefe seiner Liebe gar nicht begreifen (aus Rovno).
>
> Zusammen mit einem Freund wollte ich eine Kirche ausrauben ... Ich kam zu jener Kirche, um die Örtlichkeit zu inspizieren, und hörte eine Predigt, die nur mir galt ... ich tat Buße. Meine Freunde glauben, daß ich verrückt geworden bin, aber ich bete für sie. Ich möchte jedem von Jesus erzählen (aus Grodno).
>
> Ich war ein verhärteter Atheist ... Doch nun – durch Gottes Willen – bin ich selbst ein Beweis dafür, daß er lebt (aus Archangelsk).
>
> Ich bin schon achtzig Jahre alt, und ich habe soeben meine erste Bibel erhalten ... Ich weine vor Freude, daß Gott mir Brot vom Himmel geschickt hat (aus Saporoschje).[1]

Es liegen Berichte von vielen Menschen vor, die gleich nachdem sie ihre erste Predigt gehört oder ihre erste Bibel in Empfang genommen haben, von ihren Sünden befreit wurden und nun die Ewigkeit vor sich haben. Der folgende Brief von einem jungen Mann aus Nowosibirsk an die populäre Wochenzeitschrift in Rußland wurde abgedruckt:

> Gerade habe ich ein großartiges Buch zugeschlagen, und ein großes Glücksgefühl der Dankbarkeit hat mich ergriffen. Aber es bleiben auch noch ein paar brennende Fragen, die mir schwer auf dem Herzen liegen, weil sie unbeantwortet geblieben sind: Warum erst jetzt? Warum so spät? Mein halbes Leben ist vorüber! Wenn ich doch noch einmal zehn Jahre jünger sein

könnte! . . . Mit dreißig konnte ich nun zum ersten Mal die Bibel lesen.

Es war ein reiner Zufall, daß mir dieses Buch in die Hände fiel . . . und ich war ergriffen von dem, was ich da las . . . Aber nach und nach fing ich an zu kochen vor Zorn: Wenn ich mir vorstelle, daß mir solch ein Schatz einfach vorenthalten worden war! Wer entschied mit welcher Begründung, daß dieses Buch mir schaden würde? Ich erkannte, daß ich niemals ein Atheist war und es auch niemals sein werde.

In unserer unruhigen Zeit des allgemeinen Zusammenbruchs, in der Kristallpaläste sich als Elendshütten erweisen und ehemals majestätische Monarchen mit Schande besudelt werden, wenn unter Gemäuern aus Granit ein Fundament aus Lehm zum Vorschein kommt, dann weiß ich, daß es da ein Buch gibt, dem ich mich immer zuwenden kann; und es wird mich selbst in der dunkelsten Stunde weisen, trösten und stützen.

Diese »dunkelste Stunde« ist wahrscheinlich näher, als die meisten von uns glauben. Es gibt eine Redensart, daß die Nacht vor der Dämmerung am dunkelsten sei. Die Bibel andererseits mahnt uns zur Vorsicht: Die Dinge werden günstiger denn je für die Menschheit aussehen, kurz bevor die finsterste Stunde über diese Erde hereinbricht. Unberührt von den Ereignissen, was immer sie auch bedeuten mögen, steht die Hoffnung der Christen unverrückbar da:

> Denn ich denke, daß die Leiden der jetzigen Zeit nicht ins Gewicht fallen gegenüber der zukünftigen Herrlichkeit, die an uns geoffenbart werden soll (Röm. 8,18).
> Denn das schnell vorübergehende Leichte der Drangsal bewirkt uns ein über die Maßen überreiches, ewiges Gewicht von Herrlichkeit . . . (2. Kor. 4,17).
> Wenn wir ausharren, werden wir auch mitherrschen; wenn wir verleugnen, wird auch er uns verleugnen (2. Tim. 2,12).

Wir werden »mitherrschen«! Dies ist eine Hoffnung, die nicht aus eigensüchtiger Machtgier heraus erwächst, sondern aus Liebe und Mitgefühl für diese leidende Erde und ihre Bewohner. Der König, mit dem wir über diese Welt im verherrlichten Auferstehungsleib herrschen werden, ist Schöpfer und Herr des Universums. Er ist auch derjenige, der die Menschheit so

sehr geliebt hat, daß er einer von uns wurde, um für unsere
Sünden zu sterben. Wie sehr wird sich diese gütige Herrschaft
vollkommener Gerechtigkeit abheben nicht nur von der zerstö-
rerischen Herrschaft des Antichristen, sondern auch schon von
allem, was humanistische Politiker zustande bringen!
Selbst die heroischsten Anstrengungen der Grünen können
kaum das ökologische System der Erde vor den sich aufschau-
kelnden Konsequenzen menschlicher Sorglosigkeit und Ausbeutung bewahren. Christus dagegen wird der Erde ihre unzer-
störte paradiesische Schöheit wiedergeben. Im Tausendjährigen
Reich wird es keinen Tierschutzbund mehr geben müssen; und
auch die Geschöpfe untereinander müssen sich nicht mehr bei-
ßen und vertilgen. Nicht einmal mehr so scheinbar nebensäch-
liches Leid wie die Fliege im Spinnennetz wird es geben:

> Und der Wolf wird beim Lamm weilen und der Leopard
> beim Böckchen lagern. Das Kalb und der Junglöwe und das
> Mastvieh werden zusammen sein, und ein kleiner Junge wird
> sie treiben.
> Kuh und Bärin werden miteinander weiden, ihre Jungen
> werden zusammen lagern. Und der Löwe wird Stroh fressen
> wie das Rind.
> Und der Säugling wird spielen an dem Loch der Viper und
> das entwöhnte Kind seine Hand ausstrecken nach der Höhle der
> Otter (Jes. 11,6-8).

Armut und Hunger und die zunehmenden Gebrechlichkeiten
des Alters werden für immer vergessen sein. Gesundheit und
Glück werden der ganzen Menschheit beschieden sein. Mit
einem Überfluß an Gütern wird es wenig Ursache für Habsucht,
Neid, Zorn und Haß geben. Satans Gefangenschaft und Christi
vollkommene Herrschaft für tausend Jahre werden dafür sorgen,
daß selbst die unbedeutendsten Übeltaten selten sind. Die Erde
wird ein gesegnetes Paradies voller Freuden sein, die unsere
Vorstellungskraft übersteigen. Das Tausendjährige Reich wird
die Schönheiten einer farbigen, blühenden und fruchtbaren Umwelt zur Entfaltung bringen, so wie Gott sie einmal geplant hatte
– eine Welt der Liebe, des Friedens und der Freude in den
Beziehungen der Menschen untereinander.

So paradiesisch es auch sein mag, so ist das Tausendjährige Reich doch nicht jenes letzte Königreich, von dem die Propheten sprachen:»Groß ist die Herrschaft, und der Friede wird kein Ende haben...«(Jes. 9,7). Nach tausend Jahren wird es zu Ende gehen, tragisch und mit Gewalt. Das Tausendjährige Reich ist der letzte Beweis für die unbeugsame Sündigkeit und egoistische Natur des Menschen. Die Theorien der Psychologen und Soziologen, die die Gesellschaft und die Umwelt für das Kranksein des Menschen verantwortlich machen, wird man getrost ad acta legen können. So wie Satan Eva im vollkommenen Garten Eden zu Rebellion anstachelte, so wird er, wenn er nach tausend Jahren freikommt, die Nationen dazu verführen, gegen Christus vorzugehen:

> Und wenn die tausend Jahre vollendet sind, wird der Satan aus seinem Gefängnis losgelassen werden und wird ausgehen, die Nationen zu verführen, die an den vier Ecken der Erde sind, den Gog und den Magog, um sie zum Krieg zu versammeln; deren Zahl ist wie der Sand des Meeres.
>
> Und sie zogen herauf auf die Breite der Erde und umzingelten das Heerlager der Heiligen und die geliebte Stadt; und Feuer kam aus dem Himmel hernieder und verschlang sie (Offb. 20,7-9).

Gottes endgültiges Reich übersteigt all unsere menschliche Vorstellungskraft:»Was kein Auge gesehen und kein Ohr gehört hat und in keines Menschen Herz gekommen ist, was Gott denen bereitet hat, die ihn lieben«(1. Kor. 2,9). Das ganze Universum, das durch Satans kosmische Rebellion so geschändet und in Mitleidenschaft gezogen wurde, wird sich durch eine plötzliche nukleare Explosion in nichts auflösen und augenblicklich durch einen»neuen Himmel und eine neue Erde, in denen Gerechtigkeit wohnt,«ersetzt werden (2. Petr. 3,13).

Das neue Universum wird von denen bewohnt werden, die Buße getan und Gottes Heilmittel in Empfang genommen haben, so daß er sie neu erschaffen konnte (Eph. 2,8-10). In einem vollkommenen Körper, der nicht mehr empfänglich ist für Versuchung und Sünde, aber erfüllt ist von der Liebe Christi, werden sie in der Gegenwart Gottes ewige Freude haben, Unvorstellbares erleben und sehr viel Spaß an den Wundern haben, die er sich für sie erdacht hat.

Jeden Augenblick kann es zu spät sein, noch die richtige Antwort zu geben, doch gegenwärtig gilt uns noch immer Christi großmütiges Angebot der Vergebung und der ewigen Freude: »Wer mein Wort hört und glaubt dem, der mich gesandt hat, der hat ewiges Leben und kommt nicht ins Gericht, sondern er ist aus dem Tod in das Leben übergegangen« (Joh. 5,24). »Daher, wenn jemand in Christus ist, so ist er eine neue Schöpfung; das Alte ist vergangen, siehe, Neues ist geworden!« (2. Kor. 5,17).

Anhang und
Anmerkungen

ANHANG A

War Petrus
der erste Papst?

ES GIBT KEINERLEI HINWEISE DARAUF, daß Petrus jemals eine Führungsposition innerhalb der frühen Kirche bekleidete, wie sie die Päpste als seine angeblichen Nachfolger in Anspruch nehmen. Christi Versprechen:»Und ich werde dir die Schlüssel des Reiches der Himmel geben« (Matth. 16,19), kann auch so ausgelegt werden, daß es erfüllt wurde, als Petrus am Pfingsttag zuerst den Juden das Himmelreich öffnete (Apg. 2,14-41) und dann den Heiden im Haus des Kornelius (Apg. 10,34-48). Christi zweite Verheißung an Petrus:»und was immer du auf der Erde binden wirst, wird in den Himmeln gebunden sein, und was immer du auf der Erde lösen wirst, wird in den Himmeln gelöst sein«, war lediglich eine Wiederholung seiner Verheißung an alle Jünger (Matth. 18,18-20). Entsprechend war auch Jesu Aussage:»Wenn ihr jemandem die Sünden vergebt, dem sind sie vergeben, wenn ihr sie jemandem behaltet, sind sie ihm behalten«, an alle Jünger gerichtet.

Daß die besondere Autorität, die von den katholischen Päpsten als angebliche Nachfolger Petri in Anspruch genommen wird, von Petrus niemals ausgeübt wurde, liegt klar auf der Hand. Er war niemals Oberhaupt der Gemeinde und auch kein »Oberapostel«. In seinen Briefen ermahnt Petrus nicht von oben herab. Er gebietet nicht seinen Untergebenen:»Die Ältesten unter euch ermahne ich, der Mitälteste und Zeuge . . . « (1. Petr. 5,1). Als Legitimation für seine Schriften nennt er nicht eine offizielle erhobene Machtposition innerhalb der Gemeinde, sondern allein die Tatsache, daß er ein »Zeuge der Leiden Christi . . . [ein Augenzeuge] seiner Majestät« war (1. Petr. 5,1; 2. Petr. 1,16).

Das erste Kirchenkonzil (Apg. 15,4-29), das zwischen 45 und 50 n. Chr. abgehalten wurde, war nicht auf Initiative von Petrus, sondern von Paulus einberufen worden. Und offensichtlich wurde es nicht von Petrus, sondern von Jakobus geleitet. Wenn Petrus auch eine wichtige Aussage machte, so war sie doch nicht dogmatischer Natur. Es war mehr ein Erfahrungsbericht darüber, was er bei der ersten Heidenmission erlebt hatte. Jakobus dagegen zog die Schrift heran und argumentierte dogmatisch. Es war auch Jakobus, der verkündete: »Deshalb urteile ich ... «, und auf sein Wort hin wurde der offizielle Brief nach Antiochien geschickt.

Die Ehrfurcht vor Jakobus und seinem Einfluß führte bei Petrus dazu, daß er sich wieder verstärkt der traditionellen Trennung von Juden und Heiden zuwandte. Die Folge war, daß Paulus, der weit größere Teile des Neuen Tastaments verfaßte als Petrus und dessen Dienst offensichtlich umfangreicher war, Petrus für seinen Irrtum in aller Öffentlichkeit zurechtwies (Gal. 2,11-14). Die fadenscheinige Behauptung, Petrus habe eine besondere Führungsposition bekleidet und er habe einen Ehrenplatz unter den Aposteln eingenommen oder sei gar der erste Papst gewesen, wird durch zahlreiche Textstellen im Neuen Testament widerlegt.

Der Katholizismus gründet seinen unberechtigten Anspruch ganz allein auf Christi Wort: » ... du bist Petrus, und auf diesen Felsen werde ich meine Gemeinde bauen« (Matth. 16,18). Man muß gar nicht mit dem griechischen Grundtext argumentieren, daß ›petros‹ (Felsbrocken) nicht »dieser Felsen« (›petra‹) ist. Die Wahrheit in dieser Frage hängt nicht von der umstrittenen Auslegung des einen Verses ab, sondern beruht auf der Gesamtheit der Schrift. Daß die katholische Sicht nicht haltbar ist, läßt sich also nicht allein mit den von uns genannten neutestamentlichen Schriftstellen begründen, sondern auch mit der Tatsache, daß die ganze Bibel, statt die römische Auffassung zu untermauern, ihr tatsächlich widerspricht.

Nur Gott wird unzweideutig als der einzige verläßliche »Felsen« unserer Erlösung im ganzen Alten Testament bezeichnet.[1] Was das Neue Testament betrifft, so verkündet es, daß Jesus Christus der Felsen ist, auf den die Gemeinde gebaut wird, und daß er, der Gott ist, allein für diese Aufgabe qualifiziert sein

kann. Der Felsen, auf den der »kluge Mann sein Haus baute«,
war nicht etwa Petrus, sondern Christus und seine Lehre (Matth.
7,24-29). Auch Petrus selbst weist darauf hin, daß Christus der
»Eckstein« ist, auf den die Gemeinde gebaut wird, und er zitiert
einen alttestamentlichen Text, den Christus erfülle. Auch Paulus
nennt Christus den »Eckstein«, und er verkündet, daß die Gemeinde »aufgebaut auf der Grundlage der Apostel und Propheten« ist (Eph. 2,20). Das ist eine Aussage, die eindeutig dem
Apostel Petrus keine besondere Position im Fundament der
Gemeinde zuweist.

Was die geschichtlichen Zeugnisse angeht, so ist überhaupt
nicht sicher, daß Petrus je in Rom gelebt und gewohnt hat oder
gar der erste Bischof von Rom war. Selbst wenn wir dies
aufgrund der spärlichen Belege zugestehen würden, so können
wir sicher sein, daß Petrus kein Papst war. Alle Belege, die wir
bereits genannt haben, beweisen, daß weder Petrus noch irgend
jemand anders als Papst oder Oberhaupt der Gemeinde anerkannt worden ist. Auf diesen Gedanken ist man erst viel später
gekommen. Die Geschichte legt dafür Zeugnis ab.

Auch wenn die Katholiken zu belegen suchen, daß der Bischof von Rom als Oberhaupt der Kirche anerkannt wurde, so
gibt es hierfür vor Konstantin überhaupt keine gesicherten Erkenntnisse. Er nämlich war es, der verordnete, daß der Bischof
von Rom das Oberhaupt der Kirche zu sein habe. Konstantin
erschuf das Amt eines Pontifex für seine eigenen Zwecke; und
für Hunderte von Jahren erkannten die Päpste diese Tatsache an.

Selbst katholische Historiker geben zu, daß während des
Mittelalters die Päpste und der Klerus aus ihrer Umgebung ein
gefälschtes Dokument in Umlauf brachten, das ihre Machtposition stützen sollte. Darin wurde gar nicht erst der Versuch
unternommen, die päpstliche Autorität über die apostolische
Nachfolge auf Petrus zurückzuführen, noch wurde versucht, das
Amt mit der Bibel zu begründen. Statt dessen rechtfertigt das
Dokument, das als Konstantinische Schenkung bekannt geworden ist, das Amt des Papstes und die damit verbundene Autorität
mit der Verleihung durch kaiserliches Dekret. In dem angeblich
von Konstantin verfaßten Dokument heißt es:

Und wir [der römische Kaiser] beschließen und setzen fest,
daß er [der Bischof von Rom] die Vorherrschaft sowohl über
die vier Hauptbischofssitze von Antiochia, Alexandria, Kon-
stantinopel und Jerusalem als auch über alle Kirchen Gottes auf
dem ganzen Erdkreis innehabe; und der jeweilige Papst dieser
hochheiligen römischen Kirche soll erhabener und ein Fürst für
alle Bischöfe der ganzen Welt sein, und durch seinen Urteils-
spruch soll geordnet werden, was in bezug auf den Gottesdienst
und für den festen Bestand des Christenglaubens zu versorgen
ist.

Die Tatsache, daß sich die Päpste auf diese Fälschung berie-
fen, beweist zweierlei: 1. Die Unehrlichkeit der Päpste bei ihrem
Anspruch auf ihr Amt. 2. Schon die Päpste des Mittelalters
beanspruchten gar nicht eine Autorität, die von Petrus über die
apostolische Nachfolge auf sie übertragen wurde, sondern erkannten an, daß ihr Amt von Konstantin erst geschaffen wurde
und daß es somit vor seiner Zeit keinen Papst gab.

Wenn also die Überlieferung, daß Petrus der erste Papst war
und alle späteren Träger dieses Amtes in der apostolischen
Nachfolge standen, schon im Mittelalter Allgemeingut gewesen
wäre, dann wäre es sicher nicht notwendig gewesen, ein Dokument wie die Konstantinische Schenkung zu fälschen. Die Tatsache, daß die Päpste dies für nötig hielten, belegt den Schwindel
der römisch-katholischen Kirche von heute, man könne die
Autorität ihrer Päpste auf Petrus zurückverfolgen.

ANHANG B

Das unbefleckte Herz

DAS JEDEM KATHOLIKEN GELÄUFIGE DOGMA vom »Unbefleckten Herzen« Mariens hat keine biblische Grundlage, sondern kommt aus dem Bereich des Okkulten. Das »Unbefleckte Herz« wird als sichtbares Objekt dargestellt, das in der Brust von Jesus oder Maria glüht oder von Maria in der Hand gehalten wird. Das ist wirklich ein sonderbares Herz! Es ist die magische Quelle von Kraft und Schutz. Diesem mystischen Objekt gilt die Verehrung, wobei es die persönliche Beziehung zu Christus ganz unmerklich verdrängt.

Selbstverständlich ist das Herz Jesu Christi unbefleckt, vollkommen und ohne Sünde. Auch wenn er ganz Mensch war, so war er doch auch Gott. Niemand anders war je ohne Sünde: »Denn es gibt keinen Menschen, der nicht sündigt« (1. Kö. 8,46). »Denn kein Mensch auf der Erde ist so gerecht, daß er nur Gutes täte und niemals sündigt« (Pred. 7,20). Wenn jemand argumentiert, diese Schriftstellen seien ja vor Marias Geburt geschrieben worden, dann kann man die folgenden vorweisen, die alle nach ihrer Geburt verfaßt worden sind: »Denn alle haben gesündigt und erlangen nicht die Herrlichkeit Gottes« (Röm. 3,23). Und bei 1. Johannes 1,10 heißt es: »Wenn wir sagen, daß wir nicht gesündigt haben, machen wir ihn zum Lügner, und sein Wort ist nicht in uns.« Diese klaren Aussagen lassen keinen Raum für Ausnahmen, die Paulus und Johannes sicher erwähnt hätten, wenn Maria ein besonderer Fall gewesen wäre. Diese Irrlehre wurde erst populär durch die Bemühungen des britischen Mönchs Eadmer im 12. Jahrhundert und wurde schließlich 1854 durch Papst Pius IX. zum Dogma erklärt. Es lehrt: Von Anfang an war sie von Erbsünde verschont geblieben, aus Gnade, durch das Verdienst Christi«, und sie blieb ohne Sünde ihr Leben lang.

Es wird argumentiert, daß Maria eine außergewöhnliche Gnade zuteil wurde, um sie sündlos zu erhalten. Doch solch eine

Behauptung widerspricht jeder Logik und auch der gesamten Bibel. Wenn es möglich gewesen wäre, Maria sündlos zu erhalten, warum hat Gott dann dasselbe nicht mit Adam und Eva gemacht und so von Anfang an verhindert, daß die Sünde Eingang in die Welt findet? Immerhin wurden Adam und Eva nicht einmal von sündigen Eltern empfangen, sondern vom sündlosen Gott erschaffen und in eine vollkommene, sündlose Umgebung gesetzt. Und doch haben sie gesündigt! Jedes Wesen mit der Fähigkeit zur freien Entscheidung – außer Gott natürlich – sündigt unweigerlich. Wenn das nicht so wäre, dann hätte Gott die Sünde niemals zugelassen.

Die einzige Möglichkeit, die Menschheit vom Sündigen abzuhalten, wäre es gewesen, ihr die Fähigkeit zur freien Entscheidung zu nehmen. Aber das hätte den Menschen zum Roboter gemacht und ihm die Fähigkeit genommen, Gott und andere Menschen zu lieben, denn die Grundvoraussetzung für die Liebe ist der freie Wille. Das Problem der Sünde wird nur überwunden (ohne die Fähigkeit zur Entscheidung zu nehmen) durch den Heilsplan Gottes, und dazu gehört folgendes: Christi Eintreten für die Strafe der Sünde; das Erwecken der Liebe in den Herzen der Erlösten aus einer Dankbarkeit heraus für das, was er für sie getan hat; Christi Wohnen im Menschen durch den Glauben; die Erschaffung eines neuen Leibes ohne die sinnlichen Anteile, die zur Sünde beitragen; und die Aufnahme der Erlösten in den Himmel, wo sie in Ewigkeit mit Christus in der Gegenwart Gottes weilen. Diese so umfangreiche Erlösung, die die zentrale Botschaft der Bibel ist, wäre überflüssig gewesen, wenn Sündlosigkeit einfach durch ein besonderes Maß an Gnade zu erlangen wäre, wie es für Maria in Anspruch genommen wird. Diese Irrlehre untergräbt die ganze Bibel.

Schließlich führt es zur Vergöttlichung Mariens, wenn man ihr die Stellung eines »aus Gnaden erretteten Sünders« nimmt. Katholiken werden diesen Vorwurf zwar zurückweisen, doch die Glaubenspraxis läuft einfach darauf hinaus. Das »Unbefleckte Herz« von Maria verlangt nicht nur gleiche, sondern noch größere Verehrung als Christus. So hat denn auch die Erscheinung von Fatima nicht etwa verlangt, zur Friedensstiftung auf der Erde sei Wiedergutmachung dem »Unbefleckten Herzen« Jesu zu leisten, sondern dem »Unbefleckten Herzen Mariens«.

ANHANG C

Messe und Transsubstantiation

JOHANNES DER TÄUFER SPRACH, indem er auf Christus deutete:»Siehe, das Lamm Gottes, das die Sünde der Welt wegnimmt« (Joh. 1,29). Und Hebräer 9,26 sagt von Christus:»Jetzt aber ist er einmal in der Vollendung der Zeitalter offenbar geworden, um durch sein Opfer die Sünde aufzuheben.« Im nächsten Kapitel wird dann darüber hinaus erklärt, daß die Tieropfer im Alten Testament niemals imstande waren, die Sünde ein für allemal wegzunehmen. Deshalb mußten sie auch täglich von den jüdischen Priestern wiederholt werden. Der Verfasser spricht dann über die Wirksamkeit des Opfers Christi, das die Tieropfer im voraus versinnbildlichten. Es müsse – so sagt er – niemals wiederholt werden:»Dieser aber [Christus] hat ein Schlachtopfer für Sünden dargebracht und sich für immer gesetzt zur Rechten Gottes . . . Denn mit einem Opfer hat er die, die geheiligt werden, für immer vollkommen gemacht« (Hebr. 10,4.10.12.14).

Deutlicher hätte die Bibel gar nicht zum Ausdruck bringen können, daß die Erlösung der Menschheit ein für allemal durch den Opfertod, durch Begräbnis und Auferstehung Christi bewirkt worden ist:»Denn dies hat er ein für allemal getan, als er sich selbst dargebracht hat« (Hebr. 7,27). Nichts weiter ist nötig für die vollständige Versöhnung der Menschheit mit Gott:»Wer an den Sohn glaubt, hat ewiges Leben . . . und kommt nicht ins Gericht, sondern er ist [bereits] aus dem Tod in das Leben übergegangen« (Joh. 3,36; 5,24).

Christi einmaliges Opfer hat vollständig und auf ewig unsere Erlösung erwirkt. So haben wir bereits die Vergebung der Sünden und die Lösung von der Strafe, die Gottes Gerechtigkeit fordert. Sein Tod hat ewiges Leben hervorgebracht und eine Heimstatt im Himmel als Geschenk der Gnade Gottes für all jene bereitet, die Christus als Herrn und Heiland aufnehmen. Kurz bevor er seinen Geist in die Hände des Vaters befahl, schrie Christus noch einmal im Triumph auf:»Es ist vollbracht!«Jeder Versuch, ein weiteres Opfer zu bringen oder darüber hinaus etwas zu tun, um Sündenvergebung und Annahme durch Gott zu erlangen, hieße doch, die Hinlänglichkeit dessen zu leugnen, was Christus selbst längst erbracht und was Gott bereits angenommen hat.

So stellt denn auch jeder Versuch, Gott etwas über Christi Opfer hinaus zur Versöhnung anzubieten, eine Zurückweisung des Geschenks der Erlösung dar. Wenn das eine Opfer, das Christus am Kreuz gebracht hat, nicht ausreicht, was dann? Wie viele Opfer müssen noch auf katholischen Altären gebracht werden? Der Katholizismus beharrt zwar darauf, daß das eine Opfer Christi nicht ausreicht, aber er kann und wird auch nicht sagen, wie viele Messen noch gelesen, wie viele Rosenkränze gebetet, wie viele Almosen gegeben werden müssen und wie lange der einzelne im Fegefeuer verbringen muß, bevor die Schuld abgetragen ist und die Seele endlich den Himmel erreicht. Schauen wir uns einmal genauer an, was die katholische Kirche lehrt:

> In deiner Todesstunde werden all die Heiligen Messen, die du andächtig gehört hast, dein größter Trost sein.
> Jede Messe wird dich zum Gericht begleiten und wird für dich um Vergebung bitten [Mit welchem Erfolg?].
> Durch jede Messe kannst du die begrenzte Strafe für deine Sünden mehr oder weniger [Vage!] verringern [Um wieviel?], je nachdem, was für dich spricht [Wie wird es gemessen?]...
> Durch das Heilige Opfer tut Unser Herr Jesus Christus etwas gegen viele [Welche? Warum nicht gegen alle?] unserer Nachlässigkeiten und Versäumnisse...
> Indem du fromm die Heilige Messe hörst, bewirkst du für die Seelen im Fegefeuer die größtmögliche Entlastung... Du verkürzt [Um wieviel?] dein Fegefeuer durch jede Messe.[1]

Das römisch-katholische Dogma spricht eine eindeutige Sprache: Christi Tod am Kreuz ist nicht, wie die Bibel lehrt, das

312 ◆ *Dave Hunt*

ein für allemal dargebrachte Opfer für die Sünde, sondern lediglich dessen Einsetzung. Selbst nachdem Christus für unsere Sünden gestorben und im Triumph auferstanden ist, bleibt ein riesiger Schuldenberg, der erst durch die zahllosen Messen abgearbeitet werden muß – nicht zu vergessen die Almosen, die guten Taten, die Rosenkränze, das Leiden hier und im Fegefeuer. Das ist unbestreitbar ein anderes Evangelium als das, was Paulus predigte und von dem die ganze Bibel Zeugnis ablegt. Deshalb kann es auch nicht schaden, noch einmal daran zu erinnern, wovor Paulus uns warnt:

> Wenn aber auch wir oder ein Engel aus dem Himmel euch etwas als Evangelium entgegen dem verkündigen, was wir euch als Evangelium verkündigt haben: er sei verflucht! (Gal. 1,8).

Anstelle des Glaubens an den, der das ewige Leben als Gnadengeschenk anbietet, setzt die katholische Messlehre den körperlichen Akt des Brotessens und Weintrinkens, wobei Brot und Wein angeblich durch eine magische Verwandlung zum Leib und Blut Christi werden. Die Erlösung wird dadurch nicht mehr durch das endgültige Opfer Christi am Kreuz erwirkt, sondern durch den katholischen Priester, der in einer endlosen Kette von Wiederholungen Leib und Blut Christi als Opfer darbringt und die Gläubigen daran teilhaben läßt. Die Messe nimmt also dem Opfer Christi seinen Wert, das doch eigentlich so vollgültig war, als er »sich selbst durch den ewigen Geist als Opfer ohne Fehler Gott dargebracht hat« (Hebr. 9,14); und es widerspricht der biblischen Lehre, daß »er die, die geheiligt werden, für immer vollkommen macht«.

Die Messe hebt aber auch die Auferstehung Christi auf, denn durch sie wird Christi unsterblicher Auferstehungsleib, der kein Blut mehr enthält (Lk. 24,39), weil es beim Tod am Kreuz vergossen wurde, wieder in einen sterblichen Leib von Fleisch und Blut zurückverwandelt. Und auch damit wieder wäre sein Opfer null und nichtig. Tausende ließen sich lieber auf dem Scheiterhaufen verbrennen, als sich zu Irrlehren zu bekennen, die Schriftstellen wie die folgende verleugnen:

Denn der Christus ... ist eingegangen ... in den Himmel
selbst, nicht, um sich selbst oftmals zu opfern ... – sonst hätte
er oftmals leiden müssen ... – jetzt aber ist er einmal in der
Vollendung der Zeitalter offenbar geworden, um durch sein
Opfer die Sünde aufzuheben ... In diesem Willen sind wir
geheiligt durch das ein für allemal geschehene Opfer des Leibes
Jesu Christi ...
Dieser aber hat ein Schlachtopfer dargebracht und sich für
immer gesetzt zur Rechten Gottes.
Denn mit einem Opfer hat er die, die geheiligt werden, für
immer vollkommen gemacht ... Dies ist der Bund ..., spricht
der Herr [:] ... ihrer Sünden und ihrer Gesetzlosigkeiten werde
ich nicht mehr gedenken ...
Wo aber dafür eine Vergebung ist, gibt es kein Opfer für die
Sünden mehr (Hebr. 9,24-10,18)

Nach römisch-katholischer Lehre wirkt die leibliche Teilnahme am Sakrament der Messe geistliche Segnungen. Sie beruft
sich dabei auf zwei Aussagen Christi: 1. Zu einer Gruppe un-
gläubiger Juden sagte er einmal:»Wenn ihr nicht das Fleisch des
Sohnes des Menschen eßt und sein Blut trinkt, so habt ihr kein
Leben in euch selbst« (Joh. 6,53). 2. Als er beim letzten Abendmahl Brot und Wein nahm, sprach er zu seinen Jüngern:»Nehmt,
eßt ... dies ist mein Leib ... Trinkt alle daraus! ... dies ist mein
Blut« (Matth. 26,26-28). Wenn man aber diesen Abschnitt genau
liest, dann wird klar, was schon der gesunde Menschenverstand
einem sagt: Christus sprach sich hier nicht für den kannibalisti-
schen Verzehr seines wirklichen Leibes und Blutes aus. Auch
hat er niemals gelehrt, daß solches Tun zur eigenen Erlösung
beitragen könne.
Bemerkenswert in diesem Zusammenhang ist zunächst, daß
Christus im selben Gespräch äußerte, daß die, die an ihn glauben
würden, auch das ewige Leben hätten. Damit machte er klar, daß
»essen« und »trinken« eigentlich »glauben« heißt. Es ist notwendig zu glauben, daß er, der Schöpfer des Universums, nicht
als Erscheinung oder in einem Geistleib auf die Erde kam,
sondern als Mensch aus Fleisch und Blut, um für unsere Sünden
real zu sterben:

> Ich bin das Brot des Lebens: Wer zu mir kommt, wird nicht hungern, und wer an mich glaubt, wird nimmermehr dürsten. Denn dies ist der Wille meines Vaters, daß jeder, der den Sohn sieht und an ihn glaubt, ewiges Leben habe; und ich werde ihn auferwecken am letzten Tag. Wer glaubt, hat ewiges Leben. Ich bin das Brot des Lebens. Der Geist ist es, der lebendig macht; das Fleisch nützt nichts. Die Worte, die ich zu euch geredet habe, sind Geist und sind Leben (Joh. 6,35.40.47-48.63).

Des weiteren ist in diesem Zusammenhang interessant, daß Jesus ganz leiblich unter seinen Jüngern saß, als er vom Brot, das er in Händen hielt, sagte:»Dies ist mein Leib.« Keiner der anwesenden Jünger wäre auf den Gedanken gekommen, das Brot sei in diesem Augenblick zu seinem wirklichen Leib geworden, den sie unverändert vor Augen hatten. Er hat aber auch nicht gesagt, dieses Brot werde später einmal sein Leib werden. »Dies ist mein Leib.« Das waren seine Worte. Man kann diese Aussage also nur so deuten, daß Brot und Wein als Symbole für Leib und Blut zu verstehen sind.

Man ist stolz darauf in der katholischen Kirche, Christus beim Wort zu nehmen. Die Grundregel zur Unterscheidung, wann eine Schriftstelle wörtlich oder im übertragenen Sinn zu verstehen ist, besagt aber, daß man alles wörtlich nehmen soll, solange man damit nichts Unsinniges verbreitet oder sich in Widersprüche verwickelt. Es ist sicher unsinnig, zu behaupten, daß der leiblich anwesende Christus das Brot, das er in Händen hielt, für seinen wirklichen Leib ausgab. Es ergibt aber auch keinen Sinn, den Leib Christi überall auf der Welt unendlich zu vervielfältigen, so daß Millionen von Menschen ihn immer und immer wieder zu sich nehmen. Dabei würde man noch nicht einmal Christus wörtlich nehmen, denn solch ein »magischer Leib« wäre ja gar nicht sein wahrer Leib.

Wer würde Christus schon wörtlich nehmen, wenn er sagt, er sei das Brot, das aus dem Himmel herniedergekommen ist, oder, das Brot, das er hingeben werde, sei sein Fleisch? Genausowenig ist er tatsächlich ein Hirte, und wir sind keine richtigen Schafe (Joh. 10,11). Ist er denn tatsächlich eine Tür (Vers 7) oder buchstäblich das Licht (Joh. 8,12)? Wenn wir das Aufnehmen von Leib und Blut wörtlich verstehen, widersprechen wir der Frohen Botschaft, die Christus verbreiten möchte: Die Erlösung kommt durch den Glauben an das, was er vollbracht hat, und nicht durch einen äußerlichen Akt, den wir ausführen.

Durch diese Irrlehre von der Transsubstantiation wird die Erlösung mit einem äußerlichen Akt verquickt, bei dem wir nicht wissen, wie oft er wiederholt werden muß. Mit ihm nehmen wir auch das Fleisch und Blut Christi aus der Zeit vor Tod und Auferstehung zu uns. Die Erlösung ist also niemals vollständig, und der Priester muß immer wieder Brot und Wein in Leib und Blut verwandeln, damit es in ständiger Wiederholung bei der Messe angeboten und angenommen werden kann. Diese magische Verwandlung kann nur von einem Priester auf einem katholischen Altar vollzogen werden. Deshalb hängt die Erlösung für einen Katholiken auch nicht vom persönlichen Glauben an den auferstandenen und verherrlichten Christus ab, noch von einer persönlichen Beziehung zu ihm, sondern von der Beziehung zur Kirche und der Teilnahme an den von ihr angebotenen, Erlösung wirkenden Sakramenten. Das ist eine Lehre, die dem Antichristen zupaß kommen wird (s. 1. Johannes 4,3).

Christus kommt immer und immer wieder im Fleisch zu Tausenden von katholischen Altären überall auf der Welt, während die Oblaten in seinen Leib verwandelt werden. Nun hat er nicht mehr nur einen einzigen physischen Leib, wie die Bibel lehrt, sondern sein »Leib« wird gleichzeitig an tausend verschiedenen Orten zur Schau gestellt. Wie Gott ist Christus ein allgegenwärtiger Geist, aber einen allgegenwärtigen Leib gibt es nicht.

In der Pariser Kirche Sacré-Coeur (Heiliges Herz), die hoch oben auf dem Montmartre erbaut ist, wird ein Informationsblatt an die Besucher verteilt, in dem es u.a. heiß:

> Über dem Hochaltar die Monstranz, die das Brot enthält, welches durch die Messe der Leib Christi geworden ist, wird seit 1885 dort feierlich ausgestellt zur ununterbrochenen Verehrung bei Tag und bei Nacht. Jeder, der an dieser Anbetung teilnimmt, ist ein Bindeglied zwischen Christus und den Menschen seiner täglichen Umgebung, seines Landes und der ganzen Welt, woran der weite Blick von hier oben erinnern hilft.

Selbst nachdem man nun der Taufe und der Messe mystische Kräfte zuspricht, genügen sie doch immer noch nicht. Der Katholizismus bleibt dabei: Die Versöhnung des Blutes am Kreuz reinigt noch nicht vollständig von der Sünde und befreit nicht von der erforderlichen Strafe. Noch weitere Rituale und Anstrengungen sind nötig. Um den Himmel schließlich doch noch zu erreichen, muß ein Mensch noch viel mehr tun: gute Werke, Gebete, Bußübungen, Kasteiungen und den Rosenkranz immer aufs neue beten. Diese Aufzählung kann man fortführen, je nach Einfallsreichtum derer, die immer neue »Gnadenmittel« für die Kirche erfinden. Und niemand – nicht einmal der Papst selbst – kann berechnen, wann genug Messen gelesen, genug Kasteiungen erduldet und genug Rosenkränze gebetet worden sind. Der Katholizismus gebietet diesem Treiben niemals Einhalt, er sagt nicht, wann es genug ist. Und die Kirche hüllt sich sonderbarerweise in Schweigen bei dieser so wichtigen Frage.

ANHANG D

Wiedergeburt durch die Taufe

D IE »WIEDERGEBURT DURCH DIE TAUFE« ist ein Überbleibsel des häretischen Katholizismus, von dem sich auch Martin Luther und andere Reformatoren niemals vollständig lösen konnten. Und noch heute gibt es unter protestantischen Gruppen Anhänger dieser Auffassung. Die Vereinigte Pfingstkirche bei uns in Amerika z. B. verkündigt: »Die Wassertaufe stellt einen wichtigen Bestandteil der neutestamentlichen Erlösung dar ... Ohne eine richtige Taufe ist es unmöglich, ins Reich Gottes einzugehen.« Die Bibel lehrt alles andere als das, und sie weist klar darauf hin, daß Christus, der Heiland der Sünder, niemanden getauft hat (Joh. 4,2) und daß von Paulus nur sehr wenige getauft wurden, was doch sehr sonderbar wäre, wenn die Taufe bei der Erlösung eine so entscheidende Rolle spielen würde.

Der rührigste Apostel war sich nicht sicher, wen er in Korinth getauft hatte. Ja, Krispus und Gajus und das Haus des Stephanas hatte er wohl getauft, aber, so fügt er hinzu: »sonst weiß ich nicht, ob ich noch jemand getauft habe« (1. Kor. 1,14-16). Offenbar hatte jemand anders die übrigen Gläubigen von Korinth getauft. Und doch bezeichnet Paulus sich als ihr »Vater«, und er erklärt: »denn in Christus Jesus habe ich euch gezeugt durch das Evangelium.« Paulus war der Mittler ihrer Erlösung, ohne sie getauft zu haben. Wenn die Taufe so entscheidend wäre – das Mittel, durch das jemand wiedergeboren wird –, dann hätte Paulus sich nicht selbst als »Vater« bezeichnen können, durch den sie in Christus gezeugt (also wiedergeboren) worden waren.

Und so erinnerte Paulus die Korinther, die eben nicht durch die Taufe gerettet worden waren, daß sie durch ihren Glauben an das Evangelium zur Errettung gelangten. Nirgends deutet Paulus auch nur an, daß die Taufe rettet. Der Glaube sei die Rettung, das verkündet er immer wieder. Nehmen wir Römer 1,16: »Ich schäme mich des Evangeliums nicht, ist es doch Gottes Kraft zum Heil jedem Glaubenden... « Es fällt kein Wort von der Taufe hier. Paulus geht sogar so weit zu erklären: »Denn Christus hat mich nicht ausgesandt zu taufen, sondern das Evangelium zu verkündigen« (1. Kor. 1,17).

Wie steht es aber mit Markus 16,16, wo es heißt: »Wer gläubig geworden und getauft worden ist, wird errettet werden«? Hier wird nicht eindeutig gesagt, daß die Taufe rettet, sondern nur darauf hingewiesen, daß sie mit der Errettung einhergehen sollte. Es werden Gerettete getauft. Im Vers heißt es dann weiter: » ... wer aber nicht gläubig geworden ist, wird verdammt werden.« Nirgends lesen wir in der Bibel: »Wer nicht getauft ist, der wird verdammt werden.« Auch werden wir nirgends daran erinnert, daß der Glaube nicht genug sei, indem uns gesagt wird: »Wenn du nur glaubst und nicht getauft wirst, dann gehst du verloren.«

Es gibt unendlich viele Verse, die sagen: »Wer glaubt, wird gerettet«, aber nur ein einziger sagt: »Wer gläubig geworden und getauft worden ist, wird errettet werden.« Und ebenso viele Verse verkünden, daß wir verloren sind, wenn wir nicht dem Evangelium und an Christus glauben. Aber nicht ein einziger Vers sagt, daß wir verloren gehen, wenn wir nicht getauft sind. Die Bibel hätte solch eine Warnung sicher nicht verschwiegen, wenn die fehlende Taufe die Seele in Ewigkeit verdammen würde!

Die Taufe ist ein öffentliches Bekenntnis, daß man zum Glauben an Christus gekommen ist und sich damit seinen Tod, sein Begräbnis und seine Auferstehung zu eigen gemacht hat. Sie ist ein Gehorsamsakt dem Gebot des Herrn gegenüber, und damit sollte sie die Erfahrung eines jeden Christen werden. Aber sie ist keine Bedingung für die Erlösung. Der Verbrecher am Kreuz neben Jesus ist niemals getauft worden. Oder denken wir an einen Schwerverletzten, der im Wrack seines Autos eingeklemmt ist und mit letzter Kraft ruft: »Was muß ich tun, um gerettet zu werden?« Muß man ihm entgegenhalten: »Tut mir leid, für dich gibt es keine Hoffnung, denn um gerettet zu werden, mußt du getauft werden, und das ist bei dir nicht mehr möglich«?

Was hat dann aber Jesus gemeint, als er sagte:»Wenn jemand nicht aus Wasser und Geist geboren wird, kann er nicht in das Reich Gottes eingehen« (Joh. 3,5)? Die Belege, die wir bisher angeführt haben, widersprechen dem Gedanken, mit »aus Wasser geboren« sei die Taufe gemeint. Nikodemus wußte, daß Wasser im Alten Testament zur Reinigung benutzt wurde. Das Wasser selbst kann natürlich nicht von Sünden reinwaschen, aber es ist doch ein Symbol für die Reinigung, die durch den Gehorsam und den Glauben an das Gotteswort wirksam wird. So lesen wir bei Paulus von der Heiligung durch das reinigende Wasserbad im Wort (Eph. 5,26) und von der »Waschung der Wiedergeburt« (Titus 3,5). Petrus erklärt, daß wir wiedergeboren sind »durch das lebendige … Wort Gottes« (1. Petr. 1,23).

Die katholische Kirche andererseits glaubt, daß ein Säugling wiedergeboren werden kann, also durch die Kindertaufe zum Christen wird. Diese Irrlehre des »Sakramentalismus« spricht einer äußerlichen Handlung geistliche Wirksamkeit zu. Die römisch-katholische Kirche spendet sieben solcher Sakramente. Es unterminiert natürlich die Frohe Botschaft, die die Apostel verkündigten, wenn gelehrt wird, ein Säugling könne von neuem geboren werden, ohne eine moralische Entscheidung getroffen zu haben und zum Glauben an Christus gekommen zu sein, und das allein durch ein paar feierliche Floskeln und einige Wasserspritzer, vom Priester gespendet.

Die Irrlehre besteht darin, daß man glaubt, eine äußerliche Handlung könne die Erlösung bewirken. Diese irrige Auffassung ist natürlich längst nicht nur auf die Taufe beschränkt. Auch bei der Kommunion, bei der Kleiderordnung des Klerus, beim Rosenkranz und anderen von der katholischen Kirche vorgeschriebenen Handlungen, die die Erlösung entweder bedingen oder ihr zumindest zuträglich sind, erkennt man ihren Einfluß. Wenn erst einmal der Glaube durch etwas anderes ersetzt worden ist, traut man nicht mehr allein Christus die eigene Erlösung zu. Deshalb ist auch der Sakramentalismus der Feind des Kreuzes und des Evangeliums, und er hat Abermillionen Menschen auf Abwege geführt.

ANHANG E

Das Evangelium
vom Reich

WIR HABEN SCHON ÜBER DIE UNSICHERHEIT
derer gesprochen, die zur Zeit Christi nicht recht wußten, wann, wie, durch wen und für wen das Reich Gottes errichtet
werden würde. Und diese Unsicherheit besteht noch heute in der
Gemeinde fort. Da gibt es jene, die einen Unterschied machen
zwischen dem Himmelreich und dem Reich Gottes. Aber es gibt
keinen Unterschied. Der erste Begriff wird ausschließlich von
Matthäus verwendet, aber die anderen drei Evangelien machen
genau dieselben Aussagen zum Reich Gottes wie Matthäus zum
Himmelreich.

Wo befindet sich das Reich? Die New-Age-Anhänger verstehen Christi Aussage: »Das Reich Gottes ist mitten unter euch«
(Lk. 17,21) als einen Hinweis darauf, das Reich sei eine mystische Realität in jedem Menschen, eine Realität, die »auf einer
höheren Bewußtseinsebene« erfahren werden könne. Aber das
griechische ›entos‹ wird sehr richtig von der Elberfelder Bibel
mit »mitten unter euch« wiedergegeben. Christus, der König,
und damit sein Reich waren unerkannt mitten unter ihnen.
Natürlich existiert das Reich Gottes auch in jedem Herzen, das
Christus, den König, aufgenommen hat. Andererseits wäre es
sowohl unbiblisch als auch unvernünftig, anzunehmen, das
Reich Gottes existiere auch in Menschen, die Christus niemals
angenommen haben, die ihn sogar ablehnen. Und das war der
Fall bei denen, zu denen Christus diese Worte sprach.

Wann kommt das Reich? Es ist gegenwärtig in den Herzen,
in die Christus Einlaß erhalten hat und in denen er regiert. Es
wird auf der Erde sichtbar während der tausend Jahre sein, in
denen Christus vom Thron Davids aus regieren wird. Doch das

Tausendjährige Reich ist nicht die letzte sichtbare Gestalt des Reiches, denn auch es wird eines Tages zu Ende gehen, wogegen die Bibel wiederholt und eindeutig sagt:»Dein Reich ist ein Reich aller zukünftigen Zeiten« (Ps. 145,13; Dan. 4,3.34; 2. Petr. 1,11 usw.). Dieses Tausendjährige Reich endet nämlich im Krieg, wogegen die Bibel verkündet, daß das Reich Frieden ohne Ende bedeutet (Jes. 9,7; 32,17 usw.). Ein weiterer Beleg dafür, daß das Tausendjährige Reich nicht das eigentliche Reich Gottes ist, haben wir mit Christi Aussage, daß ein Mensch das Reich Gottes weder sehen noch betreten könne, wenn er nicht wiedergeboren ist (Joh. 3,3; 5). Doch während des Tausendjährigen Reiches wird es eine große Zahl von Menschen geben, die nicht wiedergeboren sein und im Feuersee enden werden – so lesen wir in Offenbarung 20,7-5. Und auch Paulus weiß,»daß Fleisch und Blut das Reich Gottes nicht erben können« (1. Kor. 15,50), und doch werden viele Menschen aus Fleisch und Blut während des Tausendjährigen Reiches auf der Erde leben. Auch deshalb kann es nur eine zeitlich begrenzte, irdische Manifestation des Reiches sein, das noch kommen wird.

Am Ende wird das Reich das vollkommen erneuerte Universum sein, das Gott an Stelle des jetzt vorhandenen erschafft, wenn er das erste zerstört (2. Petr. 3,7-13). Diese Tatsache ist ein unverzichtbarer Bestandteil des Evangeliums, das wir verkündigen sollen, daß nämlich alle menschlichen Anstrengungen, den Planeten Erde zu retten und aus ihm einen schönen, sicheren und friedlichen Ort zu machen, zum Scheitern verurteilt sind. Der Mensch ist aufgerufen, sich mit Gott zu versöhnen und sich an ihn zu wenden, damit er für das Paradies bereitgemacht werden kann. Das ist das»Evangelium vom Reich«, das Christus gepredigt hat.

Sollen wir es auch heute noch predigen, oder war es nur eine Botschaft für damals? Die schlichte Antwort ergibt sich aus der Tatsache, daß Jesus das Evangelium vom Reich predigte (Matth. 4,23; Mk. 1,15 usw.), daß er nach seiner Auferstehung davon sprach (Apg. 1,3) und seine Jünger ausgesandt hat, es hinauszutragen (Matth. 28,19; Mk. 16,15). Daß die Apostel das Evangelium vom Reich gepredigt haben, wird mehrfach erwähnt (Apg.

322 ✦ *Dave Hunt*

8,12; 20,25; Röm. 14,17; 1. Kor. 4,20; Kol. 4,11 usw.). Und
genau dieses Evangelium sollen auch wir heute verkündigen.

ANHANG F

Das Fegefeuer

N ACH DER KATHOLISCHEN LEHRE reicht das Leiden Christi am Kreuz noch nicht aus, um die von der Gerechtigkeit Gottes geforderte Strafe für die Sünde zu bezahlen. Um diesen angeblichen Mangel auszufüllen, muß jeder, der an Christus glaubt, noch für seine persönlichen Sünden büßen, entweder im Leben oder danach im Fegefeuer – oder, wie fast jeder Katholik glaubt, an beiden Orten. Wie so vieles beim Katholizismus, ist der Reinigungsort eine frei erfundene Lehre, die von der Bibel in keiner Weise gestützt wird, sondern ihrer eindeutigen Lehre völlig zuwiderläuft. Papst Gregor I. kam 593 auf die Idee, und sie wurde 1439 durch das Konzil von Florenz zum Dogma erhoben, so daß fortan jeder Katholik, der irgendwann in den Himmel kommen möchte, daran glauben muß. Das Konzil von Trient sprach den Bann aus über alle, die daran nicht glauben.

Man kann angeblich auch für die Sünden anderer leiden, um das Defizit zu überbrücken, das Christus scheinbar hinterlassen hat. Den Katholiken wurde beigebracht, daß verschiedene »Heilige« wie die heilige Katharina von Genua, »Schutzpatronin der Heiligen Seelen im Fegefeuer«, den besonderen Auftrag von Gott haben, am eigenen Leib Leiden zu erdulden, um die vorzeitige Entlassung der im Fegefeuer Schmachtenden zu erwirken. Am 10. November 1910 schrieb der später berühmt gewordene Padre Pio an seinen kirchlichen Vorgesetzten:

> Mein lieber Vater, ich möchte Sie um Erlaubnis bitten, mir etwas zu gewähren. Schon einige Zeit spüre ich die innere Not, mich selbst dem Herrn als Opfer darzubringen für die armen Sünder und für die armen Seelen im Fegefeuer ...
> Ich habe den Herrn gebeten, über mich die Strafe kommen zu lassen, die diesen Seelen zukommt, damit sie getröstet

324 ◆ *Dave Hunt*

werden und so schnell wie möglich Zutritt zum Paradies erlangen.[1]

Padre Pios Wunsch, für Sünder bestraft zu werden, war zwar eine gutgemeinte Absicht, aber es war eben doch auch ein Affront gegen den, der von sich gesagt hat, er habe die Schuld ganz bezahlt, weil er der einzige Erlöser für die Sünder ist. Padre Pio hat angeblich über dreißig Jahre lang sein Leiden für die Seelen im Fegefeuer durch seine Stigmata ganz körperlich erfahren – ein geheimnisvolles Bluten aus den Handflächen als angebliche Teilhabe an den Leiden Christi.

Aber Christus hat doch triumphierend rufen können: »Es ist vollbracht!« Und damit hat er kundgetan, daß die Strafe voll und ganz abgebüßt worden ist! Sein Leiden war zu Ende. Er wohnt nun im Himmel in einem verherrlichten Auferstehungsleib, in dessen Adern kein Blut mehr fließt und der deshalb auch nicht mehr bluten kann! Es ist eine Irrlehre übelster Natur, wenn die römisch-katholische Kirche behauptet, das Bluten und Leiden anderer gehe weiter, um dazu beizutragen, daß die Schuld abgetragen wird, die Christus doch längst abgetragen hat. Doch die Messe und die anderen Sakramente der römisch-katholischen Kirche sind Ausdruck dieser Irreführung.

Padre Pios bewußte Nichtachtung der eindeutigen biblischen Lehren sorgte dafür, daß er massiv unter dämonischen Einfluß geriet. So behauptete er, daß Millionen Seelen von Toten seine Messe besucht hätten und »in seiner Zelle verweilten, um ihm für seinen Beistand auf ihrem Weg zum Paradies zu danken«. Diese Geister seien keine Einbildung gewesen. Er behauptete, sie mit eigenen Augen gesehen zu haben.[2] Man kann es sich eigentlich gar nicht vorstellen, daß sich ein Mann, der mit Dämonen verkehrte, so sicher sein konnte, im Dienst Gottes zu stehen. Papst Johannes Paul II. brachte Padre Pio, den er persönlich kannte, sehr viel Wertschätzung entgegen. Und so las er an dessen Grab auch die Messe.

Wie hingegeben ein Katholik auch sein mag, immer steht das Fegefeuer zwischen ihm und dem Himmel. Dem Dogma der Kirche zufolge, müssen einige dort mehr leiden als andere, abhängig davon, wie viele Messen für sie gelesen wurden, wie viele Rosenkränze sie gebetet und wieviel Ablaß sie sich durch verschiedene Maßnahmen verdient haben. Einige werden nicht länger als eine Woche darin verbringen, denn Maria, die fertigbringt, wozu Christus scheinbar nicht imstande war, hat jenen bevorzugte Erlösung versprochen, die treu ihr »Skapulier« tragen.

Das Skapulier besteht aus zwei Teilen braunen Stoffs, die über den Schultern mit zwei Schnüren zusammengehalten werden. Auf dem einen steht Marias Verheißung geschrieben und auf dem anderen ist das Jesuskind zu sehen. Maria erschien am 16. Juli 1251 angeblich dem heiligen Simon Stock und gab ihm die »Große Verheißung«, die seither Millionen von Katholiken getröstet hat: »Wer immer stirbt und das Skapulier trägt, wird nicht das ewige Feuer erleiden.« 1322 empfing Papst Johannes XXII. eine weitere Verheißung von »Maria«, das sogenannte Sabbatinische Privileg: »Ich, Mutter der Gnade, werde am Sonnabend nach ihrem Tod hinabsteigen, und wen ich im Fegefeuer vorfinden werde [der das Skapulier trägt], den werde ich befreien.« Das berühmte Gebet vom heiligen Simon Stock endet so: »O liebliches Herz Mariens, sei du unsere Erlösung!«

Eine weitere offenkundige Folge der Lehre vom Fegefeuer ist, daß die Hoffnung auf die gleichzeitige Auferstehung all derer, die in Christus verstorben sind, aufgegeben werden muß. Sie kann nicht stattfinden, es sei denn man würde allen Seelen zumuten, so lange auszuharren, bis auch der letzte Katholik im Fegefeuer gereinigt oder von Maria befreit worden ist. Auch die Entrückung der lebenden Gläubigen, die ohne das Fegefeuer für den Eintritt in den Himmel gar nicht rein genug wären, könnte nicht stattfinden.

Deshalb erwarten die Katholiken auch gar nicht, daß Christus sie zu sich ruft, um ihnen in den Lüften zu begegnen. Und so haben sie keinen Grund, sonderlich überrascht zu sein, wenn ihr Papst jene wunderwirkende Gestalt als »Christus« ausgibt, die urplötzlich die Herrschaft im wiedererstandenen Römischen Reich übernommen hat.

Anmerkungen

Kapitel 2 – Wenn sie sagen: Friede und Sicherheit
1. Röm. 15,33; 16,20; Phil. 4,9; 1. Thess. 5,23; Hebr. 13,20.
2. USA Today, 26. Dez. 1989.
3. Los Angeles Times, 1. Febr. 1990, S. A19-20.
4. Dave Hunt, Peace, Prosperity and the Coming Holocaus (Harvest House, 1983), S. 18.
5. World Press Review, März 1990, »Entering the Age of Deals« von Paul Johnson, S. 24, zitiert von: Spectator, London.
6. William Manchester, The Last Lion: Biography of Winston Churchill, 1931-40 (Little, Brown and Company), S. 82-83.
7. The Orange County Register, 9. August 1990, S. A7.

Kapitel 3 – Erfüllung in unserer Zeit
1. Bible League Quarterly, 1955, »What is an Expert?« von Robert Dick Wilson, zitiert von: David Otis Fuller, Which Bible? (Grand Rapids International Publication, 1975), S. 42-44.
2. Ebd., S. 44-46.
3. »Hussein worse than Mussolini in viciousness, military might« Kolumne von George Will, Washington.
4. Johnson, Entering, S. 24-25

Kapitel 4 – Die letzten der »letzten Tage«
1. Satanism in America, S. 34, Hrsg.: Kerusso Company, Inc.
2. National Review, 19. März 1990, »Paganism, American Style« von John Wauck, S. 43.
3. Life Magazine, Dez. 88, »The Meaning of Life«, S. 43.
4. Brochure of Peace on Earth, Baltimore, Maryland.
5. Bruce Narramore, You're Someone Special (Zondervan, 1978), S. 22.
6. The Orange County Register, 17. August 1990, S. A5.
7. Time, 17. Okt. 1988, »A Letter to the Next Generation«, Teil einer fünfseitigen, ausklappbaren Werbung für VOLKSWAGEN, in der es hieß: »In einem »Offenen Forum«, gesponsert von VOLKSWAGEN, haben prominente Persönlichkeiten in Amerika ihre Ideen und Vorstellungen darüber eingebracht, wer die Erde in Besitz nehmen wird . . . in 100 Jahren.«
8. Eine Vertiefung zu diesem Thema finden Sie in: Dave Hunt/T.A. McMahon, Die Verführung der Christenheit (CLV, 1987).
9. Zig Ziglar, How You Get What You Want, Tonbandcassette Nr. 1105 aus W. Clement Stones »Collection of Cassette Tapes«, im Angebot von PMA, Chicago.
10. Von Kenneth Hagin.
11. A.W. Tozer, Keys to the Deeper Life (Sondervan, 1988), S. 18.

Kapitel 5 – Ein vereintes Europa – der erste Schritt zum Weltfrieden?
1. Los Angeles Times, 2. Dez. 1989, S. A2.
2. Los Angeles Times, 6. Dez. 1989, S. A1, A8-10.
3. The Washington Times, »Teaching the East Bloc how freedom works« von William Rusher, 5. Jan. 1990, S. F3.
4. David S. McAlvany, The McAlvany Intelligence Advisor, Dez. 1989.
5. The Detroit News, 1. Febr. 1990.
6. Los Angeles Times, 1. Dez. 1989, S. A42.

Kapitel 6 – Daniels denkwürdige Prophetie
1. Erhältlich bei Kregel Publications, Grand Rapids, MI 49501 als Teil der Sir Robert Anderson Library Series.

Kapitel 7 – Die zwei großen Geheimnisse
1. Los Angeles Times, 8. Nov. 1989, S. B1, B2.
2. The News Democrat, 28. Juli 1989, S. 7A.
3. Los Angeles Times, 8. Dez. 1989, S. B11.

4. Richard Wurmbrand, Was Karl Marx a Satanist? (Diane Books, 1976).
5. Karl Marx, Invocation of One in Despair, zitiert in: David Tame, Critique: A Journal of Conspiracies & Metaphysics, Nr. 27, »Secret Societies in the Life of Karl Marx, Teil 2, S. 31-36.
6. Ebd.

Kapitel 8 – Das wiedererstandene Römische Reich
1. U.S. News & World Report, »The Chance That Will not Return« von Vaclav Havel, 26. Febr. 1990, S. 30.
2. Michail Gorbatschow, Perestroika (Harper & Row, 1987), S. 197.
3. New York Times, 24. Febr. 1990.
4. Havel, Chance, S. 30.
5. Los Angeles Times, 14. Mai 1990.
6. Johnson, Age of deals, S. 25.
7. Aus einem Bericht des National Education Association Bicentennial Program.
8. Allan Bloom, The Closing of the American Mind (Simon and Schuster, 1987), S. 36.
9. Lynda Falkenstein, Global Education, State of the Art Research Summary Report (Northwest Regional Educational Lab, 1983, zitiert von: Eric Buehrer, The Age of Masquerade (Wolgemuth & Hyatt, 1990), S. 42.
10. Ebd.
11. Focus on the Family Citizen, Ja. 1990, S. 1
12. Orange County Register, 6. Juni 1990.

Kapitel 9 – Kaiser und Päpste
1. The Washington Times, 8. Dez. 1989, »God and Man in Rome« von Joseph Sobran.
2. Los Angeles Times, 2. Dez. 1989, S. A4.
3. San Gabriel Valley Tribune, 1. Mai 1988.
4. Gorbatschow, Perestroika, S. 191.
5. Newsweek Magazine, 21. Sept. 1987, S. 26.
6. Los Angeles Times, 2. Dez. 1989, S. A1, A4.
7. Time, 4. Dez. 1989, S. 75.
8. Investors Daily, 14. Nov. 1989, »Soviet Economists Seek Ways to Pull the Nation Out Of Crisis.
9. Johnson, Age of Deals, S. 25.
10. The Toronto Star, 5. Mai 1987, S. A3.
11. Focus on the Family Citizen, Ja. 1990, S. 10.
12. Seattle Times, 8. Mai 1990.
13. W.H.C. Frend, The Rise of Christianity (Fortress Press, 1984), S. 458.
14. Will Durant, The Story of Civilization, Bd. 3: Caesar and Christ (Simon and Schuster, 1944), S. 656.
15. Augustinus, de cat. rud., XXV, 48.
16. Durant, Civilization, Bd. 3, S. 657.
17. USA Today, 6. Aug. 1990.
18. World Goodwill Newsletter, 1989, Nr. 4, S. 1, 3

Kapitel 10 – Die Hure Babylon
1. Houston Cronicle, 29. Nov. 1089, S. 22A.
2. Ebd., S. 22A.
3. Durant, Civilization, Bd. 3, S. 671-672.
4. R.W. Southern, Western Society and the Church in the Middle Ages (Penguin Books, Bd. 2 der Pelican History of the Church Series, 1970), S. 144.
5. Colman J. Barry, Readings in Church History, Bd. 1: From Pentecost to the Prostestant Revolt (The Newman Press, 1960), S. 233.
6. Cardinal Alphonsus de Liguori, The Glories of Mary (Tan Books, 1977), S. 94, 136, 137, 141, 143, 180-181.
7. Devotions in Honor of Our Mother of Perpetual Help, Official Edition (Liguori Publications), S. 46-47. 8. Catholic Twin Circle, 26. August 1990, S. 20.
8. Catholic Twin Circle, 26. Aug. 1990, S. 20.
9. Lucia Speaks, Published by the Most Reverend Bishop of Fatima (Ave Maria Institute, 1968), S. 46.

10. Lucia Speaks on the Message of Fatima (Ave Maria Institute), S. 26, 30-31, 47.
11. The Fatima Crusader, Nov./Dez. 1986, S. 9.
12. St. Louis Review, 4. Nov. 1988, zitiert in: Christian News, 14. Nov. 1988, S. 10-11.
13. Malachi Martin, The Keys of this Blood (Simon and Schuster, 1990), S. 626-627; Interview mit Malachi Martin in: Washington Times, 28. Sept. 1990, S. B6.
14. The Fatima Crusader, Nov./Dez. 1986, S. 9.
15. Our Lady of Fatima's Peace Plan From Heaven (Tan Books and Publishers, 1983), Klappentext.
16. Ebd., Schutzumschlag, Rückseite
17. The Fatima Crusader, Nov./Dez. 1986, S. 1 des dem Heft beigelegten Bittbriefes, der mit der Anrede beginnt: »Liebe Mitkatholiken . . . «
18. Wird zitiert jeweils am Anfang einer täglichen Radiosendung (*Heaven's Peace Plan* [Der Friedensplan des Himmels]), die produziert wird von der International Fatima Rosary Crusade. Gastgeber ist Br. Nicholas Gruner, der die Zeitschrift The Fatima Crusader herausgibt, die schätzungsweise 1 Million Leser hat. Die Radiosendung soll jede Woche Millionen Zuhörer in den USA und in Kanada mit »der dringenden Botschaft Unserer Lieben Frau« erreichen.
19. Soul Magazine, Ja./Febr. 1985, S. 5-7.
20. Martin, Keys of this Blood, S. 626-657.
21. Lucia speaks on the Message, S. 26, 29, 30-31, 47.
22. Chicago Sun Times, 24. Dez. 1989.
23. The PopeSpeaks, März/Apr. 1990, S. 130-131.
24. Our Sunday Visitor, 13. Nov. 1988.
25. Courir-Journal, 11. Mai 1984, S. A7.
26. The Voice, Diocese of Newark, Jan. 1989.
27. Los Angeles Times, 7. Jan. 1989, Teil II, S. 7.

Kapitel 11 – Kommunismus, Katholizismus und das Schicksal der Welt

1. Washington Times, 1. Juni 1990, »Soviets find religious TV good for the proletariat«, ein Interview mit Robert Schuller.
2. Los Angeles Times, 7. Sept. 1990, S. A39.
3. Die momentane Zurückhaltung bei der Kritik an der katholischen Kirche, ist vielleicht weniger eine Frage des Mutes als vielmehr die rein praktische Erwägung, daß Opposition gegen Rom die Zuhörerschaft beträchtlich reduziert.
4. Los Angeles Times, 27. Juni 1990, S. A1, A6.
5. Peter Geiermann, C.SS.R., The Convert's Catechism of Catholic Doctrine (Tan Books and Publishers, Inc., 197), S. 36, VI.
6. Karl Keating, Catholicism and Fundamentalism (Ignatius Press, 1988), S. 127.
7. Austin Flannery, O.P., ed. Vatican Council II (Costello Publishing Co., 1984), Bd. I, S. 755.
8. Ebd., Bd.II, 1982, S. 430.
9. Ebd., Bd.II, 1982, S. 392.
10. Geiermann, Catechism, S. 26-27.
11. Ebd.
12. Flannery, Vatican Council II, Bd. I, S. 379.
13. Dr. Martyn Lloyd-Jones, Roman Catholicism (Evangelical Press), aus der Serie Pastoral Booklets, S. 1-4.
14. J.J. Schroeder, O.P., trans., The Canons and the Decrees of the Council of Trent (Tan Books, 1978), S. 46.
15. Ebd., S. 214.
16. Lloyd-Jones, Roman Catholicism, S. 1-4, 16.
17. »Praise The Lord«, Trinity Broadcasting Network, 17. Okt. 1989, Gastgeber Paul und Jan Crouch.

Kapitel 12 – Ökumene und die kommende neue Weltordnung

1. Eusebius Pamphilus, Life of Constantine (London, 1650), ii, S. 63, 70, zitiert von: Will Durant, The Story of Civilization, Bd. 3, Caesar and Christ (Simon and Schuster, 1944), S. 659.
2. Durant, Civilization, Bd. 3, Caesar and Christ, S. 659-661.
3. The Fresno Bee, 13. Juni 1984, S. C12.
4. Desmond Doig, Mother Teresa (Harper & Row, 1976), S. 156.
5. Abbot Thomas Keating, OCSO, M. Basil Pennington, OCSO, und Thomas E. Clarke, SJ, Finding Grace At The Center (St. Bede Publications, 1978), S. 5-6.

Anmerkungen ✦ 329

6. The Boston Globe, 15. Dez. 1989, »World Beliefs«.
7. Valley Daily News, 15. Dez. 1989, nach einem Bericht der Associated Press aus Vatikanstadt von Stephen Wilson.
8. L'Observatore Romano, 10. Febr. 1986, »Spiritual Vision of Man«, S. 5.
9. The Tidings, 13. Okt. 1989.
10. Time, 17. Sept. 1979, S. 96.
11. Newsweek, 17. Sept. 1979, S. 115.
12. John Cotter, A Study in Syncretism (Canadian Intelligence Publications, 1983), S. 90-91.
13. Bob Slosser, A Man Called Mr. Pentecost (Logos, 1977), S. 207-213; Stanley Burgess, Gary McGee, Patrick Alexander, Dictionary of Pentecostal and Charismatic Movements (Zondervan, 1988), S. 253.
14. Stanley Burgess, Gary McGee, Patrick Alexander, Dictionary of Pentecostal and Charismatic Movements (Zondervan, 1988), S. 125; New Covenant, Febr. 1973, S. 14-17.
15. The Christian Century, 23. Okt. 1974, »Religious Isolationism: Gone Forever?« von Alan Geyer, S. 980-981.
16. Catholic Register, 21. Sept. 1974.
17. The Orange County Register, 17. Aug. 1990, S. A5.
18. The Orange County Register, 15. Apr. 1990, S. G4.
19. Seattle Times, 11. März 1987, »Trust is key, interfaith group agrees« von Carol Ostrom.
20. Our Sunday Visitor, 13. Nov. 1988.
21. Catholic World, Mai/Juni 1989, S. 140.
22. Los Angeles Times, 28. Okt. 1986, »60 Religious Leaders Join Pontiff, Streets of Assisi Ring with Prayers for Peace«, Teil I, S. 7.
23. Shared Vision: Global Forum of Spiritual and Parliamentary Leaders on Human Survival, Herbst 1987, S. 5.
24. Aus einer offiziellen Broschüre des Global Forum of Spiritual and Parlamentary Leaders on Human Survival.
25. Shared Vision (Rundbrief des Global Forum), Sommer 1988, »For Global Survival«, S. 12.
26. Ebd.
27. USA Today, 23. März 1989.
28. Verschiedene Autoren, Little Masonic Library (Macoy Publishing and Masonic Supply, 1977, Bd. 4, S. 32.
29. Albert Pike, Morals and Dogma of the Ancient and Accepted Scottish Rite of Freemasonary (The Supreme Council of the 33rd Degree for the Southern Jurisdiction of the Unites States, 1906), S. 226.
30. J. Blanchard, Scottish Rite Masonry Illustrated (Charles Powner, Co., 1979), Bd. 2, S. 320.
31. James Dobson, Focus on the Family, Jan. 1987, S. 7.
32. John Hicks, Paul Knitter, eds., The Myth of Christian Uniqueness (Orbis Books, 1988), Vorwort, S. x-xi.
33. Orange County Register, 8. Sept., S. A10.
34. Time, 17. Sept. 1990, S. 23.
35. Ebd.
36. Newsweek, 17. Sept. 1990, S. 27.
37. The Bulletin, 11. Sept. 1980, Titelseite.
38. Orange County Register, 8. Sept., S. A10.
39. Vital Speeches of the Day, 1. Febr. 1989 (City News Publishing Co.), »U.S.S.R. Arms Reduction« von Michail Gorbatschow, S. 230, als Rede gehalten vor den Vereinten Nationen.

Kapitel 13 – Ökologie und Weltfrieden
1. Aus dem Protokoll seines Gespräches, zitiert in: NRI Trumpet, »Prince Philip Promotes ›Ecological Pragmatis‹ of Pagan Worship, Religious Syncretism« von Cynthia Lindstedt, S. 4.
2. Ebd.
3. Religious News Service, zitiert in Christian News, 5. Febr. 1990.
4. Aus dem offiziellen Programm des Global Forum on Environment and Development, Moskau, 15.-19. Jan. 1990; und aus dem offiziellen Protokoll einer Rede von Michail Gorbatschow vom 19. Jan. 1990.
5. Carl Sagan, Cosmos (Random House, 1980), S. 243.
6. Science Digest, Nov. 1981, »Visions of a New Faith« von Mary Long, S. 39.

7. Sequoia, Okt./Nov. 1988.
8. Our Sunday Visitor, 4. Febr. 1990, S. 5.
9. Religious Workers for Lasting Peace (Department of External Church Relations of the Moscow Patriarchate, 1978), S. 11, 16.

Kapitel 16 – Er muß zweimal kommen!
1. John Randolf Price, Practical Spirituality (Quartus, 1986), S. 17-19.
2. Die Goldplatte, die an der Voyager-Raumsonde angebracht ist, enthält eine Botschaft an außerirdische Intelligenzen, die sie irgendwann einmal entdecken und entziffern sollen. Entworfen von Carl Sagan und unterzeichnet vom damaligen Präsidenten Jimmy Carter, soll diese Botschaft dazu dienen, daß wir Erdenbewohner so schnell wie möglich eine globale Familie werden, in der Hoffnung, eines Tages uns in eine intergalaktische Gemeinschaft einfügen zu können.

Kapitel 17 – Israel und die Moslems in Arabien
1. Will Durant, The Story of Civilization, Bd. 4, The Age of Faith (Simon and Schuster, 1950), S. 588.
2. Watertown Daily Times, 21. Jan. 1990, S. A5.
3. »U.S.S.R. Arms Reduction« von Gorbatschow, S. 233.
4. Washington Post, 10. Sept. 1990, S. A22.

Kapitel 18 – Das Geheimnis der Dreieinigkeit
1. SCP Newsletter, Bd. 13:2, 1988, »One-to-One Correspondence« von Brooks Alexander, S. 13.
2. Dies wird auf unterschiedliche Weise im Alten Testament beschrieben und im Neuen Testament bestätigt: Jes. 43,3.11; 45,21; 49,26; 60,16; Hos. 13,4; 1. Tim. 1,1; 2,3; Tit. 1,3; 2,10; Jud. 1,25 usw.

Kapitel 19 – Christus und Antichrist – der Konflikt spitzt sich zu
1. Marvin Rosenthal, The Pre-Wrath Rapture of the Church (Thomas Nelson Publishers, 1990), S. 208.
2. Ebd.
3. Ebd., S. 209.
4. Die Karte bekommen Spender der InterVarsity Christian Fellowship.

Kapitel 20 – Die Täuschung wird perfekt gemacht
1. William Shirer, Berlin Diary, zitiert in: Gerald Suster, Hitler (New York: St. Martin, 1981), S. 140-141.
2. Time, 28. Aug. 1989, s. 43.
3. Einer Zusammenfassung der Schlüsselreden Hitlers entnommen, die bisher noch nicht ins Englische übersetzt wurden.
4. Dave Hunt, A Study Guide for the Cult Explorer (Harvest House, 1981), S. 121.
5. Norman Vincent Peale, Positive Imaging (Fawcett Crest, 1982), S. 77.
6. Possibilities, Sep./Okt. 1988, »Faith, The Force That Sets You Free« von Robert Schuller, S. 22.
7. Robert Schuller, Possibility Thinking: Goals, Tonband der Amway Corporation.
8. Der englische Titel eines Büchleins von Kenneth Hagin.
9. New Age Journal, Mai/Juni 1987, M. Scott Peck, S. 51.
10. Body, Mind and Spirit, Nov. Dez. 1988, »The New Age and the Second Coming of Christ« von John White, S. 48-53.
11. Martin, The Key of this Blood, S. 639-656.
12. Edward O'Connor, C.S.S, The Pentecostal Movement in the Catholic Church (Ave Maria Press, 1971), S. 58.
13. Ebd., S. 128.
14. Ebd., S. 166-167.
15. Charisma and Christan Life, Okt. 1990, »Ready to Evangelize the World«, S. 25.
16. Foundation »Roman Catholic double-Talk at Indianapolis '90«.
17. The Catholic Counter-Reformation in the XXth Century, Nov./Dez. 1985, »Messages from Heaven to Earth« von Bruder Michael von der Heiligen Trinität an der Sorbonne, S. 1.
18. Wayne Weible, Miracle at Medjugorje, April 1988, S. 8.

19. Christian News, 2. Jan. 1989, Zitat eines Interviews in: St. Louis Dispatch, 25. Dez. 1988, mit dem »Seher Vicka Ivankovic«, S. 4.
20. The Arizona Republic, 13. Aug. 1989, S. C5.
21. John Dale, The Prince and the Paranormal (W.H. Allen & Co. Plc., 1986), S. 14-18; US, 14. Jan. 1985, S. 18-19ff.
22. The Orange County Register, 1. April 1990, »ESP exists, scientist reports«, S. A10.
23. Chicago Sun-Times, 11. Jan. 1989.
24. New York Times International, 26. Nov. 1989.
25. Die Glaubensüberzeugungen und Praktiken des New Age breiten sich in der ehemaligen Sowjetunion in Windeseile aus, selbst unter den Spitzenpolitikern. Boris Jelzin, Rußlands Präsident, bekennt sich zwar zur geistlich-moralischen Führung der russisch-orthodoxen Kirche, unterhält aber enge Kontakte mit Esalen, einem New-Age-Zentrum südlich von San Francisco. Werner Erhards Forum (früher EST) baut seinen Einfluß in Rußland weiter aus, während der Verband für Humanistische Psychologie seine okkulten Lehren durch Trainingsseminare verbreitet. Wie die Entwicklung weitergeht, scheint klar zu sein.
26. C.G. Jung, Memories, Dreams, Reflections (Pantheon Books, 1963), S. 183.
27. Magical Blend, Ausg. 16, »The Inner Guides« von Hal Zina Bennet, S. 40.
28. Gnosis Magazine, Herbst 1987, »Recognizing Inner Teachers« von Alfred Alschuler, S. 8-12.
29. David Bressler, Martin Rossmann, »The Inner Advisor in Clinical Practice«, Tonbandaufzeichnung von einem Workshop der IAHB Konferenz: »Guided Imagery: An Intensive Training Program For Clinicians«.
30. Alschuler, »Recognizing Inner Teachers«, S. 12.

Kapitel 21 – Die Hoffnung der Christen

1. Dies sind Auszüge aus Briefen, die zu Tausenden beim Russischen Christlichen Radio als Reaktion auf Radiosendungen eingegangen sind.

Anhang A – War Petrus der erste Papst?

1. Siehe auch: 5. Mo. 32,3.4; 2. Sam. 22,47; 23,3; Ps. 62,1-2 und viele entsprechende Verse.

Anhang C – Messe und Transsubstantiation

1. The Fatima Crusader, The Official Publication of The International Fatima Rosary Crusade, Nov./Dez. 1986, »The Tremendous Value of the Holy Mass«, S. 21.

Anhang F – Das Fegefeuer

1. Rundbrief: The Padre Pio Foundation of America and the Mass Association, Aug. 1988. S. 2.
2. Ebd., S. 3.

Weitere Titel aus dem Verlag C. M. Fliß:

Chester & Lucile Huyssen:

Ich habe den Herrn gesehen
Best.-Nr. 326.807
Eine Sammlung großartiger Berichte von Männern und Frauen,
die den Herrn unmittelbar erlebt haben.

Don Gossett:

Lobpreisstraße
Best.-Nr. 326.905
Lassen Sie sich hineinnehmen in den Lobpreis Gottes, der Ihr
ganzes Leben verändern wird.

Charlie W. Shedd:

Ich spürte ihren Flügelschlag
Best.-Nr. 326.999
Lesen Sie Shedds inspirierende Engelgeschichten aus seinem
eigenen Leben.

Bitte bestellen Sie bei:
Verlag C. M. Fliß, Postfach 61 04 70, 22424 Hamburg
Telefon: (0 40) 58 64 92, Fax: (0 40) 58 37 04
E-Mail: bestellservice@cmf-verlag.de
Internet: www.cmf-verlag.de